U0683574

海军新军事变革丛书

总策划：魏 刚   主 编：马伟明

海上战略及制海权
理论与实践

MARITIME STRATEGY AND SEA CONTROL:
THEORY AND PRACTICE

［美］Milan Vego   著

邢焕革 毛德军 詹昊可   主译

杨 波   主审

电子工业出版社·
Publishing House of Electronics Industry
北京·BEIJING

版权贸易合同登记号 图字：01-2017-3547

图书在版编目（CIP）数据

海上战略及制海权理论与实践 /（美）米兰·维戈(Milan Vego) 著；邢焕革，毛德军，詹昊可主译. —北京：电子工业出版社，2021.4
（海军新军事变革丛书）
书名原文：Maritime Strategy and Sea Control:Theory and Practice
ISBN 978-7-121-40147-3

Ⅰ. ①海… Ⅱ. ①米… ②邢… ③毛… ④詹… Ⅲ.①海洋战略—研究②制海权—研究
Ⅳ. ①E815

中国版本图书馆 CIP 数据核字（2021）第 045614 号

责任编辑：王小聪
印　　刷：三河市鑫金马印装有限公司
装　　订：三河市鑫金马印装有限公司
出版发行：电子工业出版社
　　　　　北京市海淀区万寿路 173 信箱　邮编 100036
开　　本：720×1000　1/16　印张：20.5　字数：356 千字
版　　次：2021 年 4 月第 1 版
印　　次：2021 年 4 月第 1 次印刷
定　　价：95.00 元

凡所购买电子工业出版社图书有缺损问题，请向购买书店调换。若书店售缺，请与本社发行部联系，联系及邮购电话：(010) 88254888，88258888。
质量投诉请发邮件至 zlts@phei.com.cn，盗版侵权举报请发邮件至 dbqq@phei.com.cn。
本书咨询联系方式：(010) 57565890，meidipub@phei.com.cn。

海军新军事变革丛书

海上战略及制海权理论与实践

主　审　杨　波
审　稿　吴志飞
主　译　邢焕革　毛德军　詹昊可
翻　译　姜　俊　柳　玉　夏　栋

"海军新军事变革丛书"第三批总序

当今世界，新一轮科技革命和产业变革正在加速推进，以信息技术为引领，人工智能、生物科学、大数据、新材料、新能源等技术发展运用、交叉融合和相互渗透，正逐步改变着人类社会形态和生产生活方式。高新技术的发展和世界安全态势的演变，同样催生当今世界军事领域的深刻变革，在广度、深度上已超越以往历史上任何一轮军事变革。这次变革以安全态势演变为动因、以高新技术特别是信息技术发展为动力、以军事观念转变为牵引、以军事体系调整为中心，覆盖军事领域各个方位和全部系统，涉及军事理论、军事战略、战争形态、作战思想、指挥体制、部队结构、国防工业等方方面面，形成信息主导、体系支撑、精兵作战、联合制胜的新态势，数字化、网络化、智能化和系统化将贯穿决策指挥、组织形态和战场战法全过程，渗透到各个方面，作战域将加速向网络、电磁、深海、太空、极地等战略新疆域拓展，其所产生的影响必将影响未来世界格局，决定各国军事力量对比。

习主席曾深刻指出："每一次科技和产业革命都深刻改变了世界发展面貌和格局。一些国家抓住了机遇，经济社会发展驶入快车道，经济实力、科技实力、军事实力迅速增强，甚至一跃成为世界强国。"党的十八大以来，党中央、中央军委着眼于实现中国梦、强军梦，制定新形势下军事战略方针，全力推进国防和军队现代化，军队改革取得历史性突破，练兵备战有效遂行使命任务，现代化武器装备加快列装形成战斗力，军事斗争准备稳步推进，强军兴军不断开创新局面。党的十九大吹响了"到本世纪中叶把人民军队全面建设成世界一流军队"的时代号角，郑重宣告国防和军队建设全面迈进新时代。经略海洋、维护海权、建设海军始终是强国强军的战略重点，履行新时代军队历史使命，海军处在最前沿、考验最直接、职能最多样、任务最多元，需求最强劲、发展最迫切。瞄准世界一流、建设强大的现代化海军，我们更须顺应新形势，把准新趋势，进一步更新观念、开阔视野，全面深入实施科技兴军战略，瞄准世界军事科技前沿，坚持自主创新的战略基点，加强前瞻性谋划、体系化设计，加快全域全时全维的信息化、智能化建设，抢占军事科技战略性、前沿性、颠覆性发展制高点，努力实现从跟跑、并跑到领跑的历史性跨越。

根据海军现代化建设的实际需求，2004 年 9 月，海军装备部与海军工程大学联合组织一批学术造诣深、研究水平高的专家学者，启动了《海军新军事变革丛书》的编撰工作。2004 年至 2009 年，第一批丛书陆续出版，集中介绍了信息技术及其应用成果。2009 年至 2017 年，第二批丛书付梓出版，主要关注作战综合运用和新一代武器装备情况。该丛书具有鲜明的时代特征和海军特色，对推进中国特色军事变革要求，谋划海军现代化建设具有很好的参考价值，在部队、军队院校、科研院所、工业部门均被广泛使用，深受读者好评。丛书前两批以翻译出版外文图书和资料为主，自编海军军内教材与专著为辅，旨在借鉴外国海军先进技术和理念，反映世界海军新军事变革中的新观念、新技术、新理论，着重介绍和阐释世界新军事变革的"新"和"变"。为全面贯彻落实习主席科技兴军的战略思想，结合当前世界海军发展趋势和人民海军建设需要，丛书编委会紧跟科技发展步伐，拟规划出版第三批丛书。在前期成果的基础上，第三批丛书计划从编译转向编著，将邀请各领域专家学者集中撰写与海军人才培养需求密切相关的军事理论和装备技术著作，这是对前期跟踪研究世界海军新军事变革成果的消化、深化和转化。

丛书的编撰出版凝结了编委会和编写人员的大量心血和精力，借此机会，谨向付出辛勤劳动的全体人员致以诚挚的敬意，相信第三批丛书定会继续深入贯彻习主席强军思想，紧盯科技前沿，积极适应战争模式质变飞跃，研判战争之变、探寻制胜之法，为建设强大的现代化海军带来新的启迪、新的观念、新的思路，不断增强我们打赢信息化战争、应对智能化挑战的作战能力。

海军司令员 沈金龙

2018 年 6 月 2 日

译者序

纵观古今，围绕海上战略目标来争夺制海权是海洋军事强国永恒的主题。虽然不同时代争夺制海权所达成的海上战略目标有所不同，但采取的手段和运用的方法有着共同的特点。本书的作者运用大量的战例从理论与实践两个方面深入剖析了获取和保持制海权的主要方法。从制海权的掌控/获取/保持、海上决战、基地打击、对敌牵制、控制海上战略要道与夺占战略要地等方面详细论述了获取与保持制海权的条件、时机、要求与方法，为我们深入理解当今世界海洋强国围绕战略战役层面的制海权斗争提供了全新的视角与广阔的视野。

一、对海上战略的认识与理解

（一）对战略的理解

1. 战略的基本含义

从广义的角度来理解，战略可以定义为：将目标与手段相互关联并使之协调的过程。国家安全战略（或称为大战略）是将国家各种力量（政治、外交、军事、经济、信息、科技等实力）作为手段，并使之与国家利益、目标和承诺关联起来。国家安全战略是国家或联盟/协约国的政治领袖们，利用国家实力来达成政治目标的一种科学和艺术。对国家或联盟/协约国的实力手段的运用，都有与之相对应的配套策略。而配套策略的重要性，取决于实力手段是否在平时或战时运用，以及依据何种政策来确定要达成的目标。在战时，国家战略主要涉及以下方面：确定国家或联盟/协约国的政治目标，并为作战指挥员提供战略指导；确定要达成的最终战略态势；确定结束战争的条件和时限。

2．政策与战略的关系

政策和战略之间的界限常常是模糊的，甚至难以辨别。高层战略与政策制定密切相关，这通常是政治家们需要考虑的领域。只有在这样的高度，才能协调战争方方面面的问题。一般来说，对军队指挥员的行动自由施加的限制越多，要达成预定的战略目标时所需要的军事资源也就越多。在实际操作过程中，军队指挥员所采取的行动措施往往要在纯粹的军事需要与现实的政治条件之间进行权衡。最高军事指挥员最重要的职责之一，就是向政治决策者阐明清楚军事上可达成战略目标的关键需求。因此，政策的制定必须考虑军事上的实际可达成性。与此同时，政治领袖也不应该过多地限制军事指挥员的行动自由。

3．目标和手段的关系

在制定和执行战略时，最为困难的问题之一，就是在目标和手段之间进行权衡。这种权衡过程是十分艰难的。这是一种科学，更是一种艺术。如果目标和手段之间的权衡考虑不充分，其结果要么导致错误的配置（手段不足以达成所预设的规定目标），要么导致相互之间的脱节（有足够的手段，但在达成预设的规定目标时没有充分发挥出来）。显然，好的战略不应该出现严重的错误配置或相互脱节，否则，在战役和战术层面上无论如何表现，其整体上的努力都会归于失败，甚至遭受灭顶之灾。

（二）对军事战略的理解

军事战略，就是使用或威胁使用军事手段来达成国家或联盟/协约国的政治战略目标的艺术和科学。它重点关注的是如何将政治战略目标转换为军事战略目标，提升国家或联盟/协约国的地缘政治地位，为未来战争特点和持续时间提出设想，确定主要目标和次要目标，以及如何在多个战区中部署力量。

如果国家在多个战区中有重要的利益需要保护，则需要针对每个战区来制定并运用战略。因此，国家军事战略与战区战略是有一定区别的。国家军事战略就是：制定综合的战略规划和行动方针，用于在战场上执行，通过使用武力、威胁使用武力或非武力行动，以确保国家和联盟/协约国的政策和战略目标实现的艺术和科学。国家战略目标必须主导战区战略目标。

就其达成的主要目标而言，军事（或战区）战略可能是进攻性的或防御性的。

在进攻性战略中，其意图可能是想要彻底改变地区或全球力量的均势，也有可能是进攻者对力量均势想要做适当的调整。而在防御性战略中，目标是维持现状。军事（或战区）战略的终极目标，应该是击溃或歼灭敌人，或在一段时期内不断削弱敌人的实力。

军事（或战区）战略可能是对称的，也可能是非对称。对于对称战略而言，其目的是使己方的优势力量与敌方优势力量相匹配，但在动用军事和非军事力量时需要进行变革和创新。而非对称战略，其目的则是通过运用非常规手段，来弥补己方在数量和质量上的不足和缺陷。

（三）对海上战略的理解

1．海上战略基本含义

海军和海上战略是军事（或战区）战略的下层战略。海军战略可以定义为：运用海军所有力量资源来保障国家军事战略达成的科学和艺术。与此相对照，海上战略是运用海军和其他海上力量资源来保障国家军事战略达成的科学和艺术。

2．海上战略目标

一般来说，海上战略主要关注以下方面：军事（或战区）战略目标的海军部分，使用或威胁使用己方的海上力量，加强国家或联盟/协约国的海上战略地位，为未来海上战争特点和持续时间提供方案，（在军政领袖的指导下）确定海上战争的攻防属性，确定主要和次要战场，以及战场兵力如何部署。

海军/海上战略必须依据政策和军事战略目标来确立。政策决定了战争应达成的战略目标。战争的政治目标则是确定要达成的军事目标，以及实现这些目标所需的力量。通常而言，当军事目标和政治目标在规模上一致时，如果政治目标减少了，则军事目标也要相应地减少。

政治目标必须清楚而简明地表述出来。一旦战争的政治目标确定下来以后，下一步就是根据该目标来规划军事战略目标。军事战略目标将决定实现政治目标需要动用的军事力量资源。在战争中，应当以实现总体政治目标，而不是单纯以打败敌人的军事力量为目标来指导战争的实施。

3．海上战略的性质

通常情况下，政治目标和军事战略目标决定了战争是否具有进攻性、防御性，或是二者兼具的特性。在预设的海上战场，实力强势一方的海军若想获取并保持制海权，就必须采取攻势作战。类似地，行使制海权也必须通过一系列的攻势行动来达成。例如，实力强势一方必须处于进攻态势，搜索并摧毁或压制敌方的海上舰队，封锁敌方的海岸线或者海峡/水道，攻击敌方海岸设备设施，并发起两栖登陆作战。然而，海上实力强势一方也可能采取攻防兼备的行动措施，例如反潜作战、扫雷作战，以及保护和维持海上贸易的护航行动。

海军战略决定了在各个海上战场之间如何部署海军兵力，以及兵力的构成方式。海军部队平时的力量部署是根据对形势的战略评估来决定的，而这种评估是建立在国家政策以及对未来可能发生战争的战区估计基础之上的。通常而言，战略目标应当作为主次海上战场选择的决定因素。在主战场上，关键是要有足够强大的力量来对付"敌人所能使出的最大力量"。与此同时，在次要战场上也能派出足够的力量。而将舰队的力量在多个战场上进行平均部署则是不明智的。

二、对制海权的认识与理解

现代海战经验表明，一支海军力量无论数量多么庞大，人员多么精干，也不可能在所有的作战海域保持最佳的行动状态。获取、保持以及运用制海权是现代海战取胜的基础。

（一）对制海权的认识

1. 制海权的基本含义

从广义角度来说，海上战争的主要目标包括海洋控制、海洋拒止、基地/驻泊地控制，以及摧毁/削弱敌方海上军事经济潜能，维护/保护己方海上军事经济潜能。制海权可以描述为在敌对双方对抗期间，一方具有能力将特定的海域及其相关空域（空间）用作军事和非军事之目的，且能使敌方无法使用。这一术语精确地表述了这样的现实情况，即在两个强大的对手之间发生海上战争时，除非在最极端的情形下，任何一方都不可能完全控制海洋仅供己方使用，而阻止对方使用，它隐含了一方对某片海域的控制。从本质上来看，制海权与作战能力、海域掌控的时间和空间相关。

2．制海权辨析

人们常常将制海权与兵力投送和海洋拒止的概念相混淆。兵力投送通常是指一方在和平时期具有影响力，而在战时具有获取和行使制海权的能力（而非目标）。很显然，兵力投送能力越强，获取制海权的胜算就越大。制海权和海洋拒止的概念相互关联，但绝对不是同一个概念。首先，强弱双方在目标行为上是彼此对立的。强势一方必然会主动夺取或获取某些东西，这是一种主动获取目标行为；然而弱势一方则必然会采取拒止或阻止某些事情的发生，这是一种被动应对目标行为。获取制海权在本质上来讲属于进攻行动。相对而言，弱势一方则需要进行战略防御，并进行海上拒止。然而，这并不意味着弱势一方就注定会在战术上或者战役上处于被动防御态势。同时，获取制海权和海洋拒止的主要方法也大不一样，但是二者最本质的区别在于，海洋拒止对于实力强势一方而言只是暂时的，而弱势一方在整个战争期间将会处于战略防御态势。

经验表明，没有强有力的海军力量，只靠岸防是不可能获取制海权的。控制海岸只是获取制海权的必要条件之一。在沿海地带，拥有制海权的一方可以极大地增强岸上控制力，而缺少制海权的一方要想在陆上获得压倒性优势，则非常困难。除非有一方同时控制了陆地和海洋，否则就不能认为有谁获取了制海权。

3．制海权的作用

制海权不仅具有经济、军事上的作用，而且还具有政治乃至心理上的作用。与其他相似行动相比，制海权更有利于促进己方海上交通的防御和保护，并阻止敌人这样做。战时，将制海权在经济上加以利用可以极大地加速最终胜利的到来。实力强势一方可以确保己方海军舰艇和商船较为安全地在海区上航行，并能破坏和摧毁敌方的海上交通。制海权可以让强势一方通过海上输送部队，让敌方直面承受军事压力的局面。制海权还能保护国家，阻止敌人从海上入侵。

制海权为保护海上运输、掩护己方地面力量在滨海地区的进攻或防御作战提供了必要条件。它还极有利于己方兵力投送，以夺取重要的海峡、岛屿以及敌方沿海部分地区。制海权还为在预定的海上战区选择有利的进攻地点提供了较大的灵活性。

获取制海权的一方同样能对弱势对手施加强大的政治压力。通过在某个海上战区获取制海权，实力强势一方还能对陆上事务施加相当大的政治和外交压力，这种压力有时能导致对手政治和军事同盟瓦解。在其他情况下，海上实力一直较强的一方，如果在海战中遭受了重大失利，将可能会产生巨大的心理影响，从而引发一系列事件的发生，并最终导致其衰落。

（二）制海权的影响

自古以来，制海权是许多国家或民族崛起的重要前提条件。拥有强大的制海权在夺取战争的最终胜利中发挥着重要作用。制海权有时对陆上战争的进程和结局起着决定性的作用。历史表明，制海权对于 19 世纪许多战争的进程产生了重大影响，而战时获取的制海权可以确保胜方在平时也拥有优势。缺乏制海权，或没有能力获取制海权，注定了许多远征行动走向失败。

制海权的重要性，取决于国家的地理位置。通常情况下，制海权对于诸如英国或日本这样的海岛型国家，要比对于占据了半个中央位置的国家如德国，或有普通陆地边界的国家重要得多。不论其海上位置如何，如果一个国家极大地依赖于进出口，例如第二次世界大战中的意大利和如今的中国，制海权也非常重要。当时的意大利能挺过来，完全是因为德国给予其重要的经济支援。对于一个经济上能自给自足的大型国家，例如苏联和纳粹德国（在第二次世界大战中几乎整个欧洲的所有经济资源都供后者使用），制海权的重要性就小多了。

（三）制海权的掌控

1. 制海权的层次划分

理论上讲，制海权从层次上可以分为战略、战役和战术层次。然而，从实际角度来说，对制海权的争夺主要集中在获取并保持战役和战略层次的制海权。战略层次的制海权对应的是整个海上战区；对典型狭窄海域的控制，例如波斯湾（阿拉伯湾），对应的是战役层次的制海权；战术层次的制海权对应的是一次海上战斗或者是一次海上战役行动所控制的一片海区。

2. 制海权的边界范围

与陆上战争相反，一方所拥有的制海权边界是无法进行精确丈量的。在广袤的大洋上，其边界是非常模糊的、漫无边际的，而且经常处于不断的变化之中；而对于封闭的海区，则情况有所不同，因为所控海面的空间范围，多多少少还是比较容易确定的。然而，对于水下和空中边界的掌控却是难以确定的。通常，制海权不会将整个海洋包含在内。对于任何一方而言，重要的是需要拥有与己方海岸毗连的那些海域的制海权。对这片海域的控制，能够确保己方沿海交通自由畅通，同时阻止敌方对己方海岸实施直接打击。强国对于获取这片海域的制海权有着强烈的兴趣，因为这关系到战时己方和联盟之间、己方和中立国之间需要通过这片海域进行重要的物资补给。它也会尝试把制海权扩展至对敌方至关重要的海域，这些海域不仅关系到敌方军事物资的运输，而且对敌方领土防卫、保障前线作战有着重要的意义。此外，双方都想要尽可能多地控制海上贸易重要位置，或者称之为"焦点"位置。

3．制海权掌控的相对性

在两个强劲对手之间的战争中，任何一方都无法获得对整个海上战区及对三维空间的完全、永久的控制。比较常见的情形是，一方可能对海上战区部分海域出于特定目的而拥有制海权。经验表明，两强之争，制海权在大多数情况下都是相对的、不完备的。

制海权从来就不意味着完全控制，在掌控强度上无法完全控制，在海上空间上也无法完全控制。制海权仅仅意味着，参战一方为控制某片特定海域的海上交通所做的努力大体上是成功的。必须时刻牢记，制海权通常只是相对的，只代表着在争夺控制权时处于比较明显的优势地位。在第二次世界大战中，日本海军对西太平洋的控制，无法阻止盟军潜艇对日本商船的攻击。同样地，尽管英国获取了大西洋的制海权，盟军在北大西洋的运输船还是遭受了巨大的损失。

4．制海权掌控的强度

两强之争时，制海权从来就不是静态的，而是处在高度动态变化之中。形势经常会出现突然变化，在典型狭窄海域中尤其如此。根据作战激烈程度，制海权有不同强度之分。通常而言，对制海权的控制强度取决于海域范围、一方作战海域与其基地/部署区的距离远近，还取决于其相对于敌方力量的数量/质量上的优势。一般情况下，为了确保己方海上贸易交通安全，比起对敌方海岸发动两栖登陆、攻击敌方沿海设施设备，所需要的对制海权的掌控强度要高得多、持续时间要长得多。敌方潜艇和水雷等障碍存在的不确定性也会影响制海权掌控强度，在很大程度上这是心理因素，无法精确预测或定量分析。当获取的制海权足以完成某个预期的目标时，那么就可以认为获得了所需要的制海权掌控强度。

5. 制海权掌控的空间范围

制海权的空间范围主要取决于海区大小、地理环境、双方力量对比以及作战过程，还会随着战略目标对应的物理位置而变化。在空间范围方面，制海权有全局和局部之分，或是二者兼而有之。在更为宽泛的定义下，全局性制海权对应着这样的一种状态：实力强势一方对海洋大部分海域实施控制，而其对手对此没有进行挑战的余地。全局性制海权掌控强度，直接与敌对双方总体作战潜能成正比。通常情况下，全局性制海权要求摧毁或限制住敌方主要作战力量。因此，在海战初期全局性制海权并不存在，直到作战双方某一方的力量遭到严重削弱后才会出现。

局部制海权可以理解为：对海上战区特定的、相对较小的部分海域拥有高强度的控制能力。在海上同一战区的不同范围海域，强势一方和弱势一方都可以拥有局部制海权，但是，强势一方可以进行全局控制，而较弱的一方则做不到。有时，一方在狭窄海域拥有全局性制海权，但局部制海权可能会落入弱势一方之手。在典型的狭窄海域，拥有公海制海权并不意味着就必然能够对岛屿之间的水域实施控制。

6. 制海权掌控的物理维度

要获取令人满意的制海权，必须在水面、水下和空中三个物理维度实施控制。如果对水面无法拥有足够的控制能力，那么部队将无法实施两栖登陆，海上交通的安全也难以达成，甚至无法做到。水雷的出现使得水面控制任务极为艰巨，尤为严重的是，如果对某片水域怀疑布设了水雷，则舰船必须避免从该海域通过。在有些情况下，弱势一方几乎只能依靠这种手段来挑战强势一方的海上制海权。比起布雷，扫除或毁坏敌人布设的水雷，需要在舰艇数量、物资器材、人员、机构等方面做出更大而持久的努力。

对水下的控制通常是不完全、不确定而且是脆弱的。要成功实施对敌反潜战斗，需要对大片海域进行搜索。海洋地理与气象条件的复杂性和易变性，对声学传感器的工作会带来极大的影响，尤其在浅海地区。

在现代战争中，离开了制空权，制海权也就没有任何意义了。制空权比起制海权更加复杂，更加难以控制。空域的范围，从己方和敌方的领土，以及毗连的海洋向空中可以延伸到地球表面之上数百英里的高度。

7．制海权掌控的时间

就时间因素影响而言，制海权可以是持久的，也可以是暂时的。在预定的战区，由于弱势一方没有任何手段可以阻止强势一方的作战行动，或者弱势一方舰队已经被摧毁，此时就存在持久的制海权了。然而，在实践中，更常见的情况是，弱势一方仍然会用一些手段来设法挑战强势一方的控制权。暂时性制海权指的是一方在短时期内对海洋拥有很强的控制力。一方不论由于何种原因丧失了主动权，这种丧失可能是长期的，也可能是暂时的，弱势一方随后通常会将其舰队主力保留在基地附近，以避免进行任何的海上决战行动。如果弱势一方成功地获得了空中优势，这将使其能够在一定的时间内运用海上力量来达成自己特定的目标。缺乏制海权，即使是在相对较短的时间内缺乏，也注定了许多大规模作战计划难以达成。

8．制海权掌控的程度

就力量因素影响而言，制海权通常从有限制海权、争夺性制海权到绝对制海权之间进行变化。当一方拥有高度的行动自由，而对方行动则需要冒着很大的风险时，则称之为有限制海权（或有条件的，或受控制的）。有限制海权往往是在战役层面或战略层面的战争态势发生剧烈变化时，主动权从一方转移到另一方的结果。然而，失去主动权的一方仍然可能具有足够的实力，使得强势一方遭受重大损失。有限制海权在本质上是暂时的，因此也是不稳定的。理论上讲，如果一方在海上战场部分海域或者整个海域都对其对手拥有优势，则存在拥有绝对制海权的可能。但是在现实中，无论是在空间上还是在时间上，都不可能达成对大片海洋/海域的绝对控制。实践中的绝对制海权意味着一方兵力在不受到大规模抵抗的条件下展开行动，而敌方兵力则根本无法展开行动。

9．制海权掌控的态势

在文献中很少讨论的一种情况是，两个强劲对手在辽阔的海洋上发生战争时，任何一方都没有对海上战区大部分海域获取制海权，从而出现了一种"无人掌控海洋"的态势。这种情况通常发生在隔洋相望的两个强大对手之间的战争初期。此种情况下，从整体上看，双方都缺少数量庞大的水面舰艇或者潜艇。另外，在敌对双方岸基飞机有效攻击范围之外的那些海域将存在一种无人掌控海洋的态势。例如，在第二次世界大战中，位于美国西海岸和日本本岛之间的太平洋大部分海域，既没有被盟军掌控，也没有被日军控制。

三、影响制海权争夺的主要因素

获取制海权是争夺制海权中的第一步，也是最关键的一步。这一阶段随着预设的战役或战略目标的完成而结束。其次就是必须做出积极的努力，通过摧毁或压制敌方残余兵力来保持所需要的制海权。最后阶段就是实施制海权，或者是利用战役或战略上所取得的成果。也许不能从空间和时间上对这三个阶段进行严格区分，不同阶段之间的界线是极其模糊的，也是难以准确界定的。一旦获取了某种程度的制海权，许多在实施阶段所采取的行动，往往就会立即展开。经验表明，通过满足若干先决条件或前提要求，将会大大提高海上制海权争夺的成功率。影响制海权争夺的因素主要有：

- 有利的海上战略要点
- 有利的作战基地和数量足够的海空基地
- 均衡发展的军事力量
- 数量/质量上的优势
- 完善的海军军事理论、海军作战训练条令条例
- 军兵种间的密切协同与配合
- 进攻意识
- 基地/前沿部署区的控制
- 信息优势

（一）海上战略要点

一般情况下，依据位置所具有的潜在或实际的军事重要程度，可以将地理要点分为战略要点、战役要点以及战术要点。而战略要点通常是指能潜在地对战争的进程，甚至对战争的结果产生决定性影响的位置。如果没有在重要的战略要点上进行兵力部署或调动，海上战争是无法实施的。通常而言，双方起初都会在当

前的战略要点上进行兵力部署。在敌对行动期间，双方都会尽力完善其已有的战略要点，并且努力获取新的和更有价值的战略要点。

（二）海空基地

在争夺制海权的战争中，如果拥有地理位置优越、设备设施完善的海军和空军基地，则成功的可能性就会大大提高。基地居于所属海域海空行动的核心位置，夺取、控制和保护基地是任何时代海军战略的重要组成部分。通常情况下，拥有的基地越多，它为海军兵力的部署、机动和调动就越能提供更大的便利，并为兵力部署和调整提供更合适的位置。对于前沿基地而言，无论是永久性的还是临时性的，其位置应处在预定战场的附近，但不管是何种情况，都应当处于主要海军基地的保障范围之内。

（三）海军力量构成

要想在制海权争夺中获胜，就要求海军力量的构成均衡合理。一支蓝水海军必须能够在浩瀚的大洋上驰骋，并且具有将其力量远距离投送至世界各地或沿海地区进行作战的能力。很显然，诸如航空母舰、巡洋舰等大型水面舰艇和核动力攻击型潜艇具有在典型的狭窄海域进行航行的能力；同时蓝水海军若要保持制海权，应当配备数量较多的小型水面战斗舰艇和潜艇。最适合在沿海进行作战的海军兵力通常就是称为"滨海战斗群"的作战力量。这样的编组形式也应该包含舰载或岸基多用途直升机、多样化无人平台（包括水面、水下、空中），以及特种作战分队。

正如在开阔大洋上进行的战争一样，要想在近岸海区作战中取胜，需要综合运用各种类型的海军作战力量。通过对各种平台进行组合使用，使每种平台的作战能力能够做到取长补短。因此，当缺乏适合在近岸海区行动的兵力时，单种类型的水面战斗舰艇不管多么先进，也不能作为多面手来使用。不仅如此，在近岸海区的作战行动中，还应当运用空军、陆军、海军陆战队以及特种作战力量。AIP（不依赖空气推进的传统动力）攻击型潜艇、轻型护卫舰、轻型巡洋舰、多功能巡洋舰，以及快速攻击舰，比起体型更大的其他平台而言，显然更适合于近岸海区的作战。

（四）兵力规模

要想成功地获取制海权，舰艇装备不仅需要在战技性能上具有优势，而且还需要在数量上具有优势。决定在预定的海上战场永久性地部署何种数量、规模、类型的舰艇，其主要影响因素有以下几种：

- 潜在的海上威胁
- 从本土基地到预定作战海域的距离和航渡时间
- 远期可以部署的舰艇数量以及随时处于维修的舰艇数量
- 海空基地的可用性和安全性，以及这些基地与敌人的相对位置关系
- 作战环境特点
- 任务类型和任务持续时间
- 同盟/联盟的潜在贡献

通常情况下，如果兵力在数量上比敌人要多，就占有很大优势。对于战役和战略层面而言，这一点是千真万确的。海军不仅在获取制海权时需要数量很多的舰艇，而且在保持制海权时也是如此。

（五）军事理论

经验表明，如果在和平时期没有提出完善的军事理论进行训练指导，那么战时要想获取制海权就难以实现。一般而言，条令条例是连接理论和实践的桥梁，它将理论上的思想转化成条令条例上的原则，然后，这些原则就可以用于指导战术谋划、技术和流程的设计。

战役层次的海军作战条令条例是指导海军/海上部队获取和保持制海权的主要文件，它应当集中关注的是战役层次海军兵力或者战区舰队的使用问题。完善的战役条令条例应当包括海军/联合作战力量的兵力运用方法、指挥机构和领导原则、作战决策制定、战役筹划与执行，以及保障活动（情报、信息作战、后勤、防护）。战役作战条令条例还应当包含不同的战役样式。每种战役样式都应该通过实施重要的海军作战行动或者联合作战行动来达成作战目标。特别是针对围绕获取/保持制海权的作战样式，应当基于作战海域和未来海上战争实际情况进行恰当的评估。针对不同兵力在达成各自的作战目标时，它应当运用清晰明白、简洁

扼要的术语对其如何部署、运用及加强进行描述。

（六）联合作战

在获取和保持制海权方面，海军以往几乎成了唯一的角色，如今的情况不再是这样的了。如果没有其他军种参与的联合作战，制海权也就无法达成。多军种的运用或者说联合作战，其优势非常明显。有创造性的作战指挥员可以充分发挥联合力量的优势，以对称或非对称方式运用各部队多样互补的作战能力，与各部队单独作战能力的简单相加相比，能产生出更大的作战效果。

对两个或多个军种的联合运用也有一些不利之处，与单一军种相比，最突出的问题是：大规模海上联合作战的指挥和控制（C2）要复杂得多；军种文化和条令条例的差异，可能会产生误解并导致合作较为困难。其他的问题还包括，军种间的偏见、高级将领个人之间的不和谐（甚至怨恨）、作战安全以及协同工作能力等。各军种使用的通信系统类型和通信流程各不相同，会导致通信过程更为复杂，多国部队间的通信困难表现得尤为突出。联合部队的部署和后勤供应问题，与单一军种相比会面临更大的挑战，而多军种或多国部队中的信息流，通常要比单一军种慢得多。

（七）进攻意识

进攻行动是成功获取和保持制海权的主要条件之一。仅在数量上占据优势，并不能自动转化为对预定海域的制海权。为了获取制海权，海军必须向敌方施加切实的威胁。为了在海上战争初期夺取主动权，实力较强的一方应当尝试通过突然袭击来摧毁敌人主力部队。而后，为了保持主动性，部队还必须持续保持进攻态势。进攻不仅能够确保行动的主动性，还能够鼓舞己方部队的士气，打击敌方士气。主动性在很大程度上主要取决于指挥员在整个指挥链上所行使的领导能力。胜利后的懈怠往往会对战争的最终结果产生决定性的影响，无论是在陆上还是在海上，皆是如此。

进攻意味着一方部队决定采取行动，抓住并掌握主动性，动用所有可用的力量给敌人造成最大的损害。经验表明，冒险的代价往往比消极被动的代价要小。任何军事行动都会有风险。因此，我们总是需要在消极被动和冒险主动之间做出抉择。在战争初期就能够取得主动权，主要是事先精心准备的结果。在历史上，实力强势一方的消极被动，就意味着将制海权拱手交到了弱势一方手里。实力强大的部队如果明显缺乏进攻精神，往往会去追求防御性的战略目标。如果有实力的舰队不主动作为或消极应战，会让实力较弱的对手达成作战目标。

（八）基地/前沿部署区的控制

如果对基地或者前沿部署区没有足够强大的控制力，则在滨海地区争夺制海权就无法取得成功。最好的做法就是，在和平时期将满足控制基地或者前沿部署区所需的各要素建设起来。这些要素是海上战区不可分割的组成部分，或者是预设海上战场需要保护的部分。

只有在海上、水下、空中和陆上进行一系列相互关联的战术进攻和防卫行动，才能获取对基地或者前沿部署区的控制。其主要行动有：对沿海地区和毗连的海洋进行侦察、监视；特别是对沿岸、海军基地、机场和港口进行防护；实施领土防空以及在沿海进行反潜防卫；反击敌战斗舰艇；防范敌方蛙人或者突击队行动；对基地、港口以及选定的近岸海区进行水雷防卫作战；采取进攻性和防御性水雷对抗；抗击恐怖分子行动和敌人突袭；保护沿岸设施设备；防范大规模杀伤性武器；当敌方的水面舰艇对己方沿岸的海军或者空军基地、港口以及设施设备造成威胁时，对其发动进攻性行动，包括突袭和攻击。通过采取防御性或者进攻性信息战，以掩护或者隐蔽己方行动，防范敌方的侦察与监视，对抗敌方的掩护与隐蔽，可以极大地增强己方的基地和前沿部署区的防卫能力。

（九）信息优势

在信息时代，对制海权的争夺，从一开始就必须全力以赴获取信息优势，防止对手获取信息优势。这一点应当成为获取或者保持制海权作战理论中不可分割的一部分。通常情况下，信息优势可以阐述为：一方借由技术能力的帮助，不间断地对信息流进行收集、处理和分发，同时削弱或阻止敌人开展同样的行动，从而获得快速制定明智决策的能力。对网络空间控制权的争夺，与争夺制海权非常相似。由于网络空间范围本质上是无限的，因此，没有哪方能像在争夺制海权那样获得全局或局部控制权。与制海权类似，一方对网络空间的控制，可能是长期的，也可能是暂时的。

理论上，实力较强的一方若能在战争期间主宰了电磁频谱，则可以获得对网络空间的永久控制。然而，这种情况在两强之争中几乎是无法实现的。更可能出现的情况是对网络空间的暂时控制，这样的状态是极不稳定的。优势可以在双方之间快速转换。理论上，对网络空间的控制有有限和绝对之分。对网络空间的有限控制，对应的是一方将网络空间用于某一特定目标的能力。这意味着，较强的一方成功破坏或压制了敌方网络空间能力的一些关键要素。在实践中，两强之争是无法达成对网络空间的绝对控制的。

四、争夺制海权的战法

争夺制海权的战法有不少，但归纳起来主要包括海上决战、打击敌方基地、削弱敌人、牵制敌人、控制海上战略要道、夺占敌方战略要地等。

（一）争夺制海权的战法之一——海上决战

在海上战争伊始就发起海上决战行动，在争夺海上制海权的战争中，其效果最佳。通常来说，以摧毁敌方舰队主力为目标的海上决战，是帆船时代运用的主要作战样式，该作战样式一直运用到 20 世纪。然而，经验表明，只有少数大规模海战才导致了敌方舰队主力遭受到毁灭性的打击。常见的是，在这样的海战中，更为重要的结局不是物质和人员的损失，而是军事、政治、经济甚至心理上的影响。第一次世界大战之后，主力舰队之间的作战就成为摧毁敌方舰队主力，继而获取制海权所运用的主要方式。同一场决战相比，主力舰队之间的作战在海面、水下及空中三维度空间展开。只有在极少的战例中，海上决战和主力舰队之间作战从一开始是为了获取制海权而进行筹划的。这些海战往往是在一方舰队为掩护己方登陆或者为运输船队提供护航，或者是在阻止敌人登陆时发生的。尽管主力舰队之间的对决自从第二次世界大战以来一直没有发生过，但是这种作战样式仍然是海军摧毁敌方海上主力的最佳方式。当敌对双方都不是蓝水海军，或者一方是蓝水海军而另一方是规模较小的近岸海军，或者双方都是近岸海军，当这两支力量发生海战时，系列连续的战术行动可能就会具有决定性意义，并由此可以快速夺取制海权。

在帆船时代以及蒸汽机时代的早期，当一方或双方在实施类似如我们今天所认为的制海权行动时，多数大规模海战都出现了决战行动。多数具有决战行动的大规模海战往往是在以下时机发生的：一方舰队在掩护己方或阻止敌方进行大规模登陆作战时；保障陆军部队在沿海地区进行作战时；保护或攻击大型海上运输船队时；实施或突破海上封锁时。

自第一次世界大战以来，主力舰队之间的作战旨在海上或基地将敌方舰队摧毁，以取代以往通过一次最快、最有效但是最难做到的决战行动来获取制海权。当必须在尽可能短的时间内，以己方部队损失最小的代价去取得决战的胜利时，大规模作战行动就需要周密地制订统筹计划，并付诸实施。这一点对获胜的一方是至关重要的，尤其是在战争初期。然而，主力舰队之间的对决，在某种程度上比决战要少些"决定性"。在第二次世界大战期间，大部分主力舰队之间的对决大都发生在两种情况下：一是当一方舰队为重要运输船队或两栖部队提供远距离护航和支援时；二是当实力较强的舰队威胁进行两栖登陆，以引诱实力较弱的舰队进行决战时。

（二）争夺制海权的战法之二——打击敌方基地

在未来战争中，敌对双方主力舰队在广阔的大洋上直接发生对决的情况不太可能会出现。比较有可能发生战争的情形，是在封闭或者半封闭海域的沿岸国家海军之间发生的，或者是在蓝水海军和近岸海军之间发生的。那么获取制海权的最佳策略就是，海上实力强势一方应当在战争一开始就运用海空所有装备火力，集中力量在敌海军或者空军基地、港口将敌方的海空力量摧毁。经验表明，要在敌方基地摧毁其舰队，通常采取两种主要方法：一是突破敌方基地的防御体系；二是在敌方有效防御范围之外对其进行攻击。

突破敌方基地的防御体系时，一是在敌方港口或者锚地对其实施攻击，以阻塞其出口；二是将敌方海军舰船击沉或烧毁。理论上，可以通过运用水面舰艇、潜艇和特种部队对敌方海军基地或者港口进行突袭。如果将敌人的大部分水面舰艇摧毁，这样的作战行动可能具有决定性意义。但是突袭敌人的海军基地往往是十分困难的，因为攻击部队在逼近敌方基地时很难保持隐蔽性，而且在突袭时，其部队还处在敌方岸防兵力的有效打击范围之内。飞机出现之后，实力强势一方对位于敌人基地内舰队的攻击，就更具决定性了。海上实力强势一方可以通过筹划并实施大规模作战行动来摧毁或者削弱敌人基地内舰队的主力。通过这种行动不仅可以摧毁敌人的舰艇，而且还可以毁坏其机场和其他设施设备。这样大规模的海军战役行动，可以在战争初期双方都未取得制海权时实施，也可以在战争期间争夺制海权时实施。

在敌方基地防御体系外对其攻击，运用的战法主要有：运用航空兵力对敌方基地进行突击、运用偷袭方式对敌方基地进行突击、运用包围方式对敌方基地进行突击、运用空中火力对敌方基地进行突击等。经验表明，在敌方防御有效范围之外，通过空袭对敌方基地内的舰队发动攻击能够取得最佳的战果，这样的袭击可以由航空母舰或者陆基轰炸机和战斗机来实施；运用出其不意的偷袭方式对敌方基地实施突击在现代战争中难度很大，而当敌方海军基地被对手的地面部队所包围时，此时对敌方舰队发起攻击是最佳时机；对于在封闭型海域之内的敌方海军基地，运用空中火力对其突击，其效果远比在开阔海域明显，因为其距离更短，而且有大量陆基航空兵可供调用。这种突袭方式可以是高强度的，而且可以在短时间内多次实施。在摧毁敌人舰艇方面，核动力攻击潜艇、现代常规动力攻击潜艇、陆基与舰载飞机，以及装备了远程反舰巡航导弹或者对地攻击巡航导弹的水面舰艇，是最有效的平台。

（三）争夺制海权的战法之三——削弱敌人

不断摧毁敌军一个又一个的战斗平台或者其编队，是争夺制海权的组成部分。在海战中，大部分的作战行动在规模上属于战术级，其目的就是在敌方基地港口以及在海上将敌方的舰艇或者编队摧毁，而这样做的目的则是不断削弱敌方的海空实力。其战法主要有：摧毁敌方水面战斗舰艇、潜艇以及采取布雷行动等。其中摧毁敌方潜艇、扫除敌方水雷威胁是在争夺制海权战斗中最关键而且是最困难、最耗时的任务之一。为此，实力强势一方应当集中力量去摧毁那些对获取或保持制海权带来最大潜在威胁的敌方力量，也就是那些大型水面舰艇、攻击型潜艇、陆基攻击机或者轰炸机，以及岸上保障设施设备。

在不断削弱敌方实力的过程中，要防止出现敌我双方力量之间的长期对抗与消耗战的产生。要避免这种情形的出现，应当同时使用对称和非对称作战方式。在不断削弱敌方力量时，只要时机条件成熟，就应当广泛运用攻势布雷。攻势布雷具有许多优势，其中最重要的就是，它是唯一不会导致己方力量遭受损失的消耗战。与主力舰队决战相比，不断削弱敌方实力需要更多的时间和精力。

如果逐步削弱敌军的行动逐渐演化为一场消耗战，则存在着较大的风险。避免发生这种情况的唯一方法就是，己方攻击力量不仅要拥有数量上和质量上的优势，具有良好的训练素质和卓越的指挥能力，更重要的是要有战役思维，而不是仅仅着眼于战术层次。要想打败敌人，首先是要在全局上进行统筹考虑。

（四）争夺制海权的战法之四——牵制敌人

摧毁敌方海军力量通常应结合牵制或遏制战法。如果敌方舰队力量过于强大，不能通过一次决战行动将其摧毁，或者敌方舰队力量很弱小，但可以撤离到较强对手一方没有足够兵力投送的某片海域，那么此时就可以采用牵制战法。这种战法不仅适合于牵制敌方海军，也可适合于牵制部署在沿海地区的敌方地面部队。通常情况下，牵制战法主要应用于敌方力量被大大削弱之后或者一次决战行动之时。

用于牵制敌方海军兵力的战法主要有三种样式：一是海上封锁；二是对要害位置/区域实施威胁；三是战略转移。对于每种样式而言，海军兵力所运用的主要战法都是由大大小小的战术行动构成的。随着时间的推移，敌方兵力将逐渐被摧毁或者被牵制。唯一例外的是海上封锁作战样式，作为大规模海军战役行动或者联合战役行动，需要对其进行周密筹划。然而，与大规模舰队决战行动相比，随着时间的推移，海上封锁行动能够达成最终的战役目标，而且在很多情况下还能达到部分战略目标。在执行海上封锁时，绝大多数的作战行动都是战术行动。

牵制敌人是实力强势一方获取制海权的重要手段。实力强势一方应该将决战与牵制敌人行动结合起来。在宽广的海上战场，海上封锁可能是打败实力弱势一方海军力量最有效的方法之一。一般来说，在敌对行动开始后不久就应宣布海上封锁。与大规模舰队对决不同，海上封锁需要长时间才能达成效果。在封锁行动中，战役目标和最终局部战略目标不可能很快就能达成，而是随着时间的推移逐步实现。作战部队运用的主要方法是战术行动，在实施海上封锁时很少运用大规模海上联合作战行动。

对敌方的重要位置或者地区实施威胁是行之有效的牵制方法之一。而采取最有效的威胁方法就是，对敌方控制的海岸和近海岛屿实施大规模两栖登陆。经验表明，当实力弱势一方处于孤立无援或者地理位置位于半岛地区时，这种方法尤其有效。确切地说，实力强势一方必须拥有作战能力强大和训练有素的两栖登陆部队。这通常会迫使实力弱势一方在宽广的海岸线上部署大量兵力，以构建强大的海岸防御体系。此外，实力弱势一方还会调派更多的船只来支援海岸部队。因此，这样的部队是不可能用来争夺海上制海权的。如果在两处或两处以上的海域发生战争，并与同一对手进行作战，实力强势一方可能会试图利用主次战场来欺骗对手。如果欺骗成功的话，实力弱势一方就会将其主力部署在实力强势一方所设计的次要战场上。

（五）争夺制海权的战法之五——控制海上战略要道

对海峡或者海上咽喉要道的控制不仅会增强一国的海上地位，而且还具有更为广泛和更加重大的非军事方面的重要意义。海峡既是海上交通枢纽，也是毗连海域的交通要道。若能在平时对海峡实施控制，那么在战时就能大大增强对毗连海域或者海洋制海权的控制能力。全球有几百个海峡，其中大多数海峡只对沿海国家才显得很重要。然而，一些海峡具有"国际"地位，因为这些海峡在大国的政策中具有非常重要的地缘政治意义。例如，对欧洲具有极其重要地位的丹麦海峡（斯卡格拉克与卡特加特海峡的统称）和土耳其海峡，对中东地区具有重要意义的霍尔木兹海峡。还有一些海峡是战略要道，因为这些海峡将对未来的海上战争进程甚至结果产生重大影响。例如，连接大西洋和地中海之间的直布罗陀海峡，连接太平洋和大西洋的巴拿马运河，连接印度洋和太平洋的马六甲海峡、巽他海峡，以及西西里海峡、曼德海峡、博斯普鲁斯海峡、达达尼尔海峡、莫桑比克海峡、蒂朗海峡等。

控制海上战略要道的主要目的是，防止敌人水面舰艇或者潜艇、军用或者民用船舶在划定的封闭或半封闭海域范围之外进行活动；在海峡内摧毁敌方舰队；夺占海峡或水道的单侧或双侧海岸。实力强势一方可以凭借在战略要道一侧或两侧的岸上设施来对封闭或半封闭的海域实施战役控制，甚至战略控制。这种控制既可以在和平时期进行，也可以在战时实施。在和平时期对海峡或咽喉要道的控制，将会大大有助于对制海权的争夺。在战时，要获取重要海峡或水道的控制权，需要实施大规模联合作战行动。这样的作战行动通常是海上战役行动的组成部分。

（六）争夺制海权的战法之六——夺占敌方战略要地

自有海战以来，拥有地理位置优越、设施设备完善的海军基地是海军实施作战的基本条件。对于海洋强国而言，它还必须在远离本土海域建立数量众多的前进基地。利用外交、政治影响力和经济激励手段获得海外海军基地是国家战略和海军战略的主要职责之一。战时，海上战区的基地主要通过运用军事力量来获取；平时则主要通过外交手段、政治互惠、政治施压以及经济利诱等方式来促成弱势国家允许使用其海军基地。对这些关键地理位置的掌控将为战时运用海空军力量争夺制海权创造有利的先决条件。历史上有大量的实例表明，海洋强国往往首先在预定的海上战区获取一些重要的地理位置，然后将这些位置用作海军基地来争夺制海权。

在帆船时代和蒸汽机时代的初期，在具有重要战略意义的海域建立或保持海军长期存在的常用方法之一，是在战争一开始就夺占一个或几个位置有利的港口和锚地，然后，将新获得的战略要地作为海上舰队在预定海域争夺制海权的海军前进基地。从 17 世纪晚期到 18 世纪，则主要是围绕争夺战略上重要的岛屿和港口控制权而展开的。

与帆船时代和蒸汽机时代初期的海军相比，由于现代海军舰艇和航空兵的机动能力和控制范围大大增加，使得实力强势一方能够快速夺占范围较大的海域，然后利用新获得的地理位置，在陆基航空兵有效作战范围之内，在更广阔的海域建立空中优势。这使得强势一方在战争初期的重点不再是通过摧毁敌方海军力量，而是通过夺取敌方控制的岛屿或者大陆沿岸的"战略支点"来获取制海权。这些战略支点通常是主要的港口、海军基地及机场。最初的登陆地点通常是需要越过没有制海权的海域来实施的。在占领初始登陆点后，利用后续地面部队来巩固和扩大对陆域范围的控制。这样，攻击者就可以绕过敌方的据点，在敌人的后方实施登陆。这种绕过敌人要害据点的方法，或称之为"蛙跳"，最有可能在夺控半岛或群岛战略位置时取得成功。这样，防守方就很难预测下一个打击将来自哪里。

这种战法要求强势一方不仅要在地理位置与时机的选择上能达成突然性，而且还要求在力量上具有压倒性优势。

从以上内容可以看出，本书围绕海上战略，详细地阐述和分析了制海权争夺的复杂性，作者依据经典海军理论家的观点，运用大量海军历史战例，深入剖析了获取和保持制海权的主要方法。对于需要深入理解海上战略与制海权理论的读者而言，本书不失为一本最佳读物。

本书由杨波负责主审，由邢焕革、毛德军、詹昊可负责第 1～7 章的翻译，由姜俊、柳玉、夏栋负责第 8～9 章的翻译；吴志飞负责本书的审稿工作。本书的翻译和出版工作得到丛书编委会及电子工业出版社的大力支持和帮助，在此一并表示诚挚的谢意。

因译者水平、能力有限，错误和欠妥之处在所难免，恳请读者批评指正。

译　者
2020 年 10 月

前言

　　本书是劳特利奇（Routledge）出版社 2009 年出版的《海军战役理论与实践》（Operational Warfare at Sea：Theory and Practice）一书的续篇。本书详细阐述和分析了制海权的复杂性，论述了制海权获取和保持的主要方法。制海权问题经常受到人们的热议，但是"制海权"或"海权控制"一词真正的含义常常要么被误解，要么根本就没有被理解。例如，许多海军军官坚信，只要在某海域有海军存在，就拥有制海权。许多人还把力量投送和制海权以及海上拒止混为一谈，认为这是一回事。显然，要弄清楚这个问题需要通过理论研究来详细解释和分析制海权涉及的多方面因素。发生在两个强大对手之间的战争，每一方的主要目标都是获取和保持制海权。除此之外，未能实现这一目标的一方在海上保护和捍卫其军事经济潜力（military-economic potential）以及支援己方陆上军事行动方面将会遇到很大困难。在这种情况下，实力弱势一方不得不转向战略防御，实施海上拒止。也许不用说，没有哪个国家在和平时期拥有制海权。制海权之争始于交战双方的第一次交锋，它包括获取和保持制海权这两个彼此相互依赖的阶段。

　　本书内容包括九章。每一章都是通过运用海军历史战例来阐述某一理论观点的。缺少海军历史战例佐证的理论是没有说服力的，也是枯燥的和毫无生气的。在本书中，只要有可能，海军经典思想家的观点就常被引用和解释。第 1 章"战略概述"，阐述了国家战略与总体战略、军事战略与战区战略、海军战略与海上战略之间的关系，政治战略目标与军事（海军）战略目标、海上战略进攻与战略防御之间的区别以及海军兵力战略部署；第 2 章"制海权概述"，阐述了制海权的真正含义和对制海权的误解，重点阐述了制海权的重要性，分析了空间、时间和力量因素对制海权的影响程度；第 3 章"制海权的获取与保持"，讨论了力量强势一方获取制海权的先决条件，以及中心位置和外线位置的战略优势与劣势，海军兵力的集中部署与分散部署的优点与不足，同时还分析了在海洋和封闭/半封闭海域（俗称"狭窄海域"）获取制海权的方法与时机。后面的五章内容是从战役和战术层面阐述获取制海权的主要方法。前三章内容阐述和分析了在争夺制海权的战争中摧毁敌方海军兵力的主要方法。第 4 章"海上决战"，分析、讨论了通过"海上决战"和"舰队决战"来获取制海权的理论；第 5 章"打击敌方基地"，阐述了通过打击敌方基地来摧毁敌方海军力量的方法；第 6 章"削弱敌人"，阐述了海上实力强势一方如何运用消耗战的方法来摧毁敌方的水面舰艇、潜艇和飞机；第 7 章"牵制敌人"，讨论了如何运用海上封锁、对要害位置与区域实施威胁以及运用战略转移等方法来牵制实力弱势一方的海军兵力；第 8 章"控制海上战略要道"，详细阐述了实力强势一方获取与保持海峡/水道制海权的方法；第 9 章从"夺占敌方战略要地"的角度阐述和分析了这种非常重要而常被忽视的获取制海权的方法。本书并没有以一章"结论"的形式来结束全书，因为海军理论不应该针对特定的科目提出明确的行动方案。海军理论本质上应该是通用原则，它只能提供一种思维方式，而不能也不应该提供作战行动方法的处方。因此，海军理论形成的目的之一就是以明确不可辩驳的语言，用条理清晰的方式、合乎逻辑的思维提出应该遵循的理论原则。

本书的出版离不开很多人的积极参与和支持。在此，我由衷地感谢安德鲁·汉弗莱斯先生（Andrew Humphrys，劳特利奇出版社的高级编辑，主要从事军事、战略和安全领域的研究）对本书所表现出的极大兴趣，以及对我多次拖延交稿所表现出的极大耐心；我还要感谢杰弗里·提尔教授（Geoffrey Till，系列丛书编辑，主要从事海军政策与历史的研究）对本书提出的建议，并核准了本书的出版，他还核准了我其他几本书的出版；同时，对本书的排版编辑弗雷德·达尔（Fred Dahl）、项目经理蒂娜·科特尼（Tina Cottone）以及 Apex CoVantage 团队其他成员的出色工作也表示诚挚的感谢。

目录

Chapter 1

第1章 | 战略概述

现代海战从未孤立进行，而是与陆上和空中战争交织在一起。海军和空军发挥着举足轻重的作用，却又始终处于次要地位，因为战争最后的结果总是取决于人类居住的位置——陆地。与此同时，现代战争经验表明，离开了制海权和制空权，战争就不可能赢得最后的胜利。一支海军力量无论数量多么庞大，人员多么精干，也不可能在所有的作战海域都保持最佳的行动状态。获取、保持以及运用制海权的能力——有时通俗地称为"争夺制海权"——战时通常是由海上实力强势一方来实施的。在这样的争夺中，虽然海军发挥着非常重要的作用，但是其他军种以及盟国或者协约国的海军和其他军种也会发挥着不可替代的作用。

1.1 战略基本概念

在高强度的传统战争以及非战争军事行动中，政策和战略指导思想为武装力量的运用提供了总体框架。政策应该始终主导着战略指导思想。同时，二者之间不应该相互冲突。[1] 除此之外，政策还决定着以下情况：是否进入战争状态；战争的性质是进攻还是防御。在动用武装力量时，政策还决定了对政治、外交、法律以及其他方面的限制。

1.1.1 战略基本含义

用最简洁的术语来解释，战略可以广义地定义为：将目标与手段相互关联并使之协调的过程。国家安全战略（或称为"大战略"）是将国家各种力量（政治、外交、军事、经济、信息、科技等实力）作为手段，并使之与国家利益、目标和承诺关联起来。国家安全战略是国家或联盟/协约国政治领袖们，利用国家实力来达成政治目标的一种科学和艺术。对国家或联盟/协约国实力手段的运用，都有与之对应的配套策略。而配套策略的重要性，取决于特定的实力手段是否在平时或战时运用，以及依据何种政策来制定要达成的目标。在战时，国家战略主要涉及以下方面：确定国家或联盟/协约国的政治目标，并为作战指挥员提供战略指导；确定要达成的最终战略态势；确定结束战争的条件和时限。

1.1.2 政策与战略关系

政策和战略之间的界限常常是模糊的，甚至难以辨别。高层战略与政策制定密切相关，这通常是政治家们需要考虑的领域。只有在这样的高度，才能协调战争方方面面的问题。[2] 卡尔·冯·克劳塞维茨（1780—1831）对此有清晰的论述：战略取决于政策，因为战争是政治通过另一种手段的延续。通常情况下，军队只能在国家或联盟/协约国制定的战略所确定的框架范围内行动。一般来说，对军队指挥员的行动自由施加的限制越多，要达成预定的战略目标时所需要的军事资源也就越多。在实际操作过程中，军队指挥员所采取的行动措施往往要在纯粹的军事需要与现实的政治条件之间进行权衡。最高军事指挥员最重要的职责之一，就是向政治决策者指出需要确定和阐明军事上可达成战略目标的关键需求。[3] 因此，政策的制定必须要考虑军事上的实际可达成性。与此同时，政治领袖也不应该过多地限制军事指挥员的行动自由。[4]

1.1.3 目标和手段关系

在制定和执行战略时，最为困难的问题之一，就是在目标和手段之间的权衡。这个权衡过程是十分艰难的。这是科学，更是艺术。如果目标和手段之间的权衡考虑不充分，其结果要么导致错误的配置（手段不足以达成所预设的规定目标），要么导致相互之间的脱节（有足够的手段，但在达成预设的规定目标时没有将其充分发挥出来）。显然，好的战略不应该出现严重的配置错误或相互脱节，否则，在战役和战术层面上无论如何表现，其整体上的努力都会归于失败，甚至导致灭顶之灾。

目标和手段之间的错配，将会导致某种程度的风险。而风险的等级大小，在很大程度上取决于各人的判断。风险的产生，可能是由多种因素导致的，比如高估了自身的能力，或者低估了敌人的能力，也有可能是由于有意或无意做出了错误的战略假设。适当的风险则是经过精心思考的。[5] 压缩预期目标，或增加可用手段，或修订、改变甚至放弃预期目标，可以极大地降低风险程度。解决错配的另一种方法，就是找到军事与非军事力量来源的新途径。

1.2　军事战略基本概念

1.2.1　军事战略基本含义

军事战略，就是使用或威胁使用军事手段来达成国家或联盟/协约国政治战略目标的艺术和科学。[6] 它重点关注的是如何将政治战略目标转换为军事战略目标，提升国家或联盟/协约国的地缘政治地位，为未来战争特点和持续时间提出设想，确定主要目标和次要目标，以及如何在多个战区中部署力量。

如果国家在多个战区中有重要的利益需要保护，则需要针对每个战区来制定并运用战略。因此，国家军事战略与战区战略是有一定区别的，国家军事战略就是制定综合的战略规划和行动方针，用于在战场上执行，通过使用武力、威胁使用武力或不涉及武力使用的一些行动，以确保国家和联盟/协约国政策和战略目标实现的艺术和科学。国家战略目标必须主导战区战略目标。

就其达成的主要目标而言，军事战略或战区战略可能是进攻性的或防御性的。在进攻性战略中，其意图可能是想要彻底改变地区或全球力量的均势，也有可能是进攻者对力量均势想要做些适当的调整。而在防御性战略中，目标是维持现状。军事（或战区）战略的终极目标，应该是击溃或歼灭敌人，或在一段时期内不断削弱敌人的实力。首先，姑且称之为"歼灭战略"，其目的是征服敌人，使之无法拒绝对方提出的要求。只有当一方的实力占有压倒性优势时才是可行的，否则的话，敌对双方将会形成僵局，这对资源需求要求极高，以致在决出胜负之前，一方或敌对双方的实力都将消耗殆尽。与此相反的是"消耗战略"，其目的就是让敌人明白，与采取持续的敌对行动相比，运用消耗战略解决政治争端更容易，其结果更具有吸引力。消耗战略的目的就是使敌人的实力不断被消耗，或使之疲惫，从而削弱敌人的战斗意志，而不是彻底摧毁敌人的抵抗能力。[7]

军事（或战区）战略可能是对称的，也可能是非对称的。对于对称战略而言，其目的是使己方的优势力量与敌方优势力量相匹配，但在动用军事和非军事力量时需要进行变革和创新。而非对称战略，其目的则是通过运用非常规手段，来弥补己方在数量和质量上的不足和缺陷。

1.2.2　海军战略基本含义

　　海军或海上战略是军事或战区战略的下层战略。海军战略可以定义为：运用海军所有力量资源来保障国家军事战略达成的科学和艺术。与此相对照，海上战略是运用海军和其他海上力量资源来保障国家军事战略达成的科学和艺术。关于海军或海上战略的构成，经典的海军思想家们的观点各不相同。例如，英国颇具影响力的蓝水海军至上主义者朱利安•S.科贝特爵士（Julian S. Corbett，1854－1922）将海上战略定义为：对控制海洋具有重要影响力的战争原则。对于科贝特而言，海上战略最为关心的，是在战争筹划中确定陆军和海军之间的相互关系。一旦做出决定，海军战略就开始着手筹划，确定海军舰队应当如何行动才能更好地履行其被赋予的使命。[8]然而，他在主张海军战略决定舰队行动、海上战略决定舰队在配合陆军行动所发挥的作用时，混淆了战略和战役之间的界限。[9]

　　法国海军中将、著名的理论家拉乌尔•卡斯特克斯（Raoul Castex，1878－1968），对陆上和海军战略进行了区分，同时对陆上战略和他所谓的总体战略或军事战略也进行了区分。只要陆军和海军舰队在一起行动时，二者的行动都将由总体战略来统一协调。他认为，步兵是战场之王，陆军是总体战略之王，一切都要服从于陆军，因为陆军的胜利意味着全面战略的成功。海军之于陆军，正如炮兵之于步兵，是不可或缺的支援者，用以确保后者顺利达成目标。[10]

1.3　海上战略概述

1.3.1　海上战略目标

　　一般来说，海上战略主要关注以下方面：确定军事（或战区）战略目标的海军部分；使用或威胁使用己方的海上力量；加强国家或联盟/协约国的海上战略地位；为未来海上战争的特点和相持时间提供方案；（在军政领袖的指导下）确定海上战争的攻防属性；确定主要和次要战场；部署战场兵力。

海军/海上战略必须依据政策和军事战略目标来确立。政策决定了战争应达成的战略目标。[11]克劳塞维茨在他的《战争论》中写道，迫使敌人屈服于己方意志的最重要因素是战争的政治目的（目标）。而战争的政治目标则是确定要达成的军事目标，以及实现这些目标所需的力量。[12]克劳塞维茨同时指出，政治和军事目标有时是一致的，在以征服敌人为目标的战争中往往就是如此。通常而言，当军事目标和政治目标在规模上一致时，如果政治目标减少了，则军事目标也要相应减少。[13]

政治目标必须清楚而简明地表述出来。对于决策者们而言，这似乎是一项相对简单的工作。然而人们经常发现，政治目标往往含糊其词，定义不明、阐述不清。其原因在于，政客们并不希望政治目标过于具体，以免一旦所确定的目标没有完全达成，国内的反对派和外国的领袖们就有理由认定所有的努力都白费了。因此，外交政策的目标往往是以目的或目标的形式来给出，而不用具体客观事实来表述。然而，这些术语应当只在阐述国家或联盟/协约国利益时使用，对于军事指挥员及其参谋人员而言作用甚小，甚至毫无用处。

战争的激烈程度与政治目标的重要性直接相关。[14]政治目标的重要性越小，放弃它也就越容易。[15]如果敌对双方都认为其政治目标至关重要，那么双方都会全力以赴，拼死一搏。[16]

政治目标的范围可以是有限的，也可以是无限的。有限的政治目标范围主要涉及，从威胁使用武力占领一些重要战略地区/地点，到迫使敌人在某项议题上改变行为或政策。在有限目标的战争中，通常只要占领或夺取有争议的地区就可以实现战争的目标了。[17]例如，1904 年－1905 年的日俄战争，双方都是按照有限目标来实施的。俄国和日本争夺控制权的地区，本身并不属于他们任何一方。日本不可能彻底打败俄国，也没有必要做到这一点。对于俄国而言，情况也是如此。无论是日本还是俄国，都不想为此而战斗到底。于是，双方都不愿意做出最大的努力和牺牲，以免被拖入彻底的消耗战。[18]

在无限政治目标的战争中，例如 1941 年－1945 年盟军针对日本的战争，其目标是彻底打败敌人的武装力量，清除敌方的政治首脑，甚至推翻敌方的社会制度。无限目标还可能包括对整个国家或国家集团的征服，甚至将敌对国家的所有人口灭绝。[19]与其他目标相似，政治目标可以是积极的或消极的。积极的目标是谋求得到、控制或占领额外领土，而消极的目标则是阻止强大对手不断扩大其控制权。[20] 积极的战争目标并不一定需要做出进攻性的姿态，同样地，消极的战争目标也不一定通过防御性手段来获得。[21]

一旦战争的政治目标确定下来以后，下一步就是根据该目标来规划军事战略目标。军事战略目标将决定实现政治目标需要动用的军事力量资源。著名的、极具影响力的英国军事理论家利德尔•哈特（Liddell Hart，1895－1970）认为，军事目标应当受到政治目标的制约，必须满足其基本条件，政策不应要求军事上实现不可能的目标。[22] 如果政治目标是无限的，那么军事目标也是无限的。然而有限的政治目标并不一定意味着军事目标也是有限的。在一场战争中，政治目标和军事战略目标应当相互协调一致，否则，战争的总体目标将会受到损害。

在战争中，应当以实现总体政治目标，而不是单纯以打败敌人的军事力量为目标来指导战争的实施。确定不符合达成政治目标需要的军事战略目标是极其危险的。一方的军事战略目标可能会对敌人产生意想不到的影响。例如，达成预定的军事目标可能会改变双方的力量平衡，导致最终的政治局面实际上对胜利者不利。另一个比较严重的问题就是，所选定的军事战略目标可能无助于政治目标的实现。有时过多地强调政治局势方面的重要性，可能会导致所选择的政治目标虽然非常可取，但无法运用现有的军事手段来达成。

通常情况下，站在地理的角度，对于同一海上战场，政治和海军战略所追求的目标往往是一致的。但有时也并非如此。例如，在"七年战争"（1756－1763）中，英国的政治目标是征服法属加拿大。然而，英国海军的主要作战方向却不在北美，而在欧洲附近海域。其原因在于，除非在欧洲附近海域将法国海军舰队打败或者将其压制在法国本土海域，否则英国就不可能获得针对法属加拿大作战行动的自由。因此，主要海上战场也就位于英吉利海峡以及大西洋东岸的法国海岸。[23]

最高层的政治－军事领袖，应当提出能对战争进程或结果产生巨大而积极影响的战略目标。例如，在"七年战争"中，英国首相老威廉•皮特（William Pitt，1708－1778）对于应当追求的战略目标具有非常清晰的认知。最杰出的英国海军思想家之一、海军上将赫伯特•里士满（Hertert Richmond，1871－1946）写道，皮特坚定地认为，在战争中的每项计划，无论是政治上的、海上的还是军事上的，都必须以这样或那样的方式为实现最终的目标做出贡献。这意味着英格兰必须在决定性的战场上拥有优势。为此，英格兰"必须在英国实力最强大的地方进行作战，那就是海外。因此，英国必须建立海上指挥基地"。　"在皮特的领导下，国内和海外的皇家海军都得到了加强。敌人基地始终处于监控的状态之下。印度洋舰队得到了加强，敌人的海岸线受到了严重威胁，导致贸易中断。一支强大的陆军被派遣至北美，占领了路易斯堡。"[24] 在七年战争中，英国海军的战略目标就是：在本土保持足够的优势力量，即使法国和西班牙联合起来也无法控制英吉利海峡；任何时候都要保持一支强大的西部舰队，并"在直布罗陀海峡保持一支足够强大的力量以控制该要塞，监视西班牙军队的调动，确保与米诺卡岛（地中海西部岛屿）的交通顺畅"。[25]

政治领袖可以确定一个清晰的战略目标，但是其下属的海军司令可能会犹豫不决，甚至无法及时行动。例如，在 1866 年的奥地利—意大利战争中，意大利海军司令卡罗·佩里·普萨罗（Carlo Pellion Persano，1806－1883）上将，在 6 月 8 日收到一条命令，指示他"摧毁亚得里亚海的敌人，攻击、封锁在任何地方发现的敌人"。[26] 6 月 20 日，意大利海军部长阿戈斯蒂诺·德普雷蒂斯（Agostino Depretis）指示普萨罗从塔兰托航行至安科纳（意大利东部港市）。7 天后，普萨罗在安科纳拥有一次攻击途经此处的奥地利舰队的绝佳机会，但他没有立即行动。其犹豫不决之举挫伤了舰队的士气。普萨罗表示他不能拿整个舰队去冒险，显然他曲解了所收到的命令。因此，他看不到攻击奥地利舰队可能获得的优势。[27] 对于普萨罗而言，搜索并摧毁敌人的舰队显然是一个奇葩的想法。德普雷蒂斯在收到普萨罗发给他的几条闪烁其词的消息后，7 月 15 日，德普雷蒂斯亲赴安科纳，督促这位不愿作战的海军上将执行其命令，否则就解除其职务。然而，在会见了普萨罗和舰队的幕僚长后，德普雷蒂斯改变了最初的命令，指示普萨罗攻击丽莎岛（Lissa，今天的维斯岛 Vis）的防御工事，然后以数千人实施登陆。意大利人显然没有考虑过对丽莎岛进行的攻击会招致奥地利的何种反应。[28] 第二天，普萨罗率领其舰队，勉强从安科纳驶出，无精打采地对丽莎岛上的奥地利防御工事进行了攻击。[29] 就在攻击的过程中，奥地利舰队赶到了。在接下来的战斗中，奥地利这支装备稍差但受到良好训练、指挥得当的舰队给了普萨罗致命一击。从该战例中可以看出，政府高层没有坚持其初始、明智的战略决策，也就是寻找并摧毁敌人的舰队，从而犯下了极大的错误。

有时，政治领袖还可能给下属的海军战役指挥员制定了错误的战略目标。例如，在中法战争（1884 年 8 月－1885 年 4 月）期间，1884 年 10 月，法国政府指示海军舰队司令孤拔（Anatole-Amédée-Prosper Courbet，1827－1885）对台湾实施毫无价值而又困难重重的封锁作战。[30]而其他战例表明，海军指挥员有可能完全没有获知来自政府的任何战略目标。例如，在 1898 年 4 月，西班牙政府命令舰队司令帕斯夸尔•塞韦拉•托佩特（Pascual Cerveray Topete，1839－1909）率领其舰队前出至加勒比海，但是没有向他提出任何战略目标。因此，塞韦拉到达了加勒比海之后，不知道该做什么——此时西班牙与美国鏖战正酣。[31]无独有偶，美国海军部也曾经做过这样的事情，没有给乔治•杜威（George Dewey，1837－1917）准将下达任何指令，他当时是海军亚洲舰队的指挥员（后来升任为海军上将）。[32]

1.3.2　海上战略的性质

通常情况下，政治战略目标和军事战略目标决定了战争是否具有进攻性、防御性，或是二者兼具的特性。对于滨海作战而言，这个问题更为复杂了，因为陆上前沿态势基本上决定了海军力量在战略上处于攻势还是守势。一般来说，如果一方在陆上处于战略攻势，同时海军实力较强，那么，这一方就会试图获取并保持战略层面上的制海权，而陆上实力弱势一方则被迫在海上处于战略守势。

克劳塞维茨强调，（陆上的）防御作战比进攻作战更为激烈。攻方必须拥有比守方更具优势的实力。通常情况下，作战的动机越弱，攻防双方之间的实力差距就越能被掩盖。[33]克劳塞维茨强调的"进攻是一种具有积极目的的较弱作战形式，防御是一种具有消极目的的较强作战形式"这句名言并不完全适用于海战（或空战）。[34]一方面，在预设的海上战场，实力强势一方的海军若想夺取并保持制海权，就必须采取攻势作战。类似地，行使制海权也必须通过一系列的攻势行动来达成。例如，实力强势一方必须处于进攻态势，搜索并摧毁或压制敌方的海上舰队，封锁敌方的海岸线或者海峡/水道，攻击敌方海岸设备设施，并发起两栖登陆作战。[35]然而，海上实力强势一方也可能采取攻防兼备的行动，例如反潜作战、扫雷作战，以及采取保护和维持海上贸易的护航行动。

大部分传统的海军理论家都认为海军在战略上应该处于攻势。其中不乏一些人走向了极端，将进攻的重要性绝对化，当然也有一些人认识到海军也需要执行一些防御性作战任务。例如，海军少将阿尔弗雷德•T.马汉（1840－1914）就主张，无论在战略层面还是战术层面，海军都必须采取攻势作战行动。他反对将海军用于沿海防御作战，因为"沿海防御作战的性质是防御性的，而海军是用于攻势作战行动的"。[36] 在港口运用海军实施防御作战，就相当于将海军攻势特长自我束缚起来。这样的行动对于海军将士的士气和技能也会造成伤害。"放弃了进攻，海军也就等于放弃了它的正当使命。"[37] 马汉坚持认为任何建议将"海军作为纯粹的防御性力量运用，只要稍加分析，就会发现存在着这样或那样的缺陷，而这些缺陷最终表明了这样的本质事实—— 海军最显著的特点就在于其机动性，而纯粹的防御行动则是非机动性的"。[38]

关于进攻性海军战略，卡斯特克斯（Castex）与马汉的观点相类似。他写道："无论是谁，若想在作战中击败敌人舰队，就必须采取攻势行动，而不能在乎必要的冒险。我们必须在主要目标上集中尽可能多的力量，以便获取一切可能的优势。"在他看来，只有采用攻势行动才能打破力量平衡，以便进行决战。决战的特征就是"真正的进攻，只有导致决战的攻势行动才能配得上这个美名"。[39]

克劳塞维茨注意到陆上战争中的"防御并不是绝对的等待和反击"，通常包含有"明显的进攻行动"。他指出，在战略层面，"攻防行动是不断进行交替转换的"。克劳塞维茨写道："可以看到，每次进攻都必须考虑到必要的防御。"[40] 拿破仑说："整个战争的艺术就是由理性和严谨的防御，再加上大胆而快速的进攻所组成的。"[41]

克劳塞维茨和拿破仑的观点在很大程度上也适用于海战。卡斯特克斯认识到在有些情形下，在海上战场，即使是进攻性的计划，也必须考虑到在部分海域实施防御性行动的可能性。除非一方的海军力量占有绝对优势，否则要做到"在任何时候都由实力强势一方来掌控，根本不需要进行防御"是不可能的。在时间和空间上，防御和进攻通常都是相辅相成的。[42]

海上战略防御不可避免地包含进攻要素。因此，在讨论制海权时，不仅包含了旨在削弱敌方舰队的进攻性行动，而且也包含了旨在解除敌人对己方沿海实施封锁的防御性行动，如保护己方沿海基础设施、海军基地港口，抗击敌人登陆的作战行动等。[43] 例如，在第一次世界大战中，位于北海的德国公海舰队在战术上处于攻势，但在战略上却处于守势。

从 1941 年 12 月 7 日珍珠港被偷袭后，直到 1942 年中期，美国海军一直都处于战略防御态势。然而在 1942 年春，针对日本所占领海岛据点，美国海军航母编队发动了一系列攻击行动。例如在 1942 年 1 月下旬，美国航母编队群在夸贾林环礁、沃杰环礁、马洛拉克环礁、贾卢伊特环礁等地对日本所占领的海岛据点发动了攻击。同年 2 月，美国海军航母舰载机攻击了日军占据的威克岛，并在新不列颠岛的拉包尔以东约 300 英里的地方与敌方飞机展开了激战。同年 3 月，一支美国航母编队攻击了马库斯岛。[44] 在日本偷袭珍珠港之后的几个月内，在太平洋上针对日本的作战行动，大部分是由美国潜艇来实施的。当时，既能接近日本本岛各港口，又能抵近日本在太平洋上所控制的各海域的，只有美国潜艇了。美国潜艇攻击了日本海上运输商船，这些商船将极其重要的燃油、橡胶以及其他原材料运回日本本岛，并将援军和补给品送至新占领的各个据点。

1.3.3　海上攻势战略

一般情况下，在陆上处于战略攻势并拥有强大海军的一方，在海上也会处于战略攻势。例如，1904 年－1905 的日俄战争中，日本的目标是获取黄海和日本海的制海权。击败沙俄远东舰队后，日军采取了战略守势，静候沙俄太平洋第二舰队的到来，最终于 1905 年 5 月在对马海战中一举将沙俄舰队击溃。[45]1943 年 1 月斯大林格勒战役后，在苏联红军对入侵的纳粹德军发起了战略进攻后，苏联黑海舰队也立即转入了进攻态势。类似地，苏联波罗的海舰队也是在苏联红军打破了对列宁格勒的围困转入战略进攻后，于 1944 年 9 月开始沿着波罗的海沿岸向南挺进。

在有些情况下，当己方陆军在沿海地区处于攻势作战时，即使己方海上力量相对较弱，也会有可能向敌人发动攻势行动。例如，1938 年－1939 年德国海军参谋部所制订的波罗的海作战行动计划，假定的背景就是苏联波罗的海舰队将处于防御态势，而此时在波罗的海的苏联海军舰队的实力相对于德国舰队而言，在数量上占据优势。即使这样，德军还是决定在波罗的海采取战略攻势行动。1941 年 6 月 22 日德国针对苏联的入侵行动开始后，德军和芬兰军队就封锁了芬兰湾。这一封锁直到 1944 年 9 月才得以解除。在战争中的大部分时间里，尽管德国海军在波罗的海的实力相对较弱，但是德军还是取得了这一胜利。[46]

当面对的是一个非常强大的对手时，海上弱势一方通常处于战略防御态势。例如，1859 年爆发的奥地利对法国/萨丁王国战争中，奥地利军队于 5 月 3 日入侵皮德蒙特地区，法国参战，奥地利海军司令费迪南·马克斯（Ferdinand Max，1832－1867）公爵将他最好的战舰都集中到了主要海军基地波拉港（今普拉港），而剩下的轻型舰只则部署在达尔马提亚的各岛之间。奥地利还在威尼斯和其他一些港口有意凿沉了一些船只，堵塞在法国舰队返港的入口处。6 月 2 日，法国宣布封锁威尼斯，旋即占领了木洛希尼岛（Lussin Piccolo），并将其作为对大陆海岸进行攻击的基地。然而，当奥地利在马真塔和索菲里奥（Solferirio）一带兵败时，战争的胜负就已经决定了。[47]

1.3.4　海上守势战略

通常情况下，陆上处于战略防御的一方，在海上作战中也通常处于守势。例如，在克里米亚战争（1853－1856）中，俄国一开始就处于战略进攻态势。1853年 11 月 30 日，俄国黑海舰队在锡诺普（安纳托利亚北部）攻击并击败了土耳其舰队。然而，在 1854 年，英法陆军（再加上他们的盟友萨丁尼亚王国的军队）以及他们的海军投入作战以后，俄军在陆地和海上被迫转入战略防御态势，并一直持续到 1856 年 3 月战争结束。

1941 年 6 月德军入侵苏联后不久，苏军在黑海和波罗的海战场上迅即转入了战略防御态势。在德军入侵苏联后的短短几个月之内，苏联海军几乎丢失了在波罗的海和黑海战区的所有基地。苏军把防守重心集中于里加海湾，并将芬兰湾从汉科到奥斯穆萨尔岛一带的港口全部关闭了。[48] 除了偶尔派出潜艇到波罗的海的开阔水域进行零星的袭扰之外，苏联波罗的海舰队一直处于战略防御状态，直到1944 年夏季，当苏联红军沿着波罗的海沿岸推进，苏联舰队才得以发挥更重要的作用。类似地，由于 1943 年 1 月－3 月的斯大林格勒（今伏尔加格勒）战役的原因，苏联黑海舰队也一直处于战略防御态势。而俄罗斯南部前线也一直维持着对峙态势，直到 1943 年德军从该地区开始大撤退。

有时海上实力强弱双方都有可能选择战略防御态势，其理由各不相同。例如，在第一次世界大战期间，在北海不仅德国公海舰队选择战略防御，而且英国皇家海军联合舰队也是如此。德军参谋总部确信他们的陆军能够击败在法国登陆的英国远征军，因此，德国人不想让他们的公海舰队去冒险。[49] 在整个战争期间，英德双方舰队在北海基本上都处于战略防御态势，其主要原因可能是由于双方在北海都不具备取得决定性优势的因素。[50]

如果一支海军舰队在相邻的两个海上战场面临着重大的海上威胁，那么这支海军舰队就有可能会选择在威胁更大的海上战场采取进攻态势。而在其他情况下，这支海军舰队可能在两个战场上都采取防御态势。但其主力通常会部署在对手实力最强大的海上战场。例如，德国海军将其公海舰队集中于北海，以对抗英国皇家海军联合舰队；而德国其余的海军力量则部署在波罗的海，在此该海上舰队一直采取战略防御态势，直到 1917 年。

一般而言，一支实力强大的舰队，无论在本土海域还是在外海，都不应当采取防御态势。例如，在美国独立战争期间（1775－1783），英国皇家海军违背了进攻性原则。它在本土海域采取审慎的防御态势，但与此同时，它还努力防守美洲那些脆弱的据点。结果可想而知：英国不仅失去了北美殖民地，而且还失去了西印度群岛大部分地区，以及地中海的米诺卡岛。甚至连直布罗陀和英格兰自身都受到了法国人的威胁。而另一方面，在本土海域，只是由于法国的优柔寡断和根深蒂固的防御思想，而不是英国人所采取的防御行动，才使得英格兰幸免于来自海峡对面的入侵。[51]

1.3.5　海上战略对兵力部署的影响

海军战略还决定了在各个海上战场之间如何部署海军兵力，以及兵力的构成方式。海军部队平时的力量部署是根据对形势的战略评估来决定的，而这种评估是建立在国家政策以及对未来可能发生战争的战区的估计基础之上的。[52] 通常而言，战略目标应当作为主次海上战场选择的决定因素。在主战场上，关键是要有足够强大的力量来对付"敌人所能使出的最大力量"。[53] 与此同时，在次要战场上也能派出足够的力量。如果将舰队的力量在多个战场上进行平均部署则是不明智的。例如，在第一次英荷战争（1652－1654）中，英国和荷兰双方都在北海/英吉利海峡和地中海这两大海上战场，几乎平均部署各自的舰队力量。1904 年的日俄战争爆发之前，俄国海军也犯下了类似的错误，将其舰队力量大体上平分给波罗的海和旅顺港。[54]

英国长期以来都面临着如何部署皇家海军力量的问题——既要保留足够强大的本土防守力量，又要具有防守广大海外殖民地的能力，同时还要保护各殖民地和本土之间的贸易畅通。[55] 英国从 1770 年直至 19 世纪末，对海军力量的建设一直采用"两强标准"（英国海军实力不应低于任何两个海军强国加起来的海军力量——译注），该政策在 1770 年首次予以阐述。此后，由于德国海军力量在北海持续加强，该政策很快就被废弃了。1904 年 3 月 1 日，英国宣布了一项新的政策，即"有余力的两强标准"。当时英国海军部将德国、俄国或俄法联军当作海上最可能的对手。到 1907 年，英国人计划要建造比任何两国联军加起来的战列舰数

量还要多 10%的舰艇。作为新政策的结果，英国皇家海军在 1904 年－1914 年的
10 年间进行了大幅重组，其主要力量从地中海转移到了本土海域。而地中海是当
时英国本土和其远东殖民地之间联系的必经通道。驻扎地中海的英国皇家海军舰
队，通常是由重型快速战舰构成，可以迅速增援英吉利海峡的舰队，也可以迅速
增援印度洋和远东的舰队。[56] 1904 年，英国皇家海军将地中海舰队的战列舰数量
从 12 艘减少到 8 艘。两年之后，另外两艘战列舰也从地中海调出，重新部署至
北海。1907 年－1912 年，仅有 4 艘英国战列舰部署在地中海。[57]

　　到了 1912 年春季，由于需要在本土海域集中尽可能多的皇家海军力量以应
对德国的挑战，为此英国海军部决定进一步压缩地中海舰队。1912 年 5 月 1 日，
英国海军部宣布组建本土舰队，其职责是防卫本土周边海域。这支舰队由 3 支编
队组成，总共有 33 艘人员满编的战列舰，此外还有 8 艘配备了骨干舰员的战列舰。
英国海军部认为这 41 艘战列舰与德国 25 艘战列舰相比，在数量上占据优势。[58]
依据新计划，英国皇家海军在地中海仅仅部署了 2～3 艘战列巡洋舰、一支装甲
巡洋舰编队，在马耳他基地部署了一支驱逐舰和一支潜艇编队，以及在亚历山大
基地部署了一支潜艇编队。英国皇家海军其他的兵力则部署在东印度群岛、好望
角、南亚和澳大利亚，以及美洲东海岸，负责保护殖民地。英国海军部认为，他
们的地中海舰队与法国地中海舰队（已服役的 6 艘无畏级和 14 艘前无畏级战舰，
加上 1913 年－1915 年将完工的 7 艘无畏级战舰）联合起来，可以应对奥地利－意
大利联合海军部队（截至 1915 年有 17 艘前无畏级和 10 艘无畏级战舰）。[59] 因此，
除了在巴尔干半岛战争期间（1912－1913）有一支前无畏级编队临时部署在地中海，
再没有其他战列舰部署在地中海地区。[60] 英国海军部相信，在与德国进行战争时，
地中海至少有一支部队能够确保英国在地中海的海上交通安全，并坚持到战争爆发
后几个月，此时北海形势应当已经明朗了。[61]

　　在 1914 年以前，法国为了保护本国沿海和北非殖民地，同样也面临在地中
海如何保持一支强大舰队的问题。它必须应对意大利和奥匈联合舰队的威胁。
1912 年 9 月，法国将其布雷斯特基地的舰艇编队（由 12 艘前无畏级和 6 艘装甲
巡洋舰组成）调派至土伦港，加入其地中海舰队。[62] 由于 1913 年 2 月英法海军签
订协议，法国对其海峡和大西洋海岸的安全可以放心了。在地中海，倘若与德国
发生战争，法国海军必须保护其殖民地至法国的海上航线畅通，并保护战争动员
后的约 10 万名人员从北非至法国的海上运送安全。[63]

在 20 世纪 30 年代初，法国海军的任务是保护地中海原油的供应。土伦的第一海上编队负责保护地中海航线的安全。一般认为，为了控制地中海西部，至关重要的是要控制马赛－阿尔及尔－比塞大的三角地带。到了 20 世纪 30 年代中期，法国认为未来的主战场将会从地中海转向大西洋。因此，运送部队的主要航线将会从以前的比塞大－土伦变为卡萨布兰卡－法国大西洋海岸。布雷斯特基地的第二海上编队在 1933 年之后不断得到加强，其原因就在于此。[64]

1.3.6　海上战略对兵力运用的影响

通常而言，全军或战区的战略目标，决定了各军兵种武装力量在主次战场上的任务。然而，来自政治、经济乃至心理方面的因素，都可能影响政治领袖做出意外之举。例如，在第二次世界大战中，对于美国海军而言，太平洋是主战场，尽管从名义上来说对于整个美军而言欧洲战区是主战场。在战略上对海军力量运用错误的例子，就是美国独立战争期间英国的战略部署。其主要海军力量本应当部署于西班牙和法国沿岸，但是英国人却想要保护每一个远离本土的港口，防止被他国占有。在 1781 年切萨皮克湾战役中，集中兵力的法国舰队获得了胜利。[65]

1.4　小结

政策应当主导着战略。同样地，海上战略应当主导着海军战役战术。政治和军事战略目标应当彼此相互协调一致。二者之间的任何失衡，都将会产生影响战略目标实现的严重问题。但是，也不能让政策影响到战役或战术层面目标的选择，除非在一些极端环境下需要这样做。要达成何种目标，应当有清晰的表述，任何模棱两可、含糊其词的表述都应当避免。在海上爆发敌对行动时，国家或联盟/协约国最高层的政治－军事领袖，负责决定海军部队是采取战略进攻，还是战略防御，或者采取攻防结合的形式。而这一决定，接下来又决定了哪个海上战区将成为最重要的主战场，哪个将成为次要战场。所以，海军的总体规模及其在海上各战区的力量部署必须与战时达成的战略目标保持一致。因此，一支舰队在平时的规模及力量编成，为我们了解其战时海上可能追求的战略目标提供了一个很好的指向标。

注释

1. Klaus Goldschmidt, "Grundlagen der Strategie," *Wehrwissenschaftliche Rundschau*, 1 （January 1969）, p. 76.

2. Jörg Bahnemann, "Der Begriff der Strategie bei Clausewitz, Moltke und Liddell Hart," Wehrwissenschaftliche Rundschau, 1 （January 1968）, p. 39.

3. Ash Irwin, The Levels of War, Operational Art and Campaign Planning （Camberley, Surrey, England: Strategic and Combat Studies Institute, Occasional Paper No. 5, 1993）, p. 6.

4. Hans Hitz, "Taktik und Strategie. Zur Entwicklung kriegswissenschaftlicher Begriffe," Wehrwissenschaftliche Rundschau, 11 （November 1956）, pp. 617-18.

5. John M. Collins, Grand Strategy: Principles and Practices （Annapolis, MD: Naval Institute Press, 1973）, p. 5.

6. Headquarters United States Marine Corps, MCDP 1-1, Strategy （Washington, DC: U.S. Government Printing Office, 1998）, p. 41.

7. Headquarters United States Marine Corps, MCDP 1-l, Strategy （Washington, DC: U.S. Government Printing Office, 1998）, p. 55.

8. Julian S. Corbett, Some Principles of Maritime Strategy （London: Longmans, Green and Co., 1918）, p. 12.

9. Cited in Chris Bullock, "A Canadian Naval Strategy for the 21st Century: Constabulary Force or International Player?" Conference of Defence Associations Institute, Third Annual Graduate Student Symposium, 3-4 November 2000, Calgary, Canada, p. 3.

10. Raoul Castex. Strategic Theories. Selections translated and edited with an introduction by Eugenia C. Kiesling （Annapolis, MD: Naval Institute Press, 1993）, p. 45.

11. Hein-Peter Weyher, Der Begriff "Seestrategie" und Seine Deutung in den Westlichen Kriegstheorien Des 20. Jahrhunderts （Hamburg: Führungsakademie der Bundeswehr, July 1967）, p. 11.

12. Carl von Clausewitz, On War. Edited and translated by Michael Howard and Peter Paret （New York: Alfred A. Knopf, 1993）, p. 90.

13. Carl von Clausewitz, On War. Edited and translated by Michael Howard and Peter Paret （New York: Alfred A. Knopf, 1993）, p. 91.

14. Hein-Peter Weyher, Der Begriff "Seestrategie" und Seine Deutung in den Westlichen Kriegstheorien Des 20.Jahrhunderts （Hamburg: Führungsakademi der Bundeswehr, July 1967）, p. 4.

15. Otto Groos, Seekriegslehren im Lichte des Weltkrieges. Ein Buch für den Seemann, Soldaten und Staatsmann（Berlin: Verlag von E. S. Mittler & Sohn, 1929）, p. 22.

16. Otto Groos, Seekriegslehren im Lichte des Welthrieges. Ein Buch für den Seemann, Soldaten und Staatsmann（Berlin: Verlag von E. S. Mittler & Sohn, 1929）, p. 23.

17. Otto Groos, Seekriegslehren im Lichte des Weltkrieges. Ein Buch für den Seemann, Soldaten und Staatsmann（Berlin: Verlag von E. S. Mittler & Sohn, 1929）, p. 23; Hein-Peter Weyher, Der Begriff "Seestrategie" und Seine Deutung in den Westlichen Kriegstheorien Des 20. Jahrhunderts（Hamburg: Füehrungsakademie der Bundeswehr, July 1967）, p. 11.

18. Otto Groos, Seekriegslehren im Lichte des Weltkrieges. Ein Buch für den Seemann, Soldaten und Staatsmann（Berlin: Verlag von E. S. Mittler & Sohn, 1929）, p. 23.

19. Headquarters United States Marine Corps, MGDP 1-1, Strategy（Washington, DC: U.S. Government Printing Office, 1998）, pp. 44-45.

20. Hein-Peter Weyher, Der Begriff "Seestrategie" und Seine Deutung in den Westlichen Kriegstheorien Des 20. Jahrhunderts（Hamburg: Führungsakademie der Bundeswehr, July 1967）, p. 8.

21. Hein-Peter Weyher, Der Begriff "Seestrategie" und Seine Deutung in den Westlichen Kriegstheorien Des 20. Jahrhunderts（Hamburg: Führungsakademie der Bundeswehr, July 1967）, p. 8.

22. B.H. Liddell Hart, "The Objective in War: National Object and Military Aim, A Lecture Delivered at the Naval War College on 24 September 1952," Naval War College Review（December 1952）, p. 1.

23. T.G.W. Settle, "The Strategic Employment of the Fleet"（Newport, RI: Naval War College, September 18, 1940）, p. 9a.

24. Herbert Richmond, Statesmen and Sea Power（Oxford: Clarendon Press, first published 1946, reprinted 1947）, pp. 134-35.

25. Herbert Richmond, Statesmen and Sea Power（Oxford: Clarendon Press, first published 1946, reprinted 1947）, p. 142.

26. Gabriel Darrieus, War on the Sea. Strategy and Tactics. Translated by Philip R.Alger（Annapolis, MD: United States Naval Institute, 1908）, p. 89.

27. Howard Marraro, "Unpublished Documents on the Naval Battle of Lissa（1866）," The Journal of Modern History, Vol.14, No.3（September 1942）, p.343; Iron and Fire. Historical Monograph of the Naval Aspects of European Wars in the Mid 19th Century with Particular Emphasis on the Lissa Campaign, 9 January 2005,p. 4.; accessed at http://www.aandagames.

co.uk/index_htm_files/IF_European_Wars.pdf

28. Howard Marraro, "Unpublished Documents on the Naval Battle of Lissa（1866）," The Journal of Modern History, Vol. 14, No. 3（September 1942）, p. 343; Iron and Fire. Historical Monograph of the Naval Aspects of European Wars in the Mid 19th Century with Particular Emphasis on the Lissa Campaign, 9 January 2005,pp.4-5; accessed at http://www.aandagames.co.uk/index_htm_files/IF_European_Wars.pdf

29. Gabriel Darrieus, War on the Sea. Strategy and Tactics. Translated by Philip R. Alger （Annapolis, MD: United States Naval Institute 1908）, pp. 89-90.

30. Gabriel Darrieus and René Daveluy, War on the Sea and Extracts from the Genius of Naval Warfare, I and II. Translated by Philip R. Alger （Annapolis, MD: The United States Naval Institute, 1920）, p. 200.

31. Member of the Staff, Naval Strategy（Newport, RI: Naval War College, 24-25 August 1936）, p. 7.

32. John D. Hayes, "The Writings of Stephen B. Luce," Military Affairs, Vol. 19, No. 4（Winter 1955）, p. 190.

33. Carl von Clausewitz, On War. Edited and translated by Michael Howard and Peter Paret （New York/London: Everyman's Library/Alfred A. Knopf, 1993）, pp. 94-95.

34. Carl von Clausewitz, On War. Edited and translated by Michael Howard and Peter Paret （New York/London: Everyman's Library/Alfred A. Knopf, 1993）, pp. 634-35.

35. Alfred Stenzel, Kriegsführung zur See. Lehre vom Seekriege（Hannover/Leipzig: Mahnsche Buchhandlung, 1913）, p. 96.

36. Cited in Philip A. Crowl, "Alfred Thayer Mahan: The Naval Historian," in Peter Paret, editor, Makers of Modern Strategy. From Machiavelli to the Nuclear Age （Princeton, NJ: Princeton University Press, 1986）, pp. 458-59.

37. Alfred T. Mahan, Naval Strategy: Compared and Contrasted with the Principles and Practice of Military Operations on Land （Boston: Little, Brown, and Company, 1911）, p. 153.

38. Alfred T. Mahan, Naval Strategy Compared and Contrasted with the Principles and Practice of Military Operations on Land （Boston: Little, Brown, and Company, 1911）, p. 132.

39. Raoul Castex, Strategic Theories. Selections translated and edited with an introduction by Eugenia C. Kiesling（Annapolis, MD: Naval Institute Press, 1994）, pp. 73-74, 312, 316-17.

40. Carl von Clausewitz, On War. Edited and translated by Michael Howard and Peter Paret （New York: Alfred A. Knopf, 1993）, pp. 634-35.

41. Elwin F. Cutts, Operations for Securing Command of the Sea Areas, Part 1 （Newport,RI: Naval War College, 8-9 July 1938）, p. 21.

42. Raoul Castex, Strategic Theories. Selections translated and edited with an introduction by Eugenia C. Kiesling（Annapolis, MD: Naval Institute Press, 1994）, pp. 336-37.

43. Alfred Stenzel, Kriegsführung zur See. Lehre vom Seekriege（Hannover/Leipzig:Hahnsche Buchhandlung, 1913）, p. 96.

44. Samuel E. Morison, History of United States Naval Operations in World War II, Vol. 3: The Rising Sun in the Pacific, 1931-April 1942（Boston: Little, Brown and Company, 1959）, pp. 263-64, 267-68.

45. M.G. Cook, "Naval Strategy," 2 March 1931, Air Corps Tactical School, Langley Field, VA, 1930-1931, Strategic Plans Division Records, Series, Box 003, Naval Operational Archives, Washington, D.C., p. 8.

46. Michael Salewski, Die deutsche Seekriegsleitung 1935-1945, Vol. 1:1935-1941 （Frankfurt am Main: Bernard & Graefe Verlag für Wehrwesen, 1970）, p. 365; ibid., Vol. 2:1942-1945 （ibid., 1975）, p. 574.

47. Lawrence Sondhaus, The Habsburg Empire and the Sea: Austrian Naval Policy 1797-1866 （West Lafayette, IN: Purdue University Press, 1989）, pp. 191-92.

48. Jürg Meister, Der Seekrieg in den osteuropaeischen Gewaessern 1941/45 （Munich:J. F. Lehmans Verlag, 1958）, p. 11.

49. Ivo N. Lambi, The Navy and German Power Politics, 1862-1914 （Boston: Allen & Unwin, 1984）, p. 422.

50. M.G. Cook, "Naval Strategy," 2 March 1931, Air Corps Tactical School, Langley Field, VA, 1930-1931, Strategic Plans Division Records, Series, Box 003, Naval Operational Archives, Washington, D.C., p. 9.

51. Geoffrey Till, Maritime Strategy and the Nuclear Age, 2nd ed. （New York: St. Martin's Press, 1984）, p. 116.

52. M.G. Cook, "Naval Strategy," 2 March 1931, Air Corps Tactical School, Langley Field, VA, 1930-1931, Strategic Plans Division Records, Series, Box 003, Naval Operational Archives, Washington, D.C., p. 16.

53. Bernard Brodie, A Layman's Guide to Naval Strategy （Princeton, NJ: Princeton University Press, 1942）, p. 87.

54. Alfred T. Mahan, Naval Strategy Compared and Contrasted with the Principles and Practice of Military Operations on Land （Boston: Little, Brown, and Company, 1919）, pp. 115-16.

55. Max Kupfer, "Die strategische Verteilung der Hauptflotten im Hinblick auf ihren Friedens- und Kriegsaufgaben," Marine Rundschau, No. 6 （June 1936）, p. 291.

56. Max Kupfer, "Die strategische Verteilung der Hauptflotten im Hinblick auf ihren Friedens-

und Kriegsaufgaben," Marine Rundschau, No. 6（June 1936）, pp. 291-92.

57. Paul G. Halpern, The Naval War in the Mediterranean 1914-1918（Annapolis, MD: Naval Institute Press, 1987）, pp. 1-2; Arthur J. Marder, From the Dreadnought to Scapa Flow. The Royal Navy in the Fisher Era, 1904-1919, Vol. I: The Road to War,1904-1914（London: Oxford University Press, 1961）, pp. 123-24.

58. Arthur J. Marder, From the Dreadnought to Scapa Flow. The Royal Navy in the Fisher Era, 1904-1919, Vol. I: The Road to War, 1904-1914（London: Oxford University Press, 1961）, pp. 287-88.

59. Arthur J. Marder, From the Dreadnought to Scapa Flow. The Royal Navy in the Fisher Era, 1904-1919, Vol. I: The Road to War, 1904-1914（London: Oxford University Press, 1961）, p. 288.

60. Paul G. Halpern, The Naval War in the Mediterranean 1914-1918（Annapolis, MD:Naval Institute Press, 1987）, p. 2.

61. Arthur J. Marder, From the Dreadnought to Scapa Flow. The Royal Navy in the Fisher Era, 1904-1919, Vol. I: The Road to War, 1904-1914（London: Oxford University Press, 1961）, p. 288.

62. Arthur J. Marder, From the Dreadnought to Scapa Flow. The Royal Navy in the Fisher Era, 1904-1919, Vol. I: The Road to War, 1904-1914（London: Oxford University Press, 1961）, pp. 304-05.

63. M.G. Cook, "Naval Strategy," 2 March 1931, Air Corps Tactical School, Langley Field, VA, 1930-1931, Strategic Plans Division Records, Series, Box 003, Naval Operational Archives, Washington, D.C., p. 16.

64. Max Kupfer, "Die strategische Verteilung der Hauptflotten im Hinblick auf ihren Friedens- und Kriegsaufgaben," Marine Rundschau, No. 6（June 1936）, p. 295.

65. Bernard Brodie, A Layman's Guide to Naval Strategy（Princeton, NJ: Princeton University Press, 1942）, p. 87.

Chapter 2

第2章 | 制海权概述

海洋的控制者毫无例外是帝国的控制者。

—— 西塞罗，阿提克斯[1]

在海上战场，运用海军力量和其他军兵种力量联合作战的目的，旨在达成某种预定的海上军事目标，否则，所有的努力都白费了。通常情况下，战争几乎方方面面，包括海上战争，都直接或间接地与要达成的目标有关。

从广义角度来说，海上战争的主要目标包括海洋控制、海洋拒止、基地/驻泊地控制，以及摧毁/削弱敌方海上军事－经济潜能，维护/保护己方海上军事－经济潜能。

"掌控"（Command）和"控制"海洋这样的术语，通常没有得到很好的理解。造成这种问题的主要原因可能在于，不同的海军思想家及其诠释者和追随者对这些术语的真实含义进行了不同、有时甚至是自相矛盾的解释。另一方面，"掌控"和"控制"海洋这样的术语，可能直接或间接地表达为对空间、时间和力量等因素的理解。

2.1 制海权与海上战场

2.1.1 海上战场

如果不能完全理解在海上和陆上使用海军和陆军进行作战的内在区别，就不能理解对制海权的争夺。大约70%的地球表面被大海/大洋覆盖。从面积上来说，海洋是非常巨大的。海洋的最终边界就是陆海相交之处。[2] 例如，太平洋面积达到6400万平方英里，占到世界水域面积的46%。太平洋沿赤道从东到西有8700

海里之宽，从巴拿马至马来半岛的距离则达到 10 860 海里。从旧金山到日本横滨的距离大约是 3400 海里，而从旧金山到夏威夷大约是 2100 海里。从巴拿马运河到夏威夷的距离大约是 4700 海里，而关岛距离夏威夷大约是 3500 海里，从威克岛至夏威夷是 2200 海里。[3] 大西洋的面积约为 4110 万平方英里，在宽度上，其较窄的地方有 1480 海里（巴西与利比里亚之间），宽的地方有 2600 海里（美国的东海岸与北非之间）。

相对而言，封闭和半封闭的海洋（通常称之为"海"）[4]，其面积要比洋小得多。例如，波罗的海的面积是 16.3 万平方英里，波斯湾（阿拉伯海）的面积仅有 9.2 万平方英里。[5] 地中海是最大的海，其面积约 95 万平方英里。而地中海本身又包含了多个面积较小的海（如第勒尼安海、爱奥尼亚海、亚得里亚海以及爱琴海）。波罗的海从北向南起算，其宽度大约 920 海里，平均宽度超过 105 海里；基尔和赫尔辛基之间的距离大约是 625 海里；而塔林港（以前称之为雷瓦尔港）与斯德哥尔摩之间的距离约为 220 海里；哥本哈根与罗斯托克之间的距离约为 230 海里；在北海，英国的赫尔港距离德国的埃姆登港约为 280 海里，距离奥斯坦德港（比利时西北部）约为 210 海里；德国的库克斯港与奥克尼群岛的斯卡珀湾相距约为 475 海里；波斯湾的长度约为 535 海里，宽度在 35～190 海里之间；[6] 地中海自西向东的长度超过 2085 海里，最大宽度约为 870 海里。

海洋是一国海上力量对敌方海岸及纵深实施攻击的基础，也是分散部署和保存部分军事潜力的地方。海洋还是一张经济、军事物资自由流通的交通网络。[7] 战时，陆上战场常常受限于各国疆域边界的约束，[8] 况且在地面上通常还设置有多种障碍物。与此相反，在海洋上除了稀少的岛礁外，基本上一望无垠，毫无障碍可言。因此，在海上是没有树木、森林或山脉可以作为藏身之地的。想要在海上隐蔽行动、达成奇袭是非常困难的，也难以确保不受敌人的攻击，尤其是来自空中的攻击。海上战争可以在水面、水下和空中进行，而陆上战争通常只能在地面和空中两个维度进行。在陆上，敌对双方的兵力基本上都在同一区域展开行动。由于受到多种障碍物的限制，军队的行动较为缓慢。同时，他们行动的大体方向也是可以预测的。[9] 海上行动则与此相反，在漫无边际的海域中，海军兵力的行动范围要宽广得多。海军兵力的机动、力量部署的变化非常自由，难以预期。海军兵力的机动速度通常也要比陆军快得多。[10]

陆军由于需要后勤补给以及增援部队的支援，高度依赖于公路和铁路。攻方攻入敌方的领土越深，其交通线就越长，需要用于防守和保护后方交通线的兵力也就越多。与此相反，海军自给自足的能力较强，尽管战舰也经常需要在海上或港口接受补给。

海战没有所谓的前线可言，在作战中，没有坚守的战线，也没有可供对方包围或进攻的前沿阵地，宽广无垠的水域谁也无法占领。[11] 在海洋上，没有任何特定的区域可以被隔离、加固，以及构筑防御要塞，在陆上作战中，哪怕是强敌控制了临近区域，其领土也是可以固守的，而在海上作战中无法做到这一点。[12]

陆上作战要比海上更为激烈，因为敌对双方兵力几乎都纠缠在一起。陆战相对于海战和空战而言，对手的敌意也要强烈得多，陆上的停战时间要比海战短得多。因此，海上战争通常与独立战争形式相类似。[13]

陆军通常能够控制他们所占领的领土。与此相反，海上舰队对其击败的敌方舰队所在的海域是不能保持住的。辽阔的海洋不属于任何人。胜方陆军可以宣称其控制了敌方的领土，而对于海洋而言是不能用同样方式进行控制的。著名的海军经典思想家之一，朱利安•S. 科贝特曾经这样写道，没有人能够"占领海洋，因为海洋不被任何一方所拥有，至少对于领土以外的海域是这样的。正如律师们所说的，你不可能'将它缩小进行占有'，因为你不能将中立国排除在海域之外。你无法像陆军占领敌方领土一样，在其（控制的海洋）上维持住一支武装力量"。[14]

海洋为任何可能的外来入侵者提供了一个保护层。同时，海洋也是一条海上交通"高速公路"。陆上交通的特点与海上交通有显著的不同。陆上高速公路通常由这方或那方所拥有。而在海上则不是这样，海上交通对于交战国和中立国而言，不仅在军事上重要，而且在经济上和政治上也很重要，其重要程度是陆上交通无法相比的。[15] 与陆上的情形相反，海上绝大部分区域也没有影响运输的障碍物。

在海洋上，交战国和中立国的利益相互交织。交战一方的敌对行动，可能会损害中立国的利益。[16] 对敌方海上贸易的攻击，往往会导致非交战国商船的损失。在陆上，胜方或占领方在战后倍感经济压力，但在战时通常不会体现出来。与此相反，在海上，一方控制了海洋后，敌方和中立国会立即感受到经济和政治上的压力。[17]

2.1.2　常用术语的缺陷

不论是为了军事目的还是非军事目的，以往用来描述对海洋运用能力的术语就只有那么几个。最常用的术语当数"掌控海洋""控制海洋"，以及"统治海洋"。[18] 过去用到的其他同义的术语还有"海洋国土"和"海洋主权"。掌控或控制海洋的含义，在海上战争的历史课堂里经历了多次改变。例如，在远古时代，其主要的目的是控制好己方的交通，同时切断敌方的交通。由于桨船适航性较差，通常只能在白天靠近海岸附近进行活动，晚上抛锚停航，以防远离海岸。[19] 因此，即使是实力较强的舰队，其控制的海域面积也不是很大。在中世纪时代，各国海军通常不会寻求决战来获取海上主权，而是确保商业货物和军队运输的航线畅通。[20] 直到第一次英荷战争（1652—1654）之前，海洋控制都没有被认为是保护海上船只、运输军队，以及对敌实施登陆的先决条件。而这次战争所带来的一个重大转变就是，战时必须在本土海域集中主要兵力，首先是击败敌方舰队，然后通过封锁、突袭商船、攫取对方殖民地，对敌方实施登陆来实现控制。[21]

过去，只要一方能够保护其源源不断的运输、切断敌方的海上交通，如果必要的话向敌方海岸投送兵力，就获取了该片海域的制海权。然而，在两个强劲对手之间爆发战争时，获取完全或彻底的制海权的情形就不存在。[22] 如果在海上与强敌进行作战时，针对开阔海域的制海权往往是不彻底和不完备的。即使一方获取了某片海域中的大部分制海权，也并不意味着就控制了所有边缘海域，而对于毗连的半封闭和封闭海域，其控制力就更弱了。因此，对海洋的控制不能从字面的含义理解为通过舰队的永久存在来确保某一海域的安全。其实际目的是通过摧毁敌方舰队，构建己方舰队在执行任务时不会遭到对方严重对抗的态势。[23] 同时，这也暗指对海洋的控制仅存在于战时。[24]

2.1.3　军事理论家的观点

也许对于大部分海军理论家而言，控制海洋意味着控制海外交通线。例如，科贝特是这样阐述的，海上战争的目标就是"控制交通线，而不是像陆上战争那样去征服领土，这是其最本质的区别"。[25] 站在科贝特的角度，诸如"征服海洋领土""将敌人的海岸变成我们的前沿"的表述将是错误的类比。[26] 支配或控制海洋，并不意味着强势一方可以在海上战区某个位置保持永久存在。[27] 与此同时，为了确保海上交通安全，必须要对敌人实施打击。[28] 科贝特注意到，在陆上战争中，"也有关系国家命脉的交通线，它们连接着各战略要点。除非你拥有足够的后备兵力来实现对敌方领土内部交通线、主要战略要点的占领，否则消灭敌军是无法实现的"。[29] 科贝特注意到海上交通线与陆上的不一样，因为海上交通线具有更为广泛的含义，尽管海上交通线也包含了舰队补给线。但舰队补给线的战略价值对应的"不是军事补给线，而是用于维持国家陆上命脉的那些内部交通线"。[30]

科贝特认识到，在战时英国皇家海军只有在掌握决定权的那些地方才能控制重要的海上交通。[31] 由于海上交通线的公共性，其规则之一就是不能打击那些没有防护能力的敌人。而在陆上的军事行动中，规则恰好相反。[32] 在科贝特看来，获取制海权在本质上也就意味着可以在海上畅通无阻地穿行，而不会遇到重大阻拦或抵抗，同时还要阻止敌人获得这样的权利。[33] 然而，科贝特对制海权的理解过于狭隘，也不够严密。海上交通线只是海上贸易的诸多要素之一。更为重要的是，即使在科贝特的时代，获取制海权的目的也不仅仅是控制海上交通，还包括攻击岸上的敌人，从而造成政治、外交、士气，甚至心理方面的影响。

德国海军中将、两次世界大战期间的重要理论家之一沃尔夫冈·魏格纳（Wolfgang Wegener，1875－1956）是这样阐述的，制海权（控制海洋）意味着己方的贸易流通基本不受影响，而敌方的贸易流通则明显地被阻止了。对于魏格纳而言，如果仅仅为了保护己方的贸易，而不去切断敌方的海上交通，则制海权就没有任何意义。他写道，制海权并不等于就是让某些舰船在限定海域里活动。[34] 制海权不局限于让个别汽轮零星地穿过一片海域，而是确保许多舰船如河流一样浩浩荡荡地航行在海域之中。对某条航线进行暂时的干扰不能说是获取了制海权，因为一旦干扰被解除，敌方海上交通线又得以恢复。因此，获取制海权的前提条件是对海域的持续控制。[35]

海军上将爱德华·魏格纳（沃尔夫冈·魏格纳的儿子）这样写道，制海权是在某种态势下确保己方海上交通能够顺畅流动，而敌方海上交通无法流动的一种状态。抑制敌方海上交通，与保持己方海上交通，将二者结合在一起就构成了"制海权"。因此，制海权如同具有双面的硬币那样，抑制敌方海上商业与军事交通，就是从经济上、政治上将敌方与海外隔绝开来；而确保己方海上交通的安全，不仅可为商业交往提供海上交通的便利，而且可将军事力量投送到已获取制海权的整个滨海地区。[36]

海军上将拉乌尔·卡斯特克斯（Raoul Castex）观察到，与海洋接壤的陆上两个国家之间所发生的战争，"制海权至少在理论上不是获胜的必要条件，因为战争的最终结果取决于陆上军队的战况"。然而，"制海权往往对于陆上军队的作战行动产生重要影响，而且通常对获取制海权的一方极为有利"。[37] 卡斯特克斯是这样阐述的，"海上作战"的主要目标，是保护己方海上交通的自由航行，同时阻止敌方海上交通的航行畅通，或者"至少是不能让敌方海上交通完全畅通"。[38] 他指出，任何获取制海权的一方，不仅可以确保己方与海外的联系，而且还可以确保己方海岸免受敌方重大行动的侵害。[39] 卡斯特克斯认为，对海上交通控制权的争夺，不能仅被视为"与其他军事行动无关的独立行动"。但同时它也不能代替摧毁敌方舰队的作用。[40]

卡斯特克斯认为，获取海上通道的制海权具有经济和军事两个方面的重要意义。[41] 在他看来，制海权不能局限于仅仅确保己方海上交通的相对安全，同时应能阻止敌方的海上贸易。获取制海权意味着己方的海上交通畅通无阻，而敌方的海上通道则受到监视，如果环境条件允许的话，在公海上敌方的船只还会受到搜索和追捕，最终会形成传统意义上的封锁形式。[42] 如果对制海权加以充分利用，对战争全局的影响将会彻底改观。当交战双方被海洋隔开的情况下，获取制海权将为陆上战争获得全面优势提供必要条件，克里米亚战争（1854—1856）、中日甲午海战（1894—1895）、美西战争（1898）以及日俄战争（1904—1905）等战例都充分地验证了这一观点。另一方面，在同海岛上的武装力量进行斗争时，仅仅掌握制海权就足够了。[43]

另一位法国海军理论家、海军少将雷内·达维鲁（Rene Daveluy，1863—1939）是这样阐述的，许多理论界人士声称制海权的目标是保护己方海岸不受侵犯，同时攻击敌方海岸；有些人则认为制海权的目标是"是摧毁敌方海上贸易"。而其他一些理论家则认为制海权的目标是"确保进攻获得成功"。他总结道，所有这些目标都可以通过摧毁敌方舰队来达成。[44]

极具影响力的美国著名战略理论家伯纳德·布罗迪（Bernard Brodie，1910—1978）是这样阐述的，制海权往往要受制于许多条条框框，以至于现代一些学者拒绝使用这一术语，反而更喜欢使用"交通管制"这一术语。他指出，如果一方能够自由进行海上贸易，并能阻止敌方进行海上贸易，则人们会称这一方获得了"制海权"。海军发动攻击的首要目标，就是在最重要的海域获取制海权。[45] 英国理论家科林·格雷（Colin Gray，1943—　）认为，海洋上没有什么可供控制的，因为海上交通线并不是实际物理存在的。与此相对应的是，陆上领土可以通过构建有效的防御工事，或者不用防御工事而通过驻军来达成控制。在他看来，制海权或多或少涉及遍布地理上与相关海上航线的多点控制。[46]

2.2　制海权基本概念

2.2.1　制海权含义

在第二次世界大战之后，"海洋控制"逐渐被"制海权"这一术语所替代。其原因之一在于"海洋控制"这一术语听起来过于绝对了。许多理论家认为，一方不可能真正做到"控制海洋"，但是某个特定的海域可能被"控制"。"制海权"这一术语是海军上将阿尔弗雷德·T.马汉从"海洋控制"引申出来的。这个术语隐含了这样的含义：海上战争中参战的一方有能力从战争一开始或在战争期间能够实施海上大规模作战。[47]此外，得到一致公认的是，水雷和鱼雷新型武器装备以及潜艇与飞机新型平台的出现，使得即使是一支实力强大的海军，也难以在海上战区大部分海域持续获得完全的海洋控制权。

"制海权"这一术语能够精确表述这样的现实情况，即在两个强大的对手之间发生海上战争时，除非在最极端的情形下，任何一方都不可能完全控制海洋仅供己方使用，而阻止对方使用。它暗指，一方对某片海域的控制从本质上来看，是与时间和空间相关的。[48]

制海权的概念既简洁，又复杂。简洁表现为，制海权可以描述为在敌对双方对抗期间，一方具有能力将特定的海域及其相关空域（空间）用作军事和非军事之目的，且能使敌方无法使用。然而，这一定义并没有反映出制海权对这片海域存在着不同的管制状态和控制程度这一现实情况。制海权意味着对特定海上战区大部分海域实施有效和广泛的管控。但这并不意味着所有敌对的舰船、潜艇或飞机都不能在这片海域活动，它只是意味着敌人不具备强大的军事能力来干扰破坏己方将这片海域用于军事和非军事目的。如果一方的海空军力量在某片海域执行海上交通管制任务时能够做到行动自由，而敌人却不能如此，除非冒着相当大的风险，那么就可以认为这一方在该片海域获取了制海权。若要获取特定海域的制海权，则需要海军来担负这种任务。与此同时，弱势对手被迫在有限的期限内通过零星行动来争夺这一制海权。[49] 在典型的狭窄海域，如果强势一方获得了制海权，弱势一方可能会设法使对方实施控制越来越困难，并最终夺回制海权。即使是实力强势一方对某片海域的水面和水下拥有相当程度的控制能力，弱势一方只要拥有空中优势，在一定的条件下仍然可以实施海上作战行动。[50]

2.2.2　制海权辨析

人们常常将制海权与兵力投送和海洋拒止的概念相混淆。兵力投送通常是指一方具有在和平时期发挥影响力，而在战时具有获取和行使制海权的能力（而非目标）。很显然，兵力投送能力越强，获取制海权的胜算就越大。制海权和海洋拒止的概念相互关联，但绝对不是同一个概念。首先，强弱双方在目标行为上是彼此对立的。强势一方必然会主动夺取或获取某些东西，这是一种主动获取目标的行为；然而弱势一方则必然会拒止或阻止某些事情的发生，这是一种被动应对目标的行动。制海权在本质上来讲属于进攻态势目标。相对而言，弱势一方则需要进行战略防御，并进行海上拒止。然而，这并不意味着弱势一方就注定会在战术上或者战役上处于被动防御态势。同时，获取制海权和海洋拒止的主要方法也大不一样，但是二者最本质的区别在于，海洋拒止对于实力强势一方而言只是暂时的，而弱势一方在整个战争期间将会处于战略防御态势。

通常认为，制海权在平时就已经存在，它是通过一方海军的存在而体现出来的。但这忽视了这样的事实，制海权真正的含义包括以下两个方面，即"让己方可以利用海洋来实现军事和非军事目标"，并"阻止敌人做到这一点"。很显然在和平时期，不管规模大小、战斗力如何，任何海军都几乎具备无限制地通过任何海洋或者海区的能力。通常，蓝水海军的前沿存在是在充分尊重国际条约和协定的情况下实施的，并且不会侵犯其他国家的领海。海军力量的前沿部署只会在敌对行动开始后为迅速夺取和保持制海权创造有利条件。

在和平时期，不管规模大小、战斗力如何，任何海军都只拥有某种程度的所谓海军影响力（naval influence），而不是制海权。实力强势一方的海军通常不会做出阻止弱势一方利用海洋达成军事和非军事目标的行为。弱势一方在海上由于航程短、反应时间快，可能具有比实力强大的蓝水海军还大的海上影响力，因为后者可能需要在数千英里之外向这些海区投送力量。用专业物理术语来描述，一支海军的影响力等于这支海军的作战潜力加上其非海上的作战能力（如岸基攻击机和轰炸机、中程与短程弹道导弹）；同时在危机发生时，海军力量的部署也是距离和时间的相关函数。这个问题是相当复杂的，因为海军影响力也包含了许多难于定量计算，甚至不可能计算的要素。因此，由于对特定海上战区的潜在对手、己方和中立方估计的理解和偏好不一样，其计算的结果也会大相径庭。例如，一支实力较弱的地区性海上力量，由于其在追求和捍卫自身政治、军事战略利益时进攻性十足而且非常顽强，其海军影响力在特定的战区实际上可能会超过一支非本地区域实力强大的海军。

也有一些观点认为，在典型的狭窄海区，如波罗的海，拥有海岸的一方本身就已经拥有了制海权。然而，这是一种危险的错觉。经验表明，没有强有力的海军力量，只靠岸防是不可能获得制海权的。控制海岸只是获得制海权的必要条件之一。[51] 在沿海地带，拥有制海权的一方可以极大地增强岸上控制力，而缺少制海权的一方要想在陆上获得压倒性优势，则非常困难。除非有一方同时控制了陆地和海洋，否则就不能认为有谁获得了制海权。[52]

2.2.3　制海权的作用

过去，制海权完全等同于对海上交通的控制，也就是说，是为了军事—经济之目的。然而，如果用合适的话来解释，制海权不仅具有经济、军事上的，而且还具有政治乃至心理上的目的。与其他事物相比，制海权更有利于促进己方海上交通的防御和保护，并阻止敌人这样做。战时，将制海权在经济上加以利用可以极大促进最终胜利的到来。[53] 实力强势一方可以确保己方海军舰艇和商船较为安全地在海区上航行，并能破坏和摧毁敌方的海上交通。制海权可以让强势一方通过海上输送部队，达到让敌方直面承受军事压力的目的。[54] 制海权还能保护国家阻止敌人从海上入侵。例如，英国通过控制与其海岸相连的四大狭窄海域（北海、英吉利海峡、爱尔兰海、比斯开湾）以及地中海西部海域，不仅保护了其海上贸易免遭损失，而且还保护了英国免受海上入侵。据推测，对这些狭窄海域的控制也间接地保护了英国在各地的殖民地。[55]

制海权为保护海上运输、掩护己方地面力量在滨海地区的进攻或防御作战提供了必要条件。它还极大地有利于己方兵力投送，以夺取重要的海峡、岛屿以及敌方沿海部分地区。制海权还为在预定的海上战区选择有利的进攻地点提供了较大的灵活性。例如，在美国独立战争（1775—1783）期间，詹姆斯·麦迪逊（James Madison，1751—1836）在 1781 年 5 月指出，"海军优势使得敌人（英国）能够沿着海岸将战场从一个地点转移至另一个地点，迫使美国军队在陆上疲于奔命"。[56]德国海军少将、著名理论家科特·冯·马特查恩（Curt von Maltzahn，1849—1930）在 1898 年是这样论述的，在海上战争的实施过程中，制海权能为海上的其他一切铺平道路，但不能决定战争的结局。必须保护和利用制海权优势，迫使敌人求和。[57]

获取制海权的一方同样能对弱势对手施加强大的政治压力。[58]通过在某片海上战区获得的制海权，实力强势一方还能对陆上事务施加相当大的政治和外交压力，这种压力有时能导致政治和军事同盟瓦解。在其他情况下，海上实力一直较强的一方，如果在海战中遭受了重大失利，将会产生巨大的心理影响，从而引发一系列事件的发生，并最终导致其衰落。例如，公元前 415 年—前 413 年，雅典对西西里远征的失败，不仅导致战舰和人员的巨大损失，而且还给雅典人带来了极大的负面影响。雅典的潜在敌人（斯巴达人）、联盟城市构成的反雅典集团、小亚细亚的波斯总督，全部认为雅典在希腊的主导地位已经到了崩溃的边缘。因此，他们非常大胆地对雅典海上力量实施了集中攻击，雅典发现自己处于非常艰难的境地。它的舰队必须应对无处不在的威胁，而其海上对手实力尽管较弱，却可以在他们所选择的时间和地点发动进攻。[59]

2.3　制海权的重要性

2.3.1　制海权对国家民族崛起的影响

自古以来，制海权是许多国家或民族崛起的重要前提条件。强大的制海权力量在夺取战争的最终胜利中发挥着重要作用。然而，人们常常认为，在某种程度上，只要制海权与经济、外交相结合，就可以打败陆权。然而要最终击溃敌军，还是需要一支强大的陆军。这种错误的观点流行于中世纪的英国。然而，在同路易十四和拿破仑一世（1769—1821）的战争中以及第一次世界大战期间，英国最终依靠建立和保持强大的海军，才在陆上击败了敌人。[60]制海权的重要性早就被一名英国军人、政治家和探险家沃尔特·罗利爵士（Walter Raleigh，1552—1618）指出来了，他说："谁控制了海洋，谁就控制了世界贸易；谁控制了世界贸易，谁就控制了世界财富，因而也就控制了全世界。"[61]

制海权的重要性，取决于国家的地理位置。通常情况下，制海权对于诸如英国或日本这样的海岛型国家，要比对于占据了半个中央位置的国家如德国，或有普通陆地边界的国家重要得多。不论其海上位置如何，如果一个国家极大地依赖于进出口，例如第二次世界大战中的意大利和如今的中国，制海权也非常重要。意大利能挺过来，完全是因为德国给予其重要的经济支援。对于一个经济上能自给自足的大型国家，例如苏联和纳粹德国而言（后者在第二次世界大战中，整个欧洲的所有经济资源都供其使用），制海权的重要性就小多了。[62]

对于必须将作战力量通过海洋运送到对方海岸的一方来说，获取制海权通常情况下就显得非常重要，正如美国独立战争（1775－1783）、克里米亚战争（1854－1856）、美西战争（1898）以及马岛战争（1982）所体现的那样。对于大陆国家而言，如果战争在远离其主力的战场爆发，那么制海权就非常重要，如 1904 年—1905 年日俄战争中俄国所面临的情形。但这一规律，对于占据了半个中央位置、具有公共边界线的国家之间所爆发的战争而言，又不适用了，例如 1870 年—1871 年的普法战争、两次世界大战期间的波罗的海和黑海战争所体现的那样。在这样的情形下，制海权对于陆上前线战事胜负的影响就要小得多。[63]

2.3.2　制海权对陆上战争的影响

尽管制海权可以为陆上战争的胜利提供条件，但制海权本身却不足以赢得战争的胜利。霍雷肖·纳尔逊（Horatio Nelson，1758－1805）将军对其于 1795 年在热那亚湾的前沿存在是这样认为的，制海权根本不能赢得战争。[64]科贝特谨慎地认为，由于人类居住在陆上而非海上，所以国家之间发生战争的结局往往是由陆上决定的。只有地面部队能有效地控制陆上领土，并迫使敌人承认失败才能结束战争，历史上鲜见战争是由海军独立实施的。也许最接近纯粹海战的例子是 1588 年西班牙无敌舰队的失败和 1652 年—1654 年的第一次英荷战争。[65]

过去，制海权提供了陆上战争无法企及的巨大优势。陆上实力弱势一方通过掌握制海权，不仅可以防卫自己的领土，有时还能展开进攻，并以有利的条件结束战争。反之，在海战中失去制海权的一方，根本无力反抗敌人的进攻，也没有多大希望去改变态势。拥有制海权的强势一方几乎完全不受来自大洋彼岸的入侵影响，而且还能够"以各种可能的方式攻击对手的领土"来威胁对手。[66]

　　制海权有时对陆上战争的进程和结局起到决定性的作用，例如，公元前 480 年—前 479 年波斯第二次入侵希腊的战争就是如此。公元前 480 年 9 月，希腊海军在萨拉米斯取得决定性的胜利之后，波斯国王薛西斯一世（Xerxes I，前 519—前 465）放弃了征服希腊的企图。

　　迦太基拥有的制海权对于第一次腓尼基战争（前 264—前 241 年）的结局具有决定性作用。到公元前 6 世纪末，迦太基控制了从昔兰尼加（今利比亚东部地区）至南部腓尼基人定居点一带的北非海岸，以及西班牙的大西洋沿岸、巴利阿里群岛（西班牙东部）、萨丁尼亚、厄尔巴岛（位于意大利西岸）、马尔他，以及西西里岛西部边界。在争夺西西里岛的作战中，迦太基人可以随时运送部队。然而，希腊人有时能够成功挑战其制海权，因为希腊人比迦太基人有更熟练的航海家，其海上作战能力远超迦太基人。[67]

　　公元前 218 年—前 201 年的第二次腓尼基战争中，罗马取得了对迦太基的最终胜利，其中最具决定性的因素就是罗马人获得了地中海的中、西部制海权。公元前 218 年，罗马人拥有第勒尼安海以及沿着今天的里维埃拉沿岸远至其盟友马西利亚（今天的马赛）领土一带海域的制海权。在西西里岛，罗马在帕诺姆斯（今巴勒莫）、利利巴厄姆（今马沙拉）、梅萨纳（今墨西拿）地区掌控着加固后的港口。从西西里岛开始，他们控制了意大利南部海岸，以及穿过亚得里亚海的布林迪西姆（意大利东南部港市）中间基地的海上通道。迦太基控制了西班牙北部与西西里岛以南的海上通道。[68] 若要在战争中打赢意大利，迦太基必须获取伊特鲁里亚海的制海权。然而，迦太基的舰队只能在沿岸附近海域组织作战和进行海上运输，而不具有获取制海权的能力。[69]

　　在第二次腓尼基战争中，罗马人获取了制海权，迫使迦太基的统领汉尼拔·巴卡（Hannibal Barca，前 247—前 183/182）在入侵意大利时选择了一条遥远的、艰险得多的陆路。公元前 218 年 3 月，汉尼拔率领一支由 5 万名步兵、6000 名骑兵和 57 只大象组成的军队，开始了他对意大利的远征。汉尼拔花了大约 7 个月的时间翻越比利牛斯山，前出至阿尔卑斯山北部高卢地区的南部（今法国南部），渡过罗讷河，在雪季到来之前翻越阿尔卑斯山进入意大利。公元前 218 年 11 月，当他进入阿尔卑斯山南部高卢地区（今意大利北部）时，汉尼拔的部队仅剩 2 万人，大象所剩无几。大部分士兵由于逃亡和各种疾病而减员。[70] 尽管如此，汉尼拔对意大利的入侵开始后，连续取得了一系列胜利。他在特雷比亚战役（前

218 年 12 月）、特拉西梅诺湖战役（前 217 年 6 月）和坎尼战役（前 216 年 8 月）中取得了辉煌的胜利。然而，每一次胜利之后汉尼拔的力量都要削减一些。从迦太基或西班牙补充新员的唯一途径就是从海上，而这条路对于汉尼拔而言则是关闭的。[71]

在汉尼拔向意大利北部挺进的同时，罗马人掌控着海洋，因而其军队能够在埃布罗河（位于西班牙北部）北岸站稳脚跟。[72] 罗马人成功地实施了四次小规模的海上遭遇战（两次在利利巴厄姆、一次在埃布罗河，一次在塔林敦），[73] 从而获得了西西里岛北部海域、狮子湾以及西班牙整个东部沿海的制海权。[74] 罗马人可以在意大利和西班牙之间调动军团，袭击并摧毁汉尼拔在西班牙的基地，截断其交通线。罗马舰队阻止了汉尼拔通过海上从西班牙或北非以及马其顿盟友那里获得增援和补给。[75] 汉尼拔通过陆路进行增援非常缓慢，而且十分艰难。公元前207 年 6 月 23 日，在南阿尔卑斯高卢的梅陶鲁斯河（今梅陶罗河）战役中，汉尼拔的兄弟哈斯德鲁巴·鲍尔德（Hasdrubal the Bald）率领的一支部队被打败了。最后，罗马执政官普布利乌斯·科尔内利乌斯·西庇阿（Publius Cornelius Scipio Africanus，前 236－前 184/183）先是将迦太基人逐出西班牙，并借此截断了汉尼拔与其作战基地的联系。然后他集结了一支远征西西里岛的部队。西庇阿在北非登陆，从而威胁到迦太基的心脏地区。公元前 202 年 10 月，在扎马（迦太基附近）战役中，汉尼拔遭到了致命的失败。紧接着，迦太基被消灭，变成了罗马的附属国。[76]

2.3.3　制海权对和平时期的影响

战时获取的制海权可以确保胜方在平时也拥有优势。例如，公元 476 年罗马灭亡之后，拜占庭帝国（330－1453）能够控制地中海大部分区域的关键就是获取了制海权。公元 5 世纪，拜占庭霸权首次受到汪达尔人的威胁。公元 533年—534 年，拜占庭皇帝查士丁尼一世（Justinian I，482－565）在称之为"汪达尔战争"中消除了这一威胁。然而到了公元 7 世纪，拜占庭对地中海的控制受到了崛起的穆斯林强权的挑战。拜占庭先是失去了对黎凡特（地中海东部地区）的控制，然后是北非。

在"七年战争"（1756－1763）中，英国和其盟国普鲁士获胜的唯一最重要的因素就是其强大的海上实力。那是首次发生的全球性战争，陆军和海军在欧洲、北美洲、加勒比海以及西非海岸、印度和菲律宾等地展开了作战行动。"七年战争"于 1763 年签订《巴黎条约》（由法国、西班牙和英国签署）和《胡贝图斯堡条约》（由萨克森、普鲁士和奥地利签署）后宣告结束。最大的赢家是英国，它获得了新法兰西（在加拿大）地区、西班牙的佛罗里达以及加勒比海的部分岛屿、塞内加尔（西非）和法国在印度次大陆的优良贸易点。如果没有英国皇家海军对西班牙－法国联合舰队的优势力量，是不可能取得这样的战果的。

在美国独立战争（1775－1783）中，制海权在战争初期给英国带来了巨大的优势。英国人拥有海上极大的灵活性，而美国独立派的革命者主要依靠原始的陆上交通。这使得英国可以轻松夺取纽约和其他重要海港，这些海港随后被英军作为基地和避难所。[77] 没有海军力量，美国独立派的革命者无法取得决定性的胜利。陆军总司令乔治·华盛顿将军（1732－1799）在 1781 年 10 月 19 日约克镇（美国弗吉尼亚州东南部城镇）战役之后在写给拉法耶特（Lafayette，1757－1834）侯爵的信中这样写道："没有海上优势的支持，陆军无法实施决定性的作战。要证明这一点，我们只需要回顾一下英国人在获得海上优势时可以轻松便捷地在美国大陆两端进行阵地转移，而当他们后来失去海上优势时，就遭到了惨重的损失。"[78]英国人最终的失败在于它无法充分利用其舰队在海上明显的压倒性优势。[79]

在法国革命战争（1792－1802）中，法国击败了由英国领导的第一次和第二次反法同盟。在拿破仑一世战争（1803－1815）期间，法国在对抗由英国领导的另外三次反法同盟中取得了胜利。然而，拿破仑一世在1814 年的第六次反法同盟战争，以及1815 年的第七次反法同盟战争中落败。英国获胜的决定性因素是皇家海军在地中海获得了制海权。对英吉利海峡的控制，阻止了法军1796 年对爱尔兰、1803 年－1805 年对英格兰的入侵。如果没有制海权，英国就不可能具备连续组建同盟并在欧洲大陆驻扎军队的能力。

2.3.4　制海权对战争进程的影响

制海权对于 19 世纪许多战争的进程产生了重大影响。例如，在 1812 年的美英战争中，制海权对陆上战争的结局产生了重大影响。1813 年 9 月美军在伊利湖的胜利，迫使英国从底特律前线立即后撤。此后，美国对伊利湖的控制确保了战争期间对西部地区的控制。1812 年 9 月美军在普拉茨堡战役（也被称为尚普兰湖之战）中获胜，阻断了英军向南挺进的步伐，并为美军反攻加拿大开辟了道路。[80]

　　在 1812 年的战争中，英国在美国大西洋沿岸的作战较为成功。在战争初期，英国皇家海军在美国沿海海域实力相对薄弱，但在其他海域拥有大量军力存在。虽然美国海军在数量上处于劣势，但是在单艘舰对舰的战斗中，美国海军还是取得了几次重大的胜利。[81] 然而，英国皇家海军将美国海上贸易活动整个端掉了，同时成功地保护了英国的船运。持续有效的海上封锁从源头上扼杀了美国的商业活动。战争开始后的数周时间内，美国海军无力为海上贸易提供实质性的保护。[82]1814 年 12 月 24 日，战争以《根特条约》的签署而正式结束。

　　在 1846 年－1848 年美墨战争中，美国海军做出的最大贡献就是获取了墨西哥湾的制海权。而这一点可以使美国从海上运送力量，在墨西哥沿岸登陆，并切断墨西哥来自海外的弹药与其他物资补给。[83] 在俄国与奥斯曼帝国及其西方盟友（法国、英国，萨丁尼亚王国）之间的克里米亚战争（1853－1856）中，海上战争在黑海、波罗的海、白海以及鄂霍次克海（太平洋西北部边缘海）多处打响，英国和法国拥有的制海权对他们获得最终的胜利发挥了重要作用。

　　在 1859 年奥地利与法国/萨丁尼亚王国（第二次意大利独立战争）的战争中，制海权在法国获胜的过程中发挥了主要作用。法国对意大利西部沿海附近海域拥有绝对的制海权，这使得法国和萨丁尼亚王国有能力将法国两个陆军兵团和一个师的兵力运输至热那亚，并将另一军团部分兵力输送至来亨（意大利的城市）。[84]

　　在美国南北战争（1861－1865）期间，北方联盟海军拥有无可争辩的制海权。在 1861 年 7 月，北方联盟对联邦各州的港口实施了军事/商业封锁。[85] 封锁线从切萨皮克海湾一直延伸至墨西哥边界，长达 3500 英里。这是北方联盟海军对北方获胜的最大贡献。[86] 在战争第一年年底，北方联盟海军控制了弗吉尼亚州、北卡罗来纳州和南卡罗来纳州、佐治亚州、佛罗里达州和密西西比州海岸的多个据点。北方联盟陆军花了整整 3 年的时间才打通了这些据点之间的陆上通道。[87] 联盟海军在西部河流上的行动，确保了对密西西比河及其支流的控制，从而将密西西比河流经的联邦各州孤立起来。联盟海军拥有的制海权是在切萨皮克海湾和弗吉尼亚与陆军密切配合成功的主要因素。同时，联盟海军拥有的制海权在 1862 年春支援波托马克河陆军行动和支援乔治•B. 麦克莱伦（George B. McClellan）将军筹划的半岛战役行动中发挥了重要作用，在 1864 年－1865 年支援尤利塞斯•S. 格兰特（Ulysses S. Grant）将军对里士满发动进攻的过程中，联盟海军拥有的制海权同样发挥了重大作用。北方联盟军舰掩护陆军在本来无法通行的地域上行动，并保护着通往陆军最终补给来源地的重要水上交通线。[88]

1879 年－1884 年发生在太平洋上的硝石战争中，智利面对着由玻利维亚和秘鲁组成的防御联盟，地理环境注定双方都必须依靠海军才能达成各自的战争目标。智利和秘鲁被一条几乎无人居住、干燥且多丘陵的地带分隔开。这一特点使得两边都必须获得一定程度的制海权。在战争初期，敌对双方海军力量几乎势均力敌。秘鲁拥有 2 艘铁甲舰、2 艘侦察船和 2 艘木制舰艇；智利拥有 2 艘铁甲舰、4 艘木制轻巡洋舰以及 2 艘炮艇。[89] 最后，智利海军取得了胜利。秘鲁沿海对来自海洋方向的攻击毫无防范之力。[90] 在陆上，智利军队于 1880 年 5 月在塔克纳战斗中击败了玻利维亚军队；在 1880 年 6 月，智利的军队又在塔克纳战斗中击败了秘鲁军队，并于 1881 年 1 月占领了秘鲁首都利马；1883 年 10 月智利和秘鲁以签署《安康条约》的形式结束了战争。一年之后，智利与玻利维亚也签署了停战协定。

在 1898 年的美西战争中，地理环境对西班牙不利。西班牙海军必须在远离本土基地数千英里之外进行作战。西班牙最东部的海军基地波多黎哥与西班牙的距离是距美国的两倍。[91] 美国的目标是将西班牙军队从古巴驱逐出去。因此，对于西班牙人而言，控制古巴与西班牙本土之间的海上交通线是至关重要的；而对于美国人而言，获取加勒比海制海权是决定海上封锁古巴能否成功的关键。这一目标只能通过摧毁西班牙海军力量，或者使之无法在古巴海域实施军事行动才能达成。[92]

在 1904 年－1905 年爆发的日俄战争中，俄国在战争初期企图占领朝鲜，以阻止日本在那里登陆。为了摧毁日本舰队，阻止日本登陆，俄国海军舰队和陆军之间必须要进行密切协同。[93] 对于日本而言，要想在朝鲜登陆，就必须掌握黄海的制海权。因此，日本在 1904 年 2 月 8/9 日的夜晚对旅顺港的俄国舰队发动鱼雷偷袭。当日，大约 6.5 万名日军在济物浦湾（今韩国仁川）登陆。俄国舰队遭受重大损失，被迫转入防守。这样一来，日本获得了黄海制海权，进一步加强了对旅顺港的包围。[94]

在第一次世界大战（1914－1918）中，协约国拥有大西洋和地中海各主要海域的制海权。法国和英国能从北非输送约 24.7 万名士兵、从西非输送 13.4 万名士兵，制海权是关键因素。[95] 还有大约 208 万名士兵从美国运送至欧洲。在这些兵力中，大约 46%是由美国船只（几乎所有的海军运输船只）运输的。[96] 英国和法国海军还为在法国/比利时沿岸作战的陆军部队提供了广泛的支持。在战争初期两国海军掩护英国军队渡过英吉利海峡发挥过重要作用。他们还为陆军部队免遭德国海军在敦刻尔克和尼乌波特的袭击提供保护。[97] 由于拥有海上优势，协约国方面能够利用世界贸易来支撑他们的战争行动。战争持续越久，轴心国就愈能感受到极大的负面影响。[98]

2.3.5　制海权对战争结局的影响

缺乏制海权，或没有能力获得制海权，注定了许多远征行动失败的结局。例如，在第一次波斯入侵希腊（前 492－前 490）时，波斯人征服了色雷斯地区，并在公元前 492 年迫使马其顿成为其附庸国。然而，由于在阿索斯山沿岸附近海域的一场风暴中其舰队损失了大部分舰只，波斯试图再进一步控制雅典和希腊其他各州时遭受了失败。公元前 490 年，在大提士（Datis）和阿尔塔费尼斯（Artaphernes）的带领下，波斯人通过爱琴海运输部队，开始了对希腊的第二次入侵。在去往阿提卡的途中，他们占领了纳克索斯岛、埃雷特里亚岛（在埃维厄岛上）以及爱琴海中其他岛屿。公元前 490 年，波斯人虽然在马拉松登陆失败，然而由于他们掌控着制海权，波斯人再次从海上运送部队，他们从苏尼翁海岬附近海域出发，出其不意地占领了雅典。然而，雅典人从马拉松经陆路快速机动，迫使波斯人放弃了希腊沿海，返回亚洲。[99]

在 1805 年－1810 年瑞典同法国（拿破仑时期）进行战争时无法获取制海权，从而使得法国可以方便地在瑞典沿海自由行动。由俄国和法国联合组成的 1600 多人的部队，于 1808 年 5 月在哥特兰岛登陆，随后占领了半岛上最重要的港口——维斯比港。最后，双方达成了停战协定；法国－俄国军队撤离哥特兰岛，俄国人同意从奥兰群岛撤回，这些岛屿是 1807 年冬他们从冰上机动占领的。俄国人向斯德哥尔摩挺进时遭到瑞典和英国舰队的阻挡，尽管瑞典在芬兰湾作战时其轻型海岸部队遭到了削弱。[100]

缺乏制海权往往会迫使弱势一方不得不依靠效率低下而速度缓慢的陆上补给路线。例如，在 1876 年－1877 年的俄土战争中，由于缺少海军力量的支援，俄国向巴尔干的陆军运送补给时，必须通过多瑙河附近的加拉茨才能完成预定的任务。由于土耳其拥有对黑海的制海权，迫使俄国人经由更远、更艰难的道路才能进入到土耳其控制的巴尔干半岛。土耳其对制海权的掌控，意味着俄国想要占领君士坦丁堡，并向高加索地区挺进，只有经过陆路才能行得通，因为俄国无法从海上运送登陆部队。这导致了双方在普列文发生了激烈而残酷的战斗。[101] 尽管俄国最终打败了土耳其，但是如果他们控制了海上交通，俄国可能会取得更大的战果。[102]

2.4　制海权的掌控

2.4.1　制海权的层次划分

从理论上讲，制海权从层次上可以分为战略、战役和战术层次。然而，从实际角度来说，对制海权的争夺主要集中在获取并保持战役和战略层次的制海权。战略层次的制海权对应的是整个海上战区；对典型狭窄海域的控制，例如波斯湾（阿拉伯湾），对应的是战役层次的制海权；战术层次的制海权对应的是一次海上战斗或者是一次海上战役行动所控制的一片海区。

2.4.2　制海权的边界范围

与陆上战争相反，一方所拥有的制海权边界是无法进行精确丈量的。在广袤的大洋上，其边界是非常模糊的、漫无边际的，而且经常处于不断的变化之中；而在封闭的海区，则情况有所不同，因为所控海面的空间范围多多少少还是比较容易确定的。然而，对于水下和空中边界的掌控却是难以确定的。通常，制海权不会将整个海洋包含在内。对于任何一方而言，重要的是需要拥有与己方海岸毗连的那些海域的制海权。对这片海域的控制，能够确保己方沿海交通自由畅通，同时阻止敌方对己方海岸实施直接打击。强国对于获取这片海域的制海权有着强烈的兴趣，因为这关系到战时己方和联盟之间、己方和中立国之间通过这片海域进行重要的物资补给。它也会尝试把制海权扩展至对敌方有着至关重要的海域，这些海域不仅关系到敌方军事物资的运输，而且对敌方领土防卫、保障前线作战有着重要的意义。此外，双方都想要尽可能多地控制海上贸易的重要位置，或者称之为"焦点"位置。[103]

2.4.3　制海权掌控的相对性

在两个强劲对手之间的战争中，任何一方都无法获得对整个海上战区及对三维空间的完全、永久的控制。比较常见的情形是，一方可能对海上战区部分海域出于特定目的而拥有制海权。经验表明，两强之争，制海权在大多数情况下都是相对的、不完备的。马汉认为："拥有制海权并不意味着敌方任何舰艇或小型编队都无法驶出港口，或不能通过那些海上往来频繁的通道，或者也不能对被封锁的港口进行袭击。历史经验表明，这些状况都是可能发生的。"[104]

无独有偶，卡斯特克斯也曾阐述过没有绝对制海权这样的观点。制海权"不是绝对的，而是相对、不完整且不完备的。即使具有决定性的优势，对海上交通线的控制也不能完全阻止敌人在海上出现"。[105]甚至只是对制海权的相对拥有，也无法在全球所有位置同时实施，因为即使拥有最强的实力，也没有那么多的兵力可供调用。从来不存在对海上交通的全面控制，只有对海上战区部分特定海域的局部控制，或依据一方可用的资源，在控制的强度上、数量上和规模上进行增减。有时地理环境和舰队力量的部署改变了局部制海权的分布，使其有益于弱势海军。[106]卡斯特克斯指出，一方为了自己的目的而自由利用海洋，是"为海岸突袭、公海缉拿以及有条件地实施旧式的海上封锁提供机会"。[107]

布罗迪注意到，制海权从来就不能完全控制，在强度上无法完全控制，在海上空间上也无法完全控制。它仅仅意味着，参战一方为控制某片特定海域的海上交通所做的努力大体上是成功的。[107]必须时刻牢记，制海权通常只是相对的，仅仅意味着在争夺控制权时处于比较明显的优势地位。[109]在第二次世界大战中日本海军对太平洋西部的控制，仍无法避免盟军潜艇对日本商船造成的巨大损失。同样地，尽管英国获得了大西洋的制海权，盟军在北大西洋的运输船还是遭受了巨大损失。[110]

2.4.4　制海权掌控的强度

两强之争时，制海权从来就不是静态的，而是处在高度动态变化之中。形势经常会出现突然变化，在典型狭窄海域尤其如此。根据作战激烈程度，制海权有不同的强度之分。科贝特是这样论述的，制海权可能"存在不同的状态和强度，每种情况都有其特殊的可能性和限制"。[111]他写道："如果拥有制海权意味着控制了海上交通线，那么很明显的是，这种控制可以有不同的强度。由于战争初期拥有巨大的优势，或者取得了决定性的胜利，我们也许能够控制整个海上交通线。而如果我们没有足够强大的实力来做到这一点，我们仍然能够控制部分交通线；也就是说，我们的控制可能是全局的，也可能是局部的。"[112] 德国海军上将、历史学家奥托·格罗斯（Otto Groos，1882－1970）是这样论述的，制海权是有强度之分的，它可能是局部控制，也可能是全域控制，可能仅限于一片独立的海域，也可能延伸至大洋中的广大海域。[113]

通常而言，对制海权的控制强度取决于海域范围、一方作战海域与其基地/部署区的距离远近，还取决于其相对于敌方力量的数量/质量上的优势。一般情况下，确保己方海上贸易交通安全，比起对敌方海岸发动两栖登陆、攻击敌方沿海设施设备，所需要对制海权的掌控强度要高得多、持续时间要长得多。敌方潜艇和水雷障碍存在的不确定性也会影响制海权强度，在很大程度上这是心理学因素，无法预测或定量分析。当获得的制海权足以完成某个预期的目标时，那么就可以认为获得了所需要的制海权强度。[114]

2.4.5　制海权掌控的空间范围

制海权的独特性质在于这种控制存在空间性（也称之为"状态控制"），并且在所有三维空间都存在，而陆上战争则没有与之相匹配的特点。自古以来，制海权的控制状态或空间范围发生了重大变化。在探险时代，由于桨船和早期帆船活动半径小、耐用时间短，其制海权的范围相对有限。只有当帆船能够在世界海洋任何水域进行航行以及海上贸易量大幅增加之后，才需要对各大海洋进行控制。那时人们对制海权的理解几乎是绝对的，那就是寻求与敌方舰队一决雌雄，或者阻止敌方舰队驶出其基地，从而获得海上行动的绝对自由。

制海权的空间范围主要取决于海区大小、地理环境、双方力量对比以及作战过程，[115] 还会随着战略目标对应的物理位置的变化而变化。很显然，海区越大，就越难以获得足够强度的控制。

在空间范围方面，制海权可能存在全局和局部之分，或是二者兼而有之。科贝特是将制海权区分为全局和局部控制的第一位海军思想家。他是这样论述的，如果一方的力量没有对敌人形成足够的优势，或者无法取得决定性的胜利，那么"我们也许还能控制交通线的一部分，也就是说，我们的控制可能是全局的或局部的"。[116]科贝特将全局性和永久性控制定义为这样的一种情况,即敌人无法"严重干扰我们的贸易和海外行动,从而无法影响到战争结果,而且敌人无法进行他们自己的贸易和作战行动,除非冒着超出了实际承受的风险和危险"。[117]在这样的情况下,"敌人不能有效地攻击对方的运输通道和海上交通线……敌人无法使用或保护他们自己的海上交通线"。[118]科贝特指出,即使是全局掌控,在实践中也不可能做到绝对控制。在他看来,如果敌方派遣的巡洋舰和突袭编队在冒着被摧毁的危险下大胆进攻,那么任何程度的海军优势都无法确保己方交通线完全不受攻击。[119]

在更为宽泛的定义下,全局性制海权对应着这样的一种状态:实力强势一方对海洋大部分海域实施控制,而其对手对此没有进行挑战的余地。[120]但是,这一定义与通常所说的"海军(或海上)优势"部分相似。因此,这些定义都不那么令人十分满意。恰当地定义"全局性制海权"概念时遇到的一大困难就是"全局性"这一概念在英语中有些相互矛盾的含义。[121]也许更好的定义是,全局性制海权对应的是对预定海上战区大部分海域拥有较为松散的控制。一般情况下,在大洋上获得水面状态相对大范围的控制权是可能的,但是获得水下和空中的控制权则较为困难。全局性制海权强度,直接与敌对双方总体作战潜能成正比关系。通常情况下,全局性制海权要求将敌方主要作战力量摧毁或限制住。因此,在海战初期全局性制海权并不存在,直到作战双方中某一方的力量遭到严重削弱后才会出现。

在风帆和早期蒸汽机时代,直到水雷、潜艇以及飞机出现之时,全局性制海权一般是指对海面水域的控制,而如今,在敌方陆基战斗机和潜艇的有效作战半径之内,要想获得海洋全局性制海权是极其困难的。在打击严重依赖海上贸易或易受海上封锁影响的敌人时,获得广阔海洋上的全局性制海权是战争获胜的决定性因素。然而,一方对广阔的海洋即使曾经拥有过全局性制海权,但现在几乎难以完全做到了。例如,在第二次世界大战中,由于德军没有重型水面舰艇与盟军对抗,1943年以后盟军拥有对北大西洋海面的全局性制海权,然而,对于水下的制海权却完全不是这么回事,因为U型潜艇仍然是盟军的主要威胁。

当今,要在广阔海洋上获得全局性制海权仍然是可能的,但是要在毗连或者边缘海域获取全局性制海权则难以做到,例如在南中国海或中国东海。同样地,一支蓝水海军要想在典型的狭窄海域获得全局性制海权也是非常困难的,例如在波罗的海或波斯湾（阿拉伯湾）。在这两种情况下难以获得全局性制海权的原因，是由于在这样的海域内存在的反介入/区域拒止威胁手段的多样性、有效范围、精确性和破坏性都显著增加了。

在过去，局部制海权指的是有能力保护己方基地或港口附近海域的安全，或者有能力确保己方部分海上交通线的安全。例如，迦太基在第一次腓尼基战争后失去了海军优势，在第二次迦太基战争初期，迦太基通过维持北非和西班牙之间的海上交通线，拥有的只是局部制海权，由于迦太基缺乏地中海西部的全局性制海权，因而该处最终落入了罗马人之手。再加上没有获得西西里岛和巴尔干半岛西部海域的制海权，汉尼拔在入侵意大利时，被迫选择了一条从西班牙出发的遥远且艰难得多的陆上通道。[122]

如今，局部制海权可以理解为：对海上战区特定的、相对较小的部分海域拥有高强度的控制能力。在海上同一战区的不同范围海域，强势一方和弱势一方都可以拥有局部制海权，但是，强势一方可以做到全局控制，而较弱的一方则做不到。

科贝特认为，在预定的海上战区，局部制海权取决于全局海战态势。[123] 在战场上，强势一方拥有的局部制海权并不能阻止弱势一方在其他海域实施突袭或其他进攻行动。通常而言，强势一方的目标应当是将局部制海权逐渐扩展为全局性制海权，将暂时控制变成长期控制。卡斯特克斯认为，这并不意味着拥有全局性、永久性和完全制海权的理想就会变得可能。[124]

强势一方需要获得特定海域的局部制海权，从而为己方部队在沿海岸上军事行动提供支援，实施两栖登陆，或者摧毁敌方沿岸设施设备。例如，1898 年美国对古巴的军事行动中需要获取加勒比海北部的制海权。同样地，在 1904 年—1905 年的日俄战争中，日本需要获得中国黄海的制海权。很显然，日本人从来没有打算要获取波罗的海的制海权。[125] 在 1940 年 4 月德军入侵挪威时，德军需要获得丹麦海峡和挪威海南部海域的局部制海权。在第二次世界大战中，盟军在太平洋、大西洋和地中海实施的大多数两栖登陆过程中，都对两栖登陆目标所在海域拥有局部制海权。

在大规模海战中，常见的情况是，强势一方对海洋中大部分海域拥有全局性制海权，对特定海域拥有局部制海权。然而，对大洋拥有全局性制海权并不能确保对毗连狭窄海域具有同样的制海权，正如英国皇家海军在"七年战争"、法国大革命战争以及拿破仑一世战争中所表现的那样。在第一次世界大战中，除了亚得里亚海、黑海、波罗的海以及北海东部和南部边缘海域以外，协约国控制了四大洋和所有重要的战略性狭窄海域。[126] 英国大舰队控制了北海的北部和南部出口，从而对德国形成了持续的远程封锁。德国人对 U 型潜艇和水雷的广泛使用，阻止了英国人对其实施近程封锁。与此同时，德国公海舰队对黑尔戈兰湾拥有局部制海权，并有效控制了北海的东南部海域。德军基地处在打击卡特加特海峡的范围之内，因而能够有效阻止英国大舰队在波罗的海发动支援其盟友俄国的进攻行动。在整个战争期间，波罗的海实际上成了"德国内湖"。同样地，在整个战争期间，奥匈海军一直控制着亚得里亚海。[127]

有时，一方在狭窄海域拥有全局性制海权，但局部制海权可能会落入弱势一方之手。例如，在第一次世界大战中，德国人在波罗的海西部海域拥有全局性制海权，然而，该海域的东部和中部制海权却处于争夺之中，因为有实力强大的俄国舰队存在。同样地，1941 年－1944 年，德国人拥有波罗的海的全局性制海权，然而，他们未拥有芬兰湾东部海域的制海权，这使得苏联潜艇有时能够突破芬兰—德国防线，并在波罗的海广阔水域展开军事行动。在 1940 年—1943 年期间，地中海中部海域的制海权一直处在争夺中，轴心国对亚得里亚海、伊特鲁里亚海和爱琴海所拥有的制海权，在 1943 年之前同盟国无法对其构成严重挑战。

在莱特湾战役（1944 年 10 月 17 日－25 日）中，盟军对通往菲律宾的通道拥有全局性制海权，并拥有莱特湾局部制海权。[128] 然而，他们无法拥有卡莫特斯海、莱特岛西部通道的制海权，尤其是在晚上和有恶劣天气期间。这种情形使得日本可以从维萨亚斯和棉兰老岛等附近岛屿为莱特岛补充新的兵员和物资。[129] 日军主要使用驳船和运输船、猎潜艇、驱逐舰来输送人员和物资。盟军在岸上遭到了不断增援的日军抵抗，因为他们无法阻止日军从吕宋岛、棉兰老岛和其他毗连岛屿增援军队和物资。当盟军在 10 月 20 日登陆时，日军在莱特岛上仅有 1.6 万人的部队，到了 11 月初，日军向莱特岛增援了 2.2 万名战斗人员，从而阻止了盟军快速获得胜利；直到 1944 年 12 月 25 日，莱特岛才被正式拿下。日军在莱特湾的奥尔莫克共计登陆了约 3.8 万人的部队，此外，日军还在运输途中损失了数千人员以及 13 万吨的舰船。[130] 盟军对通往莱特湾的西部通道缺乏制海权的主要原因，在于他们缺少比鱼雷快艇大、比驱逐舰小、在受限的水域能够航行自如的舰艇，也缺少足够的安装了雷达可在夜晚进行作战的战斗机。[131]

在典型的狭窄海域，拥有公海制海权并不意味着就必然能够对岛屿之间的水域实施控制。在犬牙交错的海岸水域，例如达尔马提亚海岸，众多离岸岛屿会大大降低强势一方的海上机动能力，而水雷、岸导 / 岸炮可以有效封锁他们在岛链之间的行动。同时，他们还容易受到隐藏在岛屿之间的小型水面舰船的攻击。虽然实力强势一方可以在弱势一方的岛间水域穿行，但必须冒着巨大的风险。[132]

2.4.6　制海权掌控的物理维度

要获得令人满意的制海权，必须在水面、水下和空中三个物理维度实施控制，这使得问题变得更为复杂了。很显然，直到 19 世纪末航海时代结束时，制海权通常意味着是对水面的控制。而在水雷、鱼雷、潜艇和飞机出现以后，就需要对水下和空中进行控制了。获取预定海域全局性制海权，取决于水面、水下和空中三个物理维度的控制强度。[133]

对于海上两强之间的战争而言，要长时间对全部三个物理维度实施等强度控制，通常是不可能的。例如，在第一次世界大战中，协约国对波罗的海以外海域水面几乎绝对掌控，敌方巡洋舰只能进行偶尔的袭击。[134] 在 1942 年，意大利海军和空军掌控了亚得里亚海，英军的水面舰艇绝不敢在亚得里亚海里行动，仅有个别的潜艇能够渗透到这一海域。[135] 在瓜达尔卡纳尔岛争夺战（1942 年 8 月－1943 年 2 月）中，日军和盟军都没有拥有该海域水面和空中的完全控制权。日军在晚上控制了该海域的水面；而盟军在白天控制了该海域的水面和空中。在 1982 年的英阿马岛战争中，5 月 21 日－25 日所发生的圣卡洛斯之战，由于阿根廷海军的消极作为，英国皇家海军掌控了该海域水面制海权。然而，英国缺少对 317.8 特混舰队（航母战斗群）周围海域的水下制海权，而其制空权也处于激烈的争夺之中。

取得最终的成功也许最关键的是对水面的掌控。如果没有对水面拥有足够的控制能力，那么部队将无法实施两栖登陆，海上交通的安全也难以达成，甚至无法做到。对水面的掌控既适用于大洋，也适用于特定海域。例如，在 1904 年—1905 年的日俄战争中，日军从未声称拥有该海域的全局制海权，他们从未尝试阻止俄罗斯舰队对海洋的利用。他们的唯一目标就是掌控符拉迪沃斯托克和旅顺港之间的海域。[136]

在典型狭窄海域，水面态势严重依赖于空中和岸上态势。一方对战区特定部分区域的控制，会直接与其部队的规模、部署的持续时间相关。[137]

　　对水下的控制通常是不完全、不确定而且是脆弱的。要成功实施对敌人潜艇的攻击，需要对大片海域进行搜索。海洋地理与气象条件的复杂性和易变性，对声学传感器的工作会带来极大的影响，尤其在浅海地区。敌人的潜艇可以充分利用海洋物理环境特点，通过环境背景来躲避侦测。而对潜艇的搜索往往出现许多虚假警报，因此，对敌人潜艇的侦测需要投入大量的时间和精力。在多数情况下，反潜战往往是由遭遇战促成的。因此，将敌人潜艇威胁降低到令人接受的水平需要花费大量的时间。例如，在第一次世界大战中，与德军 U 型潜艇的战斗持续了4 年多的时间，在第二次世界大战中则差不多持续了 6 年。

　　水雷的出现使得水面控制任务极为复杂，尤为严重的是，如果怀疑某片水域布设了水雷，则舰船必须避免从该海域通过。对海军舰艇和商船而言，水雷是其最大的威胁之一。在有些情况下，弱势一方几乎只能依靠这种手段来挑战强势一方的海上制海权。比起布雷，扫除或破坏敌人布设的水雷，需要在舰艇数量、物资器材、人员、机构等方面投入巨大、持久的努力。探测水雷、扫除水雷以及破坏水雷是一项极其危险、困难和令人紧张的任务。

　　在现代战争中，离开了制空权，制海权也就没有任何意义了。[138]制空权比起制海权更加复杂，更加难以捉摸。空域的范围，涵盖己方和敌方的领土以及毗连的海洋，向空中可以延伸到地球表面之上数百英里的高度。理论上，地理上没有任何边界可以限制飞机的自由行动。空中战斗比起海上战斗要快速得多，空域作为一个物理上的维度，在作战中不能给任何一方带来本质上的优势，空域也不能给任何一方提供掩护。[139]

　　卡斯特克斯认为，制空权与制海权相比更具有相对性。空间不可能被长期占领，飞机只能在飞行时对部分空域实施控制。[140]由于需要消耗大量燃油，飞机无法在预定的空域长时间滞留，必须返回基地进行燃油补充和维护。即使是空中力量的强势一方，也不能阻止弱势一方实施空中侦察。[141]

　　只要敌人还有挑战的手段，制空权实质上就是临时性的。如果一方在海上拥有空中优势，那么另一方就不可能利用制海权来达成自己的目的。在预定海域上拥有空中优势，可以弥补海军力量无法获取制海权的不足。然而，即使空中优势明显，但这也不能取代对海面和水下的控制权。[142]

　　在第二次世界大战中，有史以来第一次制空权在争夺制海权时发挥了决定性的作用。英国人在 1940 年挪威战役、1941 年的希腊/克里特战役、1941 年—1942 年的马来亚战役，以及 1940 年—1943 年争夺地中海中部海域制海权的过程中付出了惨重的代价后，才认识到海战中掌握制空权的重要性。例如，在 1940 年 4 月—6 月，德军入侵挪威维塞河（Weseriibung Nord）期间，英国拥有的制海权在很大程度上被德国纳粹空军消弭于无形之中。

2.4.7　制海权掌控的时间

就时间因素影响而言，制海权既可以是持久的，也可以是暂时的。在预定的战区，如果弱势一方没有任何手段可以战胜强势一方所拥有的控制能力，或者弱势一方舰队已经被摧毁，此时就存在持久的制海权了。然而，在实践中，更常见的情况是弱势一方仍然会有一些手段来设法挑战强势一方的控制权。科贝特认为，一方拥有持久的制海权并不意味着敌人就什么也做不了，而是指敌人对己方船只运输或两栖登陆无法进行重大干扰，从而无法影响到战争的进程。[143]

暂时性制海权指的是一方在短时期内对海洋拥有很强的控制力。一方不论由于何种原因丧失了主动权，这种丧失可能是长期的，也可能是暂时的。弱势一方随后通常会将其舰队主力保留在基地附近，以避免进行任何的海上决战行动。如果弱势一方成功地获得了空中优势，这将使得它能够在一定的时间内运用海上力量来达成自己特定的目标。缺乏制海权，即使是在相对较短的时间内缺乏，也注定了许多大规模作战计划难以达成。

2.4.8　制海权掌控的程度

就力量因素影响而言，制海权通常在有限制海权、争夺性制海权到绝对制海权之间进行变化。海军中将菲利普·霍华德·哥伦布（Phillip Howard Colomb，1831—1899）将制海权区分为绝对的和暂时的两种。他认为，绝对的制海权对于那些海上强国而言是国家的本质要求，是至关重要的。[144]科贝特这样论述，只有当敌人舰队被消灭时才有可能获得持久的、绝对的或无限制的制海权。[145]他认为皇家海军不可能在英国利益所在的所有海域都拥有制海权，而只能控制重要的海上交通要道，并在关键海域部署英国海上力量。[146]

卡斯特克斯认为"掌控海洋"的概念"给人这样的印象，以为其受益人在一望无际的大洋上将享有至高无上的特权，或者说筑起一道路障，钥匙握在我手中，禁止和平时期其他用户使用。这是一种误导，是一种乌托邦的想法。即使将全世界的舰队都集中起来也不足以实现这样的控制力。中立国也不会轻易让自己被隔绝而不能进行贸易"。不像陆上，海上战场"经常有陌生人前往冲突现场"。[147]卡斯特克斯认为，与陆上战争不同的是，在海战中，海上战场是相互交织连成一片的。对海洋的掌控不可能是绝对的，即使是强势一方拥有压倒性的优势，它不可能完全阻止对手以单舰或小分队展开行动，并造成破坏。当然这样的行动几乎不会对海洋的掌控造成影响。[148]因此，"掌控"一词看起来有点过于强势，也许应当需要更为准确的描述，正如英国人所说的，掌控海洋实际上就是控制海上交通线。这个概念更好地反映了现实，同时也考虑到给中立国贸易带来的限制。[149]

当一方拥有高度的行动自由，而对方行动需要冒着很大的风险时，则称之为有限的（或有条件的，或受控制的）制海权。制海权难以被量化，而只能以定性的概念来描述。一旦绝对的制海权难以达成时，强势一方往往会确保对有限海域实施暂时控制，以便为陆上战争的顺利推进提供必要的行动保障。

有限制海权往往是在战役层面或战略层面战争态势发生剧烈变化时，主动权从一方转移到另一方的结果。然而，失去主动权的一方仍然可能具有足够的实力，使得强势一方遭受重大损失。有限制海权在本质上是暂时的，因此也是不稳定的。[150]在这样的情况下，未获取制海权的一方仍然能够部署某种型号的舰艇而不用冒过大的风险，而部署其他类型的舰艇则可能要冒相当大的风险。例如，在第一次世界大战中，英国皇家海军对北海的掌控仅仅是针对战列舰而言的。然而，德国人能够有效地运用他们的战列巡洋舰、轻型巡洋舰、驱逐舰和U型潜艇。因此，无论封锁多么严密，皇家海军仍然需要为盟国的运输船队提供直接护航，并且需要为封锁线后侧的海岸提供保护。

理论上讲，如果一方在海上战场部分海域或者整个海域都比其对手拥有优势，则存在拥有绝对制海权的可能。但是在现实中，即使是在潜艇和飞机出现之前，这种情况也很难实现。马汉认为，在第二次迦太基战争中，罗马完全控制了意大利、西西里岛和西班牙之间的海域——第勒尼安海和撒丁尼亚海，在此海域罗马拥有绝对的制海权。从埃布罗河到台伯河一带的海岸绝大部分都在罗马手中控制。到了战争的第4年（坎尼之战后），锡拉库萨放弃了与罗马的联盟，随后叛乱蔓延至西西里岛各处，马其顿与汉尼拔结成了进攻联盟。尽管面临这么多挑战，罗马一刻也没有放弃过对第勒尼安海的控制。罗马的船只可以畅通无阻地从意大利航行至西班牙。在亚得里亚海中，罗马人在布兰迪西（今布林迪西，意大利东南部港市）建立了海军驻地，并在那里部署了一支海军编队以阻止马其顿人对该海域的控制。这使得马其顿人从未踏入意大利一步。[151] 罗马控制了北起西班牙塔拉戈纳至西西里岛西端的利利巴厄姆，然后沿着西西里岛的北部海岸，穿过墨西拿海峡，向南至锡拉库扎，再到布兰迪西的大片海域。在第二次迦太基战争中，罗马对这片海域的控制一直维持着。尽管不能阻止迦太基人对罗马海岸发动袭击，但是切断了迦太基人与意大利境内汉尼拔军队的海上联系通道。[152]

然而，马汉认为的罗马对地中海西部大部分海域拥有绝对的制海权，也并不是完全正确的。迦太基人对罗马发动的袭击并不像他指出的那样无关紧要。例如，公元前 215 年，迦太基指挥官波米尔卡（Bomilcar）率领 4000 名努米底亚骑兵和40 头大象，在布鲁提姆（今卡拉布里亚区）的洛克里实施了登陆。公元前 209 年，一支迦太基舰队突袭了利古里亚区，并摧毁了热那亚市（今意大利热那亚）。[153]

在强大不败的对手面前，无论是在空间上还是在时间上，都不可能达成对大片海洋/海域的绝对控制。例如，从英法战争直到 18 世纪末，制海权一直处于争夺之中。在美国独立战争（1775－1783）中，由于英国皇家海军可用兵力的消耗，其在美洲海域的力量处于明显劣势，英国被迫进入海上战略防守态势。[154] 有时，一方可能对海洋拥有绝对的制海权，例如在 1898 年－1902 年布尔战争期间的英国那样，当时叛军没有任何海军力量。

在现代，实践中的绝对制海权意味着一方兵力在不会受到大规模抵抗的条件下展开行动，而敌方兵力则根本无法展开行动。其目标是在海上整个战区或者战区的主要部分获得制海权，这样就可以随时随地调动舰队而不会受到敌人的威胁。换句话说，绝对制海权等于海上霸权或者海上统治。弱势一方则无法运用其潜艇、飞机，有时甚至连水雷也无法布设。[155]

对开阔海域的绝对控制，意味着对该海域水面进行控制，并在一定程度上对空中实施控制，然而对水下进行控制则非常困难，甚至无法做到。在典型狭窄海域，因为其范围较小，因此有更好的空间－力量比，蓝水海军有可能获得该海域水面、空中，甚至水下几乎绝对而持久的控制权。例如，在 1990 年—1991 年的海湾战争期间，多国部队的海军在 1991 年 1 月头两周的空中打击行动中获得了波斯湾（阿拉伯湾）海面、空中几近绝对的控制权。然而，虽然伊拉克没有潜艇，但他们可以在科威特的沿海布设大量水雷，以争夺水下的控制权。[156]

2.4.9　制海权掌控的态势

在文献中很少讨论的一种情况是，两个强劲对手在开阔海洋上发生战争时，任何一方都没有在海上战区大部分海域获得制海权，从而出现了一种"无人掌控海洋"的态势。科贝特认为存在一种普遍的认识误区，那就是以为当一方失去了制海权时，另一方就会立即获得了相应的制海权。他认为，海上战争中最常见的情形就是双方都没有获得制海权。[157]然而，科贝特并没有详细说明海上战争何时会出现这种情形。很显然，任何一方的大型水面战斗舰艇、潜艇、舰载机或者陆基飞机的数量都很难满足对海面进行充分掌控的需要。因此，大部分海洋将不会被任何一方所掌控，或者说将会出现无人掌控海洋的态势。这种情况通常发生在隔洋相望的两个强大对手的战争初期。在那种情况下，从整体上看，双方都缺少在海洋方向上可能需要的数量庞大的水面舰艇或者潜艇。另外，在敌对双方岸基飞机有效攻击范围之外的那些海域将存在一种无人掌控的海洋态势。例如，在第二次世界大战中，位于美国西海岸和日本本岛之间的太平洋大部分海域，既没有被盟军掌控，也没有被日军控制。而在典型的狭窄海域，例如波罗的海或者北海，由于海区面积较小、距离较短，这种无人掌控海洋的态势很少出现。

未掌控海洋的状态往往会出现在开阔海域或大型狭窄海域，且双方对制海权进行激烈争夺的时候，例如 1940 年－1943 年对地中海中部海域、1942 年－1943 年对瓜达尔卡纳尔海域制海权的争夺。此时双方都无法对三维物理维度进行完全控制，双方都可以利用海洋来达成特定且有限的目标，而且双方都会遭受巨大损失。[158]科贝特对此是这样论述的——

> 当控制权处于争夺之中时，全局态势可能达成某种稳定的或不稳定的平衡状态。这可能是因为双方力量都无法获得明显优势，可能我方拥有这方面的优势，而敌方拥有那方面的优势。当然，这种优势并不完全取决于实际的相对实力——无论是物质上的还是精神上的——而取决于相对海上位置以及针对战争目标或者战役目标而言态势的相对有利性。当提到海上位置时，我们的意思是指：一是海军基地；二是重要交通或贸易通道的终端港口，以及双方趋于汇聚的焦点位置，例如菲尼斯特雷角、直布罗陀、苏伊士、好望角、新加坡以及其他许多要点位置。[159]

布罗迪认为处于争夺之中的制海权是指任何一方都需要付出额外代价才能使用海洋，或者双方都需要冒着一定的风险才能使用海洋。未被掌控的海洋就意味着正处在争夺之中。他认为在两次世界大战中，北海没有被任何一方所掌控，第二次世界大战中的地中海也是这种情况。[160]

2.5 小结

海上战争和陆上战争有许多共同点，但也有明显的不同之处。这在很大程度上是因为海洋作为海上作战环境具有的独特性造成的。如果不了解这些不同之处，就很难理解海上战斗的特点。"掌控海洋""统治海洋""控制海洋"以及"制海权"这些概念都过于宽泛且太不严密，不能准确反映海上战争的复杂性。也许到底使用哪个术语其实并不重要，只要我们能够理解在开阔海洋上两个强劲对手发生海战时，对海洋的控制往往是局部的、暂时的和有限的。对海洋不能完全控制的这种态势适用于海上战区大部分海域，以及敌对双方在三维物理空间激烈争夺控制权的大洋。

注释

1. "To Atticus（at Rome）Cumae," 2 May 49 BC, in Marcus Tullius Cicero, Cicero's Letters to Atticus, Vol. 2（London: Forgotten Books, 2012）, p. 303.

2. Hermann Roeckel, Seeräume und Flottenstützpunkte（Heidelberg/Berlin/Leipzig: Verlagsanstalt Hüthig & Co., 1942）, p. 11.

3. Th. Arps, R. Gadow, H. Hesse, and D. Ritter von Niedennayer, Kleine Wehrgeographie des Weltmeeres（Berlin: E. S. Mittler & Sohn, 1938）, p. 22.

4. The use of the term "narrow seas" had its origins in the claims of the English kings to "sovereignty of the sea" around the British Isles in the thirteenth century; they had possessios in France and directed their admirals to police the "Narrow Seas" - the area of the Strait of Dover and the English Channel; in 1336, King Edward III reportedly referred to his predecessors as "Lords of the English Sea on every side", cited in Wilhelm G. Grewe, The Epochs of International Law. Translated by Michael Byers（Berlin/New York: De Gruyter, 2000）, p. 131; the first written reference to "narrow seas" was in Christopher Marlowe's play "King

Edward II," written in 1590 or 1591; Edward II (1321-1326) reportedly said, "The haughty Dane commands the narrow seas" (pertaining at that time to St. George Channel between Dover and Calais), cited in William Shakespeare, The Plays of William Shakespeare, First Part of King Henry VI. Introduction by George Brandes (London: William Heineman, 1904), p. xi.

5. Fariborz Haghshenass, Iran's Asymmetric Naval Warfare (Washington, DC: Washington Institute for Near East Policy, September 2008), p. 2.

6. Fariborz Haghshenass, Iran's Asymmetric Naval Warfare (Washington, DC: Washington Institute for Near East Policy, September 2008), p. 2.

7. Uticaj Mora i Posebno Uskog Mora na Vodjenje Rata (Divulje: Viša Vojnopomorska Akademija, 1964), p. 1.

8. I Skl I Op 30-1 Grundlagen und Probleme des Seekrieges, Kriegsaufgaben der Marine. Möglichkeiten der Operativen Verwendung der Seekriegesmittel, November 1940, RM/7-1949, Bundesarchiv-Militararchiv (BA-MA), Freiburg, i. Br., p. 4.

9. Otto Groos, Seekriegslehren im Lichte des Weltkrieges. Ein Buch für den Seemann, Soldaten und Staatsmann (Berlin: Verlag von E. S. Mittler & Sohn, 1929), p. 42.

10. Otto Groos, Seekriegslehren im Lichte des Weltkrieges. Ein Buch für den Seemann, Soldaten und Staatsmann (Berlin: Verlag von E. S. Mittler & Sohn, 1929), p. 42.

11. Bernard Brodie, A Layman's Guide to Naval Strategy (Princeton, NJ: Princeton University Press, 1942), p. 84.

12. Herbert Rosinski, The Evolution of Sea Power (Newport, RI: Naval War College, 1950), p. 5.

13. Spenser Wilkinson, "Strategy in the Navy," The Morning Post, August 1909, p. 6; accessed at http://www.clausewitz.com/readings/Wilkinson/WILK.htm.

14. Julian S. Corbett, Some Principles of Maritime Strategy (London: Longmans, Green and Co., 1918), p. 79.

15. Otto Groos, Seekriegslehren im Lichte des Weltkrieges. Ein Buch für den Seemann, Soldaten und Staatsmann (Berlin: Verlag von E. S. Mittler & Sohn, 1929), p. 43.

16. I Skl I Op 30-1 Grundlagen und Probleme des Seekrieges, Kriegsaufgaben der Marine. Möglichkeiten der Operativen Verwendung der Seekriegesmittel, November 1940, RM/7-1949, Bundesarchiv-Militaerarchiv (BA-MA), Freiburg, i. Br., pp. 5, 7.

17. Otto Groos, Seekriegslehren im Lichte des Weltkrieges. Ein Buch für den Seemann, Soldaten und Staatsmann (Berlin: Verlag von E. S. Mittler & Sohn, 1929), pp. 43-44.

18. Cited in Cyprian Bridge, Sea-Power and Other Studies (London: Smith, Elder & Co., 1910),

pp. 73-74.

19. Alexander Meurer, Seekriegsgeschichte in Umrissen. Seemacht und Seekriege vornehmlich vom 16.Jahrhundert ab（Leipzig: Verlag v. Hase & Koehler, 1925）, p. 93.

20. Nikola Krajnović, Prevlast Na Moru（Belgrade: Viša Vojno-Pomorska Akademija, 1 November 1983）, p. 3.

21 Alfred Stenzel, Seekriegsgeschichte in ihren wichtigsten Abschnitten mit Berücksichtigung der Seetaktik, Part 3: Von 1600 bis 1720（Hannover/Leipzig: Hahnsche Buchhandlung, 1909）, p. 86.

22. Reginald Bacon and Francis E. McMurtries, Modern Naval Strategy（London: Frederick Muller Ltd., 1940）, p. 38.

23. Günther Pöschel, "Über die Seeherrschaft（I）," Militärwesen（East Berlin）, No. 5（May 1982）, p. 41.

24. Cyprian Bridge, Sea-Power and Other Studies（London: Smith, Elder & Co., 1910）, p. 77.

25. Julian S. Corbett, Some Principles of Maritime Strategy（London: Longmans, Green and Co., 1918）, p. 80.

26. Julian S. Corbett, Some Principles of Maritime Strategy（London: Longmans, Green and Co., 1918）, pp. 78-79.

27. Julian S. Corbett, Some Principles of Maritime Strategy（London: Longmans, Green and Co., 1918）, p. 80.

28. Eric Grove, The Future of Sea Power（Annapolis, MD: Naval Institute Press, 1990）, p. 12.

29. Julian S. Corbett, Some Principles of Maritime Strategy（London: Longmans, Green and Co., 1918）, p. 80.

30. Julian S. Corbett, Some Principles of Maritime Strategy（London: Longmans, Green and Co., 1918）, p. 86.

31. Uwe Dirks, Waren Grundzuge britischer Seekriegführung bereits vor dem Ersten Weltkrieg den Schriften Corbetts zu entnehmen?（Hamburg: Führungsakademie der Bundeswehr, 30 October 1979）, p. 10.

32. Julian S. Corbett, Some Principles of Maritime Strategy（London: Longmans, Green and Co., 1918）, p. 86.

33. Eric Grove, The Future of Sea Power（Annapolis, MD: Naval Institute Press, 1990）, p. 12.

34. "Seeherrschaft und Kreuzerkrieg." Winterarbeit des K.k. Wegener vom Kommando Baubelehrung Kreuzer Hipper, RM 20/1131 Bundesarchiv- Militaerarchiv（BA-MA）, Freiburg, i.Br., pp. 1-2.

35. "Seeherrschaft und Kreuzerkrieg," Winterarbeit des K.k. Wegener vom Kommando

Baubelehrung Kreuzer Hipper, Undated, RM 20/1131, BA-MA, p. 2.

36. Edward Wegener, "Die Elemente von Seemacht und maritimes Macht," in Dieter Mahncke and Hans-Peter Schwarz, editors, Seemacht und Aussenpolitik（Frankfurt am Main: Alfred Metzner Verlag, 1974）, p. 27.

37. Cited in Raoul Castex, Strategic Theories. Selections translated and edited with an introduction by Eugenia C. Kiesling（Annapolis, MD: Naval Institute Press, 1994）, p. 48.

38. Raoul Castex, Strategic Theories. Selections translated and edited with an introduction by Engenia C. Kiesling（Annapolis, MD: Naval Institute Press, 1994）, p. 357.

39. Raoul Castex, Strategic Theories. Selections translated and edited with an introduction by Eugenia C. Kiesling（Annapolis, MD: Naval Institute Press, 1994）, pp. 30, 35.

40. Raoul Castex, Strategic Theories, Selections translated and edited with an introduction by Eugenia C. Kiesling（Annapolis, MD: Naval Institute Press, 1994）, pp. 359-60.

41. "Deutsche Bearbeitung des Werkes von Castex Theories Strategiques," durch Dr. Rosinski, Berlin 1937, RMD 4/853, BA-MA, p. 10.

42. "Deutsche Bearbeitung des Werkes von Castex Theories Strategiques," durch Dr. Rosinski, Berlin 1937, RMD 4/853, BA-MA, p. 10.

43. "Deutsche Bearbeitung des Werkes von Castex Theories Strategiques," durcb Dr. Rosinski, Berlin 1937, RMD 4/853, BA-MA, pp. 11-12.

44. Chapters I to IV, Part III, Vol. I, Naval War College, Extracts from Raoul Castex, Theories Strategiques. Translated from French by R. C. Smith and assisted by E.J. Tiernan（Newport, RI: Naval War College, December 1938）, p. 3.

45. Bernard Brodie, A Layman's Guide to Naval Strategy（Princeton, NJ: Princeton University Press, 1942）, pp. 84-85.

46. Colin S. Gray, The Leverage of Sea Power（New York: The Free Press, Maxwell MacMillan International, 1992）, pp. 9-10.

47. Cyprian Bridge, Sea-Power and Other Studies（London: Smith, Elder & Co., 1910）, p. 78.

48. Stansfield Turner, "Mission of the U.S. Navy," Naval War College Review, March-April 1974, p. 7.

49. Elwin F. Cutts, Operations for Securing Command of Sea Areas（Newport, RI: Naval War College, 8-9 July 1938）, pp. 8, 4-5.

50. Günther Pöschel, "Uber die Seeherrschaft（1）," Militarwesen（East Berlin）, No. 5（May 1982）, p. 42.

51. Uticaj Mora I Posebno Uskog Mora Na Vodjenje Rata（Divulje: Viša Vojno Pomorska Akademija, 1964）, p. 7.

52. Uticaj Mora I Posebno Uskog Mora Na Vodjenje Rata（Divulje: Viša Vojno Pomorska Akademija, 1964）, p. 8.

53. Nikola Krajnović, Prevlast Na Moru（Belgrade: Viša Vojno-Pomorska Akademija, 1 November 1983）, p. 10.

54. M.G. Cook, "Naval Strategy," 2 March 1931, Air Corps Tactical School, Langley Field, VA, 1930-1931, Strategic Plans Division Records, Series, Box 003, Naval Operational Archives, Washington, D.C., p. 3.

55. Herbert Rosinski, The Evolution of Sea Power（Newport, RI: Naval War College, 1950）, p. 7.

56. Cited in Harold and Margaret Sprout, The Rise of American Naval Power, 1776-1918（Princeton, NJ: Princeton University Press, 1939）, p. 13.

57. Freiherr（Curt）von Maltzahn, "Der Kampf gegen die Seeherrschaft," Private acts of vice admiral Kurt Assmann（1935-1943）, Militargeschichtliches Forschungsamt（MGFA）- Documentation Center, 3 March 1961, RM 8/1120, BA-MA, p. 4.

58. Konrad Seemann, Grundsätze der Seestrategie. Eine Analyse von konstanten und variable Elementen in den Konzeptionen von Seemächte（Hamburg: Fuhrungsakademie der Bundeswehr, 15 January 1990）, p. 13.

59. John F. Charles, "The Anatomy of Athenian Sea Power," The Classical Journal, Vol. 42, No. 2（November 1946）, p. 89.

60. Raoul Castex, More Protiv Kopna, Vol 1: Sea Versus Land. Translated by Hijacint Mundorfer（Theorie strategiques, Vol. 1: La Mer Contre La Terre）（Belgrade: Geca Kon AD, 1939）, p. 6.

61. Cited in Robert C. Gooding, Command of the Sea（Newport, RI: Naval War College, Historical Archives, 1 May 1959）, p. 1.

62. Nikola Krajnović, Prevlast Na Moru（Belgrade: Viša Vojno-Pomorska Akademija, 1 November 1983）, p. 20.

63. Raoul Castex, Strategic Theories. Selections translated and edited with an introduction by Eugenia C. Kiesling（Annapolis, MD: Naval Institute Press, 1994）, p. 46.

64. Raoul Castex, Theories Strategiques, Vol I: Generalites sur la stratégie. La mission des forces maritimes. La Conduite des operations（Paris: Société d'Editions Géographiques Maritimes et Coloniales, 1929）. Translated by Ekrem Duric and Boško Ranitović, Strategijske Teorije, Vol. I（Belgrade: Vojno-Izdavacki Zavod, 1960）, p. 102.

65. Alexander Meurer, Seekriegs-Geschichte in Umrissen. Seemacht und Seekriege vornehmlich vom 16. Jahrhundert（Leipzig: Verlag von Hase & Koehler, 1925）, p. 42.

66. Herbert Rosinski, The Development of Naval Thought: Essays by Herbert Rosinski（Newport, RI: Naval War College Press, 1977）, p. 6.

67. Arthur MacCartney Shepard, Sea Power in Ancient History. The Story of the Navies of Classic Greece and Rome（London: William Heineman Ltd., 1925）, pp. 132-33.

68. William L. Rodgers, Greek and Roman Naval Warfare. A Study of Strategy, Tactics, and Ship Design from Salamis（480 BC）to Actium（31 BC）（Annapolis, MD: Naval Institute Press, 1964）, p. 317.

69. Alexander Meurer, Seekriegsgeschichte in Umrissen. Seemacht und Seekriege vornehmlich vom 16. Jahrhundert ab（Leipzig: Verlag v. Hase & Koehler, 1925）, p. 111.

70. Paul K. Davis, Masters of the Battlefield. Great Commanders from the Classical Age to the Napoleonic Era（London: Oxford University Press, 2013）, p. 68.

71. Arthur MacCartney Shepard, Sea Power in Ancient History. The Story of the Navies of Classic Greece and Rome（London: William Heinemann Ltd., 1925）, p. 170.

72. Alfred T. Mahan, The Influence of Sea Power upon History 1660-1783（Boston: Little, Brown, and Company, 1939）, p. 15.

73. Arthur MacCartney Shepard, Sea Power in Ancient History. The Story of the Navies of Classic Greece and Rome（London: William Heinemann Ltd., 1925）, p. 169.

74. Alexander Meurer, Seekriegsgeschichte in Umrissen. Seemacht und Seekriege vornehmlich vom 16. Jahrhundert ab（Leipzig: Vertag v. Hase & Koehler, 1925）, p. 111.

75. Cited in Arthur MacCartney Shepard, Sea Power in Ancient History. The Story of the Navies of Classic Greece and Rome（London: William Heinemann Ltd., 1925）, p. 170.

76. Alfred T. Mahan, Naval Strategy. Compared and Contrasted with the Principles and Practice of Military Operations on Land（Boston: Little, Brown, and Company, 1911）, p. 59.

77. Cited in Harold and Margaret Sprout, The Rise of American Naval Power, 1776-1918（Princeton, NJ: Princeton University Press, 1939）, pp. 11-12.

78. Cited in Harold and Margaret Sprout, The Rise of American Naval Power, 1776-1918（Princeton, NJ: Princeton University Press, 1939）, p. 13.

79. Cited in Harold and Margaret Sprout, The Rise of American Naval Power, 1776- 1918（Princeton, NJ: Princeton University Press, 1939）, pp. 11-12.

80. Harold and Margaret Sprout, The Rise of American Naval Power, 1776-1918（Princeton, NJ: Princeton University Press, 1939）, p. 75.

81. Harold and Margaret Sprout, The Rise of American Naval Power, 1776-1918（Princeton, NJ: Princeton University Press, 1939）, p. 76.

82. Harold and Margaret Sprout, The Rise of American Naval Power, 1776-1918（Princeton, NJ:

Princeton University Press, 1939）, p. 79.

83. Harold and Margaret Sprout, The Rise of American Naval Power, 1776-1918（Princeton, NJ: Princeton University Press, 1939）, p. 135.

84. Raoul Castex, Theories Stratégiques, Vol. I: Généralites sur la stratégie. La mission des forces maritimes. La Conduite des operations（Paris: Societe d'Editions Géographiques Maritimes et Coloniales, 1929）. Translated by Ekrem Durić and Boško Ranitović, Strategijske Teorije, Vol. I（Belgrade: Vojno-Izdavački Zavod, 1960）, p. 108.

85. Harold and Margaret Sprout, The Rise of American Naval Power, 1776-1918（Princeton, NJ: Princeton University Press, 1939）, p. 160.

86. Harold and Margaret Sprout, The Rise of American Naval Power, 1776-1918（Princeton, NJ: Princeton University Press, 1939）, p. 154.

87. Otto Groos, Seekriegslehren im Lichte des Weltkieges. Ein Buch für den Seemann, Soldaten und Staatsmann（Berlin: Verlag von E. S. Mittler & Sohn, 1929）, p. 45.

88. Harold M. Sprout and Margaret T. Sprout, The Rise of American Sea Power, 1776-1918（Princeton, NJ: Princeton University Press, 1939）, p. 155.

89. Gabriel Darrieus, War on the Sea. Strategy and Tactics（Annapolis, MD: United States Naval Institute, 1908）, p. 94.

90. Donald E. Worcester, "Naval Strategy of the Pacific," Journal of Inter-American Studies, Vol. 5, No. 1（January 1963）, p. 36.

91. Harold and Margaret Sprout, The Rise of American Naval Power, 1776-1918（Princeton, NJ: Princeton University Press, 1939）, p. 233.

92. Harold and Margaret Sprout, The Rise of American Naval Power, 1776-1918（Princeton, NJ: Princeton University Press, 1939）, p. 232.

93. Guntber Poschel, Die Rolle und Bedeutung der Seeherrschaft in Vergangenheit und Gegenwart. Analyse der theoretischen Aussagen zum Begriff der Seeherrschafl（Dresden: Militarakademie Friedrich Engels, 1978）. p. 32.

94. Gunther Poschel, Die Rolle und Bedeutung der Seeherrschaft in Vergangenheit und Gegenwart. Analyse der theoretischen Aussagen zum Begriff der Seeherrschaft（Dresden: Militarakademie Friedrich Engels, 1978）. pp. 33-34.

95. Peter Handel-Mazzetti, "Einfluss der Seemacht auf den Grossen Krieg," Militarwissenschafiliche Mitteilungen, No. 7（July 1934）, p. 551.

96. Alan Westcott, editor, American Sea Power Since 1775（New York: J.B. Lippincott Company, 1947）, p. 232.

97. Henry Newbolt, History of the Great War Based on Official Documents. Naval Operations,

Vol. 5: From April. 1917 to the End of the War（London: Longmans, Green 1931），pp. 223-24.

98. Peter Handel-Mazzetti, "Einfluss der Seemacht auf den Grossen Krieg," Militärwissenschaftliche Mitteilungen, No. 7（July 1934），p. 551.

99. Cited in Arthur MacCartney Shepard, Sea Power in Ancient History. The Story of the Navies of Classic Greece and Rome（London: William Heineman Ltd., 1925），pp. 47-48.

100. David Woodward, The Russians at Sea: History of the Russian Navy（New York: Frederick A. Praeger, 1966），p. 77.

101. David Woodward, The Russians at Sea: History of the Russian Navy（New York: Frederick A. Praeger, 1966），p. 112.

102. Raoul Castex, Théories Stratégiques, Vol. I: Généralites sur la stratégie. La mission des forces maritimes. La Conduite des operations（Paris: Société d'Editions Géographiques Maritimes et Coloniales, 1929）. Translated by Ekrem Durić and Boško Ranitovic, Strategijske Teorije, Vol. I（Belgrade: Vojno-Izdavački Zavod, 1960），p. 107.

103. Elwin F. Cutts, Operations for Securing Command of the Sea Areas, Part 1（Newport, RI: Naval War College, 8-9 July 1938），p. 4.

104. Cyprian Bridge, Sea-Power and Other Studies（London: Smith, Elder & Co., 1910），p. 78.

105. Raoul Castex, Strategic Theories. Selections translated and edited with an introduction by Eugenia C. Kiesling（Annapolis, MD: Naval Institute Press, 1994），p. 53.

106. Raoul Castex, Strategic Theories. Selections translated and edited with an introduction by Eugenia C. Kiesling（Annapolis, MD: Naval Institute Press, 1994），p. 55.

107. Raoul Castex, Strategic Theories. Selections translated and edited with an introduction by Eugenia C. Kiesling（Annapolis, MD: Naval Institute Press, 1994），p. 41.

108. Bernard Brodie, A Layman's Guide to Naval Strategy（Princeton, NJ: Princeton University Press, 1942），p. 84.

109. Bernard Brodie, A Layman's Guide to Naval Strategy（Princeton, NJ: Princeton University Press, 1942），p. 85.

110. Bernard Brodie, A Layman's Guide to Naval Strategy（Princeton, NJ: Princeton University Press, 1942），p. 84.

111. Julian S. Corbett, Some Principles of Maritime Strategy（London: Longmans, Green and Co., 1918），p. 90.

112. Julian S. Corbett, Some Principles of Maritime Strategy（London: Longmans, Green and Co., 1918），p. 90.

113. Otto Groos, Seekriegslehren im Lichte des Weltkrieges. Ein Buch für den Seemann,

Soldaten und Staatsmann（Berlin: Verlag von E. S. Mittler & Sohn, 1929）, p. 51.

114. Nikola Krajnović, Prevlast Na Moru（Belgrade: Visa Vojno-Pomorska Akademija, 1 November 1983）, p. 14.

115. Nikola Krajnović, Prevlast Na Moru（Belgrade: Visa Vojno-Pomorska Akademija, 1 November 1983）, p. 13.

116. Julian S. Corbett, Some Principles of Maritime Strategy（London: Longmans, Green and Co., 1918）, p. 90.

117. Julian S. Corbett, Some Principles of Maritime Strategy（London: Longmans, Green and Co., 1918）, pp. 90-91.

118. Julian S. Corbett, Some Principles of Maritime Strategy（London: Longmans, Green and Co., 1918）, p. 91.

119. Julian S. Corbett, Some Principles of Maritime Strategy（London: Longmans, Green and Co., 1918）, pp. 90-91.

120. Günther Pöschel, "Über die Seeherrschaft（II）," Militärwesen（East Berlin）, No. 6（June 1982）, p. 72.

121. Its meanings include "completely or almost universal," "prevalent," "widespread," "local," and "partial" or "sectional"; Elisabeth J. Jewell, editor, The Oxford Desk Dictionary and Thesaurus, 2nd ed.（New York: Spark Publishers, 2007）, p. 334.

122. E.T. Salmon, "The Strategy of the Second Punic War," Greece & Rome, Vol. 7, No. 2（October 1960）, p. 132.

123. Julian S. Corbett, Some Principles of Maritime Strategy（London: Longmans, Green and Co., 1918）, pp. 90-91.

124. Raoul Castex, Theories Strategiques, Vol. I: Généralites sur la strategie. La mission des forces maritimes. La Conduite des operations（Paris: Société d'Editions Géographiques Maritimes et Coloniales, 1929）. Translated by Ekrem Durić and Boško Ranitović, Strategijske Teorije, Vol. I（Belgrade: Vojno-lzdavacki Zavod, 1960）, p. 119.

125. Raoul Castex, Théories Strategiques, Vot. I: Généralites sur la stratégie. La mission des forces maritimes. La Conduite des operations（Paris: Société d'Editions Géographiques Maritimes et Coloniales, 1929）. Translated by Ekrem Durić and Boško Ranitović, Strategijske Teorije, Vol. I（Belgrade: Vojno-Izdavacki Zavod, 1960）, pp. 118-19.

126. Harold M. Sprout and Margaret T. Sprout, The Rise of American Naval Power, 1776-1918（Princeton, NJ: Princeton University Press, 1939）, pp. 351-52.

127. M.G. Cook, "Naval Strategy," 2 March 1931, Air Corps Tactical School, Langley Field, VA, 1930-1931, Strategic Plans Division Records, Series, Box 003, Naval Operational

Archives, Washington, D.C., p. 12.

128. M. Hamlin Cannon, United States Army in World War II: The War in the Pacific, Leyte: The Return to the Philippines（Washington, DC: Office of the Chief of Military History, Department of the Army, 1954）, pp. 101-02; USSBS Interrogation No. 506, Major General Toshio Nishimura, Lieutenant Colonel Matsumae, Commander Otani, Tonosuke, Folder G-44, Box 9, Record Group 23, World War II, Battle Evaluation Group, 1946-1956, Naval Historical Collection, Naval War College, Newport, RI. pp. 6, 2, 8; Charles R. Anderson, Leyte（Washington, DC: U.S. Government Printing Office, CMH Pub 72-27, 1994）, p. 30; Edward J. Drea, MacArthur's Ultra. Codebreaking and the War Against Japan, 1942-1945 （Lawrence: University Press of Kansas, 1991）, p. 178.

129. Milan Vego, The Battle for Leyte, 1944: Allied and Japanese Plans, Preparations, and Execution （Annapolis, MD: Naval Institute Press, 2006）, p. 352.

130. Milan Vego, The Battle for Leyte, 1944. Allied and Japanese Plans, Preparations, and Execution （Annapolis, MD: Naval Institute Press, 2006）, pp. 180, 303, 330.

131. Milan Vego, The Battle for Leyte, 1944: Allied and Japanese Plans, Preparations, and Execution （Annapolis, MD: Naval Institute Press, 2006）, pp. 323, 315, 352.

132. Bogislav Pantović and Delimir Kolec, "Značaj razuđenosti obale i naseljenosti otokaukoncepci-jiopštenarodne odbrane i društvene samozaštite najadranskom pomorskom vojištu," Mornarički Glasnik, No. 5 （September-October 1981）, pp. 608-09.

133. Gunther Pöschel, "Über die Seeherrschaft （I）," Militärwesen（East Berlin）, No. 5（May 1982）, p. 42.

134. Department of Operations, Naval Strategy （Newport, RI: Naval War College, August 1936）, p. 44.

135. Betrachtung über dies seestrategische und militairische Lage im Mittelmeer nach dem Stand vom 10.1.1942, RM 7/235, I Skl Tell CXV, Deutsche Kriegführung im MittelmeerJanuar 1942-Dezember 1942, BA-MA, p. 26.

136. Reginald Bacon and Francis E. McMurtries, Modern Naval Strategy （London: Frederick Muller Ltd., 1940）, p. 38.

137. Ante Paić, "Komandovanje na pomorskom vojištu （operativni aspekti）," Mornarički Glasnik, No.3 （May-June 1973）, p. 373.

138. Nikola Krajnović, Prevlast Na Moru （Belgrade: Visa Vojno-Pomorska Akademija, 1 November 1983）, p. 16.

139. John R. Carter, Airpower and the Cult of the Offensive （Maxwell AFB, Montgomery, AL: Air University Press, October 1998）, p. 13.

140. Andrew Lambert and Arthur C. Williamson, The Dynamics of Air Power, 1st ed.（London: Her Majesty's Stationery Office for Royal Air Force Staff College, Bracknell, 1996）, p. 11.

141. Raoul Castex, Strategic Theories. Selections translated and edited with an introduction by Eugenia C. Kiesling（Annapolis, MD: Naval Institute Press, 1993）, p. 58.

142. Günther Pöschel, "Über die Seeherrschaft（I）," Militärwesen（East Berlin）, No. 5（May 1982）, p. 43.

143. Julian S. Corbett, Some Principles of Maritime Strategy（London: Longmans, Green and Co., 1918）, p. 91.

144. Cyprian Bridge, Sea-Power and Other Studies（London: Smith, Elder & Co., 1910）, p. 77.

145. Uwe Dirks, Waren Grundziige britischer Seekriegfuhrung bereits vor dem Ersten Weltkrieg den Schriften Corbetts zu entnehmen?（Hamburg: Führungsakademie der Bundesweht, 30 October 1979）, p. 9.

146. Uwe Dirks, Waren Grundzuge britischer Seekriegfuhrung bereits vor dem Ersten Weltkrieg den Schrifien Corbetts zu entnehmen?（Hamburg: Führungsakademie der Bundeswehr, 30 October 1979）, p. 10.

147. Raoul Castex, Strategic Theories. Selections translated and edited with an introduction by Eugenia C. Kiesling（Annapolis, MD: Naval Institute Press, 1994）, p. 53; Deutsche Bearbeitung des Werkes von Castex Theories Strategiques, durch Dr. Rosinski, Berlin 1937, RMD 4/853, BA-MA, pp. 12-13.

148. Deutsche Bearbeitung des Werkes von Castex Theories Strategiques, durch Dr. Rosinski, Berlin 1937, RMD 4/853, BA-MA, p. 13.

149. Deutsche Bearbeitung des Werkes von Castex Theories Strategiques, dutch Dr. Rosinski, Berlin 1937, RMD 4/853, BA-MA, p. 13.

150. Günther Pöschel, "Über die Seeherrschaft（II）," Militärwesen（East Berlin）, No. 6（June 1982）, pp. 71-72.

151. Alfred T. Mahan, The Influence of Sea Power upon History 1660-1783（Boston: Little, Brown, and Company, 1939）, p. 16.

152. Alfred T. Mahan, The Influence of Sea Power upon History 1660-1783（Boston: Little, Brown, and Company, 1939）, p. 17.

153. Arthur MacCartney Shepard, Sea Power in Ancient History. The Story of the Navies of Classic Greece and Rome（London: William Heineman Ltd., 1925）, p. 170.

154. Department of Operations, Naval Strategy（Newport, RI: Naval War College, August 1936）, pp. 43-44.

155. Uwe Dirks, Waren Grundzuge britischer Seekriegführung bereits vor dem Ersten Welt-krieg den Schriflen Corbetts zu entnehmen?（Hamburg: Führungsakademie der Bun-deswehr, 30 October 1979）, p. 9.

156. "MCM in the Gulf- More Information Comes to Light," NAVINT, The International Naval Newsletter（London）, Vol. 3, No. 8（26 April 1991）, p. 1.

157. Julian S. Corbett, Some Principles of Maritime Strategy（London: Longmans, Green, 1918）, p. 77.

158. Nikola Krajnović, Prevlast Na Moru（Belgrade: Viša Vojno-Pomorska Akademija, 1 No-vember 1983）, p. 3.

159. Julian S. Corbett, Some Principles of Maritime Strategy（London: Longmans, Green and Co., 1918）, pp. 91-92.

160. Bernard Brodie, A Layman's Guide to Naval Strategy（Princeton, NJ: Princeton University Press, 1942）, pp. 84-85.

Chapter 3

第3章 | 制海权的获取与保持

　　获取或确保制海权是争夺制海权的第一步，也是最关键的一步。这一阶段随着预设的战役或战略目标的完成而结束。随后就是必须做出积极的努力，通过摧毁或压制敌方残余兵力来保持所需要的制海权强度。尽管有多种不同的表述方式，但是保持制海权的目的在于巩固战役或战略上的成果。最后阶段就是实施制海权，或者说利用战役或战略上所取得的成果。也许不能过分地强调从空间和时间上对这三个阶段进行严格区分。不同阶段之间的界线是极其模糊的，也是难以准确进行界定的。一旦获得了某种强度的制海权，许多在实施阶段所采取的行动，往往就会立即展开。例如，贸易封锁虽然是实施阶段的任务，但只要海上封锁开始实施，贸易封锁也就同时启动了。

　　理想的情况是在战争开始后不久就获取了制海权。因此，为了在预定的战略海域获得所需要的制海权控制强度，就必须采取战略进攻态势。当两个强劲对手发生战争时，双方往往都会采取战略进攻态势。然而，这种情况不会持续太久，因为很快其中的一方就会遭受到巨大的损失，被迫转入战略防御，并实施海上防御行动。在交战双方中，"维持最强势进攻的一方，将会迫使其对手转入防御态势，从而确定了主战场位置和有效的战略区域"。[1] 有时在交战时只有一方处于战略攻势，那另一方则自然就采取战略守势。

　　获取某一特定海域的制海权与达成最终战略或战役目标是遥相呼应的。通常而言，为了获取战役或战略上重要海域的制海权，最直接和最有效的方式就是摧毁敌人的海军力量。[2] 部署一支力量强大的舰队，本身并不能确保对一片海域的控制，因为舰队必须要将其影响力延伸至实际作战的整片海域。[3] 当一方要在预设的海上战场来完成主要的海军任务时，通常会首先获取制海权。一般情况下，一方的海军兵力只会在那些——己方能够投入更为强大的实力，且这种实力已经准备就绪，以至于敌人难以进行阻止的——海区去获取和保持制海权。[4] 如果一方的海上舰队停泊在港口内，那么它的存在可能只对敌人构成潜在的威胁，但是它并未实际进入对制海权争夺的对抗之中。[5] 只有在与敌方的海军兵力进行制海权争夺对抗时，才能有效体现海军的价值所在。

3.1　影响制海权获取的主要因素

经验表明，通过满足若干先决条件或前提要求，将会极大保证海上制海权争夺的最终成功。获取制海权最重要的前提条件可能包括以下内容：

- 有利的海上战略要点
- 有利的作战基地和数量足够的海军/空军基地
- 均衡发展的军事力量
- 数量/质量上的优势
- 完善的海军军事理论、海军作战训练条令条例
- 军兵种间的密切协同与配合
- 进攻意识
- 基地/前沿部署区的控制
- 信息优势

很显然，任何海军都不可能具备以上所有这些先决条件。然而，在和平时期应当做出全面努力，尽可能实现上述各项条件的最佳均衡发展。经验表明，一旦敌对行动开始，任何一方都几乎不可能有机会弥补其舰队实力在数量和编成上的不足，也无法弥补其海军理论与条令条例的缺陷、作战训练和进攻意识的缺乏。

3.1.1　海上战略要点

如果没有在重要的地理战略要点上进行兵力部署或调动，海上战争是无法实施的。通常而言，双方起初都会在当前的地理战略要点上进行兵力部署。在敌对行动期间，双方都会尽力完善其已有的地理战略要点，并且努力获取新的和更有价值的战略要点。在沿海地区，必须在获取制海权的同时还要控制濒海陆上区域。[6]

在争夺制海权的过程中，海上战略要点的重要性已经被经典的海军思想家反复强调过。例如，海军上将马汉就曾经这样阐述：如果没有获得一些战略要点的支撑，特别是那些正处于争夺之中的海域、重要航道、海峡/水道等，那么也就无

法获得制海权。[7]他指出，任何地方的战略价值取决于以下三个主要条件：位置，或者更准确地说是地点，用于攻防的军事力量，以及该位置本身和周边国家的资源。马汉强调说，这是"实力+位置构成了对单纯实力的优势；或者更具指导意义的是，力量的等式是由不断变化的实力和位置共同构成的，一项的富余可以弥补另一项的不足"。[8]

海军上将韦格纳（Wegener）大力倡导这种观点：若要在海战中获得胜利，就必须拥有或获取有利的地理战略要点。他写道，进攻性的海军战略的最高目标，莫过于获取地理战略要点，以此为起点开始争夺海上交通中的商业通道。[9]然而，韦格纳将地理因素在海军战略发展中的重要性绝对化了。他是这样论述的："海军战略在向浩渺的海域发展时，毫不客气地说，不能被历史进程中偶然画在地图上的领土边界所遏止。"[10]

一般情况下，依据位置所具有的潜在或实际的军事重要程度，可以将其分为战略要点、战役要点以及战术要点。[11]这些区分不仅仅因为其地理位置，更重要的原因是其所部署的兵力。很显然，一个要点的军事重要程度越大，所需要用于控制或守卫该要点位置的兵力也就越多。一个海上要点位置的军事价值越高，夺取、防守、控制或遏制该要点位置也就越关键。

战略要点通常是指能潜在地对战争的进程，甚至对战争的结果产生决定性影响的位置。用战略术语来说，一个国家或者地区可以占领与海洋相毗连的岛屿、半岛以及环形战略位置。岛屿为实施海上作战提供显著优势的最好例子也许非英国莫属。600 英里长的不列颠群岛从多佛尔海峡延伸至北部通道（在设得兰群岛和挪威之间）。马汉注意到，不列颠群岛可以对北海拥有的控制力，类似于古巴岛对墨西哥湾的控制力。二者具有相同的防御价值。[12]

17 世纪和 18 世纪，英国在与其欧洲大陆上的敌人发生战争时，英国拥有的海上位置要有利得多。当时英国一方面需要面对荷兰和其他北部势力的威胁，另一方面还受到法国的入侵。于是英国皇家海军将舰队力量集中于唐斯（英国南部的福尔兰北端和南端之间的近岸锚地），占据其内部要地，远离法国的布雷斯特海军基地。因此，英国能够指挥其海军舰队阻止任何试图通过英吉利海峡与其盟国进行联合的敌人。[13]英国对于英吉利海峡位置的控制，对其保护西南方向和北海方向的海上贸易通道的安全是相当有利的。而英吉利海峡在爱尔兰或英格兰抵抗入侵时可以作为护盾。当英国皇家海军舰队在西欧前沿海域展开攻势行动时，浩渺的大西洋则成为保护英国的后院。例如，在英荷前三次战争（1652—1654，1665—1667，1672—1674）中（第四次英荷战争为1780—1784），所有荷兰商船都需要通过英吉利海峡才能抵达母港，因此它们也就暴露在英国的袭击之下。英国舰只可以监视荷兰海军的行动，然而荷兰却因为地理条件的限制而无法监视英国海军舰只行动。[14]在第一次世界大战期间，英国在大西洋上的主要海上贸易通道处在北海德国海军舰队势力范围之外的位置。与此相反，无论是通过英吉利海峡还是苏格兰沿岸的德国航线，却很容易被切断。[15]

3.1.2　地理位置

若一个国家的海岸线相对于其陆地边界而言更长，则称其占据了战略上的半岛位置。半岛所处的位置从两侧为海军兵力行动提供了基地。其缺点则是海军力量必须在两个基地分开部署。在战时，海军舰船处于外围行动的位置，而其航空兵则占有中心位置的优势。半岛式的地理位置为捍卫本土、抵抗可能的两栖登陆提供了许多有利条件，因为其军队可以从中心位置展开行动，而其展开的路线也非常短。然而，面对拥有强大两栖登陆能力的敌人，半岛两侧海岸可能同时面临其入侵的威胁。例如，朝鲜半岛扼守着从中国东北至日本之间的所有海域和空域，以及从黄海至日本海出入的所有海上通道；而在地中海，意大利拥有扼守地中海中部的地缘政治位置。亚平宁半岛的一条腿伸向墨西拿海峡，而另一条腿则横在亚得里亚海的唯一出口——奥特朗托海峡处。

如果一个国家位于洲际大陆的边缘，濒临一个或多个海洋，则其占据了环形中心战略位置。例如，俄国是一个濒临一个大洋（北冰洋）、三个大海（波罗的海、黑海和鄂霍次克海）的国家。这些海洋由位于其间的大洲大陆分割开来，相距十分遥远。在1904年—1905年的日俄战争中，俄国与日本相比，其在远东的地理位置非常不利。俄国和日本相争的两处地理位置——辽东半岛和朝鲜半岛，被分隔在简易交通线的两端。由于俄国所占领的中国旅顺港和符拉迪沃斯托克港两大海军基地被大陆分开，而日本又控制了朝鲜海峡，从而使得这一问题变得越发复杂了。俄国要击败日本，则必须攻击日本本土诸岛，而日本要击败俄国，则只要攫取朝鲜半岛和辽东半岛，就足以达成其主要战争目标。

由于法国濒临大西洋，与地中海西部相接，因此其地理位置处于环形中心位置。而法国土伦和布雷斯特港的舰队被中间的伊比利亚半岛分隔而相距遥远（约

1800 海里），因此，在同英国发生的诸多战争中，法国海军始终处于极为不利的
地位。由于英国皇家海军在地中海部署了永久性的海军舰队力量，并且在 1704
年控制了直布罗陀海峡这一重要战略位置，因而使得这一问题变得更加复杂了。
在与英国几乎所有的战争中，法国都将其土伦舰队经由直布罗陀海峡派往英吉利
海峡。然而，土伦和布雷斯特之间的遥远距离常常会导致行动延期，或者给英国
提供了阻止土伦舰队和布雷斯特舰队汇合的机会。如果土伦舰队的行动被迟滞，
那么布雷斯特舰队就得独自迎战英国皇家海军舰队。

3.1.3　海空基地

在争夺制海权的过程中，如果拥有有利的作战基地以及数量合适且设施完善
的海、空军基地，则成功的可能性就会大大提高。作战基地的长度和朝向直接关
系到国家的海上战略要点位置。良好的作战基地，应当具有攻防兼备的能力。作
战基地与预设作战海域之间的距离，对部队作战能力的发挥起着关键作用。作战
基地应当能够提供多条距离较短的行动路线，从而留出更多的自由选择。[16] 一般
而言，作战基地越长，部署的兵力越多，作战行动路线的选择也就越多。因此，
它迫使防御方分散部署兵力，因为进攻方可以从多个方向选择作战行动路线。[17]
例如，在第一次世界大战期间，沿着英格兰和苏格兰东海岸，从多佛尔海峡到斯
卡帕湾一连串的海空基地，构成了很长的作战基地，为英国皇家海军提供了诸多
的有利条件，在北海阻止了德国公海舰队企图突破其狭窄的活动范围。英国的斯
卡帕湾位置不仅扼守了丹麦海峡和北大西洋之间的海上交通线，同时还保护了不
列颠群岛免遭德军可能的入侵。通过该位置，驻守在斯卡帕湾基地的部队与保护
英吉利海峡英国运输航线的部队建立起了联系。从上述战例可以看出，英国很好
地利用了其有利的地理位置对德国实施了封锁。[18]

通常情况下，基地的长度越短，基地的范围就会越小，敌人也就很容易将其
包围。长度较短的作战基地，供其选择的行动路线较少，各路线之间的距离也较
近。[19] 例如，在第一次世界大战期间，德国公海舰队无法将其兵力投送到北海区
域范围之外，这是因为其作战基地长度过短，并且协约国控制了北海两端的出口。

海军舰队要想具有较强的作战能力，就必须拥有数量合适且位置优越的海、
空军基地。基地是所属海域海空行动的核心位置。夺取、控制和保护基地是任
何时代海军战略的重要组成部分。通常情况下，拥有的基地越多，它为海军兵

力的部署、机动和调动就能提供越大的便利，并为兵力部署和调整提供最合适的位置。

一般来说，基地距离预设的战场越近，其军事价值也就越高。例如，在 1914 年，英国沿东海岸构建了不少基地，这样皇家海军就可以控制北海的南北两端出口。因此，斯卡帕湾基地（奥克尼郡）的联合舰队控制着北部通道，而以哈里奇为基地的海军兵力则确保了对北海南部地区的控制。

在 18 世纪的大部分时间里，英国在地中海缺乏数量足够的基地和舰只来保护其在地中海的利益，其本土海域的主要基地是普利茅斯和朴次茅斯，而法国和西班牙的主要基地为布雷斯特、费罗尔和卡迪兹。在地中海，西班牙和法国在卡塔赫纳和土伦各有两处大型基地，而英国仅在梅诺卡岛（地中海西部岛屿）的马洪港有一处基地。然而，由于英国无法增派任何舰队前往地中海进行部署，所以马洪港只能单纯地用于防御目的。同样地，英国也没有足够的兵力部署到直布罗陀基地。由于英国的主要关注点位于英吉利海峡，所以英国只能零星地往直布罗陀驻军运送补给。[20] 这种情况直到 1794 年才得以改善，当时科西嘉岛反抗法国的统治时，得到了英国舰队的支援，进而成为英国的被保护国。英国选择了圣菲奥伦佐湾（在科西嘉岛北端附近）作为其舰队的主要锚泊地。该基地与尼斯（法国）和热那亚（意大利）的距离都在 100 英里左右。从意大利的里窝那港和托斯卡纳港与科罗斯角（位于科西嘉的北端）的距离仅有 60 英里。从意大利北部出发的所有贸易航线都要通过科西嘉岛附近。[21] 然而，在 1796 年 9 月，科西嘉议会在法国的支持下，推翻了不受欢迎的英国保护者地位，形势急转直下。与此同时，在 1796 年夏季，拿破仑·波拿巴率领法国军队沿着意大利半岛快速推进，英国在地中海的地位不断下降，而托斯卡纳、那不勒斯和教皇国的港口不再向英国舰船开放，英国的前盟友西班牙也公开表示了敌意。由于失去了通往里窝那港的通道，英国在地中海的利益遭受了沉重的打击。不仅如此，那不勒斯退出了与英国的联盟，转而与法国结盟，而皮埃蒙特将萨伏伊和尼斯提供给法国人使用。[22]

如果基地的位置远离国家主要领土，战时往往会带来严重的后果，因为在陆上对入侵的敌人进行抵抗将会面临极大的困难。例如，俄国在 1899 年将中国的旅顺港作为其舰队的大型基地，虽然港口是不冻港，但是如果与日本发生战争，该基地与俄国远东各港口的联络距离过长、易于暴露且极易被截断。不仅如此，旅顺港基础设施缺乏，只能保障俄国远东舰队的部分力量。[23] 这种情况迫使俄国将其舰队力量分成符拉迪沃斯托克和旅顺港两支小型舰队。[24]1899 年，当俄国尝试要在朝鲜海峡获取一处更加有利的基地位置时，日本威胁将发动战争。俄国没有准备好应对战争，被迫接受由于租用旅顺港所带来的不利态势。[25]

如果缺乏良好基地的支持，在争夺制海权的斗争中就会对舰队产生消极影响。例如，从 17 世纪后期到 18 世纪初期，虽然英国在地中海的实力处于上升期，但是缺乏永久性海军基地的支撑。由于英国皇家海军舰队在地中海没有永久性基地，因而无法对地中海进行有效控制。而这样的基地应该具备充足的物资储备，能够满足舰队的持续需求，并且必须由英国人来控制，"不能仰仗其他实力反复无常的面孔"。所以英国看中了西班牙的加的斯港，该港位于直布罗陀海峡西北约 60 英里处。若将此处作为英国舰队基地，则其可以为英国皇家海军舰队在地中海行动提供冬季所需。在西班牙王位继承战争（1701－1714）期间，英国和荷兰于 1702 年 8 月—9 月尝试夺取加的斯港，但最终失败了。直到 1703 年将里斯本作为基地之前，英荷舰队在地中海停留的时间仅为夏季的 3 个月。1704 年 8 月英国夺取了直布罗陀，并成功地挺过了西班牙—法国的攻击。[26] 随后，它变成了英国在地中海里唯一且最重要的海军基地。

有时，由于海军形势的急剧变化，一些海军基地的战略价值可能会大大下降。例如，在 20 世纪初的十年间，德国海军日益壮大的实力致使英格兰南部的海军基地（查塔姆、希尔内斯、朴次茅斯、普利茅斯和彭布罗克）的战略位置对于英国皇家海军在北海的行动并不那么有利了。在 1914 年，英国皇家海军在北海的罗赛斯有了一处一级基地，在克罗默蒂有了一处二级基地，[27] 唯一一处重要的海军锚地则位于哈里奇，而其他诸如哈特尔普、阿伯丁基本上都是需要防护的商贸港口。于是，英国将位于福斯湾的罗赛斯作为整个舰队的主要基地，在与德国发生战争的情况下对其进行了严密封锁。然而，在英国皇家海军联合舰队对德国公海舰队采取远距离封锁后，需要选择位置更靠近北海北部的出口作为新基地。因此，英国就将马里湾的因弗戈登和斯卡帕湾作为联合舰队的重要基地。[28]

海军基地和机场群，若其海上位置靠近潜在对手的边境，则其价值将会大大降低。例如，位于波拉的奥匈帝国基地距离意大利边境仅 75 英里之遥。将特里亚斯特作为舰队基地，其价值甚至比波拉基地还要更小，因为它距离奥匈边境仅有几英里。

对于前沿基地而言，无论是永久性的还是临时性的，其位置应处在预定战场的附近，但不管是何种情况，都应当处于主要海军基地的保障范围之内。例如，在 1904 年—1905 年的日俄战争期间，日本从俄国手中夺取了距离俄国基地约 60 英里的中国旅顺港，这给英国皇家海军留下了深刻印象，于是英军针对埃利奥特岛群的使用，就启用了较少使用但空间范围较大的基地如斯卡珀湾和克罗默蒂湾，作为前沿基地。[29]

在 1914 年—1918 年，英国位于马耳他的大型基地、法国位于土伦和比塞大的基地，由于其距离地中海东部主要战场的距离太远，在战争中其军事价值不大。因此，当英国和法国海军夺取了达达尼尔海峡入口处几个岛屿的控制权后，就将它们作为前沿基地。1917 年 6 月希腊国王康斯坦丁一世逃亡，希腊改变了此前的亲德外交政策后，希腊的穆德洛斯港口被用作补给港，而绍达湾（克里特岛）和法马古斯塔（塞浦路斯）对协约国军队开放。随后，爱奥尼亚海的科孚岛和凯法利尼亚港被作为海军前沿基地使用。[30]

沿海地区的机场数量会对海军部队和陆军部队的进攻和防卫能力产生极大的影响。对机场或可用于修建机场的区域进行实际控制，可以有效加速对特定海域或洋域的控制，并有利于后续加强控制。

3.1.4　海军力量构成

要想在制海权争夺中获胜，就要求海军力量的构成均衡合理。这就意味着部队在各种类型的海区环境条件下都能擅长作战，从开阔的大洋到近岸水域都能适应。潜在的威胁和可能的作战海域地理特征，应当作为规划作战规模、确定水面舰艇和潜艇的最优数量与类型的决定性因素。在许多封闭的海上战场，由于作战规模小、相应的纵深距离短，再加上水深较浅，这对于航空母舰、大型水面战斗舰艇、核动力攻击潜艇而言，在此类海域是难以展开作战行动的。如果在狭窄的海区内有大量的岛屿或群岛存在，那样就更难以展开有效行动了。

一支蓝水海军必须能够在浩瀚的大洋上驰骋，并且具有将其力量远距离投送至世界各地或沿海地区进行作战的能力。很显然，诸如航空母舰、巡洋舰等大型水面舰艇和核动力攻击型潜艇具有在典型的狭窄海域进行航行的能力。然而，当它们在水深较浅又有大量岛屿或群岛存在的狭窄沿海水域中活动时，它们的速度和机动能力都将会大打折扣。此外，大型水面战斗舰艇由于体积大、机动能力相对较弱，在遭到来自水面、水下和空中的集中打击时，就很容易遭受损失。通常情况下，敌人为了摧毁一艘诸如巡洋舰或驱逐舰之类的大型舰艇，往往会比摧毁小型水面舰船投入更多的力量，做出更大的努力。不仅如此，大型水面舰艇在遭到飞机或者小型水面舰艇发射的反舰巡航导弹、常规动力攻击潜艇、智能水雷以及岸基导弹的攻击时，其抗打击能力较为脆弱。狭窄海域成群结队的小型舰船往往也会给其施加额外的压力。同时，大型舰艇造价昂贵，并且无法在短时间内大量建造。在此情况下，对于高性能且造价昂贵的战斗舰艇的使用，其可能出现的风险超过了潜在的收益。

正如在开阔大洋上进行的战争一样，要想在近岸海区作战中取胜，需要综合运用各种类型的海军作战力量。通过将各种平台进行组合使用，使每种平台的作战能力能够做到取长补短。因此，当缺乏适合在近岸海区行动的兵力时，单种类型的水面战斗舰艇不管其多么先进，也不能将其当成多面手来使用。不仅如此，在近岸海区的作战行动中，还应当运用空军、陆军、海军陆战队以及特种作战力量。AIP（不依赖空气推进的传统动力）攻击型潜艇、轻型护卫舰、轻型巡洋舰、多功能巡洋舰，以及快速攻击舰，比起体型更大的其他平台而言，显然更适合于近岸海区的作战。这些平台的造价便宜得多，而且能够大量建造或采购。

一支蓝水海军若要保持制海权，应当配备数量较多的小型水面战斗舰船和潜艇。最适合在沿海进行作战的海军兵力通常就是称为"滨海战斗群"的作战力量。这样的编组形式也应该包含有舰载或岸基多用途直升机、多样化无人平台（包括水面、水下、空中），以及特种作战分队。在有些情况下，岸基部队和岸导或者岸炮也可以为滨海战斗群提供支援。每支滨海战斗群应当为其特定的作战任务进行专门配置，例如夺取或拒止制海权、攻击敌人海上贸易通道，以及保护己方海上贸易通道等不同类型的作战任务。对于全球性海军而言，例如美国海军，需要一支"远程掩护和保障"力量来为这些滨海战斗群提供强有力的保障。这样的一支力量应当由航母打击编队、远程突击群、水面战斗群以及核动力攻击潜艇，再加上美国空军攻击型战斗机/重型轰炸机来构成。

3.1.5　海上兵力数量规模

要想成功地获取制海权，不仅需要在战技性能上具有优势，而且还需要在数量上具有优势。决定在预定的海上战场永久性地部署何种数量、规模、类型的舰艇的主要影响因素有以下几个：

- 潜在的海上威胁
- 从本土基地到预定作战海域的距离和航渡时间
- 远期可以部署的舰艇数量以及随时处于维修的舰艇数量
- 海空基地的可用性和安全性，以及这些基地与敌人的相对位置关系
- 作战环境特点
- 任务类型和任务持续时间
- 同盟/联盟的潜在贡献

通常情况下，如果兵力在数量上比敌人多，就占有很大优势。对于战役和战略层面而言，这一点是千真万确的。海军不仅在获取制海权时需要数量很多的舰艇，而且在保持制海权时也是如此，这一点往往被人们忽视了。

不仅如此，信息化战争的许多热衷者坚定地相信，规模相对较小且能快速部署的部队，足以胜任需要大量其他类型部队才能完成的作战任务。据推测，用信息和效率来替代数量，可以降低在特定地理区域集中兵力的需求。而这一点反过来，又能够加快在战斗空间行动的节奏和速度，从而迫使敌人找准目标更为困难。[31] 在 21 世纪初，网络中心战的鼓吹者们反复宣称，将地理上分散部署的部队进行"联网"，再结合共享的态势感知和快速通信，就可以实现用规模较小的部队击败实力强大的敌人——而且行动速度很快。[32] 但是并没有确切的证据能证实这些断言。虽然信息技术促进了作战能力的增长，然而却难以用合适的术语来表述。信息不是某种具体的装备，难以像传统的火力和机动性那样进行描述。信息只是指挥员用于做出合理决策时需要运用的诸多要素之一。拥有丰富的信息，并不一定就意味着更加明智。做出合理的决策需要的并不是更多的信息，而是需要更为合理的判断。[33] 运用的知识越来越多，意味着需要收集的信息也就越来越多。其结果将会导致信息过剩，根本无法加以整合。[34]

通常情况下，舰艇数量越多，作战获得成功的可能性也就越大。当其数量达到了一定程度时，海军部队纯粹以数量就可以形成压倒性的优势，而不论其技能、士气、纪律、条令的合理性、作战训练的质量以及战斗准备状态如何。在许多战例中，在同一支装备精良、训练有素以及领导得力但人员数量较少的部队进行作战时，数量上的优势是获胜的决定性因素。只要有可能，就应当在决定性的时间和地点集中压倒性优势的兵力。[35] 如果作战目标是夺取快速的、决定性的胜利，那么再怎么强大也不为过。在实践中，这意味着一方应当在主要作战地区部署其

主力部队，而在次要地区部署其相对较弱的部队。[36] 如今，部队不必在物理空间上进行集中部署，但应当在决定性的时间和地点营造聚集的效果。只要成功运用压倒性的优势力量，就能从敌人手中夺取主动权，并将其击溃。

3.1.6　军事理论

经验表明，如果在和平时期没有提出完善的理论指导训练，那么战时要想获取制海权就难以实现。海军理论应当对海上攻防作战以及二者之间的相互关系阐述清楚，而作战的大体框架是由常规战争理论来决定的。其主要目标之一，就是对海上战争的内涵提供更为广泛而深入的理解。完善的海军理论主要是由两大部分组成：（1）从海上战争历史演绎而来的普遍特征；（2）未来海上战争的特点。这两大部分应当相互依赖，相互支撑；过分强调其中的一面，都会发展出不完善的海军理论。也许还有一个重要问题，就是基于新的、还未经验证的技术而发展出来的占有主导或者是具有排他性的海军理论。尽管技术的进步将显著影响未来海上战争的特点，但是国际安全环境、人口情况以及海洋相关法规——数量虽然较少——也将对其施加强大的影响。

如果没有完善的海军/联合作战条令条例，以及高水平的作战训练，就无法成功获取制海权。一般而言，制定条令条例的主要目的就是为军事组织提供共同的宗旨、共同的语言、共同的目标，并团结奋斗。完善的条令条例，是拥有一套共同的战役或战术观点，以及共同语言的关键工具；否则的话，任务指令就不能得到成功的执行。条令条例可以为某一军种与其他兄弟军种以及为同盟和协约伙伴之间对接提供巨大帮助。

条令条例是连接理论和实践的桥梁，它将理论上的思想转化成条令条例上的原则，然后，这些原则就可以用于指导战术谋划、技术和流程的设计。[37] 完善的条令条例应当充分考虑到当前和设想中的技术进步，而不能要么在理论上、要么在技术上占主导或者具有排他性。

战役层次的海军作战条令条例，应当是指导海军/海上部队获取和保持制海权的主要文件。如果编写得当，在主要的海军/联合战役行动中以及在海上/沿海作战中关于如何使用海军力量的问题上，它应当做出详细的描述。换句话说，它应当集中关注战役层次的有限兵力或者战区舰队的使用问题。完善的条令条例应当包括海军/联合作战力量的兵力运用方法、指挥机构和领导原则、作战决策制定、战役筹划与执行，以及保障活动（情报、信息作战、后勤、防护）。

完善的作战条令条例应当包含不同的战役样式。每种战役样式都应该通过实施重要的海军作战行动或者联合作战行动来达成作战目标。特别是针对围绕获取/保持制海权的作战样式，应当基于作战海域和未来海上战争实际情况进行恰当的评估。针对不同兵力在达成各自的作战目标时，它应当运用清晰明白、简明扼要的术语对其如何部署、运用及加强进行描述。它不应当直接针对具体的潜在敌人或者海区，假定将来发生敌对冲突时使用某种战役样式。

总之，战役样式应当是灵活的，在作战环境中面对突发情况时，允许创造性地使用海军/海上兵力。它应当对行动的速度和奇袭加以肯定；而且应当从多个不同的物理环境（海上、空中和陆上）对敌人施加威胁，从而有效限制敌人的选择余地；它还应当实施战役欺骗，从而极大地增加奇袭敌人的机会；同时它还应当对网络空间战的攻防能力进行综合运用。

3.1.7　联合作战

在获取和保持制海权方面，海军以往几乎成了唯一的角色。如今的情况不再这样了。如果没有其他军种的联合作战，制海权也就无法达成。对多军种的运用或者说联合作战，其优势非常明显。最重要的是，海军/海上战役指挥员在运用下属兵力时有了更多的选择。通过这样的行动可以将敌人置于非常不利的地位，致使敌人面临多重威胁却又无计可施。有创造性的作战指挥员可以充分发挥联合力量的优势，以对称或非对称方式运用各部队多样互补的作战能力，以产生出比各部队战力之和更大的影响力。[38] 例如，装备了导弹的水面战斗舰可以对敌人海岸的多种目标实施攻击，而岸基航空作战力量可以对敌人的海上或基地/港口的战斗舰艇、商船实施突袭，地面部队可以占领敌人的海军基地/港口和机场，从而极大地加速获取制海权任务的圆满完成。

一般来说，为了夺取胜利并将己方损失降到最低，若要采取对称作战方式来运用作战力量，则要求对敌人拥有较大的数量优势和更加先进的武器装备。与此相反的是，对部队差异化的使用则可能产生毁灭性的后果。在有些情况下，可以要求己方地面部队在敌人控制的近岸占领一些重要目标，这些目标对于陆军而言无足轻重，但对于海军获取和保持制海权则至关重要。现代航空兵的航程远、速度快、威力大，不仅能在毗连的狭窄海域作战，而且可以在大洋上绝大多数海域作战。岸基航空兵通常拥有较远的航程，可以携带大量的武器。比起航母舰载机而言，岸基航空兵在给定有效的时间内能发动多次攻击。当从中心位置点出发作战时，岸基航空兵在攻击敌人的战舰和商船时拥有高度的灵活性。如果拥有系列前沿部署的航空基地，则攻击者在很短的时间内就可以改变主要进攻方向。

两个或多个军种的联合作战也有一些缺点。与单一军种作战相比，最重要的就是，大规模海上联合作战的指挥和控制（C2）要复杂得多；军种文化和条令条例的差异，可能会造成误解并导致合作变得较为困难；其他的问题还包括，军种间的偏见、高级将领个人之间的不和谐（甚至怨恨）、作战安全以及协同工作能力等。各军种使用的通信系统类型和通信流程各不相同，会导致通信更为复杂，在多国部队合作中其困难表现得尤为突出。联合部队的部署和后勤供应问题，与单一军种相比会面临更大的挑战，而多军种或多国部队中的信息流，通常要比单一军种慢得多。

3.1.8　进攻意识

进攻行动是成功夺取和保持制海权的主要条件之一。仅在数量上占据优势，并不能自动转化为拥有预定海域的制海权。为了获取制海权，海军部队必须向敌方施加切实的威胁。这意味着需要在最终想要控制的海域进行实际作战。俄国人过去常常把海军所谓的堡垒舰队驻扎在基地港口，这样做毫无疑问会导致很多灾难。海军"如果不在海上通过积极和持续的海上作战行动，是绝对无法履行其使命的"，"敌方海军力量在该海域被消灭之前"，海洋就谈不上安全。[39]

为了在海上战争初期夺取主动权，实力较强的一方应当尝试通过突然袭击来摧毁敌人的主力部队。而后，为了保持主动性，部队还必须持续保持进攻态势。进攻不仅能够确保行动的自由，还能够加强己方部队的士气，打击敌方士气。主动性在很大程度上主要取决于领导在整个指挥链上所行使的领导能力。胜利后的懈怠往往会对战争的最终结果产生决定性的影响，无论在陆上还是海上皆如此。[40]

进攻性意味着一方部队决定采取行动，抓住并掌握主动性，动用所有可用的力量给敌人造成最大的损害。为了取得具有决定性的战果，进攻行动必不可少。经验表明，冒险的代价往往比消极被动的代价要小。任何军事行动都会有风险，因此，我们总是需要在消极被动和冒险主动之间做出抉择。在战争初期就能够取得主动权，主要是事先精心准备的结果。

在历史上，实力强势一方的消极被动，就意味着将制海权拱手交到了弱势一方手里。例如，在克里米亚战争（1854－1856）期间，俄国人在波罗的海具备了数量上的优势，但他们极其消极懈怠。他们拥有一支由 27 艘小型舰船、50～60 艘炮艇组成的舰队，而英国舰队仅有 9 艘蒸汽船和 6 艘帆船。[41]

在 1781 年，一支由法国—西班牙海军组成的联合舰队，在毫无防备的托贝湾突入了由 50 艘战舰组成的英国海峡舰队，它给英国舰队造成了毁灭性的打击。然而，其指挥官缺乏战斗意志，在取得了较小的战果后就驾船离开了。[42] 在另外一个战例中，1904 年 2 月 8 日，日俄战争的第一天，如果日本舰队司令东乡平八郎（1848－1934）做好了准备，利用他在前一天夜间鱼雷突袭给俄军造成的混乱，在黎明冒险全线攻击，那么日本海军取得决定性的胜利应当是十拿九稳的。俄国在当地的优势在很大程度上是虚幻的，随着彼得罗巴甫洛夫斯克战舰的损失（1904 年 4 月 13 日），以及舰队司令斯蒂芬•O. 马卡洛夫（Stephan O. Makaroff，1849－1904）的死亡，维持当时舰队担负防御力量所需要的一点进攻精神在俄国舰队中也荡然无存了。其剩下的有效作战力量在舰队司令威尔格姆•卫特捷夫特（Wilgelm Vitgeft，1847－1904）毫无生气的领导下，闲置在旅顺港。[43]

实力强大的部队如果明显缺乏进攻精神，往往也会去追求防御性战略目标。如果有实力的舰队不主动作为或消极应战，会让实力较弱的对手达成作战目标。例如，在第一次世界大战期间，意大利海军虽然在数量上比奥匈帝国海军拥有优势，但在战争的大部分时间里，其在亚得里亚海处于被动地位。[44]1915 年 5 月，意大利参加了协约国战争之后，其海军的主要使命有：确保舰队随时准备同奥匈海军舰队作战；运用水雷、鱼雷艇、小型潜艇、铁甲船、轻型巡洋舰与驱逐舰编队等力量抗击敌人的袭击，确保意大利海岸安全；在奥特兰托海峡建立有效监视，以阻止奥匈帝国 U 型潜艇的通过。[45]在战争的最初 4 个月里，奥地利人仅付出了 2 艘 U 型潜艇和几架飞机的代价，就给意大利舰队造成了很大的损失（击沉了 2 艘巡洋舰、1 艘驱逐舰、2 艘鱼雷艇、3 艘潜艇、2 架巡逻飞艇，此外还击伤了 1 艘英国轻型巡洋舰）。有一段时间，意大利甚至禁止其重型舰艇离开基地。在战争接下来的时间里，意大利亚得里亚海沿岸的每处重要位置都承受着奥匈帝国舰艇或飞机的攻击压力，而意大利舰队几乎难以介入到阻止袭击的行动中去。[46]

无独有偶，在 1940 年，意大利海军的水面舰队将其角色局限于：固守国家海岸，保护通往利比亚的海上通道。意大利海军参谋部仅在地中海东部筹划了进攻性行动，在中部和西部却采取了防守姿态。[47] 而德国海军参谋部则相反，他们相信，意大利集中所有部队消除英国在地中海东部的主导地位，是意大利的利益所在。进一步说，这意味着意大利应当与德国相互支持，封锁英国的地中海舰队，占领埃及，消除英国在巴勒斯坦和土耳其的影响力。德国人还认为，英国在地中海据点的减少，是夺取海上战争最终胜利的关键前提条件。德国海军参谋部和德军最高司令部都认为，苏伊士/埃及和直布罗陀是地中海的两大战略支柱。德国非常努力地劝说意大利采取更多的进攻姿态，以使地中海的态势朝有利于轴心国的方向好转。然而，这些尝试都没有成功。[48]

3.1.9　基地/前沿部署区的控制

如果对基地或者前沿部署区没有足够强大的控制力，则在滨海地区争夺制海权就无法取得成功。另外的目标就是要将敌人置于持续的压力之下，使敌人部队束缚在特定的海域，从而创造出有利于己方的作战态势。最好的做法就是，在和平时期将为控制基地或者前沿部署区的各要素建起来。这些要素是海上战区不可分割的组成部分，或者是预设海上战场需要保护的部分。作战防卫是战场指挥员或战役指挥员的基本职责之一。

首先要获取基地或者前沿部署区的控制权，然后保持住，如果可能的话，在海战期间不断加以拓展。只有在海上、水下、空中和陆上进行一系列相互关联的战术进攻和防卫行动，才能获取对基地或者前沿部署区的控制。主要的行动包括：对沿海地区和毗连的海洋进行侦察、监视；特别是对沿岸、海军基地、机场和港口进行防护；进行领土防空以及在沿海反潜防卫；反击敌战斗舰艇；防范敌方蛙人或者突击队行动；对基地、港口以及选定的近岸海区进行水雷防卫作战；采取进攻性和防御性水雷对抗；抗击恐怖分子行动和敌人突袭；保护沿岸设施设备；防范大规模杀伤性武器；当敌方的水面舰艇对己方沿岸的海军或者空军基地、港口以及设施设备造成威胁时，对其发动进攻性行动，包括突袭和攻击。通过采取防御性或者进攻性信息战，以掩护或者隐蔽己方行动，防范敌方的侦察与监视，对抗敌方的掩护与隐蔽，可以极大地增强己方的基地和前沿部署区的防卫能力。

3.1.10　信息优势

在信息时代，对制海权的争夺，从一开始就必须全力以赴获取信息优势，防止对手获取信息优势。这一点应当成为获取或者保持制海权作战理论中不可分割的一部分。通常情况下，信息优势可以阐述为：一方借由技术能力的帮助，不间断地对信息流进行收集、处理和分发，同时削弱或阻止敌人进行同样的行动，从而获得快速制定明智决策的能力。对网络空间控制权的争夺，与争夺制海权非常相似。只有在神话中，才有人能在任何时间可以获得对网络空间完全绝对的控制，而且这是非常危险的。对网络空间的控制，本质上是相对的、不完整的，而且高度脆弱，它永远处于不断的变化之中。海上较弱的一方，实际上可能比其强大的对手具有更强的获取信息优势的能力。反过来也可能成立。由于网络空间范围本质上是无限的，因此，没有哪方能像在争夺制海权那样获得全局或局部控制权。与制海权类似，一方对网络空间的控制，可能是长期的，也可能是暂时的。

理论上，实力较强的一方若能在战争期间主宰了电磁频谱，则可以获得对网络空间的永久控制。然而，这种情况在两强之争中几乎是无法实现的。更可能出现的情况是对网络空间的暂时控制，这样的状态是极不稳定的。优势可以在双方之间快速转换。理论上，对网络空间的控制有有限和绝对之分。对网络空间的有限控制，对应的是一方将网络空间用于某一特定目标的能力。这意味着，较强的一方成功破坏或压制了敌方网络空间能力的一些关键要素。在实践中，两强之争是无法达成对网络空间的绝对控制的。通常情况下，在两个强大对手之间，会出现激烈争夺或竞争网络空间控制权的情形。这种控制权比有限控制稍强，但又不及绝对控制权。这种状态由于网络空间环境的特性呈现出快速、突然变化的特点。

3.2　中心位置与外线位置

在海战中，敌对双方所占据的初始地理位置对他们各自的兵力部署和作战会产生重大影响。通常情况下，一方的兵力要么在中心位置，要么在外线位置，要么在二者兼具的位置展开行动。而一方兵力的行动是从中心位置展开，还是从外线位置展开，大体上取决于双方海军或者空军基地的相对位置、作战基地的长度和主要走向、平台类型等。深入敌方兵力部署间某个位置的作战兵力，即占据了中心（或内线）位置。这样的一支作战力量，其到达攻击点的路线更短，拥有更多的分支路线可供选择。因此，在有效的攻击范围内对选定的位置点而言，处在中心位置的兵力与处在外线机动的敌对兵力相比，具有更能快速集中的优势。中心位置还有另外一项优势，就是敌人难以轻易集中兵力来抗击。[49]

3.2.1 中心位置对海战的影响

对于极具影响力的著名军事理论家安托万•亨利尼•若米尼将军（Antoine-Henry Jomini，1779－1869）关于中心位置和内线作战的潜在价值的观点，马汉大体上是赞同的，但也提出了一些需要注意的事项。马汉认为，中心位置只起到了锦上添花的作用，不是影响作战态势的主要因素。马汉阐述道，内线位置"能够使你更快速抵达，但是它的优势也仅是如此"。因此，"位置并不能代替'人多力量大'那句名言所需要的兵力。位置本身不能提供更多人员，离开了兵力，位置只能作为防御性的避难所、保障基地和交通枢纽。中心位置不能被搬到战场上或者作为援军"。[50]在马汉看来，英格兰与其欧洲大陆的对手隔海相望时，所拥有的中心位置就是其主要优势所在。从中心位置展开行动，沿着内线向外实施进攻。这能确保攻击者将敌方兵力分开，用自己的部分兵力牵制敌方的部分兵力，集中自己的主要力量对敌方另一部分兵力发动攻击。[51]马汉认为，如果两侧的敌人都比己方兵力强大，那么占据中心位置就没什么用处了，这无疑是正确的。

总体而言，若一方从一个中心位置出发，则其兵力可以在敌方的其他支援兵力到达战场之前将敌方兵力击败，从而获得局部优势。[52]例如，在第一次世界大战期间，英国皇家海军在本土海域通过集中优势兵力，控制了从欧洲北部到西部的海上补给通道。英国部署在福思湾的大舰队，从作战的角度而言占据了一个中心位置，以防德国公海舰队试图从"南特克塞尔—雅茅斯"一线的北部退出或从南部通过。同样地，德国公海舰队在北海和波罗的海之间也占据了一个中心位置，阻止了英国皇家海军大舰队在波罗的海的行动。

在第二次世界大战期间，日本人控制了菲律宾和荷属东印度群岛，从而占据了西太平洋的战略中心位置。而位于中心位置的吕宋岛，则控制了从太平洋通往中国南海的东部通道。同样地，日本还控制了爪哇岛、帝汶岛和苏门答腊岛，这些群岛为日本的海上行动提供了中心位置，便于日本运用其海空力量阻止从南部和西部抵近这些群岛的任何敌人。

3.2.2　外线位置对海战的影响

如果一支部队沿着敌人占据的中心位置以外的区域进行作战，则其所在的位置是外线（或侧翼）位置。这样的位置实际上对应的是战略侧翼位置。一支部队从这样的位置出发，可以在敌人的一侧或两侧移动。该部队还可以针对敌人外围的多个部位，从多个方向威胁实施或实施奇袭。占据外线位置的部队，可以将敌人从所赋予的作战任务中引开。在外线位置作战的部队，可以从多个方向或沿多条路线威胁发动或实际发动攻击。然而要想夺取胜利，在外线位置行动的部队往往需要在数量上占优，并比敌方部队更灵活机动。

3.3　兵力集中部署与分散部署

获取制海权的第一步是部署足够的兵力，以应对敌人可能集中起来的最大力量。[53] 集中是为了能够确保在预设的海域快速集结己方海军部队两支或两支以上的作战力量。其主要目的是，迫使敌人将其力量分割成多个部分，从而有机会将其各个击破。然而，对于海上两强之间的战争，这种集中力量的方式往往难以奏效。最重要的是，如今的海军力量、规模与以往相比，在数量上要少得多。它们可以分散在空间相对较大的海域，但是仍然可以相互支援作战。然而，如果在封闭的海上战场，例如波斯湾（阿拉伯海）或波罗的海，情况则大不一样了。由于战场海域空间狭小、纵深较短，所以敌对双方的作战力量相对比较集中，双方的作战行动和力量部署都难以隐蔽。

3.3.1　兵力集中部署

过去，对舰队兵力集中的重要性被绝对化了。例如，马汉主张一支舰队永远不应该分割使用，只有集中舰队力量，才能在海战中获胜。[54] 他是这样论述的，舰队兵力集中使用"比其他所有要素之和还重要，是战争中提高部队作战效能最重要的原则"。[55] 在他看来，一方无论是进行"战略部署还是战术机动，正确的行动方法是：在主攻方向上集中比敌人更占优势的兵力，而在其他方向上尽可能长时间地拖住敌人，从而能在主攻方向上取得最大的胜利"。他还写道："集中还有一个重要潜在的理念就是相互支援；整个部队……协同一致，职责共同分担。"[56] 马汉坚定地认为，一支舰队无论如何也不应当将兵力分散部署。如果说海上舰队集中火力是海军展现实力的重要方式，那么这样集中火力打击的最好目标莫过于敌方舰队了。[57]

与之相对的是，科贝特注意到，一方除非冒着高度但是审慎的风险，否则难以在战争中获胜，而在这样的风险中，最大而最有效的战术就是将己方舰队进行分散部署。科贝特确信，集中优势力量是和平时期孕育出来的优势，而不是战争的产物。他主张，要在海上战争中获胜，就要进行他所声称的"战略联动"，这一原则要求至少在表面上将兵力进行分散部署。这种联动需要承担一定的风险，最大而最有效的联动就是将兵力进行分散部署。战争经验表明，如果不进行分散部署，则战略联动就不可能达成。只有超出了组织严密的部署界限时，这样的分散部署才是不利的。在区分集中和聚集时，他写道："要想达成战略联动所进行的分散部署，其本质特点是灵活性和机动性的结合。一方兵力进行分散部署，其目的一是隐藏其企图，二是保证与敌方对抗时具有足够的灵活性。"[58] 在他看来，将己方舰队力量集中在一个位置是错误的，在"遇到拥有兵力优势的敌军时"，这将会影响己方兵力"回撤至战略中心位置"。而这样的回撤是否成功，往往取决于敌方指挥员的战术运用和所拥有的兵力情况，还包括天气因素的影响。当然，分散部署必须要承担一定的风险。如果不冒一丁点风险，就不会达成任何目标。分散部署的原则，正如集中兵力原则一样，是至关重要的。[59] 科贝特（错误地）相信，一国必须拥有在一次打击中结束战争的手段。这就要求在陆上和海上都占有优势。可以这样说，弱势一方的集中，决定着强势一方的集中。反之则不一定成立。[60] 达维鲁（Daveluy）认为，通常情况下，一方将海军总体力量进行集中，往往会导致另一方也进行集中。例如，在英荷战争中，双方的舰队力量都集结在狭窄的战区范围之内。荷兰人不得不集中力量去保护前沿防线。他们将舰队集中于北海，这样既保护了国家陆上疆域，也保护了荷兰护航线的海域。英国被迫以同样的方式采取行动，英国必须守住泰晤士河河口，以保护位于查塔姆的最大海军基地。[61] 达维鲁写道，一方若要分割其海军力量，就必须要进行明智而审慎的判断。为了迫使敌人分散部署力量，己方部署的每支分部在力量和位置上必须能构成威胁，不同分部及其位置也必须能构成威胁，但不同分部之间又不能过于靠近，以免敌人通过一支部队就可以牵制这些力量。[62]

3.3.2　兵力分散部署

通常情况下，当一方在数量上拥有明显的优势时，分散部署兵力并不是很有利。例如，在 1904 年—1905 年日俄战争中，针对日本人的作战，俄国错误地将其远东舰队分成两个分舰队，一支部署在旅顺港，另一支部署在符拉迪沃斯托克港。这样一来，俄国人即使有可能，也很难集中其两支分舰队的力量对日本舰队发动决战。然而，有时将部队进行分散部署，有可能是由于政治家的错误，或者随着战争形势的发展而引起的。例如，在第一次世界大战期间，德国海军被迫将其舰队同时部署在北海和波罗的海，这是因为德国陷入了两线作战的境地。

在有些情况下，经过精心谋划的分散部署能够达成作战力量的集中。例如，海上两支舰队与陆上两支部队相比，他们更有可能从相距很远的基地进行联动。因此，海上联合方式比陆上要多得多，有许多联合方式与中心集结的做法是相反的。

通常情况下，不应当将部队分成过多的作战单元。如果各作战单元不能相互有效支援，情况就会变得更为糟糕；当然，如果每个单元遭遇的敌人都比己方弱，那就是另外一回事了。在二战后期，日本海军在运用集中和分散部署原则时犯了严重的错误。例如，日本在 1942 年 5 月的莫尔斯比—所罗门战役（导致了珊瑚海海战）、1942 年 6 月的中途岛—阿留申群岛战役（导致了中途岛海战）、1944 年 10 月的菲律宾防御战役中，筹划并实施了极其复杂的作战计划，将海军兵力高度分散部署。毫无意外，这三场战役都以日本的惨败而告终。

3.4　影响制海权获取的作战态势

很显然，交战双方在对抗初期时都只能控制己方的基地和兵力部署所在的海域。然而，在现代战争中，由于水雷、潜艇和飞机的出现，这种控制样式已经扩展到很远了。[63] 在两强对抗中，双方都会将其舰队力量部署到对作战初期有重要影响的关键海域，并且逐步将其控制范围扩展至其他海域。一旦双方的海军力量开始接触，对制海权的争夺就将展开。[64] 各方都会尽力保持对各自的基地或者兵力部署的海域进行控制。[65] 当然，只有对作战有重要影响的海域，双方才会全力以赴地进行制海权的争夺。通常情况下，对于那些不太可能获胜或者获胜代价过高的海域，任何一方都不会去夺取控制权。[66]

3.4.1 战略态势

为了确保某一海域的安全，兵力较强的一方应当具有快速集中足够兵力来防止己方部队和据点遭受严重破坏的能力。这也反过来要求，在部署重要作战兵力单元时，相互之间的距离应当合适，部署方向应当恰当，以便在敌军抵达之前可以将优势兵力集中起来。[67] 随着时间的推移，一方可能在一定的时限内对特定的海域拥有制海权，而在其他时间里双方都没有制海权。[68]

除非力量弱势的一方在战略战役上进行响应，否则难以做到对制海权的快速获取。这一点可以通过攻击对方认为对战争结果具有重要影响的物理目标来达成。这些目标包括海峡/水道或者岛屿之类的地理位置，而这些位置能在沿海威胁敌人地面部队的作战行动，或切断敌人的海上交通线。[69] 对该类重要位置进行突袭和占领，或者威胁切断敌人的海上交通线，这样往往就会迫使敌人做出强烈反应，从而获得摧毁敌人海空军主要作战力量的机会。这样行动的结果可能就是获取特定海域的制海权。当然，对这样的目标的选择并不简单。一方选定的目标，可能其对手认为不怎么重要。然而，对那些重要目标即使没有进行攻击，也有可能与敌人发生决战。通常情况下，傲慢、声望、对敌人实力和能力的不实评估、不正确的战略思想或兵力部署，甚至机遇和运气均有可能发挥重要作用。[70]

辽阔大洋上的战略态势将会极大地影响到毗连的外围或者狭窄海域的作战态势。兵力较强的一方可能在很大程度上获取了辽阔大洋的制海权，但是对靠近陆地的沿海区域的控制可能很弱，甚至根本就没有。位于典型狭窄海域的兵力弱势一方，可能比蓝水海军拥有更多的优势，因为它对该海域具有更好的侦察/监视条件、更短的作战和补给路线、更有利的舰船维修和人员疏散等方面的便利条件。同时，兵力弱势一方不仅能动用海军力量，而且还可以使用陆基飞机、岸导、岸炮等力量，以对抗兵力强势一方对毗连海域的水面和空中的控制。这样一来，兵力强势一方的海军力量在敌方控制的海域进行兵力部署很可能是极其分散的。因此，在典型狭窄海域进行作战，若一方兵力获取了三维物理空间的控制权，以及沿岸地区的部分控制权，则其就获得了该海域足够强度的制海权。在某些情况下，如果敌方力量被削弱到无法对己方造成严重威胁时，即使敌方控制了沿岸地区，己方力量也可能获得制海权。[71]

3.4.2 陆上作战

不能将辽阔大洋的制海权与沿岸海区和狭窄海域的制海权分割开来，尤其是当敌对双方的陆地和海洋边界相互邻近时。[72] 从战略的角度，对辽阔大洋制海权的获取或丧失，通常会对陆上作战态势产生间接影响。对于封闭海域而言，这种影响则更为直接和迅速。在很多情况下，丧失制海权甚至可能对整个战争的结局产生巨大的影响，反之也成立。陆上作战进程会极大地影响到毗连海区制海权的获取或丧失。[73] 与辽阔大洋的情形不同，针对典型狭窄海域的制海权，往往需要各军种之间的密切配合，才能获取并保持下来。即使海军是最主要的作战力量，它也需要其他军种的直接或间接支援。[74]

夺取海上战场部分海域或整个海域的制海权，可以有助于陆上目标的达成。一方的海军力量可以通过海上连续不断的攻击行动为己方地面部队的沿海侧翼提供支援。这些行动的主要目的在于：压制敌人行动，阻止敌人在特定的海域进行作战。如果成功地做到这一点，这些行动就可以为己方地面部队抽出大量力量投入到主攻方向。而陆军侧翼如果缺少制海权，则需要在岸上沿途部署大量的防御力量。而且，通过实施制海权，敌人可能会给己方部队造成巨大伤亡，而这又可能危及地面大规模作战总体目标的实施。因此，要想为己方在沿海作战的地面部队提供支援，获取并保持制海权则是首要的，也是最重要的，同时也是最有效的方式。[75]

3.4.3 空中作战

在典型狭窄海域争夺制海权，必须与覆盖该海域和临近沿岸地区的空中作战力量密切协同。在典型狭窄海域争夺空中优势，与陆上作战紧密相关。海军和空军作战力量都应当参与到制海权的争夺之中。从空中突袭敌方舰艇、岸上作战力量和设施设备，由于典型狭窄海域的纵深较小，因此与开阔大洋相比，从空中突袭更为高效。岸基飞机与在开阔大洋中从航母起飞的舰载机相比，在同样的时间里可以发动更多的突袭波次。在小岛和群岛众多的狭窄海域，岸基飞机可以从敌方舰艇航线的侧翼基地出发，对敌方舰艇发动攻击。这些飞机可以从一个基地快速转移部署到另一个基地，或者从战场的一个方向转移到另一个方向。狭窄海域的范围较小，使得"轮流"使用固定翼飞机和直升机进行攻击成为可能。空中飞机对所有类型的舰艇会造成持续的威胁，尤其是水面舰艇。来自空中连续攻击的威胁可以导致海军力量彻底瘫痪。[76]

在毗连陆地的海区，岸基飞机和舰载机是夺取水面甚至是水下制海权的主要手段。在获取制海权时，这样的制海权往往是局部的和暂时的，正如第二次世界大战期间和 1945 年以后的一些局部战争所展示的那样。由于现代战机航程的增大、续航力和速度的提高，更大范围的海域已经成为海军力量和岸基飞机能够覆盖的作战区域。如今，所有狭窄海域的每个角落都无法避免来自空中的监视和攻击。一方的海军力量只有在己方夺取制空权后，才能在海上持续活动。

1943 年年初的所罗门中部的态势与 1942 年年底的瓜达尔卡纳尔的周边态势非常相似。盟军对制空权的掌控如此彻底，以致日军完全不敢在白天使用其水面舰艇力量。然而到了晚上，对新乔治亚附近海域的争夺就白热化了。日军不断地尝试进行增援，而盟军巡洋舰和驱逐舰则努力拦截他们。[77]到了 1943 年中期，盟军已经站稳脚跟，准备在所罗门群岛恢复攻势。盟军尽管拥有该海域的空中优势，但在这些岛屿上却缺乏位置良好且数量足够的机场。因此，盟军有必要占领瓜达尔卡纳尔西北边的一些岛屿，只有这样战斗机才能给轰炸机护航，去攻击日本在拉包尔和新不列颠周围的重要据点。与此相对应，日军拥有位置极佳的机场链，从新不列颠以南延伸至新乔治亚，向西延伸至新几内亚北部沿海的莱城（新几内亚首都）、萨拉马瓦、马丹和威瓦克。对盟军而言，态势是很明显的，除非将日军从这些据点撵走，至少是从部分据点撵走，否则就无法夺取拉包尔附近海域的制空权。[78]1943 年 9 月—1944 年 4 月，当盟军获得了拉包尔海域的空中优势后，对拉包尔的控制就是水到渠成的事了。[79]

3.4.4　其他形式的作战

在有些战例中，一方作战力量可以充分利用分散在大片海域中的众多小岛上的主要岸基飞机，并辅以海军水面作战力量和地面力量来获取制海权。例如，在1941 年 5 月，德军在占领了克里特岛后，就迅速占领了爱琴海中的重要岛屿，以此为基础，将其控制范围迅速在爱琴海进行了扩展，此外，德军还对意大利在该海域占领的要塞进行了增援。这样一来，盟军在爱琴海上的航线不仅关闭了，而且德军和意大利还充分利用这些岛屿上的基地向东地中海的英国护航编队发起了攻击。德军的 U 型潜艇和意大利潜艇经常将爱琴海的港口作为停靠基地，而其轻型作战力量和空中飞机则负责保持轴心国沿海和各地区之间的交通线畅通。

3.4.5   获取制海权的主要方法

从作战的角度来看，获取制海权的方法主要有以下几种：
- 摧毁敌方力量
- 牵制敌方力量
- 控制瓶颈
- 占领敌方重要据点和基地附近海域

摧毁敌方力量，可以通过在海上实施一次决战来达成，或者对敌方基地进行攻击，不断削弱其作战实力。牵制敌方力量可通过实施一系列的海上封锁行动，对敌方的重要海域或者关键的据点位置，以及战略转移造成威胁。[80] 海上实力强势一方可以通过利用已有的控制，或者占领一条或多条海峡的一侧/两侧，将敌方海军作战力量或者船只牵制在封闭或半封闭的战场，从而实施瓶颈控制。实力强势一方在敌方控制据点的通道外围部署海军力量和作战飞机，可以将敌方作战力量禁锢在据点内。获取制海权还有一些很少受到讨论的方法，例如在大陆海岸或离岸小岛/群岛上，占领特定的一些据点或地区；或在沿海地区占领敌人的一些海军基地/机场。

3.5   保持制海权的时机与方法

3.5.1   保持制海权的时机

一旦获得了足够强度的制海权，就应当加以保持，否则的话，制海权就可能被削弱，甚至被具有强烈进攻意识的敌人夺走。[81] 对海上战争而言，获胜之后的松懈往往会给战争结局带来极大的负面影响。[82] 许多战例表明，前期的进攻行动虽然获得了成功，使敌人遭受了重大失利，并使之陷入混乱状态，但随后并未对敌人进行致命一击，导致最终无法取得决定性的胜利。

用于获取制海权的方法，很大程度上也可以用于保持对制海权的掌控。不过，在保持制海权的这一阶段中，双方的作战强度通常比不上获取制海权的阶段。在某些情况下，实力强势一方可能会在争夺制海权后马上进入保持阶段，甚至同时进行。[83]

3.5.2　保持制海权的方法

在保持制海权时，实力强势一方应当集中足够的力量，确保残敌无法给己方造成严重威胁。否则的话，实力强势一方只能对有限的海域实施控制，而无法在其他海域拥有制海权。因此，实力强势一方应当始终做到能够集中足够的力量，将敌人从特定的海域驱离。[84]

3.6　小结

要想对一大片海域实施有效控制，可能需要实力强势一方在海上投入相当大比例的可用力量。在辽阔大洋上进行海战，实力强势一方可能需要远离本土基地来部署能征善战的作战力量，才能保持所需强度的制海权。如果在近岸海域，这一问题可能就简单得多，只需要部署少而精的作战力量，就足以保持制海权了。

注释

1. T.G.W. Settle, The Strategic Employment of the Fleet（Newport, RI: Staff Presentation, Naval War College, September 18, 1940）, p. 9.

2. Elwin F. Cutts, "Operations for Securing Command of Sea Areas"（Newport, RI: Naval War College, 8-9July 1938）, p. 46.

3. R.K. Turner, Backgrounds of Naval Strategy（lecture delivered before the Marine Corps Schools, Quantico, VA., 16 February 1938）, Folder 2038, Box 76, Publications, Record Group（RG）-4, Naval Historical Collection, Archives, U.S. Naval War College, Newport, RI, p. 5.

4. R.K. Turner, Backgrounds of Naval Strategy（lecture delivered before the Marine Corps Schools, Quantico, VA., 16 February 1938）, Folder 2038, Box 76, Publications, Record Group（RG）-4, Naval Historical Collection, Archives, U.S. Naval War College, Newport, RI, p. 6.

5. Elwin F. Cutts, "Operations for Securing Command of Sea Areas"（Newport, RI: Naval War College, 8-9July 1938）, p. 5.

6. Raoul Castex, More Protiv Kopna, Vol. 1. Translated by Hijacint Mundorfer（Théórie Strategiques, Vol. I: La Mer Contre La Terre）（Belgrade: Geca Kon AD, 1939）, p. 12.

7. Gunther Poschel, Die Rolle und Bedeutung der Seeherrschaft in Vergangenheit und Gegenwart. Analyse der theoretischen Aussagen zum Begriff der Seeherrschaft（Dresden: Militarakademie Friedrich Engels, Schriften der Militarakademie, Heft 165, 1978）, p. 82.

8. Alfred T. Mahan, Naval Strategy Compared and Contrasted with the Principles and Practice of Military Operations on Land（Boston: Little, Brown, and Company, 1919）, p. 134.

9. Wolfgang Wegener, The Naval Strategy of the World War. Translated and with an Introduction and Notes by Holger H. Herwig（Annapolis, MD: Naval Institute Press, 1989）, p. 30.

10. Wolfgang Wegener, The Naval Strategy of the World War. Translated and with an Introduction and Notes by Holger H. Herwig（Annapolis, MD: Naval Institute Press, 1989）, p. 31.

11. Antoine Henri de Jomini differentiated between what he called "strategic" and "tactical" positions. The first were those taken for some time and intended to cover a much greater portion of the front of operation than tactical positions used for the actual battle Antoine-Henri de Jomini, The Art of War. Translated by G.H. Mendel and W.P. Craighill（Westport, CT: Greenwood Press Publishers, 1971; originally published Philadelphia: J.P. Lippincott & Co., 1862）, p. 97.

12. Mahan, Naval Strategy Compared and Contrasted with the Principles and Practice of Military Operations on Land（Boston: Little, Brown, and Company, 1919）, p. 129.

13. Alfred T. Mahan, The Influence of Sea Power upon History 1660-1783（Boston: Little, Brown, and Company, 1939）, p. 30.

14. Rene Daveluy, The Genius of Naval Warfare, Vol. I: Strategy（Annapolis, MD: The United States Naval Institute 1910）, pp. 53-54.

15. Wolfgang Wegener, The Naval Strategy of the World War. Translated by Holger H.Herwig（Annapolis, MD: Naval Institute Press, 1989）, pp. 16-18.

16. Colmar vonder Goltz, Kriegsführung. Kurze Lehre ihrer wichtigsten Grundsatze und Formen（Berlin: R.v. Decker's Verlag, 1895）, pp. 70, 64.

17. G.J. Fiebeger, Elements of Strategy（West Point, NY: United States Military Academy Press, 1910）, pp. 12-14.

18. Otto Groos, Seekriegslehren im Lichte des Weltkrieges. Ein Buch fur den Seemann, Soldaten und Staatsmann（Berlin: Verlag von E. S. Mittler & Sohn, 1929）, p. 52.

19. Colmar vonder Gohz, The Conduct of War. A Short Treatise on Its Most Important Branches and Guiding Rules. Translated by G. F. Leverson（London: Kegan, Paul, Trench, Truebner, 1908）, p. 106.

20. Alfred T. Mahan, The Influence of Sea Power upon History 1660-1783（Boston: Little, Brown, and Company, 1939）, p. 515.

21. Alfred T. Mahan, Influence of Sea Power upon the French Revolution and Empire, 1793-1812, Vol. I, 8th ed.（Boston: Little, Brown, and Company, 1897）, pp. 186-87.

22. C.J. Marcus, The Age of Nelson. The Royal Navy in the Age of Its Greatest Power and Glory 1793-1815（New York: Viking Press, 1971）, p. 71.

23. Donald Macintyre, Sea Power in the Pacific. A History from the 16th Century to the Present Day（London: Military Book Society, 1972）, pp. 130-31.

24. Alfred T. Mahan, Naval Strategy Compared and Contrasted with the Principles and Practice of Military Operations on Land（Boston: Little, Brown, and Company, 1919）, p. 188.

25. David Woodward, The Russians at Sea. A History of the Russian Navy（New York: Frederick A. Praeger, Publishers, 1966）, pp. 120-21; Macintyre, Sea Power in the Pacific. A History from the 16th Century to the Present Day（London: Military Book Society, 1972）, pp. 126-27.

26. Herbert Richmond, Statesmen and Sea Power（Oxford: Clarendon Press, first published 1946, reprinted 1947）, p. 74.

27. M.G. Cook, "Naval Strategy," 2 March 1931, Air Corps Tactical School, Langley Field, VA, 1930-1931, Strategic Plans Division Records, Series, Box 003, Naval Operational Archives, Washington, D.C., p. 18; Stephen B. Luce, "The Navy and Its Needs," The North American Review, Vol. 193, No. 665（April 1911）, p. 497.

28. James Stewart, "The Evolution of Naval Bases in the British Isles," Proceedings, No. 7（July 1957）, p. 757.

29. Julian S. Corbett, Naval Operations, Vol. 1: To the Battle of Falkland, December 1914（London: Longmans, Green and Co., 1920）, p. 4.

30. Walter Gadow, "Flottenstutzpunkte," Militärwissenschaftliche Rundschau, No. 4（April 1936）, p. 519.

31. Arthur K. Cebrowski, Military Transformation Strategic Approach（Washington, DC: Office of Force Transformation, December 2003）, p. 32.

32. Aldo Borge, The Challenges and Limitations of "Network Centric Warfare"- The Initial Views of an NCW Skeptic（Barton: Australian Strategic Policy Institute, 17 September 2003）, p. 6.

33. Dieter Stockfisch, "Im Spannungsfeld zwischen Technologiefortschritt und Fuhrungsverstandniss. Auftragstaktik," Marineforum, 12（December 1996）, p. 12.

34. Norbert Bolz, "Wirklichkeit Ohne Gewahr," DerSpiegel, 26 June 2000, pp. 130-31.

35. Cited in Azar Gat, A History of Military Thought from the Enlightenment to the Cold War（Oxford: Oxford University Press, 2001）, p. 118.

36. Arbeitspapier, Operative Führung（Hamburg: Führungsakademie der Bundeswehr, August 1992）, p. 18.

37. John E. Schlott, Operational Vision: The Way Means Reach the End（Fort Leavenworth, KS: School of Advanced Military Studies, United States Army Command and General Staff College, 12 May 1992）, p. 21.

38. Michael C. Vitale, "Jointness by Design, Not Accident," Joint Force Quarterly, Autumn 1995, p. 27.

39. Elwin F. Cutts, Operations for Securing Command of the Sea Areas, Part 1（Newport, RI: Naval War College, 8-9 July 1938）, p. 5.

40. Russell Grenfell, The Art of the Admiral（London: Faber & Faber Ltd., 1937）, p. 183.

41. David Woodward, The Russians at Sea. A History of the Russian Navy（NewYork: F. A. Praeger, 1966）, p. 104.

42. Elwin F. Cutts, Operations for Securing Command of the Sea Areas, Part 1（Newport, RI: Naval War College, 8-9 July 1938）, p. 25.

43. Donald Macintyre, Sea Power in the Pacific. A History from the 16th Century to the Present Day（London: Military Book Society, 1972）, pp. 141,150.

44. Arthur J. Marder, From the Dreadnought to Scapa Flow: The Royal Navy in the Fisher Era, 1914-1919, Vol. II: The War Years: To the Eve of Jutland（London: Oxford University Press, 1965）, p. 330.

45. Arthur Marder, From the Dreadnought to Scapa Flow. The Royal Navy in the Fisher Era, 1914-1919, Vol. II: The War Years: To the Eve of Jutland（London: Her Majesty's Stationary Office, 1965）, p. 330.

46. Arthur Marder, From the Dreadnought to Scapa Flow. The Royal Navy in the Fisher Era, 1914-1919, Vol. II: The War Years: To the Eve of Jutland（London: Her Majesty's Stationary Office, 1965）, p. 332.

47. S.W.C. Pack, Sea Power in the Mediterranean. A History from the Seventeenth Century to the Present Day（London: Arthur Barker Ltd., 1971）p. 181; Michael Salewski, Die deutsche Seekriegsleitung 1935-1945, Vol. 1:1935-1941（Munich: Bern and Graefe, 1970-1975）, pp. 228, 341.

48. Michael Salewski, Die deutsche Seekriegsleitung 1935-1945, Vol. 1:1935-1941（Munich: Bern and Graefe, 1970-1975）, pp. 294-95, 297, 324.

49. Rudolf Heinstein, Zur Strategie des Mehrfrontenkrieges. Das Problem der "inneren und ausseren Linien" dargestellt am Beispiel des Ersten Weltkrieges（Hamburg: Führungsakademie der Bundeswehr, 10 November 1975）, p. 6; Antoine Henri de Jomini, The Art of War（London:

Greenhill Books, reprinted 1992）, p. 331.

50. Alfred T. Mahan, Naval Strategy Compared and Contrasted with the Principles and Practice of Military Operations on Land（Boston: Little, Brown, and Company, 1911）, pp. 31-32, 55, 53.

51. Cited in Philip A. Crowl, "Alfred Thayer Mahan: The Naval Historian," in Peter Paret, editor, Makers of Modern Strategy. From Machiavelli to the Nuclear Age（Princeton, NJ: Princeton University Press, 1986）, pp. 457-58.

52. Rudolf Heinstein, Zur Strategie des Mehrfrontenkrieges. Das Problem der "inneren und ausseren Linien" dargestellt am Beispiel des Ersten Weltkrieges（Hamburg: Führungsakademie der Bundeswehr, 10 November 1975）, p. 6.

53. Bernard Brodie, A Layman's Guide to Naval Strategy（Princeton, NJ: Princeton University Press, 1942）, p. 87.

54. Barry M. Gough, "Maritime Strategy: The Legacies of Mahan and Corbett as Philosophers of Sea Power," RUSI Journal（Winter 1988）, p. 56.

55. Philip A. Crowl, "Alfred Thayer Mahan: The Naval Historian," in Peter Paret, editor, Makers of Modern Strategy. From Machiavelli to the Nuclear Age（Princeton, NJ: Princeton University Press, 1986）, p. 457.

56. T.G.W. Settle, "The Strategic Employment of the Fleet"（Newport, RI: Staff Presentation, Naval War College, September 18, 1940）, p. 18.

57. Cited in Philip A. Crowl, "Alfred Thayer Mahan: The Naval Historian," in Peter Paret, editor, Makers of Modern Strategy. From Machiavelli to the Nuclear Age（Princeton, NJ: Princeton University Press, 1986）, p. 458.

58. Julian S. Corbett, Some Principles of Maritime Strategy（London: Longmans, Green and Co., 1918）, pp. 120, 115-16.

59. Julian S. Corbett, Some Principles of Maritime Strategy（London: Longmans, Green and Co., 1918）, pp. 117, 120.

60. Rene Daveluy, The Genius of Naval Warfare. Vol. I: Strategy（Annapolis, MD: The United States Naval Institute 1910）, pp. 28-29.

61. Cited in Rene Daveluy, The Genius of Naval Warfare, Vol. I: Strategy（Annapolis, MD: The United States Naval Institute, 1910）, pp. 26-27.

62. Rene Daveluy, The Genius of Naval Warfare, Vol I: Strategy（Annapolis,. MD: The United States Naval Institute, 1910）, p. 30.

63. Staff Presentation, "Operations in Sea Areas Under Command, Part 1"（Newport, RI: Naval War College, July 17, 1941）, pp. 4-5.

64. Elwin F. Cutts, Operations for Securing Command of the Sea Areas, Part 1（Newport,RI:

Naval War College, 8-9 July 1938）, p. 8.

65. Elwin F. Cutts, Operations for Securing Command of Sea Areas, Part 1 （Newport, RI:Naval War College, 8-9 July 1938）, p. 4.

66. Elwin F. Cutts, Operations for Securing Command of the Sea Areas, Part 1 （Newport,RI: Naval War College, 8-9 July 1938）, pp. 8-9.

67. Elwin F. Cutts, Operations for Securing Command of the Sea Areas, Part 1 （Newport,RI: Naval War College, 8-9 July 1938）, p. 10.

68. Elwin F. Cutts, Operations for Securing Command of the Sea Areas, Part 1 （Newport,RI: Naval War College, 8-9 July 1938）, p. 8.

69. T.G.W. Settle, The Strategic Employment of the Fleet （Newport, RI: Staff Presentation, Naval War College, September 18, 1940）, p. 16.

70. T.G.W. Settle, The Strategic Employment of the Fleet （Newport, RI: Staff Presentation, Naval War College, September 18, 1940）, p. 16.

71. Günther Pöschel, "Über die Seeherrschaft （III）," Militärwesen, No.8 （August 1982）, p. 58.

72. Günther Pöschel, "Über die Seeherrschaft （II）," Militärwesen （East Berlin）, No.6 （June 1982）, p. 74.

73. Günther Pöschel, "Über die Seeherrschaft （I）," Militärwesen （East Berlin）, No.5 （May 1982）, p. 41.

74. Günther Pöschel, "Über die Seeherrschaft （I）," Militärwesen （East Berlin）, No.5 （May 1982）, pp. 41, 45.

75. Günther Pöschel, "Über die Seeherrschaft （III）," Militärwesen, No.8 （August 1982）, pp. 57-58.

76. Günther Pöschel, "Über die Seeherrschaft （III）," Militärwesen No.8 （August 1982）, p. 59.

77. Stephen W. Roskill, The War at Sea 1939-1945, Vol. III: The Offensive, Part I, 1st June 1943-31st May 1944 （London: Her Majesty's Stationery Office, 1960）, p. 229.

78. Stephen W. Roskill, The War at Sea 1939-1945, Vol. III: The Offensive, Part I,1st June 1943-31st May 1944 （London: Her Majesty's Stationery Office, 1960）, p. 223.

79. Donald Macintyre, Sea Power in the Pacific. A History from the 16th Century to the Present （London: Military Book Society, 1972）, p. 160.

80. Staff Presentation, Operations in Sea Areas under Command, Part 1 （Newport, RI: Naval War College, July 17, 1941）, p. 2.

81. Günther Pöschel, "Über die Seeherrschaft （I）," Militärwesen （East Berlin）, No. 5 （May

1982）, p. 42.

82. Russell Grenfell, The Art of the Admiral（London: Faber & Faber Ltd., 1937）, p. 183.

83. Günther Pöschel, Die Rolle und Bedeutung der Seeherrschaft in Vergangenheit und Gegenwart. Analyse der theoretieschen Aussagen zum Begriff der Seeherrschaft（Dresden: Militärakademie "Friedrich Engels," Schriften der Militarakademie, Heft 165, 1978）, p. 123.

84. Elwin F. Cutts, Operations for Securing Command of the Sea（Newport, RI: Naval War College, 8-9 July 1938）, p. 9.

Chapter 4

第 4 章 | 海上决战

敌方的海军力量可以通过一次决战行动来摧毁，也可以逐渐将其削弱。通常情况下，是将这两种方法结合起来使用的。而最有效也是最难的方法就是在海上或者在敌方基地以速战速决的方式将其摧毁。在海上战争伊始就发动决定性的攻击，其效果最佳。在潜艇和飞机出现之前，制海权是通过摧毁敌方的水面舰艇来达成的。如今，对制海权的获取就显得更为困难了，因为敌方的潜艇、飞机和水雷等装备都可以运用到制海权的争夺中来。

4.1 海上决战含义及其基本观点

4.1.1 海上决战基本含义

在过去，海上决战被认为是海军获取制海权的主要方式。而对海上决战的理解就是，敌对双方舰队在海上发生激烈战斗，并导致一方海上作战力量严重受损，从而彻底改变海上作战态势。[1] 尽管如此，最重要的不是最初的意图如何，也不是给敌方舰队或己方舰队造成了多大的损失，而是最终目标是否得以实际达成。有时其中一方给对方的装备和人员等造成了较大损失，但这并不意味着这一方就达成了最终目标；反过来也是如此。在几起著名的战例中，海上决战并没有分出胜负，但其中一方却达成了最终目标。在两支实力较弱的舰队之间所发生的战争中，损失一艘或者几艘舰艇就有可能对海上战争进程产生决定性的影响，如 1879年—1883 年智利与秘鲁/玻利维亚在太平洋上所发生的战争就是最好的战例。[2]

4.1.2 海上决战对获取制海权的思想观点

经典的海军思想家非常强调决战对获取制海权的重要性。马汉可能被认为是

"决战绝对重要"这一观点最坚定的信奉者。他声称，对海上交通的控制，只能通过"决战"来达成。[3] 马汉强调，"要想占领敌人的领土，攻击敌人的商业，最重要的先决条件就是摧毁敌方的舰队。[4] 如果运用力量优势限制敌方舰队的活动，也许能达成同样的结果，但是这种效果是暂时和非决定性的。"[5] 与之观点相类似，英军舰队司令菲利普·霍华德·科洛姆（Philip Howard Colomb，1831—1899）认为："想要用决战之外的其他办法来获取制海权，这是不可能的事，而制海权如此重要，没有任何其他目标可与之相比肩。"[6]

卡斯特克斯同意马汉的观点，认为敌人的"舰队必须在海上被击溃，以获取制海权。"他注意到，一方的作战目标应当直指敌人的舰队，因为敌人的舰队一旦被摧毁，"将很有可能对敌人的其他组织造成不可挽回的损害"。而消灭敌人舰队的最佳方式，就是发动一次海上决战行动。万一敌人选择"将自己关在港口里"，则应当将敌人紧紧地封锁住，以防止其逃跑，或者，"如果敌人要战斗的话，就应该迫使敌人尽快进行战斗"。[7] 在摧毁了敌人舰队以后，胜方舰队就可以行使制海权了。不过卡斯特克斯也警告称，实力强势一方的舰队不应当过早地开始行使制海权，因为这有可能会破坏摧毁敌方舰队所必需的航行自由。[8]

曾担任过法国海军舰长、著名的理论家雷内·达维鲁（Rene Daveluy，1863—1939）强调，要"将敌人削弱到无力还击，就必须解除其武装，也就是说要摧毁其成建制的部队，这是其实力的根源。攻击其成建制的部队就必然导致决战"。[9] 另一位法国海军舰长加布里·达里厄（Gabriel Darrieus，1859—1931）这样写道："敌人舰队是必须摧毁的主要力量，或者必须将其削弱到毫无还手之力，这是实现战争目标最可靠的方式。"[10]

英国具有影响力的著名理论家、海军上将赫伯特·里奇蒙德（Herbert Richmond，1871—1946）这样写道："获取制海权的第一步，也是最根本的一步，就是摧毁敌人的主力部队。如果这些部队不能够参与作战，就有可能迫使敌人陷入进退两难的境地：要么置敌人于不利态势，要么敌人就得在其国家经济、贸易、重要据点或联盟支援等方面牺牲一些重要利益。"[11]

而科贝特与马汉以及其他经典海军思想家的观点相反，他主张，要获得制海权，并不一定要进行海上决战。他写道："在某些情况下，寻找敌人的舰队并将其摧毁可能并不是己方舰队的首要任务，因为全局控制权可能处于争夺之中，局部控制权则可以在我们的掌控之下，而出于对政治或军事上的考虑，有可能要求我们为确保这种具有足够强度的局部控制权而进行作战，对于这种情况不能等到我们有了完备的决策才展开行动。"[12] 然而，科贝特是错误的，因为若不摧毁敌方舰队或至少摧毁一部分，就无法获得局部制海权。实力强势一方也应当避免去争夺全局制海权这种状态的出现。经验表明，正如陆上或空中作战一样，在绝大多数情况下，获取制海权的最有效方式就是集中己方优势兵力，摧毁敌方主力或者敌方的作战重心。一旦成功地做到了这一点，实力强势一方要达成其他作战任务就不会存在很大的困难了。科贝特还注意到，实力弱势一方舰队只要还存在，就会极力避免与强敌发生大规模冲突。这或许是事实。但是，实力强势一方应当不会满足于这种态势，他们会想方设法去引诱实力弱势一方参与到大规模冲突中去。[13]

科贝特同时还强调了寻求决战存在的困难。他写道，在陆战中，敌人行军路线往往会受到道路和障碍的限制，因此，准确判断敌军活动范围和方向是有可能的。然而在海上则不一样。在科贝特看来，"在海上寻求将敌人击败，很可能面临着找不到敌人"。[14] 然而，经验表明，海上决战很少发生在远离海岸的地方。因此，敌对双方舰队互不知道对方位置的情况，是十分罕见的。

4.2　早期海上决战样式

4.2.1　帆船时代海上决战样式

在 17 世纪发生的大规模作战中，敌对双方舰队均在前线部署大量的战舰。例如，在第一次英荷战争（1652—1654）中，每次作战时各方所动用的舰艇数量平均达到了 70～120 艘。然而，随着舰船的吨位、续航力和舰炮有效射程的增加，海上舰队的船只数量规模变小了。例如，在 1805 年 10 月的特拉法尔加战争中，英国皇家海军仅用 27 艘舰船所组成的舰队来迎战由 33 艘舰船所组成的法国—西班牙联合舰队。当然，能出动的战舰通常都是海上舰队的主力舰艇，1652 年如此，到 1805 年仍然如此。但是，这些战舰的威力远逊于纳尔逊时代的一流舰艇。[15]

在帆船时代所发生的大规模海战中有许多舰船参与其中。直到 18 世纪，参与作战的舰船数量逐渐减少了，这是因为参与作战的舰船越来越大，建造这些战舰所需的时间比 17 世纪时建造的时间长得多。通常情况下，海上决战在一天之内就能结束，持续时间仅有几个小时。当然，在几起著名的战例中，决战也有通过系列相互关联的战术行动来达成的，这些战术行动能够持续两天或者更长的时间，其作战范围有时涉及预定海上战场的大部分海域。例如，1588 年英国击败西班牙无敌舰队，这一胜利就是通过在英吉利海峡内的一系列小规模战斗来达成的，这些战斗前后持续时间超过七天。随后，西班牙无敌舰队的大量船只在环绕苏格拉和爱尔兰时遭受暴风雨而沉没。

在帆船时代，只有少数舰船在大规模海战中被击沉，大部分都被胜方缴获。例如，英荷在 1652 年－1654 年、1665 年－1667 年与 1672 年－1674 年所发生的三次战争就是这样，而在 1780 年－1784 年所发生的第四次战争可能是所有海战中最为血腥的；并不是参与作战的多数战舰被击沉了，而是双方许多战舰的桅杆、绳索和人员都遭受到了重大损失。只有几名指挥员能够率领自己的舰队给对方造成重创，其中比较著名的有荷兰舰队司令米歇尔·阿德里安松·德·鲁伊特（Michiel Adriaanszoon de Ruyter，1607－1676），以及丹麦舰队司令尼尔斯·尤埃尔（Niels Juel，1629－1697）。在大多数情况下，敌方舰队的主力都能得以逃脱，以便下次再战。[16]

4.2.2　蒸汽机时代海上决战样式

在蒸汽机时代以前，鲜有大规模海战是采取决战行动的，也就是说，这种海上决战要么导致敌人舰队主力全军覆没，要么对海上或陆上战争的进程和结局有决定性影响。在有些情况下，海上决战对陆上战争的进程乃至结局会产生重要影响。在几个著名的战例中，决战改变了世界的历史进程，例如，公元前 480 年的萨拉米海战、公元前 31 年的亚克兴海战。然而，到了中世纪，海上决战的作用明显下降了。正如英荷战争所表明的那样，一个强劲的对手能够很快重建其海军，然后重新恢复对制海权的争夺。在 1688 年—1697 年的大同盟战争中，海上决战的作用比英荷战争时期要低一些了。尽管法国海军的实力比英国与荷兰海军联合起来还要强大，但他们错失了每一次能达成决定性胜利的机会。[17]

海上决战作用降低的另一个主要原因在于舷侧炮威力的有效性相对较低、舰船编成按照前向纵队队形进行生搬硬套。在一百多年的时间里，海上战争表明，按照前部、中部、后部进行编成的前向纵队队形，试图与敌人队形对应部位展开作战，这其实是徒劳的。[18] 造成这种严重缺乏深思的原因之一，是许多海军军官对海军战术理论普遍缺乏兴趣。[19] 科贝特认为，这一时期海军战术没有任何进展的原因在于"没有创新意识的将军们只会因循守旧，按照既定的战术编成，将自己囿于舰对舰的作战样式中，并努力对敌人编队的一部分形成集中优势"。他认为将舰队编成为两条战列线的这种编成方式在 1665 年 6 月 13 日发生的特克赛尔战役中得到了全面运用。这种编成队形取代了之前将舰队分为多个小组的编成方式。[20]

4.2.3　18 世纪后期海上决战样式

在 18 世纪后期，情况逐渐往好的方向转变，一些有闯劲且创意十足的指挥官，特别是英国皇家海军舰队司令爱德华·霍克（Edward Hawke，1705－1781）、塞缪尔·胡德（Samuel Hood，1724－1816）、约翰·杰维斯（John Jervis，1735－1823）、亚当·邓肯（Adam Duncan，1731－1804），还有重量级人物霍雷肖·纳尔逊（Horatio Nelson，1758－1805），他们进行了战术创新，取得了具有决定性意义的成果。他们运用机动战术达成局部集中优势，攻击敌人舰队中暴露的那部分力量。[21]

事实上，苏格兰埃尔丁的一个旱鸭子、海军战术业余爱好者约翰·克拉克（John Clerk），在其著作《论海军战术——组织与历史》（撰写于 1779 年，1782 年出版）一书中，就如何改进战列线战术给出了答案。克拉克通过对作战指令的分析，得出的结论表明英国皇家海军的战术是彻底错误的。[22] 他指出，在英荷战争期间，海军作战指令有了很大的改进，但它们"仅适合于狭窄海域的作战，实际上所开展的这些作战行动，并不是对法国舰船进行袭击，也不想承受打击，而是在海上希望拥有可以随意机动的一片海域，运用机动防御，以期长久备受关注"。[23] 克拉克认为，要进行海上决战，就必须集中优势兵力，攻击敌人较弱的部位。换句话说，要赢得决战的胜利，只有通过紧密地集中优势兵力进行作战。但他的著作遭到了舰队司令们的嘲笑，他们认为，不能由一名业余爱好者来教育他们。[24] 根据一些资料记载，纳尔逊读过克拉克的著作。[25] 实际上，舰队司令纳尔逊的旗舰胜利号的指挥员，托马斯·M. 哈迪（Thomas M. Hardy，1769－1839）舰长（后来成为海军中将）就曾经这样写道：

　　　　纳尔逊公爵非常投入地阅读了克拉克的著作，并常常以最热情的方式表达了他对这些著作的认可。他也向所有舰长推荐认真阅读这些著作，并说可以从书里汲取很多有益的观点。他非常赞同从上风处发起对敌人的攻击，并认为打破敌人的战列线对于夺取最后的胜利是至关重要的。[26]

4.3　海上作战样式对制海权概念发展的影响

4.3.1　海上作战样式的变化

海上作战样式的重大变化起源于英国海军（1660 年起称为"皇家海军"）。在英荷多次战争期间，英国海军秉承的一种观念，那就是在海上作战时，应该将重点聚焦于敌方舰队主力，以便将其摧毁，而不是敌方的海上贸易。这样的战争需要有效地运用建制战舰，尽可能减少对私人船只协助的依赖。[27] 现代意义上的战争需要有严明的纪律、舰队战术以及海军战舰。[28] 战斗经验使英国皇家海军颁布了第一部战争法规，以法律条文的形式对皇家海军的全体人员进行规范。第一部作战条令于 1678 年颁布。该条令于 1688 年、1690 年、1695 年和 1702 年进行了多次修订，以便为基层指挥员提供更多的自由空间。[29] 在西班牙王位继承战争（1701－1704）期间，第一部《永久航行和作战条令》于 1703 年颁布了。该作战条令第一次在 1704 年 8 月 24 日的马拉加海战中得到了应用，直到 1783 年才进行了稍许修订。[30]

4.3.2　英荷战争对海上制海权概念发展的影响

前三次英荷战争对制海权概念的发展产生了重要影响。在第一次英荷战争（1652－1654）期间，英国人袭击了荷兰的护航船队，封锁了荷兰海岸。当一方尽力保护其运输船队，或者开辟一条能使运输船队自由通航的航线时，海战就会发生。[31] 据报道，荷兰舰队司令马顿·特龙普（Maarten Tromp，1598－1653），他是在 1653 年就认识到获取制海权是保护大型运输船队的最佳方式的第一人。

在第二次英荷兰战争（1665－1667）期间，荷兰停止了部分海上贸易交通。双方都在努力争夺制海权。只有掌控了制海权，才具有袭击敌人海上贸易、封锁敌方海岸的能力。在第三次英荷战争（1672－1674）期间，英国和法国企图除了从陆上入侵之外，还以海上入侵的方式来威胁荷兰。与之前的战争相比，防御方面临着更大的威胁，而对所涉海域制海权的争夺也比以前的战争重要得多。英法舰队不得不运送一支登陆部队上岸，在此情况下荷兰被迫采取守势，因为其舰队规模较小。因此，荷兰要想获取制海权，就必须做出更大的努力。[32]

科贝特写道，英国对决战的关注，在第一次英荷战争期间达到了巅峰，而对行使制海权没怎么考虑。同时，英国对进攻行动的强调，是导致他们忽视通过补充新鲜力量来维持战争的主要原因。因此，英国海军经常疲于奔命，在每次作战之后，其舰队必须返回本土基地进行休整。在一些大规模海战中，英国虽然给荷兰舰队造成了较大的损伤，但他们不能乘胜追击荷兰舰队，或者说追击了也不会成功。这样一来，荷兰就有了足够的行动自由，不仅能够保护其海上贸易，而且还能对英国的海上贸易发动猛烈的攻击。[33] 现在的问题在于，如何促使荷兰与之决战是英国海军舰队需要考虑的主要问题。在敌方海岸一带寻找其舰队，迫使其离开受保护的基地，这样是难以达成决战的。一种方式就是攻击敌方的海上交通线，而不是采取零星的袭击方式。当试图在远离敌方海岸的地方完全切断其海上贸易交通线时，一场大规模海战就会发生，正如1666年6月发生的"四日海战"所展示的那样。在"七年战争"期间，舰队司令乔治·安森（George Anson，1697－1762）决定找到敌人的舰队与之一决雌雄，为此他整整努力了两年，但最终还是没有获得成功，而英国舰队也筋疲力尽了。[34]

4.3.3　大规模海战对海上制海权概念发展的影响

在两强对手之间的战争中，一场甚至多场大规模海战行动难以保证获得绝对的、永久的制海权。正如前三次英荷战争所表明的那样，实力雄厚的对手能够较快地重建其舰队，并随后重启制海权的争夺。有时，即使是实力弱势一方的舰队遭受了重大失败，但仍然具有挑战实力强势一方舰队军事存在的能力。对实力弱势一方舰队保持监视，并不意味着实力强势一方舰队就获得了毫无争议的制海权。一支活跃的、积极主动的敌方舰队，在拥有众多港口的漫长海岸线附近进行活动，它总是能够抓住机会来发动攻击，以此迫使对方力量分散。[35] 例如，1805年10月英国皇家海军在特拉法尔加战斗中获得重大胜利后，依然面临着残余的法国/西班牙海军部队的威胁。在1805年11月—1815年6月，英国约有87艘战舰被敌方击沉或俘虏了，同时，特拉法尔加战斗的胜利也没有消除对商船护航的需要。[36] 在另一个案例中，1905 年 5 月日本舰队司令东乡平八郎（1848－1934）在对马海峡取得了决战胜利之后，但仍然需要密切注视着俄国残余舰船在旅顺港和符拉迪沃斯托克港的动向。经验同样表明，即使取得了海上决战的胜利，如果敌方舰队残部得以逃脱，或者获胜方没有紧接着入驻敌占领土，那么这种胜利往往就会变得毫无意义了。

4.4　海上决战发生的时机

在帆船时代以及蒸汽机时代的早期，当一方或双方在实施类似如我们今天所认为的制海权行动时，多数大规模海战都出现了决战。多数具有决战性质的大规模海战往往是在以下时机发生的：一方舰队在掩护己方或阻止敌方进行大规模登陆作战时，保障陆军部队在沿海地区进行作战时，保护/攻击大型海上运输船队时，以及实施或突破海上封锁时。与此相对应的是，以摧毁锚地或港口的敌方舰队为目标的攻击行动，并不是偶然发生的。同样地，以阻止敌人从海上入侵的大规模海战，也是经过周密筹划的，正如 1805 年 10 月的特拉法尔加战役所表明的那样。

4.4.1　攻击运输船队

在航海时代，敌对双方水面舰艇编队所发生的许多大规模海战，都是因为保护或攻击海上运输船队而发生的。前三次英荷战争期间尤其如此。例如，在 1652 年 8 月 26 日普里茅斯沿海所发生的决战中，英国和荷兰都声称获得了胜利。荷兰舰队司令米歇尔•德•鲁伊特（Michiel de Ruyter）率领 30 艘战舰，而英国海军上将乔治•艾斯丘（George Ayscue，1616－1671）则率领 40 艘大型战舰、8 艘小型战舰和 4 艘纵火船。在这次海战中，荷兰人员伤亡较多，而英国舰队遭受了更大的损失。战斗结束之后，艾斯丘向普利茅斯返航，而德•鲁伊特集结了船队，向荷兰本土返航。[37]

在 1652 年 10 月 8 日的肯特诺克海战中，荷兰舰队司令德•鲁伊特和约翰•德•威特（Johan de Witt，1625－1672）率领的 64 艘战舰，与英国海军上将罗伯特•布莱克（Robert Blake，1598－1657）率领的 68 艘战舰交火。这场海战发生在敦刻尔克和尼乌波特之间的海域。[38] 英国声称缴获了两艘荷兰战舰，其中一艘荷兰人在撤出自己人员后将其烧毁。而来自荷兰方面的消息则声称造成了英国600人伤亡，并对英国舰队造成了严重损伤。德•威特想要在次日继续作战，但战时议会鉴于荷兰战舰所遭受的损失，进行了阻止。第二天（10月9日），英国试图追击荷兰舰队，但由于靠近荷兰沿海有许多浅滩存在，因而放弃了追击。在这次海战中，德•威特希望通过攻击英国的海上力量来保护荷兰海上贸易，最后以失败而告终。战斗结束后，英国对英吉利海峡拥有了更强的控制能力。[39]

4.4.2　保护海上交通线

第一次英荷战争中最具决战意义的海战之一发生 1652 年 12 月 10 日的邓杰内斯角外海。由于英国在肯特诺克海战中获胜，因而错误地预计荷兰人无法修复他们舰队受损的舰船，并且不会再在海上出现。与此同时，英国在地中海的一支分舰队被荷兰的分舰队击败了，英国在地中海的贸易交通完全失去了保护。于是，英国只好派遣 20 艘左右的战舰到地中海。事后证明这完全是一个巨大的错误。[40] 12 月 9 日，布莱克仅率领 37 艘战舰和一些小型船只出现在多佛尔附近的海面上，而荷兰舰队司令特龙普将 300 艘护航船只留在佛兰德斯（Flemish）沿海附近，亲率 73 艘战舰以及部分小艇和纵火船，出现在古德温暗沙海面附近。[41] 第二天双方舰队在邓杰内斯角遭遇了。布莱克损失了 5 艘战舰（2 艘被俘，3 艘被击沉），而荷兰只损失了 1 艘战舰。出于某种原因，特龙普并没有试图乘胜追击，彻底将敌方舰队摧毁。这种主动寻战的方式对他而言是不熟悉的。他主要关心的是护航船队的安全，对作战中取得的局部胜利非常满足。[42]

在邓杰内斯角海战之后的数周时间里，英吉利海峡控制权落入荷兰人之手。[43] 英国船只被赶进了泰晤士河口，伦敦港被迫关闭，英国在英吉利海峡的贸易通道被迫中断。英国人吸取了舰队力量分散部署带来的教训。从此以后，正如其对手荷兰人所做的那样，英国人将其优势兵力集中于击败敌人的主力之上。而荷兰人得出的结论是，有强大的英国舰队在场时，荷兰的舰队不应当在英吉利海峡和狭窄海域护送大型运输船队。对于英国人而言，他们将全部精力投入到海军力量的强化中去，以维持决定性区域的海上优势。[44]

4.4.3 保护海上运输船队

1653 年 2 月 28 日－3 月 2 日，英国在为期三天的波特兰海战中获胜后，形势对英国变得更为有利了。这是旨在保护大型运输船队时所发生的最具决战意义的海战之一。其战役范围从波特兰到格里斯内斯角，英国大约有 70 艘战舰准备就绪，其中大部分都是新近建造的。这支舰队由三位海军上将指挥：罗伯特·布莱克（Robert Blake，1598－1657）、理查德·迪恩（Richard Deane，1610－1653）和乔治·蒙克（George Monck，1608－1670）。荷兰舰队司令马顿·特龙普（1598－1653）率领大约 80 艘战舰。特龙普还承担着保护 250 艘左右运输船只的任务。[45] 在这场战役中，荷兰人承认自己的损失为：3 艘沉没，1 艘被俘，还有 7 艘被烧毁，伤亡 1500～2000 人；而英国人的损失是：1 艘战舰沉没，另有 3～4 艘大型战舰以及部分小船受损，伤亡 2000 人左右。[46] 双方都遭受了重大的人员损失。[47]3 月 1 日是海战的最后一天，在怀特岛（英吉利海峡中的一个岛）附近，英国俘获了 2 艘荷兰战舰以及 10～12 艘商船，陆续掉队的荷兰运输船只中大部分都被英国俘获。3 月 2 日，更多的荷兰船只被摧毁或者被俘获。在天黑之前，双方的舰队都航渡至格里斯内斯角附近。[48] 在三天的海战中，荷兰人大约损失了 12 艘战舰，而英国人只损失了 1 艘。[49] 也有文献资料称荷兰人只损失了 4 艘战舰和 30 艘商船，其他的船只都设法逃脱了。[50] 这场海战的结局对于荷兰人而言是不利的，因为英国舰队控制了英吉利海峡。

4.4.4 实施海上封锁

1653 年 6 月 2 日－3 日在外加巴德（Quter Gabbard）获胜后，奥利弗·克伦威尔（Oliver Cromwell，英格兰、苏格兰和爱尔兰护国公）要求荷兰放弃主权，才能得到和平。荷兰人不愿接受这一要求，建造了一支新舰队以期突破英国对荷兰海岸的封锁。1653 年 8 月 8 日，舰队司令特龙普率领 90 艘战舰，在卡特韦克（Katwijk）迎战蒙克的 100 艘战舰。德·威特（de Witt）从斯海弗宁恩（Scheveningen）附近的特塞尔率领一支分舰队，加入了特龙普舰队。荷兰人突破了英国的封锁线，在接下来的混战中，双方舰队都遭受了重大损失。荷兰人损失了 12～13 艘战舰，阵亡 500 人，700 人受伤，还有 700 人被俘。英国损失的战舰约为荷兰的一半。蒙克大胜，但他没有乘胜追击，而是返回英国以重建其受损的舰队，这样对荷兰海岸的封锁就解除了。荷兰人随后利用这一点，从桑德和挪威搬来了一支大型船队。[51]

4.4.5　支援登陆作战

还有几次决战，海战开始时虽然主要目标是在敌海岸实施支援登陆作战，但后来却导致了对局部制海权的争夺。例如，公元前 260 年米拉（今天的米拉佐）海战是在第一次布匿战争（前 264－前 241）期间发生的，当时罗马第二执政官盖乌斯•杜伊路斯（Gaius Duilius）率领一支由 130 艘战舰组成的罗马舰队，准备在西西里登陆。罗马舰队的对手是汉尼拔•吉斯戈（Hannibal Gisco，约前 300/290－前 258）率领的 120～130 艘战舰组成的迦太基舰队。[52]迦太基对其航海技能过于自信，蔑视罗马的水手。罗马人首次使用了木制乌鸦吊桥装置，能够将两船相连，从而将海战变为陆战。他们成功缴获了约 50 艘迦太基战舰，迦太基舰队的其余战舰都逃离了。杜伊路斯没有追击迦太基人，而是驶向西西里岛的西角，在那里其部队及时登陆，以解救被迦太基指挥官哈米尔卡•巴尔卡（Hamilcar Barca，约前 275－前 228）围困的塞杰斯塔（卡拉塔菲米—塞杰斯塔，位于今天的特拉帕尼东南部）。[53]后来，罗马第一执政官卢基乌斯•科尔内利乌斯•西庇阿（Lucius Cornelius Scipio）在科西嘉岛登陆，占领了阿莱利亚城，驱逐了迦太基人。公元前 258 年，第二执政官盖乌斯•杜伊路斯在非洲海岸进行了几次成功的袭击。[54]

公元前 256 年在埃克诺穆斯角（位于今天的西西里岛、利卡塔以及蒙特菲奥里诺附近）的海战中，罗马舰队取得了决定性的胜利。除去夸夸其谈的宣传，罗马和迦太基舰队很可能各自都不到 100 艘战舰。[55]迦太基人损失了约 30 艘战舰，另外 64 艘被罗马人缴获，而罗马人只损失了 24 艘。迦太基舰队逃离了该海域，而罗马舰队则返回西西里休整其船员，修复其战舰及尽可能多地缴获船只。[56]在西西里休整了几天后，罗马舰队重新起航，在非洲海岸实施登陆。然而，他们在陆上并没有取得很大战果。数年之后，迦太基人恢复了实力。[57]

在公元前 31 年 9 月 2 日罗马内战（前 32－前 30）期间所发生的亚克兴战役，是执政团体中第二执政官的两位领导人——盖维斯•屋大维（Gaius Octavius）和迈克•安东尼（Marcus Antonius，第三执政官为埃米利乌斯•勒庇多斯）之间为争夺权力所发生的海战，该场战役对后来的罗马历史和西方文明产生了决定性的影响。安东尼（前 83－前 30）当时被委任统治罗马东部的一些省份，包括由克利奥帕特拉（Cleopatra）女王统治的埃及托勒密王朝。他的部队和海军舰船是从小亚细亚、叙利亚和埃及征用的。然而，他必须在这些地方驻留一支强大的军事力量（包括昔兰尼加的四个军团，埃及的四个军团，叙利亚的三个军团）。安东尼依靠海洋对其伊庇鲁斯的军队提供供给。如果没有获取对海洋的控制，他就无法对意大利发动战争。[58]他率领约 10 万人部队从马其顿前往阿莫布拉克湾（也称阿尔塔湾）的海岸，[59]其舰队由 800 艘左右舰船组成，其中包括 500 艘战舰（200艘由克利奥帕特拉女王提供）。[60]他在船上搭载了约 2 万名军团士兵，并将其他缺乏人员的所有舰船付之一炬。[61]

屋大维的海军指挥官玛尔库斯·维普撒尼乌斯·阿格里帕（Marcus Vipsanius Agrippa），率领大约 230 艘有喙船（即装备有乌鸦装置的吊桥）和 30 艘无喙船。他的船只大多为三排桨和四排桨战舰，且多数为轻型、敏捷型战舰——由达尔马提亚海盗所建造。[62]

在随后发生的海战中，安东尼损失了约 200 艘舰船，5000 人死亡。克利奥帕特拉女王和安东尼带领约 60 艘舰船逃离了战场。这场海战两军对峙了一周，直到双方达成投降条件。安东尼所属的昔兰尼加和叙利亚军团听到亚克兴海战失利的消息后，立即倒向了屋大维。屋大维又等了一年才进军埃及，并最终打败了安东尼。[63]

屋大维取得亚克兴海战胜利后，将地中海变成了罗马的内湖，[64]在陆上和海上开创了罗马帝国统治下的和平时代。这确保了罗马帝国长达 300 多年的统一，[65]并将罗马帝国从可能分裂的边缘拯救回来。这是有史以来第一次由单一民族对整个地中海实施绝对控制。[66]

1588 年英国击败西班牙的无敌舰队是历史上最重要的海上决战之一。西班牙国王菲利普二世（1527－1598）的战略目标是推翻英国女王伊丽莎白一世（1533－1603）和都铎王朝，并以武力统治英国。菲利普二世做出入侵决定的主要原因是要阻止英国介入和支持西班牙附属国家——主要是荷兰各省——的叛军，[67]从而阻止英国介入西班牙的荷兰事务。西班牙国王菲利普二世指示远征军总司令梅迪纳·西多尼亚（Medina Sidonia，1550－1615）公爵，从海上向北航行至泰晤士河口，掩护部署在佛兰德斯的约 1.7 万名士兵向英国本土登陆，登陆部队由亚历山大·法尔内塞（Alexander Farnese）将军和帕尔玛（Parma， 1635－1689）公爵率领。只有当没有敌人抵抗而法尔内塞的军队不登陆时，梅迪纳·西多尼亚才会参与作战。[68]

西班牙集结了一支庞大的舰队，以掩护对英国入侵的计划。1588 年 7 月 23 日，梅迪纳·西多尼亚率领一支由 137 艘战舰和 2.75 万名人员（包括 7000 名水手和 1.7 万名士兵）所组成的舰队从拉科鲁纳起航，另外还包括 60 艘左右的货船和 6000 名人员。[69]西班牙无敌舰队包括 20 组大型横帆船（每组由 4 艘三桅帆船和单层甲板大帆船组成）、11 艘武装商船、23 艘运输船和 35 艘小型船只。[70]英国舰队由 197 艘舰船组成（包括 23 艘自愿参加战斗的船只）和 1.6 万名人员。[71]

经过多次延期之后，实力强大的无敌舰队抵近英吉利海峡的西部入口。当时英国的主力舰队部署在普利茅斯，只有一支分舰队部署在泰晤士河口处。英国舰队和西班牙无敌舰队于 7 月 21 日在普利茅斯、7 月 22 日—23 日在波特兰分别发生首次冲突。然而梅迪纳·西多尼亚继续沿海峡北上，并在加莱抛锚。[72]7 月 29 日在佛兰德斯的葛英兰的小港口附近发生了规模最大的海战。西班牙的无敌舰队损失惨重，到 7 月 29 日傍晚，共损失了 11 艘战舰，晚上又有 3 艘被英国炮火击沉，另有 8 艘由于其他原因损失。西班牙舰队的大量舰只被严重损坏，人员方面的损失也比英国大得多：死亡 600 人，伤 800 人。英国的损失只有 50～100 人死亡。自葛英兰海战中遭受英国炮火打击后，西班牙无敌舰队再也没有恢复元气。[73]

战斗结束后，梅迪纳·西多尼亚无法与佛兰德斯的军队联系，从而将海峡的控制权拱手让给了英国舰队。英国舰队返回本土补充储备，严防西班牙再次企图登陆。由于通过海峡返回西班牙的通道被封锁了，梅迪纳·西多尼亚决定利用南风的有利条件，向北驶出海峡，穿过北海，绕过苏格兰和爱尔兰返航。然而，他在绕行苏格兰和爱尔兰的时候遇到了暴风雨天气，损失了约 50 艘船只。[74]剩下的 65 艘船只，大约 1 万名饥肠辘辘、饱受发热病折磨的人员，到 9 月底才抵达本土水域。[75]西班牙在人员方面总的损失非常之大——死亡约 2 万人。[76]英国的胜利最终导致西班牙海上霸主地位的轰然倒塌，[77]英国重新获得了战略主导权。这一战，促使英国建立起一个庞大的海洋帝国，并最终获得了世界强国的地位。与此同时，西班牙无敌舰队的失败，也导致了荷兰海上力量的崛起。[78]

1672 年 6 月 7 日（第三次英荷战争期间）的索尔贝湾之战（也被称为索思沃尔德湾战役），荷兰舰队司令米歇尔·阿德里安桑·德·鲁伊特（Michiel Adriaenszoon de Ruyter，1607－1676）击败了英法联合舰队，从而阻止了入侵部队的登陆，打破了英国封锁荷兰海岸的意图。[79]由约克公爵率领的英法联合舰队，由 71 艘战舰组成（英国 45 艘、法国 26 艘），迎战荷兰舰队司令米歇尔•德•鲁伊特指挥的 61 艘战舰。英法联军还有 16 艘小型船只、35 艘运输船、24 艘纵火船，荷兰舰队另有 14 艘小型船只、22 艘运输船，36 艘纵火船。英法舰队共有 5100 门炮和 3.3 万人，而荷兰舰队只有 4500 门炮和 2.1 万人。此外，联军在敦刻尔克还有 2000 名士兵已经准备就绪，可以迅速登船。[80] 在接下来的战斗中，英国损失了 4 艘战舰，而荷兰只损失了 2 艘。[81] 然而双方都遭受了严重的人员伤亡：英国伤亡 2500 人左右，荷兰伤亡约 2000 人。双方都声称取得了胜利。然而，很显然德•鲁伊特才是胜利者。他在敌人舰队附近海域停留了一个晚上，在第二天晚上撤离作战海域，没有受到追击。[82]

1673 年 6 月 7 日和 6 月 14 日在斯凯尔特（在斯凯尔特河河口附近）海域发生的两次战斗中，德•鲁伊特率领的荷兰舰队，遭遇了由莱茵的鲁珀特（Rupert 1619－1682）王子指挥的强大英法联合舰队。荷兰舰队由约 64 艘战舰和 14 700 人组成，英法联合舰队由 86 艘战舰和 24 300 人组成。第一次战斗的结果胜负未分；荷兰损失了 1 艘战舰，联军损失了 2 艘，双方遭受的损害相差无几。[83] 第二次战斗同样不分胜负，但双方都损失了战舰。[84] 英国有十几艘战舰严重受损害，荷兰只有少数几艘严重受损；英国损失了近 2000 人，而荷兰损失了近一半人员。结果，联军只得放弃在荷兰登陆的计划。而且，供荷兰大型运输船队返回的航道也已被打开。[85] 这两场海战被认为是荷兰获胜了，[86] 在后续的 6～7 周的时间内，制海权落入德•鲁伊特之手。他可以抵近英国海岸保持侦察，而其主力舰队则锚泊在斯凯尔特海域。他还派遣了一支由 28 艘战舰组成的分舰队监视泰晤士河口。此时，在英国和整个欧洲谣言四起，称荷兰舰队被整个摧毁了，德•鲁伊特于是在 1673 年 7 月 3 日率领他的整个舰队离开锚泊海域，向英国展示荷兰对海洋的控制力。[87]

在大联盟战争期间，法国舰队正准备运送一支法国—爱尔兰联军舰队至爱尔兰，以恢复詹姆士二世对英国的统治。[88] 原计划由海军上将安尼-希瑞隆•德•科唐坦（Anne-Hilarion de Costentin）、德•图尔维尔（Count de Tourville，1642－1701）伯爵率领约 50～60 艘战舰（其中 13 艘将从土伦调来）组成舰队，然而，维克多-玛丽•德•埃特雷（Victor-Marie D Estrees，1660－1737）司令所率领的土伦编队却没有到来。[89] 图尔维尔的舰队仅有 44 艘战舰可用，而路易十四直接命令他，无论敌人部队规模多大，都要与之作战。[90] 为了阻止入侵，1692 年 5 月 29 日，由 82

艘战舰组成的英荷舰队在巴夫勒尔角海域附近遭遇了图尔维尔的舰队。[91] 这场海战在战术上不分胜负，尽管双方都遭受严重损害，但法国舰队没有损失一艘战舰。[92] 6 月 2 日在海牙附近的海域作战中，由 99 艘左右战舰所组成的英荷舰队遭遇了由 44 艘战舰所组成的法国舰队。在战斗初始，双方都没有损失舰只，而图尔维尔在长达 4 天的撤退过程中却损失了 15 艘战舰。[93] 英国人乘胜追击，将撤退中的法国舰队一路追击到瑟堡。[94] 至此，英荷舰队控制了海峡。此后，除了一些小规模的行动之外，英荷舰队总体上处于防守态势。[95]

　　法国失败的主要原因是路易十四国王下达的严格命令，而图尔维尔只能照令执行。[96] 尽管法国对舰队中损失的舰只进行了补充，但是更为重要的是，失败对法国国王、海军和大部分民众心理产生了严重的影响。民众已经习惯了路易十四的荣耀和胜利。[97] 巴夫勒尔和海牙海战之后，法国彻底改变了其战略。他们放弃使用海军对抗敌人舰队的策略，转而专注于打击敌人的海上贸易。在接下来的 5 年内，法国海军主要对联盟的海上贸易发动袭击（也称"追逐战"）。[98] 其结果是，作为一支海上舰队它已经衰败了。马汉对此进行了分析，认为主要的原因不是在巴夫勒尔和海牙海战中的失利，而是法国的国力衰退，以及欧洲陆上战争的巨额开销。[99] 舰队司令里士满写道，在滩头堡海战中，法国的损失并不比联军遭受的损失大。然而，联军有更为强大的资源，可以很快从失败中恢复过来，而法国缺乏这样的资源，从而无法恢复元气。法国舰队虽然仍然在海上作战，但是放弃了重新夺回海峡控制权的想法。[100]

4.4.6　抗登陆作战

　　1805 年 10 月 20 日所发生的特拉法尔加海战是航海时代最具决定意义的海战之一，该战役的目的是间接阻止敌人登陆。英国舰队司令霍雷肖·纳尔逊（Horatio Nelson）率领由 27 艘战舰组成的舰队，与皮埃尔－夏尔·维尔纳夫（Pierre-Charles Villeneuve，1763－1806）指挥的由 33 艘战舰（其中西班牙 15 艘）组成的法西舰队遭遇，纳尔逊取得了决战的胜利。英国的目标是阻止法西舰队抵达布雷斯特，进而浇灭当时普遍认为的拿破仑一世企图入侵英国的想法。尽管英国没有丢失战舰，但是许多战舰受到了严重的损坏，人员也有 1700 人左右的伤亡。英国缴获了 14 艘敌舰，另有 11 艘敌舰撤退至加的斯（Cadiz），卡斯伯特·科林伍德（Cuthbert Collingwood，1748－1810）司令立即对加的斯实施了封锁。[101] 11 月 4 日，幸存的 4 艘法国战舰被俘获。至此，法西舰队死亡 2600 人，被俘 7000 人（包括舰队司令维尔纳夫）。[102]

特拉法尔加海战胜利后，英国不再受到入侵的威胁，其海军优势地位得到巩固，陆上战争的前景也变得更为光明。然而，这一点并没有马上显现出来，因为拿破仑一世于 1805 年 10 月在乌尔姆战役、12 月在奥斯特里茨战役中取得了两次决定性的胜利。直到后来，英国部队才得以在半岛战役和其他战役中发挥重要作用。[103]

许多有影响力的历史学家认为，法西舰队在特拉法尔加的失败使得拿破仑一世入侵英国的计划破产了。然而，维尔纳夫在 1805 年 8 月抵达加的斯之前，拿破仑一世就已经决定将其军队调派至奥地利作战（最后导致对乌尔姆的包围，1805 年 10 月 19 日约 2.7 万名奥地利军人投降）。[104]马汉写道："特拉法尔加的胜利，不仅仅是整个法国大革命战争期间陆上和海上所取得的最伟大、最重要的胜利……拿破仑所取得的一系列胜利对欧洲都没有产生同样的效果……等到法国能够在海上再次对英国构成严重威胁时，距离特拉法尔加海战已经过去了整整一代人的时间了。"对于拿破仑一世而言，击败英国海军的希望变得渺茫了。在马汉看来，特拉法尔加海战的失败，迫使拿破仑一世要么征服整个欧洲，要么放弃打败英国的希望。因此，拿破仑一世企图强迫欧洲大陆的所有国家都禁止与英国进行贸易，这样一来如果英国希望继续战争的话，那就会耗尽其资源。[105]1806 年 11 月 21 日，拿破仑一世颁布了《柏林敕令》（Berlin Decrees），该敕令要求对所有与英国的商贸实施大陆封锁。随后在 1807 年 12 月又颁布了《米兰法令》，封锁范围进一步扩大，从西班牙一直延伸到俄罗斯。其最终目标就是要削弱英国的经济，以迫使其接受和平。[106]

一位广为人知且极具影响力的英国将军、军事理论家 J. F. C. 富勒（Fuller，1878－1966），曾断言纳尔逊在 1805 年 10 月 20 日特拉法尔加海战中的胜利，具有极其深远的意义。其中最重要的是，这次海战永远地粉碎了拿破仑一世入侵英国的梦想。它使得英国成为海上无可争议的霸主，并且最终形成了英国强权下的世界和平。如果没有特拉法尔加海战的胜利，就没有半岛战争（1807－1814）的胜利，而且"很难相信会有滑铁卢战役的存在"。[107]

在 1866 年 7 月 20 日利萨海战中，奥地利舰队实力虽然较弱，但训练有素，指挥得当，从而击败了意大利舰队，获得了亚得里亚海的制海权。奥地利的初衷是阻止意大利登陆，并且占领位于亚得里亚海中央极其重要的利萨岛（即今天的维斯岛）。意大利舰队司令卡尔洛·佩尔萨诺（Carlo Pellion di Persano， 1806－1883）率领 12 艘先进的铁甲舰（总吨位 4.6 万吨）、23 艘木制舰（包括护卫舰、炮舰、快艇和运输船，总吨位 2.8 万吨）。[108] 然而，他没有集中优势力量去摧毁正在逼近的敌军舰队以获取制海权，而是不明智地与岸防部队作战，以便为登陆做好准备。奥地利分舰队在舰队司令威廉·冯·特格霍夫（Wilhelm von Tegetthoff，1827－1871）的率领下突然出现，让佩尔萨诺大吃一惊。[109] 奥地利分舰队在战舰的性能和枪炮的数量方面，与意大利舰队相比处于极大的弱势，其总吨位约 4.7 万吨，包括 7 艘螺旋桨护卫舰（总吨位 2.7 万吨）、7 艘螺旋桨木制护卫舰、1 艘蒸汽动力双层甲板舰、9 艘炮艇（总吨位 2 万吨）。[110]7 月 19 日从普拉的法萨纳锚地出发之前，特格霍夫已经意识到，获胜的唯一办法就是使用非常规战术与敌军舰队作战。[111] 随后的海战很快演变成了一场混战，奥地利战舰采取冲撞战术，致使意大利两艘铁甲舰沉没，另外两艘严重受损，意大利还有 38 名军官和 574 名士兵死亡，40 人受伤，外加 19 人被俘。奥地利的损失仅为一艘蒸汽动力双层甲板舰受损，死亡 38 人，伤 138 人。然而，由于特格霍夫的战舰速度较慢，他无法继续追击敌人的舰队。[112] 从这场海战的结局来看，意大利人似乎忘记了一支舰队仅凭精良的武器装备是不能形成真正的战斗力的，还得依靠严格的训练和人员素质。意大利舰队缺乏严密的组织、严格的纪律和海上训练，其舰员的技能生疏、不熟练，军官也没有实战经验。[113]

奥地利人的胜利，不仅获取了亚得里亚海的制海权，而且对奥地利参与和平协议的签订产生了极大的正面影响。利萨海战结束的同一天，奥地利和普鲁士在陆上的作战也停止了，双方结束了敌对状态。奥地利撤回到伊松佐河，从而将威尼斯留给了意大利。法国和普鲁士向意大利施压，要求意大利与奥地利单独签订停战协议。然而意大利首相贝蒂诺·里卡索利（Bettino Ricasoli）拒绝了这一呼吁，坚持为意大利争取"天然"边界。这包括：奥地利直接割让威尼斯和南蒂罗尔，并且保证意大利在伊斯的利亚半岛（Istria）的利益得到尊重。然而，意大利政府忽略了一个事实——特格霍夫获得了亚得里亚海的制海权，而奥地利与普鲁士的停战，加重了维也纳的分量。[114]1866 年 8 月 12 日，奥地利和意大利在科尔蒙斯签署了停战协议，1866 年 10 月 3 日，双方签署了和平条约。尽管奥地利被迫放弃威尼斯，将其交给了意大利，但奥地利得以保留对亚得里亚海沿岸其他部分的控制。[115]

1894 年 9 月 17 日的鸭绿江之战，是 1894 年—1895 年中日甲午海战中规模最大的一次战役。日本最后获得了决战的胜利。这场战役的起因是 9 月 16 日中国在鸭绿江口登陆 5000 名官兵。[116] 运输船队由中国战舰护航，中国舰队由 14 艘战舰（2 艘铁甲舰、4 艘巡洋舰、6 艘护航巡洋舰、1 艘轻型巡洋舰、1 艘鱼雷艇）组成，日本舰队则由 12 艘战舰（3 艘铁甲舰、7 艘护航巡洋舰、1 艘轻型巡洋舰，另有 1 艘炮艇和 1 艘运输船）组成。[117] 在这次海战中，中国舰队损失非常惨重：5 艘战舰沉没，3 艘损毁，而日本方面则只有 4 艘战舰受损。中国舰员虽然英勇顽强，但缺乏技能。这次战役最重大的影响，也许是中国的作战士气被打垮了。[118] 海战之后，中国舰队撤退至旅顺口维修，后来又撤至威海卫。日本人没有试图追击中国舰队。1895 年 1 月 20 日－2 月 12 日，中国舰队在威海卫海战中被完全摧毁。

4.4.7　阻止敌人入侵

有些海上决战是在夺回被占领的重要据点或者阻止敌人进一步入侵时发生的，例如 1571 年 10 月 7 日发生在爱奥尼亚海科林斯湾的勒班陀海战。神圣联盟的基督教舰队，其成员包括威尼斯、西班牙、撒丁尼亚、热那亚和罗马教皇国，再加上其他几个意大利公国，由奥地利的哈布斯堡王子唐•约翰（Don John，1547－1578）指挥，给奥斯曼土耳其舰队造成了沉重一击。威尼斯的目标是摧毁土耳其舰队，从而夺回塞浦路斯（1570 年丧失）。西班牙对地中海的商贸并不特别感兴趣，因为其利益主要集中在秘鲁和墨西哥。然而，西班牙人乐于见到土耳其被打垮，这样土耳其就不会威胁到西班牙在意大利境内的领地（撒丁尼亚王国）以及在地中海的商贸了。[119] 10 月 7 日，基督教舰队由 108 艘威尼斯战舰、81 艘西班牙战舰，再加上教皇和其他较小王国提供的 32 艘战舰，6 艘威尼斯大型快速三桅船组成。[120] 基督教舰队共有 8.4 万人，其中包括 2 万名战士。苏非教派的阿里•帕夏（Sufi Ali Pasha，卒于 1571 年）率领的土耳其舰队包括 210 艘战舰、7.5 万名人员（其中 5 万名水手和 2.5 万名战士）。[121] 土耳其不仅在数量上占有优势，而且其最大的优势可能是心理上的，因为奥斯曼帝国的军队和舰队是欧洲最为恐惧的。然而，基督教舰队的船只装备精良，战士防护良好。[122]

接下来发生在科林斯湾北部沿海的勒班陀（今天的帕克托斯或纳夫帕克托斯）海战中，基督教舰队给土耳其舰队造成了巨大的损失。土耳其的损失十分惨重：107 艘战舰被缴获，还有 80 艘战舰被焚烧沉没，[123] 共有 2.5 万人死亡，3500

人被俘。大约有 1.5 万名奴隶（其中有 1.2 万名基督徒）获得解放。[124] 仅有 60 艘左右的土耳其战舰、约 1 万～1.2 万人得以逃脱。[125] 基督教联盟方面只损失了 13 艘战舰，但是在战斗中约 7700 人丧生（其中 4800 名威尼斯人、2000 名西班牙人和 800 名教皇派的人），还有的 8000 人受伤。[126] 勒班陀海战的失败，沉重地打击了土耳其苏丹塞利姆二世的声望。[127] 基督教徒的胜利，挽救了威尼斯在爱奥尼亚海对科孚岛和桑特岛的控制，并阻止了土耳其对达尔马提亚大部分地区的征服。[128]

4.4.8　为陆上作战提供支援

在很多大规模海战中，有不少是为了给沿海地区作战的陆军提供支援而发生的。例如，历史上最具决战意义的海战之一，就是发生在公元前 480 年 8 月（或 9 月）的萨拉米斯海战，其作战目标是切断波斯军队从希腊本土撤退。在第二次波斯入侵希腊战争（前 480－前 479）中，波斯国王薛西斯一世（前 519－前 465）率领了一支约 2 万人的部队，[129] 战舰 1000 艘，而希腊人只有 367 艘战舰。[130] 雅典及其盟国（斯巴达和科林斯）与波斯人进行了 3 天的海战，并且与温泉关（希腊东部一多岩石平原）陆上作战相配合。[131] 波斯人损失了约 200 艘战舰，希腊损失了约 40 艘。[132]

在萨拉米斯海战之后，波斯人的士气低落。腓尼基分舰队的人员由于害怕受到薛西斯一世的严酷对待和斥责，在晚上悄悄收起缆绳向本土返航了。[133] 公元前 479 年 8 月 27 日左右，希腊人在米卡利（萨摩斯岛东方）摧毁了波斯舰队的残余部分，大获全胜。[134] 萨拉米斯海战彻底结束了波斯人征服希腊的企图。它从根本上挽救了希腊和西方文明，从而改变了世界的历史。

在伯罗奔尼撒战争（前 431－前 404）中，斯巴达的指挥官莱桑德（Lysander，卒于前 395 年）以劣势装备，于公元前 405 年在阿哥斯波塔米河口（与达达尼尔海峡相交）一带海域，缴获了雅典舰队 180 艘战舰中的绝大部分，仅有 9 艘（一说 20 艘）逃脱，战斗只持续了大约一小时。[135] 这次胜利使得斯巴达人得以挺进雅典，并于公元前 404 年 4 月迫使雅典人投降。

在第一次布匿战争（前 264－前 241）期间，公元前 242 年在阿格列斯（Aegetes）群岛（在利利巴厄姆附近）发生了海战，罗马人给了迦太基人沉重打击，在此之前迦太基一直很顺利。直到公元前 243 年，罗马人才决定要建立一支舰队。然后，他们建造了约 200 艘五层桨战舰。[136] 迦太基集结了约 250 艘战舰组成的舰队，将其派遣至西西里岛附近海域。事实证明，罗马人的航海技能比起迦太基人要好得多。在海战中，罗马人击沉了约 50 艘敌方战舰，另外还缴获了 70 艘，[137] 俘虏了约 1 万人，[138] 而他们的损失是：约 30 艘战舰被击沉，50 艘受损。许多迦太基的战舰逃脱了，罗马人没有追击他们。[139] 这场海战决定了西西里岛争夺的结果。留在西西里岛的哈米尔卡·巴卡（Hamilcar Barca）所率领的迦太基陆军以及屈指可数的要塞被彻底孤立了。罗马人通过围困，让西西里岛上的腓尼基驻军饥肠辘辘。罗马和迦太基双方都已疲惫不堪，就在此时，迦太基提出了和平请求。迦太基被迫撤离西西里岛。[140] 此后，无论在海上还是在陆上，罗马人都是主宰，[141] 而迦太基则缺乏恢复先前海上主导地位的意愿或资源。[142]

公元前 36 年 8 月 29 日或 30 日的瑙洛丘斯（Naoluchus，在西西里岛西北部，距墨西拿约 10 英里）海战对屋大维（Octavian，即后来的皇帝奥古斯塔斯，前 63 —前 14）和塞克斯特斯·庞培（Sextus Pompey，前 67－前 35）之间的内战起到了决定性的影响，这次内战也被称为"西西里岛起义"（前 44－前 36）。[143] 屋大维的舰队由阿格里帕（Agrippa，前 64/63－前 12）率领，击败了塞克斯特斯·庞培的舰队。屋大维在西西里岛上登陆了 3 个军团，而这些部队的保障是通过海上来提供的。庞培的处境非常危急，他在墨西拿集结了约 280 艘战舰。阿格里帕的舰队由 130 艘左右的战舰组成，与庞培舰队 150～160 艘战舰进行对阵。庞培舰队主要由小而快的战舰组成，更适合与海盗作战。在这次决战中，阿格里帕获得了胜利，他仅仅损失了 3 艘战舰。而庞培损失了 28 艘战舰，17 艘逃离，其余的战舰全部被缴获。[144] 庞培本人逃到墨西拿，然后逃往东部，至此，庞培对第二次三巨头执政的抵抗结束了。

1781 年 9 月 19 日，英军在约克郡围困战中失败，查尔斯·康沃利斯将军（Charles Cornwallis，1738－1805）率领的约 8000 人部队随后投降，从根本上决定了美国独立战争（1775－1783）的结果。这次失败不仅仅只是一场军事灾难，而且造成了巨大的政治上和心理上的冲击。最重要的是，它严重削弱了议会对英国政府的信心。[145] 在 1781 年 9 月 5 日的切萨皮克湾（即弗吉尼亚角）海战中，舰队司令弗朗索瓦·约瑟夫·保罗·德·格拉斯（Francois Joseph Paul de Grasse，1722－1788）率领的法国舰队为最后的胜利做出了重要贡献。这场海战是乔治·华盛顿将军和法国将军让-巴蒂斯特·杜纳坦·德·维缪尔·德·罗尚博

（Jean-Baptiste Donatien de Vimeur de Rochambeau，1725－1807）于 1787 年 5 月 21 日达成一项协议的结果。当时双方同意，法国西印度群岛舰队前进的方向应该向纽约或切萨皮克方向航行。[146] 德•罗尚博向德•格拉斯通报，他个人更倾向于切萨皮克方向，因为法国政府拒绝为围困纽约提供力量。到 8 月 15 日，联军的将军们均知悉德•格拉斯的舰队将会到达切萨皮克。弗朗索瓦角（今天的海地角）的法国地方长官鉴于西班牙分舰队可能会在德•格拉斯已控制的锚地海域抛锚，于是就留出了 3500 人的部队以防不测。该地方长官还从哈瓦那统治者那里为美国人筹集了资金。德•格拉斯于 8 月 30 日抵达切萨皮克里的林黑文（在亨利角附近），他的舰队有 28 艘战舰。8 月 25 日，由海军准将贾可斯-梅尔基奥尔•圣劳伦特（Jacques-Melchior Saint-Laurent）、德•巴拉斯伯爵（Count de Barras，1719－1793）率领的 8 艘战舰组成的分舰队，从罗德岛的纽波特港起航，加入了德•格拉斯的舰队。[147]

由华盛顿率领的约 2500 名美国部队以及由德•罗尚博率领的 4000 名法国部队于 8 月 24 日渡过哈德逊河，然后继续向切萨皮克湾的顶部进发。他们的目标是击败康沃利斯（Cornwallis）所率领的英国部队。[148] 当时正在西印度群岛的英国舰队司令乔治•布里奇斯•罗德尼（George Brydges Rodney，1718－1792）听说德•格拉斯启航了之后，于是他命令塞缪尔•胡德（Samuel Hood，1724－1816）将军率领一支由 14 艘战舰组成的编队向北美海域航行。当时罗德尼由于患病，于是离开西印度群岛返回英国。胡德比德•格拉斯早 3 天抵达切萨皮克湾。他对切萨皮克湾进行了侦察，发现那里空空荡荡，于是向纽约方向航行；在纽约他与托马斯•格雷夫斯（Thomas Graves，1725－1802）司令率领的 5 艘战舰会合，由于托马斯•格雷夫斯比胡德级别要高，于是整个部队由他来指挥。格雷夫斯于 8 月 31 日驶往切萨皮克湾。他希望在德•格拉斯加入到德•巴拉斯舰队之前，将其编队截住。[149] 而德•格拉斯预测德•巴拉斯将要来到，于是在切萨皮克湾外侧停留了 5 天，没有对英国舰队采取任何行动。[150]

9 月 5 日，格雷夫斯率领一支由 19 艘战舰组成的编队出现在亨利角附近。格雷夫斯没有在切萨皮克湾发现敌军舰队，对此他感到非常吃惊。[151] 他认为德•格拉斯的编队有 14 艘战舰，实际上，德•格拉斯所率领的编队有 24 艘战舰。当天，德•格拉斯收到乔治•华盛顿的请求，要求他支援从费城向弗吉尼亚挺进的部队。于是德•格拉斯从编队中指派了 7 艘战舰去支援，但是他希望在这些战舰返回之后再准备下一步行动。与此同时，德·格拉斯收到了英国舰队已出现的情报。[152]

在随后的作战中，只有格雷夫斯的前锋和中锋投入了激烈战斗；而德·格拉斯率领其编队舰船脱离了战斗，返回了切萨皮克湾。[153] 为了修复受损战舰，格雷夫斯率领 18 艘舰离开战场驶往纽约。在这次作战中，英国方面约 90 人死亡，246 人受伤，而法国方面伤亡约 200 人。[154]格雷夫斯无法给康沃利斯带来急需的增援，没有海军的支援，康沃利斯的失败不可避免。[155] 9 月 14 日，德·格拉斯将美国和法国部队运送至约克郡附近，在那里与吉尔伯特·杜·莫提耶·拉法耶特（Gilbert du Motier Marquis de Lafayette，1757－1834）侯爵的部队会合。到了 9 月 28 日，约克郡被美国和法国的军队彻底包围了。德·格拉斯一直停留在这一海域附近，直到 11 月 5 日他才起航前往西印度群岛。[156]

1782 年 4 月 12 日在桑特海峡（在多米尼加和瓜达卢普之间）战役中，德·格拉斯被最后打败，他率领的 29 艘战舰所组成的编队，遭遇了罗德尼和胡德指挥的由 34 艘战舰所组成的英国舰队的围攻。在这次海战中，包括旗舰在内的 7 艘法国战舰被缴获，在随后的一周之时间内，另外 2 艘战舰也被缴获。然而，英国的这场巨大的胜利来得太晚了，无法影响美国独立战争的结果。[157]

4.4.9　反封锁作战

当实力弱势一方企图阻止或者突破现有的实力强势一方的海上封锁时，就有可能发生某些大规模海战。例如，在第三次英荷战争期间，1665 年 6 月 13 日所发生的洛斯托夫特海战，就是由于荷兰想要阻止英国对其海岸进行第二次封锁而引发的。约克公爵所率领的英国舰队大约由 110 艘战舰组成，给雅各布·范·瓦西纳·奥巴丹（Jacob van Wassenaer Obdam）率领的荷兰舰队以沉重打击。[158] 在这次海战中，荷兰损失了大约 17 艘战舰和 4000 人，而英国只损失了 2 艘战舰和 800 人。然而约克公爵却由于某种原因，没能乘胜追击撤退中的荷兰舰队。[159]

1797 年 2 月 14 日英国在圣文森角海战中获胜，使其得以随后对西班牙舰队进行封锁。舰队司令约翰·杰维斯（John Jervis）率领由 15 艘战列舰、5 艘护卫舰和 2 艘轻型舰艇所组成的英国舰队，遭遇了由舰队司令约瑟·德·科尔多瓦·拉莫斯（José de Córdoba y Ramos，1732－1815）所率领的西班牙舰队，该舰队由 24 艘战列舰、7 艘护卫舰、1 艘双桅船和 4 艘武装商船组成，正向加的斯航行。西班牙舰队于 1797 年 2 月 5 日已通过了直布罗陀海峡，[160] 其任务首先是护送运输船队，然后在布雷斯特加入法国海军编队，实施入侵英国计划。[161] 然而，由于风向不利，科尔多瓦的编队被推向比预期更远的大西洋之中。结果是，西班牙舰队在抵达加的斯之前遭遇了英国舰队。在随后的战斗中，英国缴获了 4 艘战列舰，其中包括 2 艘有三层甲板的战列舰。[162] 大约有 10 艘西班牙战列舰、5 艘英国战列舰严重损毁。西班牙方面有 260 人死亡，350 人受伤，而英国方面只有 73 人死亡，约 400 人受伤。[163] 杰维斯没有追击溃败逃亡中的敌人，他不是那种甘愿冒着巨大风险去获取未知收益的指挥官。战斗结束之后，杰维斯封锁了加的斯。[164] 直到 1802 年 3 月的《亚眠条约》签订之前，在加的斯的西班牙舰队都被封锁着。

4.4.10　争夺制海权

只有极少数海上决战从争夺制海权伊始就计划好了。例如，在英法百年战争（1337—1453）伊始，英国在斯鲁伊斯（在佛兰德斯西部和西兰之间的入口处）海战中（也被称为莱可路斯海战）中，决定性地击败了法国舰队，获得了英吉利海峡的控制权。法国国王菲利普六世于 1338 年开始了海上争夺。两年之后，英国国王爱德华三世宣告自己成为法国国王。尽管他没有一支海军，却想要发动新的征战。因此，他下令从英国各地征用所有超过 100 吨的船只为其部队所用。爱德华三世还计划运送一支实力强大的陆军到斯路易斯港（Sluys），该港在佛兰德斯的达默附近。1340 年 6 月 22 日，他在海上集结了大约 200 艘舰船，次日，又新加入了约 50 艘舰船。此时舰船数量达到了 400 艘左右（其中 190 艘是大型舰船）的法国舰队出现在斯路易斯港以西约 10 海里布兰肯贝尔赫的海面上。[165] 在 6 月 24 日的海战中，法国舰队遭受了重大失利，而英国舰队几乎没有损失。这场海战具有决定性的意义，因为这是英国有史以来第一次获得了邻近四个狭窄海域中的一个的控制权。[166]

1653 年 6 月 12 日—13 日的加巴德外海之战（也称为北福尔兰角海战），主要是为控制英吉利海峡和北海而打响的。这场海战是整个第一次英荷战争（1652—1654）期间最血腥、最重大的海战。[167] 6 月 11 日，由乔治·蒙克将军率领的英国舰队在雅茅斯锚地抛锚，而由德·鲁伊特率领的荷兰舰队则位于其东北约 12 海里处的北福尔兰角。蒙克率领英国舰队离开锚地，航渡至牛津城西南约 15 海里处的位置，正处在加巴德沙洲外侧。[168] 6 月 12 日，由舰队司令特龙普指挥的荷兰舰队，由 98 艘战舰和 8 艘纵火船组成。英国舰队有 105 艘战舰，包括 5 艘纵火船和约 30 艘武装商船,载有 16 550 余人,3840 支枪。[169]有史以来第一次,双方整个舰队几乎处于面对面的对峙状态。[170]战斗在整个英吉利海峡打响,并一直绵延至弗兰德斯的尼乌波特。在 6 月 12 日和 18 日的北福尔兰角—尼乌波特战斗中,荷兰人进行了激烈的抵抗。到天黑之时,蒙克得到了 18 艘战舰的增援。6 月 13 日,双方爆发了规模更大的战斗。由于特龙普所率领的许多战舰上缺少弹药,为此特龙普被迫向荷兰海岸靠近,此时恐慌情绪开始在荷兰舰队中蔓延开来。[171]

在 3 天的战斗中,英国人给荷兰舰队造成了重大损失:11 艘战舰损毁(其中 6 艘沉没,2 艘焚毁),1350 人被俘。英国没有损失一艘战舰,但有 120 人死亡,236 人受伤。[172]由于即将天黑,而海域又逐渐变浅,不适合英国大型战舰安全航行,所以英国无法摧毁更多的敌方战舰。这使得荷兰舰队得以在第二天早上抵达其港口,在一片混乱中撤回本土。[173]英国人借着胜利乘势抵近荷兰海岸,从而建立了从尼乌波特到泰瑟尔岛的封锁线。[174]

1666 年 6 月 1 日—4 日 4 天的战斗中(第二次英荷战争期间),英国战败,荷兰获得了英吉利海峡的控制权,并关闭了泰晤士河口的海上贸易通道。[175]这是前三次英荷战争中时间最长、最困难,也是最悲壮的一次海战。[176]英国的目标是在荷兰海军强大之前将其摧毁,另一个目标是阻止荷兰商业对英国贸易的侵蚀。当时英国舰队共有 80 艘左右的战舰,由蒙克将军指挥。战斗发生之前,英国国王查尔斯二世收到了错误的情报,称法国舰队正在前往加入荷兰舰队的途中,于是他决定从舰队中调派 20 艘战舰,由莱茵王子鲁伯特指挥,向西去对付法国舰队,余下的战舰由蒙克将军指挥,向东对付荷兰舰队。[177]事后证明这是一个代价极高的错误决策。荷兰舰队由约 100 艘战舰组成,由历次英荷战争中最好的指挥官之一——舰队司令米歇尔·德·鲁伊特指挥。[178]在没有等到博福特(Beaufort)公爵到来之后,蒙克就发动了战斗。[179]随着英国舰队攻击行动的展开,战斗在北福尔兰角沿海打响了。在随后的战斗中,英国舰队损失了约 20 艘战舰,5000 人伤亡,3000 人被俘。荷兰方面仅仅只有 4 艘战舰受损,2000～2500 人伤亡。[180]待到荷兰增援部队到来,蒙克被迫撤回至泰晤士河口附近。6 月 3 日,鲁珀特王子及其编队(由于坏天气而耽搁了)也撤回至泰晤士河河口附近。次日,德·鲁伊特封锁了泰晤士河河口。[181]尽管荷兰取得了重大胜利,但他们却无法摧毁英军舰队的剩余力量,以便将战果进一步扩大。荷兰人在战斗中很英勇,但与英国相比,他们缺乏纪律性。[182]马汉写道,英国之所以战败,其主要原因在于分散了舰队兵力。[183]

在大同盟战争期间，法国于 1690 年 7 月 10 日取得了滩头岬海战（法国称为比奇角海战）的重大胜利。当时，法国舰队由 70 艘战舰组成，由舰队司令图尔维尔指挥。英荷联合舰队由 56 艘战舰组成，由舰队司令亚瑟•赫伯特（Arthur Herbert，托林顿公爵，1648－1716）指挥。[184]战斗发生在滩头岬（在苏塞克斯郡东部的伊斯特本附近）以南约 12 海里的附近海域。[185]法国的目标是摧毁英国和荷兰的海上力量。[186]这是一场混战，但法国在战斗中没有损失一艘战舰，而联军中的英国损失 8 艘战舰，余下的 22 艘战舰中，只有 3 艘还能作战，其余的全部受到严重损伤。[187]图尔维尔本可以缴获更多受损的联军战舰，[188]然而图尔维尔犯了一个大的错误，虽然他命令舰队紧跟其后，但他并未发起全面追击，其原因在于他想要继续保持战列线队形，以致其追击速度过于迟缓。这使得英荷联合舰队得以逃往泰晤士河河口。[189]滩头岬海战虽然是法国取得的一个重大胜利，但并不是决定性的胜利，因为图尔维尔没能巩固其战斗取得的成果。[190]海战之后约 10 周的时间内，法国对英吉利海峡拥有毋庸置疑的制海权。但图尔维尔所取得的胜利，对爱尔兰境内的陆上战争没有产生任何影响（因为国王詹姆士二世最终想要夺回英国王位）。[191]而图尔维尔和赫伯特都被撤职了，因为他们各自的政府都认为他们的表现不尽如人意。

在 1904 年—1905 年的日俄战争期间，舰队司令东乡平八郎率领的日本舰队于 1905 年 5 月 27 日－28 日在对马海峡战斗中，给俄国舰队司令吉诺威•P. 罗日杰斯特文斯基（Zinovy P. Rozhdestvensky，1848－1909）率领的波罗的海分舰队造成了毁灭性打击。这次海战的结果是日本获得了对黄海的制海权。[192]在这次海战中，日本舰队由两支分舰队构成，由 4 艘战列舰、8 艘重型巡洋舰、16 艘轻型巡洋舰组成了 4 个支援编队。[193]俄国分舰队由 12 艘排水量为 13 600 吨的战列舰组成，分成 3 个编队；还有一支由 1 艘轻型战列舰、3 艘重型巡洋舰、4 艘轻型巡洋舰、4 艘侦察巡洋舰以及 9 艘驱逐舰组成的分舰队。[194]日本人还有较大的速度优势，其双方舰队航行速度是 15 节对 9 节。[195]在这次海战中，俄国损失惨重，有 21 艘战舰被击沉，其中包括 6 艘战列舰，4500 人死亡，还有 5920 人被俘，只有 1 艘巡洋舰和 2 艘驱逐舰得以逃到符拉迪沃斯托克港。[196]而日本人的损失仅为 3 艘鱼雷艇，没有一艘战舰受到严重损伤，有约 120 人死亡，583 人受伤。[197]俄国舰队失败的主要原因在于其军官和舰员缺乏训练，而且士气低下。俄国人没有认识到获得海战胜利的最重要因素是顽强的精神和坚定的意志。[198]

　　第一次世界大战期间，最大的一次海战是发生在 1916 年 5 月 31 日—6 月 1 日的日德兰海战（德国称为斯卡格拉克海峡战役）。德国最初的作战计划是由德国公海舰队司令莱茵哈特•舍尔（Reinhard Scheer，1863—1928）及其参谋拟定的，计划是对桑德兰进行炮轰，从而引发英国的强烈反应。舍尔计划在多格浅滩和弗兰伯勒西南方部署 2 支作战分舰队、1 支侦察部队以及鱼雷快艇分队。5 月 13 日，又决定将计划的实施时间从 5 月 17 日推迟至 23 日。[199]双方都打算只用舰队的部分力量来对付对方。尽管德国舰队处于不利的战术阵位，但他们仍然希望给敌方造成的损失，能够超过敌人给己方带来的损失。[200]

　　德国的最终作战计划设想是公海舰队的主力于 5 月 30 日午夜从威廉港起航，然后向北航行，远离丹麦沿海，并于第二天下午到达斯卡格拉克海峡的西部入口。随后，舰队副司令弗朗茨•希佩尔（Franz von Hipper，1863—1932）应当率领其战列巡洋舰向北航行，并于白天在挪威沿海附近游弋，通过海上随风飘浮的蒸汽向外展示其存在。舍尔计划在编队后方 50 英里开外的海域跟随，但要避免被岸上发现。希尔非常自信地认定，一旦英国人得知希佩尔战列巡洋舰的位置，他们就会派出其战列巡洋舰高速横穿北海，切断希佩尔返回本土基地的退路。舍尔的计划是在第二天早晨与希佩尔的部队联合攻击敌方的战列巡洋舰。

　　巧合的是，英国大舰队的舰队司令约翰•杰利科（John Jellicoe，1859—1935）也制订了一份于 1916 年 6 月 1 日对斯卡格拉克海峡实施突击的计划。他的主要目标是引诱德国公海舰队到北部海域，并对其舰队实施全面攻击。[201]具体而言，他打算派遣一支战列舰队编队和两支轻型编队远离斯卡恩，两支轻型巡洋舰编队穿过卡特加特海峡，到达大贝尔特海峡和桑德的北部出口处，从而引诱德军公海舰队主力部队进行反击。部署于角礁和费希尔浅滩附近的其他编队和战列巡洋舰，届时将加入战斗。[202]结果就是，舍尔比杰利科的计划提前了一天。[203]

　　舍尔的舰队由 16 艘无畏级战列舰、6 艘前无畏级战列舰、5 艘战列巡洋舰、11 艘轻型巡洋舰和 61 艘驱逐舰组成，杰利科的舰队由 28 艘无畏级战列舰、9 艘战列巡洋舰、26 艘轻型巡洋舰、8 艘重型巡洋舰、78 艘驱逐舰、1 艘水上飞机母航和 1 艘布雷舰组成。[204]

　　日德兰海战是第一次世界大战期间第一次也是最后一次战列舰编队之间的大战。这次海战应该是最接近于整个舰队的全面行动。它也包含了现代主力舰队对抗的许多要素。在这场海战中，敌对双方舰队进行了多次规模不等的作战，但都没能给对方造成致命一击，多次遭遇战无果而终。在这次海战中，德国赢得了战术上的胜利，他们摧毁了 14 艘英国战舰（包括 3 艘战列巡洋舰、3 艘重型巡洋舰、8 艘驱逐舰或者鱼雷快艇），致 6100 人死亡（英军共有 6 万人）；而德国损失了 11 艘战舰（1 艘前无畏级战列舰、1 艘战列巡洋舰、4 艘轻型巡洋舰、5 艘驱逐舰或者鱼雷快艇），2550 人死亡（德军共有 3.6 万人）。[205] 然而，英国尽管遭受了更大的损失，但英国达成了战役上的胜利。[206] 因为北海的形势，与海战之前并没有什么改变。

4.5　舰队决战

自第一次世界大战以来，主力舰队之间的作战旨在海上或基地将敌方舰队摧毁，以取代以往通过一次最快、最有效但是最难做到的决战行动来获取制海权。当必须在尽可能短的时间内，以己方部队损失最小的代价去取得决战的胜利时，大规模作战行动就需要进行周密统筹计划，并付诸实施。[207] 这一点对获胜的一方是至关重要的，尤其是在战争初期。然而，主力舰队之间的对决，在某种程度上比决战要少些"决定性"。

4.5.1　舰队决战时机

在第二次世界大战期间，大部分主力舰队之间的对决大都发生在以下两种情况下：一是当一方舰队为重要运输船队或两栖部队提供远距离护航和支援时；二是实力较强舰队威胁进行两栖登陆，以引诱实力较弱的舰队进行决战。例如，日军所发动的莫尔兹比－所罗门战役，是一次规模很大的海军联合进攻战，旨在夺取新几内亚的莫尔兹比港。对于盟军而言正好相反，珊瑚海海战（1942 年 5 月 4 日－8 日）是一次规模很大的海军联合防御战，旨在阻止日军登陆莫尔兹比港。在这次战役中，美国和澳大利亚的海军部队、陆基航空兵都参与了作战。从战术上看，日军给盟军造成的损失，超过了他们自己所遭受的损失，很明显日军赢得了战术上的胜利；从战役上看，日军没有达成其最终的战役目标，因此，盟军获得了战役上的胜利。双方的全部损失都是由空中突袭造成的。日军击沉了盟军舰队的 1 艘油轮、1 艘驱逐舰，并使美国的 1 艘快速航母严重受损，以致盟军不得不将其击沉。日军在瓜达尔卡纳尔岛的图拉吉海战中只损失了 1 艘小型航母，还有几艘小型舰只，同时还损失了 69 架飞机（包括 12 架战斗机、27 架俯冲轰炸机和 30 架鱼雷轰炸机）和 1047 人；而盟军损失了 66 架飞机和 543 人。[208] 日军舰队有 1 艘航母严重受损，在其后的两个月里无法加入舰队作战，而另一艘航母上损失的舰载机，直到 1942 年 6 月 12 日才补充到位。因此，这两艘航母都没能在随后发生的中途岛航母大战中参与作战。[209]

尽管通往莫尔兹比港口的通道被打开，但是日军航母力量从珊瑚海撤退了。登陆莫尔兹比港的行动推迟到 1942 年 7 月才实施。然而，由于日军在 1942 年中途岛海战中败北，从海上夺取莫尔兹比港的计划被迫放弃。[210] 日军最终决定通过一条艰难得多的陆上通道来占领莫尔兹比港——翻越 1.1 万~1.3 万英尺高的欧文·斯坦利山脉。日军向莫尔兹比港发起了两次攻击行动，最后一次于 1943 年 1 月发起，但都没有成功。1943 年 3 月 1 日－3 日，日军前往莱城的一支大型运输船队在俾斯麦海遭受了巨大损失，于是他们放弃了在新几内亚东部的一切进攻行动。[211]

日军所发动的中途岛—阿留申群岛战役（著名的中途岛海战），是 1941 年－1945 年太平洋战争的转折点。日军联合舰队总司令山本五十六（Isoroku Yamamoto，1884－1943）主要目标，是"引诱"美国太平洋舰队进行一场决战，从而巩固日本在太平洋的防御范围。山本五十六希望通过在中途岛进行的登陆行动，可以引诱美国太平洋舰队调派其快速航母力量来做出反应。在后续的对抗中，日本帝国海军遭受了其辉煌历史上最沉重的打击。1942 年 6 月以后，日本被迫转入战略防御，直到 1945 年 8 月无条件投降之前，日本再也没有重新取得主动权。日军在中途岛海战中损失的代价是极其高昂的。他们损失了 4 艘航空母舰、253 架飞机、1 艘重型巡洋舰。此外，还有 1 艘重型巡洋舰严重受损，1 艘驱逐舰中等程度受损，另有 1 艘战列舰、1 艘驱逐舰和 1 艘油轮受轻伤。有些资料称，日军损失了 332 架飞机，其中 280 架随航空母舰一起沉没。[212] 不过，约有 150 名日军飞行员得以生还。在这次海战中，日军人员死亡 3500 人。与之相比，美国仅有 92 名军官和 215 名士兵阵亡。然而，美军 3 艘航空母舰的空勤人员有大量伤亡，[213] 飞机损失惨重，其中有 147 架被击落。[214]

在太平洋战争中，日本帝国海军遭受的最具决定性的失败是在 1944 年 6 月 19 日－20 日的菲律宾海海战。日军实施了中太平洋防卫作战计划（代号为"A-Go"行动）后，引发了双方航母大战。这次战役行动始于 1943 年 6 月 13 日，是日军对美军侵入南马里亚纳群岛行动（代号"强征"行动）的强烈反应。整个战役持续了大约 10 天时间。美军太平洋舰队的军舰和飞机无论在数量上还是质量上都占据了优势。他们拥有较多的快速航母（7∶5）和轻型航母（8∶4），[215] 日军航母舰载机在数量上也差距较大（473∶956），日军与美军水上飞机的数量比为 43∶65。[216] 美军第 58 特混编队比日军第一机动部队拥有更多的战列舰（7∶5）、轻型巡洋舰（13∶2）和驱逐舰（63∶28），日军数量占优的仅有重型巡洋舰（11∶8）。[217] 1944 年 6 月中旬，美军陆战队、海军和陆军航空兵在马绍尔群岛和吉尔伯特群岛的基地大约拥有 880 架飞机。[218] 日军可用的陆基海军飞机大约有 630 架。[219]

日军在战略上处于守势，但 A-Go 行动是一场规模较大的舰队对决对攻作战行动。与之相对的是，美军在战略上处于进攻态势，并有一次大规模两栖登陆行动。双方航母编队于 6 月 19 日—20 日相遇，其结果是第五舰队获得了决定性的胜利。美国声称日军损失了 476 架飞机、445 名飞行员。日军的战斗力被严重削弱了，因为日军有如此多的飞行员丧生。[220] 但是第五舰队未能彻底将日军摧毁，导致他们逃脱并在后来的海战中重新投入战斗。在这次海战中，日军共投入了 9 艘航空母舰，有 6 艘幸免于难。

在莱特湾海战中，盟军海军力量的主要目标是为盟军部队于 10 月 20 日登陆莱特湾提供近距离掩护。进攻莱特湾是盟军在新的菲律宾战役中第一次大规模两栖作战行动，盟军计划在一年内解放整个群岛。到 1944 年 10 月，盟军部队已经切断了日军与其重要原材料来源地——所谓南部资源区——的联系。从吕宋岛基地出发，盟军的空中力量可以压制日军在台湾岛的空中力量。[221] 菲律宾群岛还可以作为基地，为进攻日本本土诸岛做准备。尽管日军在战略上处于守势，但日本帝国海军制订了主力舰队决战的作战计划，旨在阻止盟军在莱特岛和菲律宾群岛中心站稳脚跟。10 月 24 日—27 日，共发生了四次大规模海上作战行动：10 月 24 日的锡布延海战、10 月 24 日—25 日的苏里高海峡海战、10 月 25 日的萨马岛海战，以及 10 月 25 日的恩加尼奥角海战。此外，在菲律宾海域的水面、水下和空中还发生了无数次战术作战行动。日本帝国海军在这四场海战中都失败了。日军总计损失了 3 艘战列舰、4 艘航空母舰、10 艘巡洋舰和 9 艘驱逐舰，总吨位达 30.6 万吨；盟军损失了 1 艘轻型航母和 2 艘护航航母、2 艘驱逐舰以及 1 艘护航驱逐舰，总计 3.7 万吨。[222] 战斗结束后，日本帝国海军再也不能对盟军的制海权造成任何严重威胁了。日本帝国海军的失败，锁定了莱特岛上守军的命运，为盟军最终进攻吕宋岛创造了前提条件。这些海战还严重影响了日本继续作战的潜力，因为日本本土与南部资源区的所有联系都被切断了。

1941 年 3 月 27 日－29 日，在马塔潘外海的一次主力舰队对决作战中，意大利舰队遭受到英国地中海舰队的重创。在这次海战中，意大利舰队由 1 艘战列舰、6 艘重型巡洋舰、2 艘轻型巡洋舰、13 艘驱逐舰组成，于 1941 年 3 月 26 日驶出，前往克里特岛南部海区，攻击英国驶往希腊的运输船队。整个作战行动将会得到德国第十航空部队的支援。通过解密德国发给纳粹空军第十航空部队的密电，英国准确及时地获得了即将发生海战的作战情报。英国派出了一支强大的舰队去拦截意大利舰队，在随之而来的 3 月 28 日－29 日所发生的海战中，意大利共有 3 艘重型巡洋舰、2 艘驱逐舰被击沉，另有 1 艘战列舰、1 艘重型巡洋舰、1 艘驱逐舰受损。德国第十航空部队对英国舰艇的空袭行动没有奏效，[223] 这次胜利使盟军暂时获得了地中海中部海域的制海权。

4.5.2　舰队决战目的

在有些战例中，实力强势一方发起大规模海战的目的是获取制海权，并同时行使制海权。例如，日本在成功袭击了珍珠港以后，就开始着手制订作战计划，将其快速航空母舰部队部署至印度洋。1942 年 2 月 14 日，日本联合舰队司令山本五十六决定在孟加拉湾实施突袭，而不是去占领锡兰。日军作战计划的制订者们希望在他们入侵安达曼群岛和缅甸时，英国舰队会进行干涉，这样一来，日本的航母部队就可以部署到锡兰以东海域，并伺机对锡兰和英国远东舰队发动突然袭击。作为准备工作的组成部分，日本联合舰队于 2 月 20 日－22 日进行了军事演习。日军作战计划的制订者们想要达成两大主要目标：一是摧毁英国远东舰队（据称包括 2 艘航空母舰、2 艘战列舰、3 艘重型巡洋舰、4～7 艘轻型巡洋舰，以及数量不少的驱逐舰）；二是摧毁英国在孟加拉湾附近的空中力量（据称大约有 300 架飞机）。[224] 日军的次要目标是攻击锡兰海面上的航运舰船和港口设施，以及孟加拉湾的敌方航运舰船。

负责摧毁英国远东舰队的日军进攻部队由联合舰队副司令南云忠一（Chuichi Nagumo，1887－1944）率领。他所指挥的部队包括 6 艘快速航空母舰、4 艘战列舰、2 艘重型巡洋舰、1 艘轻型巡洋舰，以及 9 艘驱逐舰。[225] 正是这支航母编队曾经袭击了珍珠港。日军航空母舰搭载了约 300 架飞机，其飞行员都受过良好的训练，作战经验丰富。日军另一支编队由 1 艘轻型航母、6 艘巡洋舰和 8 艘驱逐舰组成，其任务是摧毁孟加拉湾的英国运输舰船。[226]

表面上看起来，印度洋上的英国海军部队实力令人生畏。然而，他们与其对手日本相比，其实力要差得远。3 月 27 日负责指挥英国远东舰队的副司令詹姆士·萨默维尔（James Somerville，1882－1949），在收到日军即将攻击锡兰的通报后，于两天后将其舰队分成两支编队：A 编队（由 2 艘航空母舰、4 艘巡洋舰和 6 艘驱逐舰组成）和 B 编队（由 4 艘战列舰、1 艘航空母舰、3 艘巡洋舰和 7 艘驱逐舰组成），每支编队各有 1 艘荷兰巡洋舰和驱逐舰。此外，英国在印度洋上还部署了 7 艘潜艇。[227] 3 月 31 日，萨默维尔在锡兰南部集结其舰队。[228] 英国远东舰队唯一的也是最大的弱点就是其空中力量较弱。可用的飞机只有 57 架攻击机和 36 架战斗机，与此同时，还缺少足够的陆基远程侦察机。[229]

英国源源不断地收到了关于日军在该地区的力量部署和动向的通报。[230] 相关情报显示，日军可能于 4 月 1 日左右对科伦坡和亭可马里发动攻击。3 月 31 日，一份新的情报显示（正如萨默维尔所怀疑的那样）日军将于第二天发动攻击。[231]

日军的航母打击编队于 3 月 31 日进入了印度洋。按照计划，日本航母编队将对科伦坡的船只和设施进行系列攻击。4 月 6 日－8 日，南云忠一派出侦察部队在锡兰的东南方搜索英国远东舰队的主力部队。然而，萨默维尔的主力部队远在锡兰西部海域。因此，日军的搜索没有成功（对英国人而言是万幸的）。4 月 8 日，日军的航母编队袭击了亭可马里。在侦察到南云忠一的部队之后，英国下令所有舰只撤离亭可马里，然而，还是有许多舰船在海上受到了攻击。[232]

与此同时，英国海军部认定，其远东舰队使用的位于锡兰和阿杜环礁（马尔代夫群岛最南端的环礁）的基地，对来自空中或海面攻击的防卫能力非常弱。而英国海军舰队的行动迟缓、火力不足，续航力较差，若将其留在锡兰一带，是不利的。因此，4 月 8 日做出决定，将 B 编队调至肯尼亚的启林迪尼港（蒙巴萨港的一部分），4 月 9 日又将位于阿杜环礁的 A 编队调至孟买，在阿拉伯海域作战。出于实际情况考虑，盟军暂时放弃了印度洋。[233]

对亭可马里袭击之后，日军航母攻击编队离开印度洋返回日本，为进攻中途岛的计划做准备。[234] 对攻击者而言，袭击孟加拉湾取得的战果十分辉煌，日军仅以损失 17 架飞机的代价就击沉了英国 1 艘航空母舰、2 艘重型巡洋舰、2 艘驱逐舰、1 艘轻型巡洋舰，以及 1 艘装甲巡洋舰，同时日军还摧毁了 31 艘商船，总计

153 600 吨，外加 7 艘运输船。然而，日军未能完成其主要战役目标，因为英国远东舰队逃脱了。[235] 他们最大的错误在于，想在几乎同一时间内达成多项目标，从而将其强大的实力分散了。对日军而言，更为可靠的作战方式应该是集中其主力去摧毁或从根本上削弱敌人最重要的主力，也就是英国的航母部队——或敌人的"作战重心"，这样一来，日军就可以获得印度洋无可置疑的制海权。

4.5.3 实力强弱舰队之间的决战

如果在两支近岸海军之间，或者一支蓝水海军与一支小型近岸海军之间发生战争，则可以通过筹划、实施一系列的快速、决定性的战术行动来获取制海权。例如，1973 年为期 20 天的赎罪日/斋月战争期间，在战争的第一天，以色列就抓住主动权，给其对手造成了重大损失。在 10 月 6 日晚间发生的拉塔基亚海战中，以色列 5 艘导弹艇组成的攻击编队，一举击沉了叙利亚 3 艘导弹艇、1 艘鱼雷艇和 1 艘扫雷艇。[236] 10 月 8/9 日晚上，在杜姆亚特—巴尔的姆（位于埃及海岸附近）附近海域，以色列 6 艘导弹艇和埃及导弹艇之间发生了海战。在随后的交战中，埃及的 3 艘导弹艇被以色列击沉，还有 1 艘严重受损，随后被火炮击沉。[237] 这些海战的胜利，显著改变了双方海上作战态势，形势对以色列更为有利。在地中海东部，叙利亚和埃及所宣布为战区的那些海域，以色列已经从根本上获取了制海权。[238]

当在海上遇到实力非常弱小的对手时，蓝水海军可以通过一系列的战术行动，以相对较快的速度获取控制度非常高的制海权。例如，在第一次海湾战争（1990－1991）期间，美国海军与联军空中突击力量于 1 月 22 日－24 日，对伊拉克海军实施了一系列的突袭，摧毁了 2 艘布雷舰、1 艘油轮（正作为侦察船）、2 艘巡逻艇和 1 艘气垫船。1 月 29 日，在布比延岛附近海域的战斗中，美国和英国的导弹武装直升机及对地攻击机，摧毁了 4 艘巡逻艇，并使 14 艘运载着参加攻击卡夫吉行动的伊拉克突击队的巡逻艇搁浅；在另一起攻击行动中，1 架英国直升机摧毁了 1 艘伊拉克大型巡逻艇。[239] 一天之后，美国和英国的直升机和对地攻击机攻击了由 1 艘前科威特巡逻艇、3 艘伊拉克两栖登陆艇和 1 艘扫雷艇组成的编队，所有舰艇都遭到不同程度的损伤。在另一起战斗中，一支由 8 艘作战快艇组成的编队，其中包括部分导弹艇，在海湾北部海域遭到美国对地攻击机的袭击，其中 4 艘艇被击沉，3 艘严重损毁。[240] 这一系列小规模的战术行动的最终结果是，美国与联军部队获取了波斯湾（阿拉伯湾）北部海域的制海权。

4.6　小结

　　传统上，旨在摧毁敌方舰队主力的海上决战，是帆船时代运用的主要作战样式，该作战样式一直运用到 20 世纪。然而，经验表明，只有少数大规模海战才导致敌方舰队主力遭受到毁灭性的打击。常见的是，在这样的海战中，更为重要的结局不是物资和人员的损失，而是军事、政治、经济甚至心理上的影响。第一次世界大战之后，主力舰队之间的作战就成为摧毁敌方舰队主力，继而获取制海权所运用的主要方式。同一场决战相比，主力舰队之间的作战在海面、水下及空中三维空间展开。只有在极少的战例中，海上决战和主力舰队之间的作战从一开始是为了获取制海权而进行筹划的。这些海战往往是一方舰队为掩护己方登陆或者为运输船队提供护航，或者是阻止敌人登陆时发生的。尽管主力舰队之间的对决自从第二次世界大战以来一直没有发生过，但是这种作战样式仍然是海军摧毁敌方海上主力的最佳方式。在敌对双方都不是蓝水海军，或者一方是蓝水海军而另一方是规模较小的近岸海军，或者双方都是近岸海军的情况下，当这两支力量发生海战时，通过一系列连续的战术行动可能就会产生决定性的意义，并由此可以快速获取制海权。这样的战术行动应当经过周密筹划，并在海战一开始时就加以实施。

注释

1. Staff Presentation, "Operations for Securing Command of Sea Areas," Part II（Continued）and Part III（Newport, RI: Naval War College,July 1941）, Box 31, Strategic Plans Division Records, NWC Presentation Studies, etc.（Series II-B）, Naval . . . Panama, Naval Historical Collection, Naval War College, Newport, RI, p. 4.

2. Gabriel Darrieus, War on the Sea. Strategy and Tactics（Annapolis, MD: United States Naval Institute, 1908）, p. 95.

3. Barry M. Gough, "Maritime Strategy: The Legacies of Mahan and Corbett as Philosophers of Sea Power," RUSI Journal（Winter 1988）, p. 56.

4. Cited in Chapter III, Part III, Vol. I, Naval War College, Extracts from Raoul Castéx, Théories Strategiques. Translated from French by R.C. Smith and assisted by E.J. Tiernan（Newport, RI: Naval War College, December 1938）, p. 2.

5. Alfred T. Maban, Naval Strategy Compared and Contrasted with the Principles and Practice of Military Operations on Land（Boston: Little, Brown, and Company, 1911）, p. 176.

6. Cited in Chapters I-IV, Part III, Vol. I, Naval War College, Extracts from Raoul Castex, Théories Stratégiques. Translated from French by R.C. Smith and assisted by E.J. Tiernan （Newport, RI: Naval War College, December 1938）, p. 3.

7. Raoul Castex, Strategic Theories. Selections translated and edited with an introduction by Eugenia C. Kiesling（Annapolis, MD: Naval Institute Press, 1993）, pp. 72-74, 359.

8. Raoul Castex, Strategic Theories. Selections translated and edited with an introduction by Eugenia C. Kiesling（Annapolis, MD: Naval Institute Press, 1993）, pp. 72-74, 359.

9. Chapters I-IV, Part III, Vol. I, Naval War College, Extracts from Raoul Castex, Théories Stratégiques. Translated from French by R.C. Smith and assisted by E.J.Tiernan （Newport, RI: Naval War College, December 1938）, p. 3.

10. Chapters I -IV, Part III, Vol. I, Naval War College, Extracts from Raoul Castex, Théories Stratégiques. Translated from French by R.C. Smith and assisted by E.J.Tiernan （Newport, RI: Naval War College, December 1938）, pp. 3-4.

11. Herbert Richmond, Statesmen and Sea Power（Oxford: Clarendon Press, first published 1946, reprinted 1947）, p. 67.

12. Cited in Barry M. Gough, "Maritime Strategy: The Legacies of Mahan and Cotbert as Philosophers of sea Power," RUSI Journal（Winter 1988）, p. 59.

13. Barry M. Cough, "Maritime Strategy: The Legacies of Mahan and Corbett as Philosophers of Sea Power," RUSI Journal（Winter 1988）, p. 59.

14. Julian S. Corbett, Some Principles of Maritime Strategy（London: Longmans, Green and Co., 1918）, p p. 142-43.

15. William Oliver Stevens and Allan Westcott, A History of Sea Power（New York: Doubleday, Doran & Company, Inc., 1942）, p. 137.

16. William D. O'Neill, Technology and Naval War （Washington, DC: Department of Defense, November 1981, reprinted 1996, 2000）, p. 5; accessed at http://www.analysis.williamdoneil. com/Technology%20&%20Naval%20War.pdf

17. William Oliver Stevens and Allan Westcott, A History of Sea Power（New York: Doubleday, Doran & Company, Inc., 1942）, pp. 152-53.

18. William Oliver Stevens and Allan Westcott, A History of Sea Power（New York: Doubleday, Doran & Company, Inc., 1942）, pp. 162-63.

19. William Oliver Stevens and Allan Westcott, A History of Sea Power（New York: Doubleday, Doran & Company, Inc., 1942）, p. 162.

20. Julian S. Corbett, England in the Mediterranean. A Study of the Rise and Influence of British Power Within the Straits, 1603-1713, Vol. II（London: Longmans, Green and Co., 1904）, p. 268.

21. William D. O'Neill, Technology and Naval War （Washington, DC: Department of Defense, November 1981, reprinted 1996, 2000）, p. 5; accessed at http://www.analysis.williamdoneil.com/Technology%20&%20Naval% 20War.pdf

22. William Oliver Stevens and Allan Westcott, A History of Sea Power（New York: Doubleday, Doran & Company, Inc., 1942）, p. 162.

23. "A Civilian Critic," extract from the Introduction to An Essay on Naval Tactics, Systematical and Historical, byJ. Clerk of Eldin, printed in 1782, in H.W. Hodges and E.A. Hughes, editors, Select Naval Documents （Cambridge: Cambridge University Press, 1922, reprinted by the Cornell University Library Digital Collections, 2015）, p. 170.

24. William Oliver Stevens and Allan Westcott, A History of Sea Power（New York: Doubleday, Doran & Company, Inc., 1942）, pp. 162-63.

25. Alfred Stenzel, Seekriegsgeschichte in ihren wichtigsten Abschnitten mit Beruecksichtigung der Seetaktik, Part 4: Von 1720 bis 1850 （Hannover/Leipzig: Hahnsche Buchhandlung, 1911）, p. 12.

26. Nelson's View of Clerk of Eldin, T.M. Hardy（CO of"Victory"）to SirJ.D. Thomson, 5 May 1806, in H.W. Hodges and E.A. Hughes, editors, Select Naval Documents （Cambridge: Cambridge University Press, 1922, reprinted by the Cornell University Library Digital Collections, 2015）, pp. 171-72.

27. Julian S. Corbett, Some Principles of Maritime Strategy（London: Longmans, Green and Co., 1918）, p. 109.

28. Julian S. Corbett, Some Principles of Maritime Strategy（London: Longmans, Green and Co., 1918）, p. 110.

29. James J. Tritten and Luigi Donolo, A Doctrine Reader （Newport, RI: Naval War College, Newport Paper # 9, December 1995）, p. 4.

30. Julian S. Corbett, editor, Fighting Instructions, 1530-1816 （London: Publications of the Navy Records Society, Vol. XXIX, 1905, produced by Bibliothèque Nationale de France, Paris, reprinted September 15, 2005）, p. 115.

31. Rudolph Rittmeyer, Seekrieg und Seekriegswesen in ihrer weltgeschichtlichen Entwicklung mit besonderen Berücksichtigung der grossen Seekrieg XVII und XVIII Jahrhunderts, Vol. I: Von den Anfängen bis 1740 （Berlin: Ernst Siegfried Mittler und Sohn, 1907）, p. 357.

32. Rudolph Rittmeyer, Seekrieg und Seekriegswesen in ihrer weltgeschichtlichen Entwicklung

mit besonderen Beruecksichtigung der grossen Seekrieg XVII und XVIII Jahrhunderts, Vol. I: Von den Anfaengen bis 1740（Berlin: Ernst Siegfried Mittler und Sohn, 1907）, p. 357.

33. Julian S. Corbett, Some Principles of Maritime Strategy（London: Longmans, Green and Co., 1918）, p. 110.

34. Julian S. Corbett, Some Principles of Maritime Strategy（London: Longmans, Green and Co., 1918）, pp. 160-61.

35. M.G. Cook, "Naval Strategy," 2 March 1931, Air Corps Tactical School, Langley Field, VA, 1930-1931, Strategic Plans Division Records, Series, Box 003, Naval Operational Archives, Washington, D.C., p. 11.

36. Jan S. Breemer, The Burden of Trafalgar. Decisive Battle and Naval Strategic Fxpectations on the Eve of the First World War（Newport, RI: Naval War College Press, Newport Paper #6, October 1993）, p. 27.

37. Rudolph Rittmeyer, Seekrieg und Seekriegswesen in ihrer weltgeschichtlichen Entwicklung mit besonderen Berücksichtigung der grossen Seekrieg XVII und XVIII Jahrhunderts, Vol. II: Von 1739-1793（Berlin: Ernst Siegfried Mittler und Sohn, 1911）, pp. 206-07.

38. Rudolph Rittmeyer, Seekrieg und Seekriegswesen in ihrer weltgeschichtlichen Entwicklung mit besonderen Berücksichtigung der grossen Seekrieg XVII und XVIII Jahrhunderts, Vol. II: Von 1739-1793（Berlin: Ernst Siegfried Mittler und Sohn, 1911）, p. 209.

39. Rudolph Rittmeyer, Seekrieg und Seekriegswesen in ihrer weltgeschichtlichen Entwicklung mit besonderen Berücksichtigung der grossen Seekrieg XVII und XVIII Jahrhunderts, Vol. II: Von 1739-1793（Berlin: Ernst Siegfried Mittler und Sohn, 1911）, p. 211.

40. Herbert Richmond, Statesmen and Sea Power（Oxford: Clarendon Press, first published 1946, reprinted 1947）, p. 40.

41. Rudolph Rittmeyer, Seekrieg und Seekriegswesen in ihrer weltgeschichtlichen Entwicklung mit besonderen Berücksichtigung der grossen Seekrieg XVII und XVIII Jahrhunderts, Vol. II: Von 1739-1793（Berlin: Ernst Siegfried Mittler und Sohn, 1911）, p. 212; other sources cited that Tromp had 85 ships and Blake no more than 42 Herbert Richmond, Statesmen and ,Sea Power（Oxford: Clarendon Press, first published 1946, reprinted 1947）, p. 41.

42. Rudolph Rittmeyer, Seekrieg und Seekriegswesen in ihrer weltgeschichtlichen Entwicklung mit besonderen Berücksichtigung der grossen Seekrieg XVII und XVIII Jahrhunderts, Vol. II: Von 1739-1793（Berlin: Ernst Siegfried Mittler und Sohn, 1911）, p. 213.

43. Rudolph Rittmeyer, Seekrieg und Seekriegswesen in ihrer weltgeschichtlichen Entwicklung mit besonderen Berücksichtigung der grossen Seekrieg XVII und XVIII Jahrhunderts, Vol. II: Von 1739-1793（Berlin: Ernst Siegfried Mittler und Sohn, 1911）, p. 214.

44. Herbert Richmond, Statesmen and Sea Power（Oxford: Clarendon Press, first published 1946, reprinted 1947）, p. 41.

45. Rudolph Rittmeyer, Seekrieg und Seekriegswesen in ihrer weltgeschichtlichen Entwicklung mit besonderen Berücksichtigung der grossen Seekrieg XVII und XVIII Jahrhunderts, Vol. II: Von 1739-1793（Berlin: Ernst Siegfried Mittler und Sohn, 1911）, pp. 214-15.

46. Alfred Stenzel, Seekriegsgeschichte in ihren wichtigsten Abschnitten mit Beriicksichtigung der Seetaktik, Part 3: Von 1600 bis 1720（Hannover/Leipzig: Hahnsche Buchhandlung, 1910）, p. 68.

47. Rudolph Rittmeyer, Seekrieg und Seekriegswesen in ihrer weltgeschichtlichen Entwicklung mit besonderen Berücksichtigung der grossen Seekrieg XVII und XVIII Jahrhunderts, Vol. II: Von 1739-1793（Berlin: Ernst Siegfried Mittler und Sohn, 1911）, p. 217.

48. Rudolph Rittmeyer, Seekrieg und Seekriegswesen in ihrer weltgeschichtlichen Entwicklung mit besonderen Berücksichtigung der grossen Seekrieg XVII und XVIII Jahrhunderts, Vol. II: Von 1739-1793（Berlin: Ernst Siegfried Mittler und Sohn, 1911）, p. 218.

49. Rudolph Rittmeyer, Seekrieg und Seekriegswesen in ihrer weltgeschichtlichen Entwicklung mit besonderen Berücksichtigung der grossen Seekrieg XVII und XVIII Jahrhunderts, Vol. II: Von 1739-1793（Berlin: Ernst Siegfried Mittler und Sohn, 1911）, p. 218.

50. Jacques Mordal, 25 Centuries of Sea Warfare（London: Abbey Library, 1959）, p. 73.

51. Alexander Meurer, Seekriegsgeschichte in umrissen. Seemacht und Seekriege vornehmlich vom 16.Jahrhundert ab（Leipzig: Verlag v. Hase & Koehler, 1925）, p. 188.

52. Alfred Stenzel, Seekriegsgeschichte in ihren wichtigsten Abschnitten mit Berücksichtigung der Seetaktik, Part 2: Von 400 vor Christen bis 1600 nach Christen（Hannover/Leipzig: Hahnsche Buchhandlung, 1909）, p. 18.

53. Mfred Stenzel, Seekriegsgeschichte in ihren wichtigsten Abschnitten mit Berücksichtigung der Seetaktik, Part 2: Von 400 vor Christen bis 1600 nach Christen（Hannover/Leipzig: Hahnsche Buchhandlung, 1909）, pp. 20-21.

54. Arthur MacCartney Shepard, Sea Power in Ancient History. The Story of the Navies of Classic Greece and Rome（London: William Heineman Ltd., 1925）, p. 146-48.

55. Adrian Goldsworthy, The Punic Wars（London: Cassell & Co, 2001）, p. 111.

56. Adrian Goldsworthy, The Punic Wars（London: Cassell & Co, 2001）, p. 114.

57. Arthur MacCartney Shepard, Sea Power in Ancient History. The Story of the Navies of Classic Greece and Rome（London: William Heineman Ltd., 1925）, p. 152-53.

58. Mfred Stenzel, Seekriegsgeschichte in ihren wichtigsten Abschnitten mit Berücksichtigung der Seetaktik, Part 2: Von 400 vor Christen bis 1600 nach Christen（Hannover/Leipzig:

Hahnsche Buchhandlung, 1909）, p. 94.

59. John D. Grainger, Hellenistic & Roman Naval Wars 336-31 BC（Barnsley, South Yorkshire: Pen & Sword Maritime, 2011）, p. 181.

60. John D. Grainger, Hellenistic & Roman Naval Wars 336-31 BC（Barnsley, South Yorkshire: Pen & Sword Maritime, 2011）, p. 181.

61. Alexander Meurer, Seekriegsgeschichte in umrissen. Seemacht und Seekriege vornehmlich vom 16.Jahrhundert ab（Leipzig: Verlag v. Hase & Koehler, 1925）, p. 115.

62. William Ledyard Rodgers, Greek and Roman Naval Warfare. A Study of Strategy, Tactics and Ship Design from Salamis（480 B.C.）to Actium（31 B.C.）（Annapolis, MD: Naval Institute Press, 1937, 1964）, p. 522.

63. John D. Grainger, Hellenistic & Roman Naval Wars 336-31 BC（Barnsley, South Yorkshire: Pen & Sword Maritime, 2011）, pp. 183-84.

64. Arthur MacCartney Shepard, Sea Power in Ancient History. The Story of the Navies of Classic Greece and Rome（London: William Heineman Ltd., 1925）, p. 222.

65. William Ledyard Rodgers, Greek and Roman Naval Warfare. A Study of Strategy, Tactics and Ship Design from Salamis（480 B.C.）to Actium（31 B.C.）（Annapolis, MD: Naval Institute Press, 1937, 1964）, p. 534.

66. Arthur MacCartney Shepard, Sea Power in Ancient History. The Story of the Navies of Classic Greece and Rome（London: William Heinemann Ltd., 1925）, p. 222; Andrew C. Hess, "The Battle of Lepanto and Its Place in Mediterranean History," Past &Present, No. 57（November 1972）, p. 62.

67. Michael Lewis, The Spanish Armada（New York: Thomas Y. Crowell Company, 1968）, pp. 32-33.

68. Alexander Meurer, Seekriegsgeschichte in umrissen. Seemacht und Seekriege vornehmlich vom 16.Jahrhundert ab（Leipzig: Verlag v. Hase & Koehler, 1925）, p. 163.

69. William Ledyard Rodgers, Naval Warfare Under Oars. A Study of Strategy, Tactics and Ship Design（Annapolis, MD: Naval Institute Press, 1940, 1967）, p. 275.

70. R. Ernest Dupuy and Trevor N. Dupuy, The Encyclopedia of Military History from 3500 B.C. to the Present, 2nd rev. ed.（New York: Harper & Row, Publishers, 1986）, p. 466.

71. Out of this total, the Queen's navy numbered 24 vessels and 13,470 tons with some 6,700 men William Ledyard Rodgers, Naval Warfare Under Oars. A Study of Strategy, Tactics and Ship Design（Annapolis, MD: Naval Institute Press, 1940,1967）, p. 288; Alexander Meurer, Seekriegsgeschichte in umrissen. Seemacht und Seekriege vornehmlich vom 16. Jahrhundert ab（Leipzig: Verlag v. Hase & Koehler, 1925）, p. 141.

72. Alexander Meurer, Seekriegsgeschichte in umrissen. Seemacht und Seekriege vornehmlich vom 16.Jahrhundert ab（Leipzig: Verlag v. Hase & Koehler, 1925）, p. 163.

73. Michael Lewis, The Spanish Armada（New York: T. Y. Crowell Co., 1968）, pp. 166- 67.

74. Jan S. Breemer, The Burden of Trafalgar. Decisive Battle and Naval Strategic Expectations on the Eve of the First World War（Newport, RI: Naval War College Press, Newport Paper #6, October 1993）, p. 9.

75. Alexander Meurer, Seekriegsgeschichte in umrissen. Seemacht und Seekriege vornehmlich vom 16.Jahrhundert ab（Leipzig: Verlag v. Hase & Koehler, 1925）, pp. 165-66; other sources claim that out of 130 Spanish ships, 67 were lost（the English sunk or captured 15 ships; 19 ships were wrecked on the Scottish or the Irish coast; the fate of the 33 other ships was unknown）; R. Ernest Dupuy and Trevor N. Dupuy, The Encyclopedia of Military History from 3500 B.C. to the Present, 2nd rev. ed.（NewYork: Harper & Row, Publishers, 1986）, p. 467.

76. William Oliver Stevens and Allan Westcott, A History of Sea Power（New York: Doubleday, Doran & Company, Inc., 1942）, p. 122.

77. Alexander Meurer, Seekriegsgeschichte in umrissen. Seemacht und Seekriege vornehmlich vom 16.Jahrhundert ab（Leipzig: Verlag v. Hase & Koehler, 1925）, p. 166.

78. Cited in Jan S. Breemer, The Burden of Trafalgar. Decisive Battle and Naval Strategic Expectations on the Eve of the First World War（Newport, RI: Naval War College Press, Newport Paper #6, October 1993）, p. 8.

79. R. Ernest Dupuy and Trevor N. Dupuy, The Encyclopedia of Military History from 3500 B.C. to the Present, 2nd rev. ed.（New York: Harper & Row, Publishers, 1986）, p. 558.

80. Alfred Stenzel, Seekriegsgeschichte in ihren wichtigsten Abschnitten mit Berucksichtigung der Seetaktik, Part 3: Von 1600 bis 1720（Hannover/Leipzig: Hahnsche Buchhandlung, 1910）, p, 205.

81. Rudolph Rittmeyer, Seekrieg und Seekriegswesen in ihrer weltgeschichtlichen Entwicklung mit besonderen Berücksichtigung der grossen Seekrieg XVII und XVIII Jahrhunderts, Vol. I: Von den Anfaengen bis 1740（Berlin: Ernst Siegfried Mittler und Sohn, 1907）, p. 329.

82. Alfred Stenzel, Seekriegsgeschichte in ihren wichtigsten Abschnitten mit Berücksichtigung der Seetaktik, Part 3: Von 1600 bis 1720（Hannover/Leipzig: Hahnsche Buchhandlung, 1910）, p. 209; Rudolph Rittmeyer, Seekrieg und Seekriegswesen in ihrer weltgeschichtlichen Entwicklung mit besonderen Berücksichtigung der grossen Seekrieg XVII und XVIII Jahrhunderts, Vol. I: Von den Anfaengen bis 1740（Berlin: Ernst Siegfried Mittler und Sohn, 1907）, p. 329.

83. Rudolph Rittmeyer, Seekrieg und Seekriegswesen, in ihrer weltgeschichtlichen Entwicklung mit besonderen Berücksichtigung der grossen Seekrieg XVII und XVIII Jahrhunderts, Vol. I: Von den Anfaengen bis 1740（Berlin: Ernst Siegfried Mittler und Sohn, 1907）, p. 338.

84. Rudolph Rittmeyer, Seekrieg und Seekriegswesen in ihrer weltgeschichtlichen Entwicklung mit besonderen Berücksichtigung der grossen Seekrieg XVII und XVIII Jahrhunderts, Vol. I: Von den Anfaengen bis 1740（Berlin: Ernst Siegfried Mittler und Sohn, 1907）, p. 340.

85. Alfred Stenzel, Seekriegsgeschichte in ihren wichtigsten Abschnitten mit Berücksichtigung der Seetaktik, Part 3: Von 1600 bis 1720（Hannover/Leipzig: Hahnsche Buchhandlung, 1910）, p. 226.

86. Rudolph Rittmeyer, Seekrieg und Seekriegswesen in ihrer weltgeschichtlichen Entwicklung mit besonderen Berücksichtigung der grossen Seekrieg XVII und XVIll Jahrhunderts, Vol. I: Von den Anfaengen bis 1740（Berlin: Ernst Siegfried Mitfler und Sohn, 1907）, p. 338.

87. Alfred Stenzel, Seekriegsgeschichte in ihren wichtigsten Abschnitten mit Berücksichtigung der Seetaktik, Part 3: Von 1600 bis 1720（Hannover/Leipzig: Hahnsche Buchhandlung, 1910）, p. 222.

88. Alfred T. Mahan, The Influence of Sea Power upon History 1660-1783（Boston: Little, Brown, and Company, 1939）, pp. 188-89.

89. Rene Daveluy, The Genius of Naval Warfare, Vol. I: Stratgy（Annapolis, MD: United States Naval Institute 1910）, p. 51.

90. Alfred T. Mahan, The Influence of Sea Power upon History 1660-1783（Boston: Little, Brown, and Company, 1939）, pp. 188-89.

91. Alfred Stenzel, Seekriegsgeschichte in ihren wichtigsten Abschnitten mit Berücksichtigung der Seetaktik, Part 3: Von 1600 bis 1720（Hannover/Leipzig: Hahnsche Buchhandlung, 1910）, p. 362.

92. Alfred Stenzel, Seekriegsgeschichte in ihren wichtigsten Abschnitten mit Berücksichtigung der Seetaktik, Part 3: Von 1600 bis 1720（Hannover/Leipzig: Hahnsche Buchhandlung, 1910）, p. 362.

93. William Oliver Stevens and Allan Westcott, A History of Sea Power（New York: Doubleday, Doran & Company, Inc., 1942）, p. 154.

94. Alfred Stenzel, Seekriegsgeschichte in ihren wichtigsten Abschnitten mit Berücksichtigung der Seetaktik, Part 3: Von 1600 bis 1720（Hannover/Leipzig: Hahnsche Buchhandlung, 1910）, p. 364.

95. Rudolph Rittmeyer, Seekrieg und Seekriegswesen in ihrer weltgeschichtlichen Entwicklung mit besonderen Berücksichtigung der grossen Seekrieg XVII und XVIII Jahrhunderts, Vol. I:

Von den Anfaengen bis 1740（Berlin: Ernst Siegfried Mittler und Sohn, 1907）, p. 455.

96. Alfred Stenzel, Seekriegsgeschichte in ihren wichtigsten Abschnitten mit Berücksichtigung der Seetaktik, Part 3: Von 1600 bis 1720（Hannover/Leipzig: Hahnsche Buchhandlung, 1910）, p. 364.

97. Alfred T. Mahan, The Influence of Sea Power upon History 1660-1783（Boston: Little, Brown, and Company, 1939）, p. 191; Rudolph Rittmeyer, Seekrieg und Seekriegswesen in ihrer weltgeschichtlichen Entwicklung mit besonderen Berücksichtigung der grossen Seekrieg XVII und XVIII Jahrhunderts, Vol. I: Von den Anfaengen bis 1740（Berlin: Ernst Siegfried Mittler und Sohn, 1907）, pp. 454-55.

98. Alfred Stenzel, Seekriegsgeschichte in ihren wichtigsten Abschnitten mit Berücksichtigung der Seetaktik, Part 3: Von 1600 bis 1720（Hannover/Leipzig: Hahnsche Buchhandlung, 1910）, p. 366.

99. Alfred T. Mahan, The Influence of Sea Power upon History 1660-1783（Boston: Little, Brown, and Company, 1939）, p. 191.

100. Herbert Richmond, Statesmen and Sea Power（Oxford: Clarendon Press, first published 1946, reprinted 1947）, p. 69.

101. Alexander Meurer, Seekriegsgeschichte in umrissen. Seemacht und Seekriege vornehmlich vom 16.Jahrhundert ab（Leipzig: Verlag v. Hase & Koehler, 1925）, p. 344.

102. Jan S. Breemer, The Burden of Trafalgar. Decisive Battle and Naval Strategic Expectations on the Eve of the First World War（Newport, RI: Naval War College Press, Newport Paper #6, October 1993）, p. 24.

103. William Oliver Stevens and Allan Westcott, A History of Sea Power（New York: Doubleday, Doran & Company, Inc., 1942）, p. 238.

104. Alfred T. Mahan, Influence of Sea Power upon the French Revolution and Empire,1793-1812, Vol. II, 8th ed.（Boston: Little, Brown, and Company, 1897）, p. 196; Jan S. Breemer, The Burden of Trafalgar. Decisive Battle and Naval Strategic Expectations on the Eve of the First World War（Newport, RI: Naval War College Press, Newport Paper #6, October 1993）, p. 29.

105. Alfred T. Mahan, Influence of Sea Power upon the French Revolution and Empire, 1793-1812, Vol. II, 8th ed.（Boston: Little, Brown, and Company, 1897）, p. 196.

106. Silvia Marzagalli, "Napoleon's Continental Blockade. An Effective Substitute to Naval Weakness?" in Bruce A. Elleman and S.C.M. Paine, editors, Naval Blockades and Seapower.Strategies and Counterstrategies, 1805-2005（London/New York: Routledge, 2006）, p. 25.

107. Cited in Jan S. Breemer, The Burden of Trafalgar. Decisive Battle and Naval Strategic Expectations on the Eve of the First World War（Newport, RI: Naval War College Press, Newport Paper #6, October 1993）, p. 6.

108. William Oliver Stevens and Allan Westcott, A History of Sea Power（New York: Doubleday, Doran & Company, Inc., 1942）, pp. 261-62; Gabriel Darrieus, War on the Sea. Strategy and Tactics（Annapolis, MD: United States Naval Institute, 1908）, pp. 89, 91.

109. M.G. Cook, "Naval Strategy," 2 March 1931, Air Corps Tactical School, Langley Field, VA, 1930-1931, Strategic Plans Division Records, Series, Box 003, Naval Operational Archives, Washington, D.C., p. 4.

110. William Oliver Stevens and Allan Westcott, A History of Sea Power（New York: Doubleday, Doran & Company, Inc., 1942）, pp. 256-57, 261-62; Gabriel Darrieus, War on the Sea. Strategy and Tactics（Annapolis, MD: United States Naval Institute, 1908）, pp. 89, 91.

111. Hans Hugo Sokol, Des Kaisers Seemacht 1848-1914. Die k.k. oesterreichische Kriegsmarine（Vienna: Amalthea, 2002）, pp. 75-76.

112. Hans Hugo Sokol, Des Kaisers Seemacht 1848-1914. Die k.k. oesterreichische Kriegsmarine（Vienna: Amahhea, 2002）, p. 80.

113. Stephen B. Luce, "Naval Warfare Under modern Conditions," The North American Review, Vol. 162, No. 470（January 1896）, p. 71.

114. Lawrence Sondhaus, The Habsburg Empire and the Sea（West Lafayette, IN: Purdue University Press, 1989）, p. 257.

115. Hans Hugo Sokol, Des Kaisers Seemacht 1848-1914. Die k.k. oesterreichische Kriegsmarine（Vienna: Amalthea, 2002）, pp. 83-84.

116. William Oliver Stevens and Allan Westcott, A History of Sea Power（New York: Doubleday, Doran & Company, Inc., 1942）, p. 263.

117. William Oliver Stevens and Allan Westcott, A History of Sea Power（New York: Doubleday, Doran & Company, Inc., 1942）, p. 264; Giuseppe Fioravanzo, A History of Naval Thought, translated by Arthur W. Holst（Annapolis, MD: Naval Institute Press, 1979）, p. 146.

118. William Oliver Stevens and Allan Westcott, A History of Sea Power（New York: Doubleday, Doran & Company, Inc., 1942）, p. 268.

119. William Ledyard Rodgers, Naval Warfare Under Oars. A Study of Strategy, Tactics and Ship Design（Annapolis, MD: Naval Institute Press, 1940, 1967）, p. 167.

120. R. Ernest Dupuy and Trevor N. Dupuy, The Encyclopedia of Military History from 3500 B.C. to the Present, 2nd rev. ed.（New York: Harper & Row, Publishers, 1986）, p. 502;

other sources claim 205 ships, including six galleasses, and 80,000 men（including 20,000 soldiers）Alfred Stenzel, Seekriegsgeschichte in ihren wichtigsten Abschnitten mit Berücksichtigung der Seetaktik, Part 2: Von 400 vor Christen bis 1600 nach Christen（Hannover/Leipzig: Hahnsche Buchhandlung, 1909）, p. 137.

121. William Ledyard Rodgers, Naval Warfare Under Oars. A Study of Strategy, Tactics and Ship Design（Annapolis, MD: Naval Institute Press, 1940, 1967）, p. 186; other sources claimed a total number of 88,000, including 16,000 soldiers R. Ernest Dupuy and Trevor N. Dupuy, The Encyclopedia of Military History from 3500 B.C. to the Present, 2nd rev. ed.（New York: Harper & Row, Publishers, 1986）, p. 502.

122. William Ledyard Rodgers, Naval Warfare Under Oars. A Study of Strategy, Tactics and Ship Design（Annapolis, MD: Naval Institute Press, 1940, 1967）, p. 187.

123. Alfred Stenzel, Seekriegsgeschichte in ihren wichtigsten Abschnitten mit Berücksichtigung der Seetaktik, Part 2: Von 400 vor Christen bis 1600 nach Christen（Hannover/Leipzig: Hahnsche Buchhandlung, 1909）, p. 140; other sources claim that the Turkish losses were 53 ships sunk and some 117 galleys and 13 galliots captured R. Ernest Dupuy and Trevor N. Dupuy, The Encyclopedia of Military History from 3500 B.C. to the Present, 2nd rev. ed.（New York: Harper & Row, Publishers, 1986）, p. 503; Giuseppe Fioravanzo, A History of Naval Thought, translated by Arthur W. Holst（Annapolis, MD: Naval Institute Press, 1979）, p. 65.

124. Alfred Stenzel, Seekriegsgeschichte in ihren wichtigsten Abschnitten mit Berücksichtigung der Seetaktik, Part 2: Von 400 vor Christen bis 1600 nach Christen（Hannover/Leipzig: Hahnsche Buchhandlung, 1909）, p. 140.

125. William Ledyard Rodgers, Naval Warfare Under Oars. A Study of Strategy, Tactics and Ship Design（Annapolis, MD: Naval Institute Press, 1940, 1967）, p. 212.

126. William Ledyard Rodgers, Naval Warfare Under Oars. A Study of Strategy, Tactics and Ship Design（Annapolis, MD: Naval Institute Press, 1940, 1967）, p. 212; R. Ernest Dupuy and Trevor N. Dupuy, The Encyclopedia of Military History from 3500 B.C. to the Present, 2nd rev. ed.（New York: Harper & Row, Publishers, 1986）, p. 503.

127. Andrew C. Hess, "The Battle of Lepanto and Its Place in Mediterranean History," Past &Present, No. 57（November 1972）, p. 62.

128. Frederic C. Lane, Venice. A Maritime Republic（Baltimore, MD: Johns Hopkins Press, 1973）, p. 248.

129. Alexander Meurer, Seekriegsgeschichte in umrissen. Seemacht und Seekriege vornehmlich vom 16.Jahrhundert ab（Leipzig: Verlag v. Hase & Koehler, 1925）, p. 101.

130. Pierre Ducrey, Warfare in Ancient Greece. Translated by Janet Lloyd（NewYork: Schocken Books, 1986）, p. 187. Herodotus cited highly inflated figures of 1,207 triremes and 3,000 penteconters, triconters, light boats manned with 481,400 sailors of subjected peoples（mostly Phoenicians, Lycians, Cilicians, and Egyptians）and 36,120 Persian marines Arthur MacCartney Shepard, Sea Power in Ancient History. The Story of the Navies of Classic Greece and Rome（London: William Heineman Ltd., 1925）, p. 48; other sources claimed that the Greek fleet consisted of about 375 ships and 80,000 men, while the Persians had 600-700 ships and 120,000 men Reginald Custance, War at Sea. Modern Theory and Ancient Practice（Edinburgh/London: William Blackwood and Sons, 1919）, p. 14.

131. John Warry, Warfare in the Classical World（New York: Barnes & Noble, 1998）, p. 43.

132. Jacques Mordal, 25 Centuries of Sea Warfare, Translated by Len Ortzen（London: Abbey Library, 1959）, p. 8.

133. Arthur MacCartney Shepard, Sea Power in Ancient History. The Story of the Navies of Classic Greece and Rome（London: William Heineman, Ltd., 1925）, pp. 65-66.

134. Jacques Mordal, 25 Centuries of Sea Warfare, Translated by Len Ortzen（London: Abbey Library, 1959）, p. 8.

135. William L. Rodgers, Greek and Roman Naval Warfare. A Study of Strategy, Tactics, and Ship Design from Salamis（480 B. C.）to Actium（31 B.C.）（Annapolis, MD: Naval Institute Press, 1964）, p. 191.

136. Adrian Goldsworthy, The Punic Wars（London: Cassell & Co, 2001）, p. 122.

137. Adrian Goldsworthy, The Punic Wars（London: Cassell & Co, 2001）, pp 124-25.

138. Arthur MacCartney Shepard, Sea Power in Ancient History. The Story of the Navies of Classic Greece and Rome（London: William Heineman Ltd., 1925）, pp. 166-67.

139. Adrian Goldsworthy, The Punic Wars（London: Cassell & Co, 2001）, p. 125.

140. Adrian Goldsworthy, The Punic Wars（London: Cassell & Co, 2001）, pp. 125-26.

141. Arthur MacCartney Shepard, Sea Power in Ancient History. The Story of the Navies of Classic Greece and Rome（London: William Heineman Ltd., 1925）, pp. 166-67.

142. Adrian Goldsworthy, The Punic Wars（London: Cassell & Co, 2001）, pp. 125-26.

143. William Ledyard Rodgers, Greek and Roman Naval Warfare. A Study of Strategy, Tactics and Ship Design from Salamis（480 B.C.）to Actium（31 B.C.）（Annapolis, MD: Naval Institute Press, 1937, 1964）, p. 511.

144. William Ledyard Rodgers, Greek and Roman Naval Warfare. A Study of Strategy, Tactics and Ship Design from Salamis（480 B.C.）to Actium（31 B.C.）（Annapolis, MD: Naval Institute Press, 1937, 1964）, pp. 511-12.

145. N.A.M. Rodger, The Command of the Ocean. A Naval History of Britain, 1649-1815 (NewYork/London: W. W. Norton & Company, 2004), pp. 352-53.

146. Alfred T. Mahan, The Influence of Sea Power upon History 1660-1783 (Boston: Little, Brown, and Company, 1939), p. 387.

147. Alfred T. Mahan, The Influence of Sea Power upon History 1660-1783 (Boston: Little, Brown, and Company, 1939), pp. 388-89.

148. Alfred T. Mahan, The Influence of Sea Power upon History 1660-1783 (Boston: Little, Brown, and Company, 1939), p. 389.

149. Alfred T. Mahan, The Influence of Sea Power upon History 1660-1783 (Boston: Little, Brown, and Company, 1939), p. 389; Alfred Stenzel, Seekriegsgeschichte in ihren wichtigsten Abschnitten met Berücksichtigung der Seetaktik, Part 4: Von 1720 bis 1850 (Hannover/Leipzig: Hahnsche Buchhandlung, 1911), p. 177.

150. Alfred T. Mahan, The Influence of Sea Power upon History 1660-1783 (Boston: Little, Brown, and Company, 1939), pp. 389-90.

151. Alfred T. Mahan, The Influence of Sea Power upon History 1660-1783 (Boston: Little, Brown, and Company, 1939), pp. 389-90.

152. Rudolph Rittmeyer, Seekrieg und Seekriegswesen in ihrer weltgeschichtlichen Entwicklung mit besonderen Berücksichtigung der grossen Seekrieg XVII und XVIII Jahrhunderts, Vol. II: Von 1739-1793 (Berlin: Ernst Siegfried Mittler und Sohn, 1911), pp. 337-38.

153. N.A.M. Rodger, The Command of the Ocean. A Naval History of Britain, 1649-1815 (New York/London: W. W. Norton & Company, 2004), p. 352.

154. Alfred Stenzel, Seekriegsgeschichte in ihren wichtigsten Abschnitten mit Berücksichtigung der Seetaktik, Part 4: Von 1720 bis 1850 (Hannover/Leipzig: Hahnsche Buchhandlung, 1911), p. 177.

155. Alfred T. Mahan, The Influence of Sea Power upon History 1660-1783 (Boston: Little, Brown, and Company, 1939), pp. 389-90.

156. Alfred Stenzel, Seekriegsgeschichte in ihren wichtigsten Abschnitten mit Berücksichtigung der Seetaktik, Part 4: Von 1720 bis 1850 (Hannover/Leipzig: Hahnsche Buchhandlung, 1911), p. 177.

157. R. Ernest Dupuy and Trevor N. Dupuy, The Encyclopedia of Military History from 3500 B.C. to the Present, 2nd rev. ed. (New York: Harper & Row, Publishers, 1986), p. 724.

158. Alfred Stenzel, Seekriegsgeschichte in ihren wichtigsten Abschnitten mit Berücksichtigung der Seetaktik, Part 3: Von 1600 bis 1720 (Hannover/Leipzig: Hahnsche Buchhandlung, 1910), p. 152.

159. Alfred Stenzel, Seekriegsgeschichte in ihren wichtigsten Abschnitten mit Berücksichtigung der Seetaktik, Part 3: Von 1600 bis 1720 (Hannover/Leipzig: Hahnsche Buchhandlung, 1910), p. 156.

160. Alfred T. Mahan, Influence of Sea Power upon the French Revolution and Empire, 1793-1812, Vol. I, 8th ed. (Boston: Little, Brown, and Company, 1897), p. 221.

161. N.A.M. Rodger, The Command of the Ocean. A Naval History of Britain, 1649-1815 (NewYork/London: W.W. Norton & Company, 2004), p. 438.

162. Alfred T. Mahan, Influence of Sea Power upon the French Revolution and Empire, 1793-1812, Vol. I, 8th ed. (Boston: Little, Brown, and Company, 1897), p. 229.

163. Alfred Stenzel, Seekriegsgeschichte in ihren wichtigsten Abschnitten mit Berücksichtigung der Seetaktik, Part 4: Von 1720 bis 1850 (Hannover/Leipzig: Hahnsche Buchhandlung, 1911), p. 240.

164. Alfred T. Mahan, Influence of Sea Power upon the French Revolution and Empire, 1793-1812, Vol. I, 8th ed. (Boston: Little, Brown, and Company, 1897), p. 229.

165. Alfred Stenzel, Seekriegsgeschichte in ihren wichtigsten Abschnitten mit Berücksichtigung der Seetaktik, Part 2: Von 400 vor Christen bis 1600 nach Christen (Hannover/Leipzig: Hahnsche Bucbhandlung, 1909), p. 178.

166. Alfred Stenzel, Seekriegsgeschichte in ihren wichtigsten Abschnitten mit Berücksichtigung der Seetaktik, Part 2: Von 400 vor Christen bis 1600 nach Christen (Hannover/Leipzig: Hahnsche Buchhandlung, 1909), pp. 180-81.

167. R. Ernest Dupuy and Trevor N. Dupuy, The Encyclopedia of Military History from 3500 B.C. to the Present, 2nd rev. ed. (New York: Harper & Row, Publishers, 1986), p. 555.

168. Rudolph Rittmeyer, Seekrieg und Seekriegswesen in ihrer weltgeschichtlichen Entwicklung mit besonderen Berücksichtigung der grossen Seekrieg XVII und XVIII Jahrhunderts, Vol. II: Von 1739-1793 (Berlin: Ernst Siegfried Mittler und Sohn, 1911), p. 220.

169. Rudolph Rittmeyer, Seekrieg und Seekriegswesen in ihrer weltgeschichtlichen Entwicklung mit besonderen Berücksichtigung der grossen Seekrieg XVII und XVIII Jahrhunderts, Vol. II: Von 1739-1793 (Berlin: Ernst Siegfried Mittler und Sohn, 1911), p. 221; Alfred Stenzel, Seekriegsgeschichte in ihren wichtigsten Abschnitten mit Berücksichtigung der Seetaktik, Part 3: Von 1600 bis 1720 (Hannover/Leipzig: Hahnsche Buchhandlung, 1910), p. 74.

170. Rudolph Rittmeyer, Seekrieg und Seekriegswesen in ihrer weltgeschichtlichen Entwicklung mit besonderen Berücksichtigung der grossen Seekrieg XVII und XVIII Jahrhunderts, Vol. If: Von 1739-1793 (Berlin: Ernst Siegfried Mittler und Sohn, 1911), p. 220.

171. Rudolph Rittmeyer, Seekrieg und Seekriegswesen in ihrer weltgeschichtlichen Entwicklung

mit besonderen Berücksichtigung der grossen Seekrieg XVII und XVIII Jahrhunderts, Vot. II: Von 1739-1793（Berlin: Ernst Siegfried Mittler und Sohn, 1911）, p. 223.

172. Rudolph Rittmeyer, Seekrieg und Seekriegswesen in ihrer weltgeschichtlichen Entwicklung mit besonderen Berücksichtigung der grossen Seekrieg XVII und XVIII Jahrhunderts, Vol. II: Von 1739-1793（Berlin: Ernst Siegfried Mittler und Sohn, 1911）, p. 224.

173. Rudolph Rittmeyer, Seekrieg und Seekriegswesen in ihrer weltgeschichtlichen Entwicklung mit besonderen Berücksichtigung der grossen Seekrieg XVII und XVIII Jahrhunderts, Vol. II: Von 1739-1793（Berlin: Ernst Siegfried Mittler und Sohn, 1911）, p. 223.

174. Alexander Meurer, Seekriegsgeschichte in umrissen. Seemacht und Seekriege vornehmlich vom 16. Jahrhundert ab（Leipzig: Verlag v. Hase & Koehler, 1925）, p. 188.

175. Alfred T. Mahan, The Influence of Sea Power upon History 1660-1783（Boston: Little, Brown, and Company, 1939）, p. 125.

176. Alexander Meurer, Seekriegsgeschichte in umrissen. Seemacht und Seekriege vornehmlich vom 16.Jahrhundert ab（Leipzig: Verlag v. Hase & Koehler, 1925）, p. 201.

177. Alfred T. Mahan, The Influence of Sea Power upon History 1660-1783（Boston: Little, Brown, and Company, 1939）, p. 118.

178. Alfred T. Mahan, The Influence of Sea Power upon History 1660-1783（Boston: Little, Brown, and Company, 1939）, p. 125.

179. Rene Daveluy, The Genius of Naval Warfare, Vol. I: Strategy（Annapolis, MD: United States Naval Institute, 1910）, p. 51.

180. Alfred T. Mahan, The Influence of Sea Power upon History 1660-1783（Boston: Little, Brown, and Company, 1939）, p. 125; Alfred Stenzel, Seekriegsgeschichte in ihren wichtigsten Abschnitten mit Berücksichtigung der Seetaktik, Part 3: Von 1600 bis 1720（Hannover/Leipzig: Hahnsche Buchhandlung, 1910）, p. 168.

181. R. Ernest Dupuy and Trevor N. Dupuy, The Encyclopedia of Military History from 3500 B.C. to the Present, 2nd rev. ed.（New York: Harper & Row, Publishers, 1986）, p. 557.

182. Rudolph Rittmeyer, Seekrieg und Seekriegswesen in ihrer weltgeschichtlichen Entwicklung mit besonderen Berücksichtigung der grossen Seekrieg XVII und XVIII Jahrhunderts, Vol. I: Von den Anfungen bis 1740（Berlin: Ernst Siegfried Mittler und Sohn, 1907）, p. 282.

183. Alfred T. Mahan, The Influence of Sea Power upon History 1660-1783（Boston: Little, Brown, and Company, 1939）, p. 125.

184. Alfred T. Mahan, The Influence of Sea Power upon History 1660-1783（Boston: Little, Brown, and Company, 1939）, p. 182.

185. Alfred Stenzel, Seekriegsgeschichte in ihren wichtigsten Abschnitten mit Berücksichtigung der

Seetaktik, Part 3: Von 1600 bis 1720（Hannover/Leipzig: Hahnsche Buchhandlung, 1910）, p. 351.

186.Alfred Stenzel, Seekriegsgeschichte in ihren wichtigsten Abschnitten mit Berücksichtigung der Seetaktik, Part 3: Von 1600 bis 1720（Hannover/Leipzig: Hahnsche Buchhandlung, 1910）, p. 351.

187. Alfred Stenzel, Seekriegsgeschichte in ihren wichtigsten Abschnitten mit Berücksichtigung der Seetaktik, Part 3: Von 1600 bis 1720（Hannover/Leipzig: Hahnsche Buchhandlung, 1910）, p. 351.

188. Rudolph Rittmeyer, Seekrieg und Seekriegswesen in ihrer weltgeschichtlichen Entwicklung mit besonderen Berücksichtigung der grossen Seekrieg XVII und XVIII Jahrhunderts, Vol. I: Von den Anfiingen bis 1740（Berlin: Ernst Siegfried Mittler und Sohn, 1907）, p. 439.

189. Alfred T. Mahan, The Influence of Sea Power upon History 1660-1783（Boston: Little, Brown, and Company, 1939）, p. 184.

190. Rudolph Rittmeyer, Seekrieg und Seekriegswesen in ihrer weltgeschichtliehen Entwicklung mit besonderen Berücksichtigung der grossen Seekrieg XVII und XVIII Jahrhunderts, Vol. I: Von den Anfaengen bis 1740（Berlin: Ernst Siegfried Mittler und Sohn, 1907）, pp. 439-40.

191. Rudolph Rittmeyer, Seekrieg und Seekriegswesen in ihrer weltgeschichtlichen Entwicklung mit besonderen Berücksichtigung der grossen Seekrieg XVII und XVIII Jahrhunderts, Vol. I: Von den Anfaengen bis 1740（Berlin: Ernst Siegfried Mittler und Sohn, 1907）, p. 440.

192. Department of Operations, Naval Strategy（Newport, RI: U.S. Naval War College, August 1936）, p. 43.

193. William Oliver Stevens and Allan Westcott, A History of Sea Power（New York: Doubleday, Doran & Company, Inc., 1942）, pp. 295, 297.

194. William Oliver Stevens and Allan Westcott, A History of Sea Power（New York: Doubleday, Doran & Company, Inc., 1942）, p. 295.

195. William Oliver Stevens and Allan Westcott, A History of Sea Power（New York: Doubleday, Doran & Company, Inc., 1942）, p. 300.

196. Julian S. Corbett, Maritime Operations in the Russo-Japanese War 1904-1905（Annapolis, MD: Naval Institute Press/Newport, RI: Naval War College Press, 1994）, p. 333; William Oliver Stevens and Allan Westcott, A History of Sea Power（NewYork: Doubleday, Doran & Company, Inc., 1942）, p. 301.

197. Alexander Meurer, Seekriegeschichte in umrissen. Seemacht und Seekriege vornehmlich vom 16. Jahrhundert ab（Leipzig: Verlag v. Hase & Koehler, 1925）, p. 403;Julian S.

Corbett, Maritime Operations in the Russo-Japanese War 1904-1905（Annapolis, MD: Naval Institute Press/Newport, RI: Naval War College Press, 1994）, p. 333.

198. Alexander Meurer, Seekriegsgeschichte in umrissen. Seemacht und Seekriege vornehmlich vom 16.Jahrhundert ab（Leipzig: Verlag v. Hase & Koehler, 1925）, p. 403.

199. Otto Groos, editor, DerKrieg in derNordsee, Vol. 5: Von Januar bis Juni 1916（Berlin: Verlag von E.S. Mittler & Sohn, 1925）, pp. 189-90.

200. Herbert Schottelius and Wilhehn Deist, editors, Marine und Marinepolitik im kaiserlichen Deutschland 1871-1914（Dusseldorf: Droste Verlag, 1972）, p. 238.

201. Keith Yates, Flawed Victory:Jutland 1916（Annapolis, Md.: Naval Institute Press, 2000）, pp. 118-19.

202. Otto Groos, Seekriegslehren im Lichte des Weltkrieges. Ein Buch für den Seemann, Soldaten und Staatsmann（Berlin: Verlag von E.S. Mittler & Sohn, 1929）, p. 70.

203. Keith Yates, Flawed Victory:Jutland 1916（Annapolis, Md.: Naval Institute Press, 2000）, pp. 118-19.

204. Arthur J. Marder, From Dreadnought to Scapa Flow. The Royal Navy in the Fisher Era, Vol. III: Jutland and Afier（My 1916-December 1916）（London: Oxford University Press, 1966）, pp. 37, 39.

205. Geoffrey Bennett, Naval Battles of the First World War（New York: Scribner's, 1968）, p. 242.

206. Arthur J. Marder, From Dreadnought to Scapa Flow. The Royal Navy in the Fisher Era, Vol. III: Jutland and After（May 1916-December 1916）（London: Oxford University Press, 1966）, p. 205.

207. H. Engelmann, "Die Sicherstellung von Seeoperationen," Militiirwesen（East Berlin）, 3 （March 1980）, p. 69; S. Filonov, "Morskaya Operatsiya," Morskoy Sbornik（Moscow）, 10（October 1977）, p. 24.

208. Samuel E. Morison, History of United States Naval Operations in World War II, Vol. IV: Coral Sea, Midway and Submarine Operations, May 1942-August 1942（Boston: Little, Brown and Company, 1984）, p. 113.

209. Samuel E. Morison, History of United States Naval Operations in World War II, Vol. IV: Coral Sea, Midway and Submarine Operations, May 1942-August 1942（Boston: Little, Brown and Company, 1984）, p. 63.

210. Ministry of Defence（Navy）, War with Japan, Vol. II: Defensive Phase（London: Her Majesty's Stationery Office, 1995）, p. 146.

211. Ministry of Defence（Navy）, War with Japan, Vol. III: The Campaigns in the Solomons

and New Guinea（London: Her Majesty Stationery Office, 1995）, pp. 135-37.

212. Mitsuo Fuchida and Masatake Okumiya, Midway: The Battle That Doomed Japan （Annapolis, MD: United States Naval Institute, 1955）, p. 250.

213. Ministry of Defence（Navy）, War with Japan, Vol. II: Defensive Phase（London: Her Majesty Stationery Office, 1995）, p. 164.

214. Mitsuo Fuchida and Masatake Okumiya, Midway: The Battle That Doomed Japan （Annapolis, MD: United States Naval Institute, 1955）, p. 249.

215. Samuel Eliot Morison, History of United States Naval Operations in World War II, Vol. XIII: New Guinea and the Marianas, March 1944-August 1944（Boston: Little, Brown and Company, 1953）, p. 233.

216. Samuel Eliot Morison, History of United States Naval Operations in World War II, Vol. XIII: New Guinea and the Marianas, March 1944-August 1944（Boston: Little, Brown and Company, 1953）, p. 233.

217. Samuel Eliot Morison, History of United States Naval Operations in World War II, Vol. XIII: New Guinea and the Marianas, March 1944-August 1944（Boston: Little, Brown and Company, 1953）, p. 233.

218 .United States Strategic Bombing Survey（Pacific）, Naval Analysis Division, The Campaigns of the Pacific War（Washington, DC: United States Government Printing Office, 1946）, p. 235.

219. Barrett Tillman, Clash of the Carriers. The True Story of the Marianas Turkey Shoot of World War II（New York: New American Library, Caliber, 2005）, p. 102.

220. Thomas B. Buell, The Quiet Warrior A Biography of Admiral Raymond A. Spruance （Annapolis, MD: Naval Institute Press, 1987）, p. 303.

221. The island was named after Ilha Formosa, meaning "Beautiful Island," by the Portuguese in 1544 when their ships transited the Taiwan Strait on their way to Japan. The name "Taiwan" is of Chinese origin. Both names are alternately used here.

222. Ehner B. Potter, Bull Halsey（Annapolis, MD: Naval Institute Press, 1985）, p. 306.

223. Jürgen Rohwer and Gerhard Hümmelchen, Chronology of the War at Sea 1939-1945. The Naval History of World War II, 2nd rev. ed.（Annapolis, MD: Naval Institute Press, 1992）, p. 56.

224. Toshikazu Ohmae, "Japanese Operations in the Indian Ocean," in David C. Evans, editor, The Japanese Navy in World War II. In the Words of Former Japanese Naval Officers, 2nd ed.（Annapolis, MD: Naval Institute Press, 1986）, pp. 109-10.

225. Jürgen Rohwer and Gerhard Hümmelchen, Chronology of the War At Sea 1939-1945, 2nd

rev. exp. ed. （Annapolis, MD: Naval Institute Press 1992）, p. 131.

226. Stephen W. Roskill, History of the Second World War, The War at Sea, Vol. II: The Period of Balance （London: Her Majesty's Stationery Office, 1956）, p. 24.

227. Stephen W. Roskill, History of the Second World War, The War at Sea, Vol. II: The Period of Balance （London: Her Majesty's Stationery Office, 1956）, p. 23.

228. Jürgen Rohwer and Gerhard Hümmelchen, Chronology of the War at Sea 1939-1945, 2nd, rev. exp. ed. （Annapolis, MD: Naval Institute Press, 1992）, p. 132.

229. Stephen W. Roskill, History of the Second World War, The War at Sea, Vol. II: The Period of Balance （London: Her Majesty's Stationery Office, 1956）, p. 23.

230. Ministry of Defence （Navy）, War with Japan, Vol. II: Defensive Phase （London: Her Majesty Stationery Office, 1995）, p. 128.

231. Stephen W. Roskill, History of the Second World War, The War at Sea, Vol. II: The Period of Balance （London: Her Majesty's Stationery Office, 1956）, pp. 25-26.

232. Stephen W. Roskill, History of the Second World War, The War at Sea, Vol. II: The Period of Balance （London: Her Majesty's Stationery Office, 1956）, pp. 27-28.

233. Ministry of Defence （Navy）, War with Japan, Vol. II: Defensive Phase （London: Her Majesty Stationery Office, 1995）, p. 130.

234. Stephen W. Roskill, History of the Second World War, The War at Sea, Vol. II: The Period of Balance （London: Her Majesty's Stationery Office, 1956）, p. 30.

235. Toshikazu Ohmae, "Japanese Operations in the Indian Ocean," Shigeru Fukudome, and "The Hawaii Operation," in David C. Evans, editor, The Japanese Navy in World War II In the Words of Former Japanese Naval Officers, 2nd ed. （Annapolis, MD: Naval Institute Press, 1986）, p. 113.

236. Walter Jablonsky, "Die Seekriegführung im vierten Nahostkrieg," Marine Rundschau, No. 11 （November 1974）, p. 654.

237. Benyamin Telem, "Die israelischen FK-Schnellboote im Yom-Kippur-Krieg," Marine Rundschau, No. 10 （October 1978）, p. 640.

238. Walter Jablonsky, "Die Seekriegführung im vierten Nahostkrieg," Marine Rundschau, No. 11 （November 1974）, p. 653.

239. Hartmut Zehrer, editor, Der Golfkonflikt. Dokumentation, Analyse und Bewertungaus militärischer Sicht （Herford/Bonn: Verlag E. S. Mittler & Sohn, 1992）, p. 197.

240. Hartmut Zehrer, editor, Der Golfkonflikt. Dokumentation, Analyse und Bewertung aus militärischer Sicht （Herford/Bonn: Verlag E. S. Mittler & Sohn, 1992）, pp. 197-98.

$\mathfrak{Chapter}\quad 5$
第 5 章 ｜ 打击敌方基地

自古代以来，在敌方基地对其舰队实施突袭在海战中发挥着重要作用。通常情况下，突袭的主要目标是摧毁或破坏尽可能多的敌方战舰或商船。一支实力强大的舰队对敌方基地或锚地进行突袭时会因势而异，有时会制订在敌方主要基地对其舰队进行突袭的计划。但在有些情况下，敌方舰队会在其加固的基地内寻求庇护，并拒绝接受挑战。[1] 在帆船时代的很多战例中，在敌方基地或锚地对其舰队实施突袭，往往是由精干的小股部队来实施的，因此，这种样式的作战往往不是决战。然而，也有一些值得关注的例外情况，例如，1759 年 11 月在基伯龙湾和 1798 年 8 月在阿布基尔海湾，英国对法国舰队的攻击就属于这种情况。

经验表明，要在敌方基地摧毁其舰队，通常采取两种主要方法：一是突破敌方基地的防御体系；二是在敌方有效防御范围之外对其进行攻击。当潜艇和飞机出现之前，在敌方锚地或者港口对其舰队进行突袭的兵力主要是由水面舰艇来实施的，有时也会与岸上的陆军兵力进行协同攻击。直到飞机出现以后，才有可能从敌方防御的有效范围之外发动攻击。如今，装备有远程对地攻击巡航导弹的水面战斗舰艇和攻击型潜艇，也可用于对敌方基地或者港口舰船进行攻击。

5.1 突破敌方基地的防御体系

5.1.1 在敌方港口或锚地对敌方基地实施突击

过去，实力强势一方通常在敌方舰队基地或锚地对其实施攻击，阻塞其出口。另一种战术方法，就是突破敌方港口或锚地的防御，然后将敌方海军舰船或者商船击沉或烧毁。除了极少数情况外，这种攻击样式给实力较弱的舰队所造成的损失相对较小。例如，在公元前 413 年的伯罗奔尼撒战争（前 431－前 404）中，雅典人在锡拉丘兹海战中失败，其海上实力开始衰落。西西里远征（前 415－前 413）时的政治目标，表面上是为响应那些请求雅典支援的城邦，以抵抗其他的城邦。然而，雅典人的真正目的是要征服西西里。公元前 415 年 6 月，亚西比德（Alcibiades，前 450－前 404）被任命为远征军的指挥官，率领雅典舰队在科西拉进行集结。雅典舰队包括 134 艘三排桨战舰和至少 40 艘运输船，以及 30 艘商船和 100 艘小型船只。作战人员大约 11 500 人，其中大部分是由雅典的盟友提供。[2]公元前 414 年 8 月 28 日—9 月 13 日，在第二次锡拉丘兹海战中，雅典共有超过 200 艘三排桨战舰、连同舰上技能纯熟的舰员一起被消灭，雅典损失了大约 6 万人。雅典舰队在西西里征战中全军覆没。[3]这场战争改变了伯罗奔尼撒战争的进程。要想在陆上进行决战，雅典就得组建一支足以击败由斯巴达领导的伯罗奔尼撒联盟军队。然而，这超出了雅典的实力。联盟建立的海军力量最终打败了雅典的海军，从而导致了雅典的失败。[4]

在第一次布匿战争（前 264－前 241）期间，公元前 249 年，罗马人在对利利巴厄姆的围攻中遭受了重大失败。220 艘参战的罗马战舰仅有 30 艘左右免于战损，97 艘被击沉，93 艘被对手缴获，约有 2 万名罗马水手被俘。阿德赫巴尔（Adherbal）率领下的迦太基舰队仅有较小的损失，为此，罗马指挥官普布利乌斯·克劳迪亚斯（Publius Claudius）被召回罗马，并被迫辞去指挥官职务。[5]迦太基再次控制了海洋。在此后的 5 年时间内，罗马人停止了对海上舰队的建设，实际上就是放弃了制海权，他们的船只仅够用于运送部队，虽然偶尔也打打海盗，但是他们的主要兴趣已经转向了陆上。[6]

1667 年 6 月 19 日—23 日，荷兰海军舰队司令米歇尔·德·鲁伊特率领 64 艘战舰、20 艘快艇和 15 艘纵火船，驶入泰晤士河口，最远突入至格雷夫森德，距离伦敦仅 20 英里之遥（尽管风向对其不利）。在格雷夫森德，荷兰舰队摧毁了约 20 艘商船，10～12 艘战舰，[7]占领了希尔内斯，摧毁了附近的军火库，[8]并将英国海军上将罗伯特·布莱克（Robert Blake）率领的 3 艘战列舰烧毁，将其旗舰房至荷兰。[9]荷兰人控制了泰晤士河入口，并持续到 6 月底。[10]这次袭击被认为是英国海军历史上最屈辱的事件。[11]尽管英国在船只上的损失并不严重，但是这一大胆的作战行动对英国非常不利。英国祸不单行，吃了德·鲁伊特的败仗，伦敦又发生了大火，大火将英国受瘟疫影响（1666 年才控制下来）最为严重的地区烧毁。这导致国王查尔斯二世同意与荷兰议和，并于 1667 年 6 月 31 日签署了《布雷达和平协定》（Peace of Breda）。[12]

1759 年 11 月 20 发生的基伯龙湾（圣纳泽尔附近）海战（法国人称为卡迪纳德卡迪诺海战），是"七年战争"（1756－1763）期间发生的最具有决定性的海战。由舰队司令爱德华·霍克（Edward Hawke）率领的英国舰队，打败了由马夏尔·路易斯·德·布雷尼·德·科弗朗·阿尔芒蒂耶尔（Marchal Louis de Brienne de Conflans d'Armentières，1711－1774）率领的法国舰队。这场海战是在英国决定阻止法国入侵时发生的，入侵英国的法军主力大约有 1.5 万～2 万人（据不同资料来源），在基伯龙湾的莫尔比昂集结，并计划在苏格兰登陆。一支小规模的陆军特遣分队在奥斯坦德集结，并计划在泰晤士河口登陆。另一支小规模的陆军特遣分队在敦刻尔克集结，并计划在爱尔兰登陆。法军计划将位于布雷斯特和土伦的两支分舰队在莫尔比昂湾集合，以掩护在苏格兰的登陆。[13]

法军的原计划是仅用 5 艘战列舰和一些小型船只组成海上掩护力量，以支援在苏格兰的登陆部队。然而，德·科弗朗坚持必须运用整个舰队的力量支援登陆。法国海军陆战队司令尼古拉斯·雷·贝利尔（Nicolas Rene Berryer，1703－1762）认为德·科弗朗在战术运用上不够老练，如果不进行一次决定性的海战，将难以确保部队顺利抵达克莱德河（苏格兰）。因此，他认为比较好的方法就是在登陆部队出发前进行一次大规模的海战。为此，运输部队的船只不必在布雷斯特集结，而应该在港口的南部至卢瓦尔河口集结。[14]

入侵部队直到 1759 年 11 月才准备就绪，而不是原计划的 7 月。法国布雷斯特的特遣舰队由 22 艘战列舰组成。1759 年 8 月 18 日，由 12 艘战列舰组成的法国土伦特遣舰队，在直布罗陀海峡被英国舰队司令爱德华·博斯科恩（Edward Boscawen，1711－1761）率领的由 13 艘战列舰组成的英国舰队拦截，土伦特遣舰队几乎被彻底消灭，只有一支小分队逃至拉哥斯（葡萄牙南部），然而英国舰队紧咬不放，并最终将其摧毁，尽管其躲在了中立的地区。[15]

11 月 14 日，德·科弗朗终于起航了。霍克曾因天气恶劣而被迫前往托贝，于 11 月 12 日启程出海，他率领 27 艘战列舰回到布雷斯特，却得知法国舰队此时已经启程向南航行，处在前往基伯龙湾的航路上了。[16]霍克还拥有一支 4 艘装备 50 门火炮的封锁特遣舰队，他率领舰队驶往基伯龙湾，希望自己能够先抵达那里，从而迫使敌人处于他的舰队下风，与海滩相距约 6 英里的阵位上。[17]基伯龙湾锚地有大量的小岛和危险的暗礁，因此，德·科弗朗认为，英国舰队不可能尾随他的舰队，而霍克的想法正好相反：法国舰队能去的地方，英国舰队照样也能去[18]。霍克是一名老练的海员，他不会被航行困难所吓住，他还意识到，如果法国舰队在前面开路，实际上就成了他的领航员。霍克深信，他的官兵们执行封锁任务经验丰富，比法国人训练更优良、技能更娴熟。[19]

德·科弗朗的计划——落空，霍克于 11 月 20 日抵达了基伯龙湾。英国舰队在恶劣天气与导航条件极端困难的情况下展开了攻击行动，双方舰队在随后的战斗中展开了舰对舰的攻击。[20]英国舰队仅损失了 2 艘战列舰（搁浅），死亡 50 人，伤 250 人。而法国舰队的损失则惨重得多：3 艘战列舰被击沉，1 艘被俘，2 艘被烧毁。此外，还有 8 艘战列舰逃往罗什福尔，其余的 7 艘战列舰与一些护卫舰则逃往维莱讷河河口。这些舰只与损失的舰只一样惨。[21]其中有 2 艘战列舰与那些护卫舰于 1761 年 1 月从维莱讷河河口逃脱；1761 年 11 月又有 2 艘逃脱；最后的 1 艘战列舰也于 1762 年 4 月逃脱。[22]

基伯龙湾海战对后来海上战争的进程产生了决定性的影响。随着布雷斯特特遣舰队的覆灭，法国入侵英国的希望破灭了。[23]在随后的战争中，法国在大西洋的海军基本上处于瘫痪状态。英国舰队则可以对法国以及后来对西班牙殖民地自如展开攻击行动。[24]法国与其殖民地之间的联系全部中断了。1760 年，蒙特利尔被英国夺取，随后法国又丢失了西印度群岛（瓜德罗普岛、多米尼加和马提尼克岛）。[25]

在飞机出现之前，对基地内的敌方舰队发动致命一击的经典案例，是 1798 年 8 月 1 日—3 日，英国对位于阿布基尔湾（亚历山大港东北约 20 英里处）锚地的法国舰队进行的攻击。海军少将霍雷肖·纳尔逊率领由 13 艘战列舰所组成的英国舰队（外加 1 艘四级战列舰和 1 艘单桅帆船），攻击并彻底歼灭了由舰队司令弗朗索瓦-保罗·布鲁伊·德加里耶（Francois-Paul Brueys d'Aigalliers，1753—1798）率领的由 13 艘战列舰和 4 艘护卫舰所组成的舰队。法国人相信浅滩和阿布基尔岛的守备队为他们的舰队提供了良好的保护，英国战舰不可能突破其防线，法国人还在火力和人员方面拥有相当大的优势。[26]英军发动了快速而猛烈的进攻，让法国人惊慌失措。许多在岸上执勤的法国水手对突如其来的攻击行动毫无准备。[27]法国舰队损失惨重。英国人摧毁了 2 艘法国战列舰，缴获了 9 艘战列舰，除此之外，法国还损失了 2 艘护卫舰和几艘小型船只，有近

1700 名法国水手死亡，1500 人受伤（其中包括被俘的 1000 人），共有 2000 人被俘。[28] 英国方面的损失是，死亡 218 人，有 678 人受伤。[29] 马汉对此进行了评论，认为纳尔逊指挥的阿布基尔海战是战役指挥最精彩的战例，是"战斗准备和战斗过程融合的艺术典范"。[30]

　　法国舰队不仅被打败而且被摧毁了，拿破仑•波拿巴与本土的联系被切断了。法国再也没有其他任何舰队可用于支持其在中东的作战计划。[31] 这起灾难性的事件最终对拿破仑在埃及的命运产生了深远而消极的影响。[32] 而他的敌人马穆鲁克（Mamluk）还没有被彻底消灭。拿破仑无法得到增援，因为英国已经控制了地中海。但拿破仑在埃及还是取得了某些胜利，包括 1799 年 7 月 25 日的阿布基尔之战。然而，在 1799 年 10 月 9 日，他离开埃及回到了法国。[33] 随着 1800 年 10 月英国入侵埃及，法国在埃及的影响结束了。1801 年 6 月 27 日，英国和奥斯曼军队占领了开罗。最后，尼罗河谷残余的 3 万名法军于 1801 年 8 月 30 日投降。依据 1801 年 10 月 1 日签订的《亚眠条约》相关条款，这些法军从埃及撤离，从而结束了第二次反法联盟战争。[34]

　　法国在阿布基尔海湾失败的政治后果严重。英国恢复了在地中海的统治地位，其政治影响力大大增加了。这使得英国与俄国开始保持密切的联系。[35] 1798 年 9 月 9 日，高门（奥斯曼帝国的中央政府）对法国宣战。[36] 那不勒斯王国和沙皇俄国也加入了由英国牵头的联盟。俄土舰队进入地中海，然后着手从科孚岛和达尔马提亚驱逐法国人。马耳他当时受到密切关注。米诺卡岛上的马洪港被英国在直布罗陀的一支特遣队占领。英国与土耳其之间相当赚钱的贸易又获取了新生。[37] 法国企图进入印度的威胁解除了。拿破仑一世妄图建立东方帝国的梦想破灭了。[38]

　　在希腊独立战争（1821－1829）期间，欧洲主要的三大强国——英国、法国和俄国——都支持希腊叛军。当获悉土耳其—埃及联合舰队计划攻击希腊九头蛇岛（位于爱琴海内、萨龙湾和阿尔戈利斯湾之间）后，由英国舰队副司令爱德华•科德林顿（Edward Codrington，1770－1851）率领的英法联合舰队于 1827 年 9 月 10 日以单线队形在纳瓦里诺外海（今天的皮洛斯，位于伯罗奔尼撒半岛西南海岸）抛锚，随后停战协定得到延长。俄国舰队于 10 月 11 日加入联军。7 天之后，联军要求土耳其必须在冬季到来之前结束谈判，接着他们进入了纳瓦里诺海湾。英法联合舰队共有 11 艘左右的战列舰和 16 艘其他舰只，而对手土耳其共有 7 艘战列舰和 58 艘大小不等的船只。在随后的炮战中，土耳其共损失了 1 艘战列舰、34 艘护卫舰和轻巡洋舰，其官兵中的佼佼者死伤不少。土耳其舰队被打败之后，他们无法从海上输送部队。然而，土耳其的陆上部队进行了顽强的抵抗，直到 1828 年 11 月法军最终占领了土耳其位于摩里亚半岛最后的一个据点。俄国黑海舰队为联军向保加利亚的瓦尔纳进军提供了火力支援，随后在黑海和地中海沿岸对土耳其进行封锁。[39]

1904 年 2 月 8 日－9 日夜间，日军在没有宣战的情况下，突然对位于中国旅顺港的俄国海军编队发动袭击（日本于 2 月 10 日正式宣战）。旅顺港不太适合作为主力战舰的基地，由于港内水深限制，除非在涨潮期间，否则主力战舰无法进出港口。而且它与俄国太平洋的另一大型海军基地——符拉迪沃斯托克（海参崴）相隔较远，距离约 1100 英里。俄国远东舰队训练水平非常糟糕。多年来，俄国舰艇的炮击和航海训练被严重忽视，据报导，舰队从旅顺港驶出就需要 22 小时。[40]

俄国远东舰队由 7 艘战列舰、5 艘巡洋舰以及数艘护卫舰组成。[41] 俄国人将其舰队锚泊在港口外的锚地（这样可以缩短驶出港口所需的时间），这样导致其舰队更易遭受敌人的攻击。[42] 俄国舰队在锚地的编成队形为：最北边是 5 艘战列舰；中间是另外 2 艘战列舰和 3 艘巡洋舰；最南端是另外 3 艘巡洋舰，担负了值班任务。2 艘俄国驱逐舰在基地 20 英里开外的区域巡逻。日军得知俄国舰队已经从大连湾（位于黄海内，距离旅顺港 45 英里）的大连外海训练归来，一两天之内不太可能驶出港口。[43]

于是，日本舰队司令东乡平八郎率领 6 艘战列舰、5 艘装甲巡洋舰、15 艘左右的驱逐舰和 20 艘鱼雷艇所组成的编队，[44] 位于大连湾外大约 60 英里处，锚泊在长海群岛所建立的前进基地。[45] 攻击行动首先由日军驱逐舰发起，尽管奇袭的条件十分理想，其战果却乏善可陈。发射出去的 16 枚鱼雷中，除 3 枚击中目标外，其余的要么丢失目标，要么就没有爆炸。尽管如此，仍然有 2 艘俄国战列舰和 1 艘大型巡洋舰被鱼雷击中，退出了战斗。在这次战斗中，俄国死亡 150 人，日军死亡 132 人。双方舰队都有许多舰只受到了严重损坏。然而，日本人拥有不少干船坞设施可供使用，而俄国在旅顺港仅有一处小型船坞，另外一处尚未完工。[46] 在这次突袭中，日军在战争的第一天就占据了数量上的优势。次日，东乡平八郎本可以将剩下的俄国战列舰全部摧毁，然而，他却选择了对旅顺港进行无效的炮击。[47]

5.1.2　实施大规模作战对敌方基地进行突击

理论上，可以通过运用水面舰艇、潜艇和特种部队对敌方海军基地或者港口进行突击。过去，对敌人的海军基地、港口和锚地进行突击时主要运用水面舰艇。如果将敌人的大部分水面舰艇摧毁，这样的作战行动可能具有决定性意义。突击敌人的海军基地往往是十分困难的，因为攻击部队在逼近敌方基地时很难保持隐蔽性，而且在突击时，其部队还处在敌方岸防兵力的有效打击范围之内。

飞机出现之后，实力较强的一方对位于敌人基地内舰队的攻击，就更具决定性了。海上实力强势一方可以通过筹划并实施大规模作战行动来摧毁或者削弱敌人基地内舰队的主力。这种行动不仅可以摧毁敌人的舰艇，还可以毁坏其机场和其他设施设备。这样大规模的海军战役行动，可以在战争初期双方都未取得制海权时实施，也可以在战争期间争夺制海权时实施。通常情况下，对位于基地内的敌人舰队实施大规模的海军战役行动或者联合战役行动，在组织和实施方面都是比较困难的，防御方往往占据了有利地位。要在敌人基地内有效打击其舰队主力，并不一定需要占有数量上的优势。例如，在第二次世界大战中，针对敌人基地内舰队的攻击，大多数是由规模不大的部队实施的。因此，他们并没有取得决定性的战果。此类攻击是一方长期努力不断削弱敌方海空力量的组成部分。

5.2　在敌方基地防御体系外进行攻击

5.2.1　运用航空兵力对敌方基地进行突击

经验表明，在敌人防御的有效范围之外通过空袭来对敌人基地内的舰队发动攻击能够取得最佳的战果。这样的袭击可以由航空母舰或者陆基轰炸机和战斗机来实施。例如，1940 年 11 月 11 日－12 日，英军在塔兰托对意大利主要海军基地所发动的攻击（代号"审判"行动），是在双方争夺的海域上进行的。塔兰托距离马耳他约 320 英里，其内港称为皮克洛港，除了一条狭窄的通道外，几乎完全被陆地包围。该通道可以通行巡洋舰和小型舰只，但战列舰无法通过。其外港称为格兰德港，供战列舰使用，并由一条长长的防波堤保护。[48]

英国最初的计划是于 10 月 21 日由两艘航空母舰（"光辉"号和"鹰"号）攻击塔兰托的意大利舰艇。到了 1940 年 10 月中旬，两艘航空母舰都完成了包括夜间飞行在内的一系列演习，可以说战役准备已经就绪。然而，正在此时，"光辉"号航空母舰发生了火灾，行动被迫推迟。"审判"行动最后执行的日期确定为 11 月 11 日。战役计划制订者们希望能够充分利用意大利人的混乱之际，因为英国军队的其他几项作战行动将同时展开。"审判"行动是 11 月 4 日－14 日将要实施的 MB8 行动的组成部分。这次更大的行动，包括一支运输船队（MW3）从埃及驶往马耳他和桑德哈湾、克里特岛，另一支运输船队（AN6）从埃及驶往爱琴海，还有一支 F 编队从直布罗陀向亚历山大航渡（代号"COAT"行动）。这支 F 编队包括 1 艘战列舰（"巴勒姆"号）、2 艘巡洋舰（"贝里克郡"号、"格拉斯哥"号）、3 艘驱逐舰，其任务是将部队运送至马耳他。与此同时，一支 H 编队将从马耳他起航驶往埃及（代号"CRACK"行动），配合从马耳他起航驶往桑德哈湾的 1 艘监视船和 1 艘驱逐舰的航行。另一支运输船队（AS5）将从爱琴海驶往埃及，同时有 2 艘巡洋舰（"阿贾克斯"号、"悉尼"号）将部队和装备从塞得港运往桑德哈湾，1 艘"猎户座"号巡洋舰将皇家空军的物品和人员从塞得港运往比雷埃夫斯和桑德哈湾。[49]

根据计划，11 月 11 日晚，"光辉"号航空母舰携带 21 架飞机和伴随的护航舰艇，从 180 英里之外的地方，对位于塔兰托的意大利舰船发动了两波次空袭。攻击者取得了奇袭的效果。[50] 意大利的"利托里奥"号战列舰受到三枚鱼雷攻击，另外两艘（"杜伊利奥"号、"加富尔"号）各被一枚鱼雷击中。在投下的 60 枚炸弹中，约有 25% 没有爆炸（其中包括命中 1 艘巡洋舰、1 艘驱逐舰以及舰队两艘辅助船）。炸弹爆炸在船坞和水上飞机基地引发了大火。攻击过后，意大利海军仅剩下 2 艘战列舰继续服役（"维托里奥·威尼托"号、"朱利奥·切萨雷"号）。[51] 英国除了 2 架飞机损失外，其余全部安全返回航母。[52] 作战完成后，盟军暂时获取了地中海中部的制海权。

5.2.2　运用偷袭方式对敌方基地进行突击

1941 年 12 月 7 日，日本偷袭珍珠港的行动，是在日本对美国正式宣战之前实施的。这次偷袭行动的战役目标是摧毁美军太平洋舰队主力，以阻止美国介入日本对菲律宾的入侵。日本海军大将岛田繁太郎（1883－1976）强烈反对袭击珍珠港的计划。他希望由美国先发动战争，从而日本可以借此宣战。岛田繁太郎希望日本仅仅只对英国和荷兰宣战。[53] 然而，他的意见被否决了。日军的海上攻击力量包括 6 艘快速航空母舰，由第一驱逐舰编队（4 艘驱逐舰）、第三战列舰编队以及第八巡洋舰编队提供掩护。攻击部队的其他力量包括 1 支巡逻部队（3 艘 I 级潜艇）、补给部队（10 艘油轮）、中途岛炮击力量（第七驱逐舰编队）。[54] 日军计划第一波次的攻击力量将于 X 日 01：30 抵达 Z 点以北 230 海里左右的位置（北纬 26°，西经 158°，在珍珠港北部约 275 英里处），第二波次的攻击力量将于 X 日 02：45 抵达 Z 点以北 200 海里左右的位置。[55] 这一行动非常奇葩，因为日军的战役目标是阻止美军太平洋舰队在日本入侵菲律宾时可能进行的干涉。而可能阻止日本占领菲律宾的唯一的一支力量，不是在菲律宾的亚洲舰队，而是美军位于夏威夷的太平洋舰队。[56] 然而，这支舰队距离菲律宾超过 5000 英里之远。它并没有对计划入侵菲律宾群岛的日军构成直接威胁。

　　日军共动用了约 350 架飞机，对珍珠港进行了两个波次的攻击。第一波次约有 190 架飞机参加，而第二波次有 161 架飞机。在攻击中，美军太平洋舰队有 3 艘战列舰（"亚历桑那"号、"加利福尼亚"号、"西弗吉尼亚"号）被击沉，1 艘战列舰（"俄克拉荷马"号）倾覆，1 艘战列舰（"内华达"号）受到重创，另有 3 艘战列舰（"马里兰"号、"宾夕法尼亚"号、"田纳西"号）受到损伤。同时，还有 2 艘重型巡洋舰（"海伦娜"号、"罗利"号）受到重创，1 艘巡洋舰（"火奴鲁鲁"号）受到损伤。其他的损失还包括，3 艘驱逐舰受到重创，1 艘维修舰严重受损，1 艘布雷舰沉没，1 艘水上飞机保障船受损，1 艘靶船倾覆。[57] 美军的人员损失是，超过 2000 名官兵死亡，710 人受伤。陆军和海军陆战队有 327 人死亡，433 人受伤。[58] 日军在袭击中损失了大约 30 架飞机。[59] 从军事角度来看，日军达成了其战役目标；他们暂时瘫痪了美军太平洋舰队的作战能力。然而，他们并没有摧毁美军的快速航空母舰，这些航空母舰运气很好，碰巧正在海上而不在珍珠港内，日军也没有摧毁至关重要的岸上设施。事实上，日军真正的作战重心应该是美军的航空母舰，而不是战列舰。然而，日本对珍珠港的偷袭行动在政治上和心理上所产生的后果对日本极为不利。他们对美国领土的无端攻击，激起了美国人民决心投入战争，一直战斗到日本无条件投降为止。

5.2.3　运用包围方式对敌方基地进行突击

在其他情况下，当敌方的海军基地也被地面部队所包围，此时就可以对敌方舰队发动攻击。例如，在德军入侵苏联的第一阶段，德军试图通过陆路占领列宁格勒（今天的圣彼得堡）。其目标是摧毁位于列宁格勒至喀琅施塔得一带的苏联波罗的海舰队的大型水面舰艇。德军第一航空舰队负责与陆军北方军团协同，指派其中的一个 Ju-87 斯图卡式俯冲轰炸机中队去攻击苏联舰艇，这些轰炸机特别适合携带一枚 2200 磅的航空炸弹去攻击敌人的舰艇。1941 年 9 月 16 日—19 日所发起的第一次攻击行动失败了，而 9 月 21 日则大获全胜，1 艘战列舰严重受损，随后沉没。同一天，德军轰炸机还重创了 1 艘战列舰和 1 艘重型巡洋舰，击沉 1 艘驱逐舰。9 月 23 日，纳粹空军航空兵击沉苏联驱逐舰和潜艇各 1 艘，摧毁 1 艘驱逐舰，重创 2 艘重型巡洋舰、2 艘驱逐舰、1 艘潜艇供应船、1 艘鱼雷艇、1 艘鱼雷快艇。[60]

1942 年 4 月里，德军发动了一次大规模空中作战（代号"EISSTOSS"行动），以清除苏联波罗的海舰队的剩余力量。德军第 1 航空部队于 2 月 26 日接到命令，准备攻击摧毁位于芬兰湾的所有苏联舰艇（包括 1 艘战列舰、2 艘重型巡洋舰、1 艘布雷巡洋舰）。德军的计划还设想获得第 18 集团军攻城炮兵的支援。[61] 由德军第 1 航空舰队执行的这次打击行动于 4 月 4 日发动，有 95 架 Ju-87s 和 Ju-88 轰炸机攻击了苏联的水面舰艇，37 架 He-111 飞机负责压制苏联防空火力，大约 60 架 Me-109s 战斗机提供空中保护。在 4 月 4 日晚上，约有 30 架 He-111 飞机发动了另一次攻击，其结果是 1 艘苏联战列舰、4 艘巡洋舰和 1 艘驱逐舰严重受损，另有 1 艘布雷巡洋舰、1 艘驱逐舰和 1 艘训练舰受轻伤。[62] 在 4 月 24 日发动的一系列攻击中（代号"GOTZ VON BERLICHINGEN"行动），德军轰炸机攻击了苏军舰艇和岸上设施，但只有 1 艘苏联巡洋舰受到进一步损伤。尽管做出了多次努力，德军并没有达成其预定目标，没有摧毁被围困在芬兰湾的苏联水面舰队。[63] 不仅如此，苏联战舰还继续给列宁格勒前线、奥拉宁鲍姆滩头的守军提供火力支援。[64]

5.2.4　运用空中火力对敌方基地进行突击

从空中突袭像波斯湾（阿拉伯海）那样封闭型海域之内的敌人海军基地，其效果远比在开阔海域明显，因为其距离更短，而且有大量陆基航空兵可供调用。

这种突袭方式可以是高强度的，而且可以在短时间内多次实施。在有些战例中，不仅使用了固定翼飞机，而且还有效运用了装备有导弹的直升机。例如，1991 年 1 月 25 日－28 日，美国与多国部队的航空兵攻击了伊拉克位于乌姆盖斯尔、布比延海峡的基地，以及科威特的港口。伊拉克的 1 艘布雷舰、2 艘巡逻艇以及 1 艘运输船在攻击中被击沉。[65] 在 2 月 4 日的另一次作战中，美国与联军航空兵攻击了伊拉克海军基地艾卡利阿，致使 2 艘导弹艇失去战斗力，而从美军护卫舰上起飞的直升机，在马腊迪岛附近海域对伊拉克 4 艘巡逻艇发动攻击，攻击的结果是 1 艘被击沉，1 艘被击伤。[66] 这些攻击行动与水面舰艇作战相结合，最终让美国与多国部队获取了波斯湾（阿拉伯海）北部海域的制海权。

在摧毁敌人舰艇方面，核动力攻击潜艇、现代常规动力攻击潜艇、陆基与舰载飞机，以及装备了远程反舰巡航导弹或者对地攻击巡航导弹的水面舰艇，是最有效的平台。例如，在 1991 年 1 月 17 日美国对伊拉克发动的空中打击的头几天内，部署在阿拉伯海湾和红海的美军航母舰载机和核动力攻击潜艇，使用"智能"炸弹和战斧巡航导弹，对伊拉克位于乌姆卡斯尔和巴士拉附近的海军基础设施反复进行打击。[67]

5.3 小结

在不久的将来，敌对双方主力舰队在广阔的大洋上直接发生对决的情况不太可能会出现。比较有可能发生战争的情形，是在封闭或者半封闭海域的沿岸国家海军之间发生的战争，或者是蓝水海军和近岸海军之间发生的战争。最佳的策略是，海上实力较强的一方应当从战争一开始，就运用海空军所有装备火力，集中力量发动大规模且几乎是同时进行的突袭和打击，在敌海军或者空军基地、港口将敌方的海空军力量摧毁。而这些作战行动应当通过在海上摧毁敌人的海军部队和航空力量来得到呼应。

注释

1. A.C. Davidonis, "Harbor Forcing Operations," Military Affairs, Vol. 8, No. 2（Summer 1944）, p. 81.

2. Reginald Custance, War at Sea. Modern Theory and Ancient Practice（Edinburgh/ London: William Blackwood and Sons, 1919）, pp. 66-67.

3. Arthur MacCartney Shepard, Sea Power in Ancient History. The Story of the Navies of Classic Greece and Rome（London: William Heineman Ltd., 1925）, pp. 107-08.

4. Reginald Custance, War at Sea. Modern Theory and Ancient Practice（Edinburgh/London: William Blackwood and Sons, 1919）, p. 77; R. Ernest Dupuy and Trevor N. Dupuy, The Encyclopedia of Military History from 3500 B.C. to the Present, 2nd rev. ed.（New York: Harper & Row, Publishers, 1986）, p. 557.

5. Arthur MacCartney Shepard, Sea Power in Ancient History. The Story of the Navies of Classic Greece and Rome（London: William Heineman Ltd., 1925）, p. 161.

6. Arthur MacCartney Shepard, Sea Power in Ancient History. The Story of the Navies of Classic Greece and Rome（London: William Heineman Ltd., 1925）, p. 163.

7. Alfred Stenzel, Seekriegsgeschichte in ihren wichtigsten Abschnitten mit Berücksichtigung der Seetaktik, Part 3: Von 1600 bis 1720（Hannover/Leipzig: Hahnsche Buchhandlung, 1909）, pp. 176-77.

8. Rudolph Rittmeyer, Seekrieg und Seekriegswesen in ihrer weltgeschichtlichen Entwicklung mit besonderen Berücksichtigung der grossen Seekrieg XVII und XVIII Jahrhunderts, Vol I: Von den Anfaengen bis 1740（Berlin: Ernst Siegfried Mittler und Sohn, 1907）, p. 292.

9. Geoffrey Callender, The Naval Side of British History（Boston: Little, Brown, and Company, 1924）, p. 117.

10. Alfred T. Mahan, The Influence of Sea Power upon History 1660-1783（Boston: Little, Brown, and Company, 1939）, p. 132.

11. Geoffrey Callender, The Naval Side of British History（Boston: Little, Brown, and Company, 1924）, p. 117.

12. Alfred T. Mahan, The Influence of Sea Power upon History 1660-1783（Boston: Little, Brown, and Company, 1939）, p. 132.

13. Alexander Meurer, Seekriegsgeschichte in umrissen. Seemacht und Seekriege vornehmlich vom 16.Jahrhundert ab（Leipzig: Verlag v. Hase & Koehler, 1925）, pp. 273-74.

14. Alfred T. Mahan, The Influence of Sea Power upon History 1660-1783（Boston: Little, Brown, and Company, 1939）, p. 300.

15. Alexander Meurer, Seekriegsgeschichte in Umrissen. Seemacht und Seekriege vornehmlich vom 16.Jahrhundert ab（Leipzig: Verlag v. Hase & Koehler, 1925）, p. 275.

16. Alfred T. Mahan, The Influence of Sea Power upon History 1660-1783（Boston: Little, Brown, and Company, 1939）, p. 301.

17. Alfred T. Mahan, The Influence of Sea Power upon History 1660-1783（Boston: Little, Brown, and Company, 1939）, p. 302.

18. Alexander Meurer, Seekriegsgeschichte in Umrissen. Seemacht und Seekriege vornehmlich vom 16.Jahrhundert ab（Leipzig: Verlag v. Hase & Koehler, 1925）, p. 275.

19. Alfred T. Mahan, The Influence of Sea Power upon History 1660-1783（Boston: Little, Brown, and Company, 1939）, p. 302.

20. Alexander Meurer, Seekriegsgeschichte in Umrissen. Seemacht und Seekriege vornehmlich vom 16.Jahrhundert ab（Leipzig: Verlag v. Hase & Koehler, 1925）, p. 276.

21. Rudolph Rittmeyer, Seekrieg und Seekriegswesen in ihrer weltgeschichtlichen Entwicklung mit besonderen Berücksichtigung der grossen Seekrieg XVII und XVIII Jahrhunderts,Vol. II: Von 1739-1793（Berlin: Ernst Siegfried Mittler und Sohn, 1911）, p. 159.

22. Alfred T. Mahan, The Influence of Sea Power upon History 1660-1783（Boston: Little, Brown, and Company, 1939）, p. 303; Rudolph Rittmeyer, Seekrieg und Seekriegswesen in ihrer weltgeschichtlichen Entwicklung mit besonderen Berücksichtigung der grossen Seekrieg XVII und XVIII Jahrhunderts, Vol II: Von 1739-1793（Berlin: Ernst Siegfried Mittler und Sohn, 1911）, p. 159.

23. Alexander Meurer, Seekriegsgeschichte in umrissen. Seemacht und Seekriege vornehmlich vom 16.Jahrhundert ab（Leipzig: Verlag v. Hase & Koehler, 1925）, p. 276.

24. Rudolph Rittmeyer, Seekrieg und Seekriegswesen in ihrer weltgeschichtlichen Entwicklung mit besonderen Berücksichtigung der grossen Seekrieg XVII und XVIII Jahrhunderts, Vol II: Von 1739-1793（Berlin: Ernst Siegfried Mittler und Sohn, 1911）, p. 159.

25. Alexander Meurer, Seekriegsgeschichte in umrissen. Seemacht und Seekriege vornehmlich vom 16.Jahrhundert ab（Leipzig: Verlag v. Hase & Koehler, 1925）, p. 276.

26. C.J. Marcus, The Age of Nelson. The Royal Navy in the Age of Its Greatest Power and Glory 1793-1815（NewYork: Viking Press, 1971）, p. 132.

27. C.J. Marcus, The Age of Nelson. The Royal Navy in the Age of Its Greatest Power and Glory 1793-1815（New York: Viking Press, 1971）, p. 133.

28. Alfred Stenzel, Seekriegsgeschichte in ihren wichtigsten Abschnitten mit Berücksichtigung der Seetaktik, Part 4: Von 1720 bis 1850（Hannover/Leipzig: Hahnsche Buchhandlung, 1911）, p. 252.

29. Alfred Stenzel, Seekriegsgeschichte in ihren wichtigsten Abschnitten mit Berücksichtigung der Seetaktik, Part 4: Von 1720 bis 1850（Hannover/Leipzig: Hahnsche Buchhandlung, 1911）, p. 253.

30. Alfred T. Mahan, The Influence of Sea Power upon History 1660-1783（Boston: Little,

Brown, and Company, 1939）, p. 10.

31. Alfred Stenzel, Seekriegsgeschichte in ihren wichtigsten Abschnitten mit Berücksichtigung der Seetaktik, Part 4: Von 1720 bis 1850（Hannover/Leipzig: Hahnsche Buchhandlung, 1911）, p. 254.

32. David G. Chandler, The Campaigns of Napoleon（New York: Scribner, 1966）, p. 217.

33. David G. Chandler, The Campaigns of Napoleon（New York: Scribner, 1966）, p. 245.

34. David G. Chandler, The Campaigns of Napoleon（New York: Scribner, 1966）, p. 245.

35. C.J. Marcus, The Age of Nelson. The Royal Navy in the Age of Its Greatest Power and Glory 1793-1815（New York: Viking Press, 1971 ）, p. 141.

36. Alexander Meurer, Seekriegsgeschichte in Umrissen. Seemacht und Seekriege vornehmlich vom 16.Jahrhundert ab（Leipzig: Verlag v. Hase & Koehler, 1925）, p. 334.

37. C.J. Marcus, The Age of Nelson. The Royal Navy in the Age of Its Greatest Power and Glory 1793-1815（New York: Viking Press, 1971）, p. 141; Herbert Richmond, Statesmen and Sea Power（Oxford: Clarendon Press, first published 1946, reprinted 1947）, p. 198.

38. C.J. Marcus, The Age of Nelson. The Royal Navy in the Age of Its Greatest Power and Glory 1793-1815（New York: Viking Press, 1971）, p. 141.

39. Richard Harding, Seapower and Naval Warfare 1650-1830（Annapolis, MD: Naval Institute Press, 1999）, pp. 278-79.

40. Donald W. Mitchell, "Admiral Makarov: Attack! Attack! Attack!" United States Naval Proceedings, July 1965, pp. 64-65.

41. Richard Connaughton, Rising Sun and Tumbling Bear. Russia's War with Japan（London: Cassell, 2003）, p. 46.

42. Richard Connaughton, Rising Sun and Tumbling Bear. Russia's War with Japan（London: Cassell, 2003）, p. 44.

43. Richard Connaughton, Rising Sun and Tumbling Bear. Russia's War with Japan（London: Cassell, 2003）, p. 46

44. Richard Connaughton, Rising Sun and Tumbling Bear. Russia's War with Japan（London: Cassell, 2003）, p. 50.

45. Richard Connaughton, Rising Sun and Tumbling Bear. Russia's War with Japan（London: Cassell, 2003）, p. 46.

46. Richard Connaugbton, Rising Sun and Tumbling Bear. Russia's War with Japan（London: Cassell, 2003）, p. 50.

47. Alexander Meurer, Seekriegsgeschichte in umrissen. Seemacht und Seekriege vornehmlich vom 16.Jahrhundert ab（Leipzig: Verlag v. Hase & Koehler, 1925）, pp. 392-93.

48. Angelo N. Carravagio, "The Attack at Taranto. Tactical Success, Operational Failure," Naval War College Review, Vol. 59, No. 3（Summer 2006）, p. 198.

49. Angelo N. Carravagio, "The Attack at Taranto. Tactical Success, Operational Failure," Naval War College Review, Vol. 59, No. 3（Summer 2006）, p. 110.

50. Stephen W. Roskill, The War at Sea, Vol. I: The Defensive（London: Her Majesty's Stationery Office, 1954）, pp. 300-01; Rohwer and Hümmelchen, Chronology of the War at Sea 1939-1945. The Naval History of World War II（Annapolis, MD: Naval Institute Press, 2005）, p. 41.

51. Angelo N. Carravagio, "The Attack at Taranto. Tactical Success, Operational Failure," Naval War College Review, Vol. 59, No. 3（Summer 2006）, p. 112.

52. Stephen W. Roskill, The War at Sea, Vol. I: The Defensive（London: Her Majesty's Stationery Office, 1954）, pp. 300-01; Rohwer and Hümmelchen, Chronology of the War at Sea 1939-1945. The Naval History of World War II（Annapolis, MD: Naval Institute Press, 2005）, p. 41.

53. Shigeru Fukudome, "The Hawaii Operation," in David C. Evans, editor, The Japanese Navy in World War II. In the Words of Former Japanese Naval Officers, 2nd ed.（Annapolis, MD: Naval Institute Press, 1986）, p. 6.

54. "Pearl Harbor Operations: General Oudine of Orders and Plans," in Donald M. Goldstein and Katherine V. Dillon, The Pearl Harbor Papers. Inside the Japanese Plans（Washington, DC: Brassey's, 1993）, p. 98.

55. "Pearl Harbor Operations: General Outline of Orders and Plans," in Donald M. Goldstein and Katherine V. Dillon, The Pearl Harbor Papers. Inside the Japanese Plans（Washington, DC: Brassey's, 1993）, p. 100; Samuel E. Morison, History of United States Naval Operations in World War II, Vol. III: The Rising Sun in the Pacific, 1931-April 1942（Boston, MA: Little, Brown and Company, 1959）, p. 93.

56. On 8 December 1941, the Asiatic Fleet was deployed as follows: at Manila/Olongapo（4 destroyers, 13 submarines, 3 submarines tenders, 6 gunboats, 2 seaplane tenders with 33 planes, 5 minesweepers, 2 tankers, 3 salvage vessels/tugs, 1 floating dock）; elsewhere in the Philippines（1 heavy cruiser, 1 light cruiser, 2 submarines; 2 seaplane tenders with 8 planes, 1 station ship）; at Tarakan, Borneo（1 light cruiser, 5 destroyers）; and at Balikpapan, Borneo（4 destroyers, 1 destroyer tender）Samuel E. Morison, History of United States Naval Operations in World War II, Vol. III: The Rising Sun in the Pacific, 1931-April 1942（Boston, MA: Little, Brown and Company, 1959）, pp. 158-60.

57. Ministry of Defence（Navy）, War with Japan, Vol. II: Defensive Phase（London: Her

Majesty's Stationery Office, 1995）, pp. 21-22.

58. Samuel E. Morison, The Two-Ocean War. A Short History of the United States Navy in the Second World War（Boston: Little. Brown and Company, 1963）, p. 67.

59. Ministry of Defence（Navy）, War with Japan, Vol. II: Defensive Phase（London: Her Majesty's Stationery Office, 1995）, p. 22.

60. Jurgen Rohwer, "Der Minenkrieg im Finnischen Meerbusen, Part II: September-November 1941," Marine Rundschau, No. 2（February 1967.）, pp. 97-100.

61. Gerhard Hümmelchen, "Unternehmen 'Eisstoss'-Der Angriff der Luftflotte 1 gegen die russischen Ostseeflotte im April 1942," Marine Rundschau, No. 4（April 1959）, pp. 226, 229.

62. The plan of attack envisaged the following priority of targets: battleship, Kirov-class cruisers, the half-completed former German heavy cruiser Lützow, and a minelaying cruiser; Rohwer and Hümmelchen, Chronology of the War at Sea 1939-1945. The Naval History of World War II（Annapolis, MD: Naval Institute Press, 2005）, p. 134.

63. Between 4 and 30 April 1942, about 600 aircraft, including 162 Stukas, attacked a variety of ships in the Leningrad-Kronshtadt area, resulting in a loss of 29 German aircraft Hümmelchen "Unternehmen 'Eisstoss'-Der Angriff der Luft-flotte 1 gegen die russischen Ostseeflotte im April 1942," Marine Rundschau, No. 4（April 1959）, pp. 231-32.

64. Friedrich Ruge, The Soviets as Naval Opponents 1941-1945（Annapolis, MD: Naval Institute Press, 1979）, p. 24.

65. Albert Lord and Klaus Tappeser, "Rolle und Beitrag der Seestreitkraefte," in Hartmut Zehrer, editor, Der Golfkonflikt. Dokumentation, Analyse und Bewertung aus militaerischer Sicht（Herford/Bonn: Verlag E. S. Mittler & Sohn, 1992）, p. 197.

66. Albert Lord and Klaus Tappeser, "Rolle und Beitrag der Seestreitkraefte," in Hartmut Zehrer, editor, Der Golfkonflikt. Dokumentation, Analyse und Bewertung aus militaerischerSicht（Herford/Bonn: Verlag E. S. Mittler & Sohn, 1992）p. 198.

67. Edward J. Marolda and Robert J. Schneller, Shield and Sword: The United States Navy and the Persian Gulf War（Washington, DC: Naval Historical Center, 1998）, pp. 181-82.

Chapter 6

第6章 | 削弱敌人

实力强势一方最理想的做法就是在战争初期通过组织实施一次主力舰队决战，以便将敌方海军的主力部队摧毁，然而，这样的作战行动不会频繁地组织实施。实际上，在海战中，大部分的作战行动在规模上属于战术级，其目的就是在敌方基地港口以及在海上将敌方的单艘舰艇或者编队摧毁，而这样做的目的则是不断削弱敌方的海空实力。同样地，无论是小规模战术行动，还是大规模战术行动，都是海军和其他军种部队在保持制海权时所使用的主要做法。

不断削弱敌方实力要防止出现敌我双方力量之间的长期对抗与消耗战的产生。要避免出现这样的情形，如今可以通过使用类似反舰巡航导弹这样的远距离和精确打击武器来实现，另外，可能更有效的方法就是运用非对称作战力量。例如，通过运用航空母舰或者陆基航空兵力实施远程突击。在不断削弱敌方力量时，还有就是只要时机条件成熟，就应当广泛运用攻势布雷。攻势布雷具有许多优势，其中最重要的就是，它是唯一不会导致己方力量遭受损失的消耗战（除非己方部队意外闯入雷区）。与主力舰队间决战相比，不断削弱敌方实力需要更多的时间和精力。另一个不利之处就是，海空军力量有可能被牵制在特定的海域，而不能部署到其他紧急任务需要的地方。

实力弱势一方也应当尝试不断削弱敌方力量。但最本质的区别在于，弱势一方主要依靠这种方式来运用其作战力量去争夺由强势一方所拥有的控制权。与实力强势一方相比，弱势一方要避免消耗战的可能性要小得多。

在努力削弱敌方力量的过程中，实力强势一方应当集中力量去摧毁那些对获取或保持制海权有最大潜在威胁的敌方力量，也就是那些大型水面舰艇、攻击型潜艇、陆基攻击机或者轰炸机，以及岸上保障设施设备。在现代战争中，实力弱势一方的水面战斗舰艇、潜艇和飞机在战争中的大部分损失是受到多次打击和突袭导致的结果。

6.1　摧毁敌方水面战斗舰艇

6.1.1　二战之前的作战方式

　　传统上，摧毁敌方水面作战力量的主要平台是水面舰艇。在帆船时代，主要作战方式就是进行海上战斗以及攻击锚泊的敌方舰船。在 16 世纪之前，海战只不过是以单艘舰船为基础所进行的一系列独立作战，以混战而结束（战斗和小规模冲突相互交织）。[1] 在意大利战争（1542－1546）期间，法国和英国卷入战争，1545 年在吕泽港（怀特岛）和肖勒姆（英国西萨塞克斯郡）海域战斗中，第一次使用了火炮。在这两次海战中，双方舰队第一次以线性作战队形展开作战。然而当时流行的观点是，火炮并不能起到决定作用。因此，一方舰队应当在混战一开始就进行战斗，但是要以比在使用火炮之前更为有序的方式进行组织。而另一学派则主张要么集中优势兵力击溃敌方舰队一部，要么从敌方舰队侧翼进行包抄，要么冲破敌方舰队。这场辩论持续了 40 年之久。约克公爵由于在 1665 年 6 月 13 日的洛斯托夫特海战中失败而被解职，蒙克和鲁珀特在 1666 年 6 月 1 日－4 日的"四日海战"中，使用了混战的战术，被打败了。[2]

　　前三次英荷战争基本上都是消耗战。共计发生了 21 次主要海战（第一次英荷战争共计 9 次海战，第二次共计 8 次海战，第三次 1672 年－1674 年，共计 4 次海战）。例如，第二次英荷战争（1665－1667）的最后一年，在 12 个月时间内共发生了 7 次海战。[3] 其中仅有极少数对于双方而言是决定性的。这些海战的战斗场景十分惨烈，双方都有巨大的人员伤亡。比如发生在 1653 年 2 月 28 日－3 月 2 日的海战，其目的是保护一支大型海上运输船队而发生的最具决定性的海战之一，战斗海域范围从波特兰一直延伸至格里斯内斯角；在那次海战中，荷兰舰队司令马顿·特龙普遭受的损失，比其对手英国海军舰队司令罗伯特·布莱克遭受的损失更大。[4] 他损失了 17 艘战舰以及 50 多艘商船，而英国只损失了 10 艘战舰。[5] 荷兰有 1500～2000 人丧生，而英国方面伤亡约 2000 人。[6]

　　"七年战争"（1756－1763）和法国大革命战争（1792－1802）/拿破仑一世战争（1803－1815），也主要是海上消耗战。与历次英荷战争相反，18 世纪的海战往往导致的是舰船损失重大，而人员方面的伤亡通常要轻得多。发生在 1914

年－1918 年的海战，大部分也都是消耗战，在北海和波罗的海发生的海战尤其如此，但在亚得里亚海和黑海则程度要轻些。在整个战争期间，双方舰队之间唯一发生的直接对抗，是在 1916 年 5 月 31 日－6 月 1 日的日德兰海战。

第一次世界大战中，敌对双方损失的水面舰艇大部分都是由多次战术级行动造成的。例如，同盟国共计损失了 413 艘海军舰船，总吨位达到了 451 427 吨。[7] 德意志帝国海军共损失了 362 艘舰船（包括 1 艘战列舰、1 艘战列巡洋舰、6 艘巡洋舰、17 艘轻型巡洋舰、8 艘炮艇、68 艘驱逐舰、55 艘鱼雷快艇以及 1 艘布雷舰），总吨位 632 371 吨。奥匈帝国共计损失了 23 艘舰船，总计 58 416 吨。其中包括 3 艘战列舰、2 艘轻型巡洋舰、3 艘监视船、4 艘驱逐舰、4 艘鱼雷快艇以及 7 艘 U 型潜艇。土耳其共计损失 28 艘舰船（包括 1 艘战列舰、2 艘轻型巡洋舰、4 艘炮艇、1 艘装甲船、3 艘驱逐舰、5 艘鱼雷快艇以及 2 艘布雷舰），总计 30 640 吨。[8]

6.1.2　二战中的作战方式

在第二次世界大战中发生了多次主力舰队之间的决战。但是，交战各国水面战斗舰艇的损失绝大多数都是消耗战导致的。例如，纳粹德国海军的水面舰艇共计损失 17 艘大型水面战斗舰艇（其中 1 艘战列舰、2 艘战列巡洋舰、3 艘小型战列舰、2 艘旧式战列舰、3 艘重型巡洋舰、5 艘轻型巡洋舰以及 1 艘航空母舰），559 艘左右的小型战斗舰艇（包括 45 艘驱逐舰、56 艘鱼雷快艇、146 艘 S 型船、7 艘武装商船袭击船、23 艘布雷舰以及 282 艘扫雷艇——其中 119 艘 M 型扫雷艇，163 艘 R 型扫雷艇）。[9]

1942 年－1943 年所罗门海域制海权的争夺战，是海上和空中消耗战的经典战例。1942 年 8 月 9 日－1943 年 11 月 25 日期间，在瓜达尔卡纳尔岛、新几内亚和布加因维尔诸岛附近海域发生了 15 次大规模海战。除了 3 次海战外，其余所有海战都是在夜间进行的。仅争夺瓜达尔卡纳尔岛一地，就发生了 7 次以上的海战。日军比盟军更善于夜战，也更善于将大炮和鱼雷结合使用。日军在其中的 10 次海战中获胜或打成平局。[10] 大部分海战是在日军试图增援和进行补给，或者试图炮轰盟军的沿岸据点时发生的。在瓜达尔卡纳尔岛长达 5 个月的争夺战中，日军损失了 2 艘战列舰、3 艘巡洋舰、12 艘驱逐舰、16 艘运输船，以及超过 100 架飞机。[11] 在整个所罗门战役中，日军的损失（包括在新几内亚沿海和俾斯麦群

岛海域）共计 2 艘战列舰、1 艘轻型航空母舰、3 艘重型巡洋舰、3 艘轻型巡洋舰
以及 36 艘驱逐舰。此外，日军海军航空兵力量严重不足，以至于舰队航空母舰
无法正常配备人员。对于日军而言，还有一个更严重的问题在于，新建装备的速
度无法及时弥补损失掉的装备。日本已没有能力建造更多的战列舰或重型巡洋
舰，损失的驱逐舰中超过半数没有得到及时补充。[12] 由于主要海战都是发生在夜
间的，双方都极大地夸大了战果。日军以为他们取得的战果，比实际取得的要大。
而这一点反过来，又让他们继续支援其地面部队，从而导致了更大的损失，尤其
是驱逐舰的损失。对于盟军而言，他们夸大了自己与日本巡洋舰和驱逐舰的对抗
能力，导致盟军错误地认为自己已经克服了夜战的短板。[13]

　　在 1943 年－1945 年，盟军舰载机和陆基重型轰炸机反复攻击日军基地/港口
内的水面舰艇、潜艇、商船，以及岸上相关舰船设施，不仅如此，他们还摧毁/
破坏了日军大量的飞机和机场，以及空军相关设施。这些攻击行动，是盟军努力
构建战场行为的组成部分，也即今天在理论上称之为大规模两栖登陆前的"火力
准备"。他们的主要目的，要么是把即将实施两栖登陆的区域与敌控其他地区隔
离开来，要么是在登陆的时间和地点方面对敌人实施欺骗。这些火力准备可以在
未受控制的海域或者争夺的海区实施。因此，摧毁敌人的水面舰艇、潜艇和陆基
飞机，是获取和保持制海权战斗中不可分割的组成部分。

　　在 1944 年上半年，美军航空母舰部队和陆基的美国陆军航空兵——位于所罗
门群岛、中太平洋以及西南太平洋战区的远东航空力量，对日军重要据点、基地
和中太平洋的船只实施了一系列打击，以支持计划中的对马歇尔群岛、马里亚纳
群岛和西卡罗琳岛的登陆。所有这些行动的目的，概括来说就是要削弱日本的空
中力量，切断日本本岛和南部资源区、中太平洋及南太平洋的海军基地/重要据点
之间的海上运输交通线。仅有少数几次，第 58 特混舰队和盟军陆基远程轰炸机
大规模突袭的目的是将大规模登陆地段与其他区域隔离开来。盟军舰载机和陆基
航空兵发动的突袭在中太平洋和南太平洋严重削弱了日军的空中力量。有一个战
例发生在 1944 年 2 月 17 日，由 9 艘航空母舰、6 艘战列舰以及伴随护航的巡洋
舰/驱逐舰组成第 58 特混舰队，对特鲁克岛（今天的楚克岛）、加罗林群岛的中
心岛屿实施了一系列的大规模空袭（代号"冰雹"行动）。盟军摧毁了 168 架日
军飞机，而自己仅损失 5 架飞机，[14] 第 58 特混舰队击沉了约 7 艘战舰，重创 9 艘
其他舰船。[15] 也有其他消息称至少有 70 架日军飞机和大约共计 20 万吨的商船被

摧毁。[16]

　　1944 年 3 月 30 日－4 月 1 日，第 58 特混舰队对日军位于帕劳群岛、雅浦岛、乌利西环礁以及沃莱艾环礁的机场、运输船，以及舰队和航空设施实施了大规模空袭。对帕劳群岛的袭击，主要目的是摧毁日海军舰船和飞机，并在各港口处实施了布雷行动。对雅浦岛、乌利西环礁以及沃莱艾环礁的袭击，比对帕劳的袭击强度略微低些。第 58 特混舰队拥有 11 艘航空母舰，编成 3 支航空母舰打击群。从中太平洋和西南太平洋各地起飞的飞机袭击了日军基地，并执行了远程搜索任务，配合航空母舰编队实施了袭击。美军还调用潜艇对日本海上运输舰船实施攻击，并担负侦察和救生任务。[17] 美军航母舰载机还在帕劳群岛各海峡水道实施广泛布雷。第 58 特混舰队的舰载机击沉和击伤了位于帕劳岛和安加尔岛大量日军舰船。[18]3 月 31 日，一支快速航空母舰打击群突袭了雅浦岛、乌利西环礁和恩古卢环礁；4 月 2 日 3 支航空母舰打击编队空袭了沃莱艾环礁，从空中和地面共摧毁了日军 150 架飞机，而盟军仅损失了 25 架飞机。[19]

　　在登陆莱特岛之前，盟军首先将菲律宾群岛从敌控区域孤立出来，然后又将莱特岛从菲律宾群岛其他岛屿孤立出来。9 月中旬，盟军对琉球群岛、台湾、中国大陆南部、荷属东印度群岛和菲律宾群岛实施了空中集中突袭。远东空军部队和第 38 特混舰队对日本海军基地、机场、航空设施、商业港口、商贸船只和炼油厂发起了大规模的空袭。这些空袭强度不断增大，间隔不断缩短，一直持续到 10 月第三个星期开始。空袭取得了重大战果：菲律宾群岛和其他毗连区域的日本空军力量受到严重削弱。9 月 20 日，第 38 特混舰队 3 支航空母舰打击群从马尼拉以东约 300 英里的位置快速驶向以吕宋岛为中心东约 70 英里的攻击阵位。在接下来的一整天时间内，盟军航母舰载机空袭了位于吕宋岛西海岸马尼拉湾和毗连区域的日军机场和各类舰船。美军飞行员声称，截至天黑之时，大约有 27 艘货轮、油轮和运输船，以及 3 艘驱逐舰被击沉。由于从北边来的台风将至，次日的清除和空袭计划大部分被取消了。9 月 23 日，3 支航空母舰打击群在萨马岛以东约 200 英里的海域进行了燃油补给。次日，他们对维萨亚斯、巴拉望岛科隆湾中的多个目标进行了空袭。[20]

　　1944 年 10 月，盟军在登陆莱特岛前孤立菲律宾群岛的行动得到了大大拓展与加强。除了第 38 特混舰队的快速航母打击群，盟军还从四个战区调来了大量陆基重型和中型轰炸机，以孤立菲律宾群岛——特别是莱特岛。盟军的空中力量从根本上封锁了通往菲律宾群岛的所有空中、海上通道。其目标就是阻止日军从本土、琉球群岛、台湾或中国大陆调集来空中增援力量。

第 38 特混舰队的首要任务就是摧毁台湾岛和琉球群岛上的日本飞机、航空设施以及各类船只。[21]对台湾岛和琉球群岛进行突击的第一步是 10 月 9 日由第 38 特混舰队对台湾岛上大约 30 处机场/跑道进行打击开始的。在接下来的 3 天内，第 38 特混舰队航母打击群从琉球群岛东南 130 英里处的位置，对琉球群岛的机场发动了突袭。盟军飞机发现了日军 60 艘中小型商用船只，以及同样数量的帆船（有两桅杆或者三桅杆的小型帆船）和其他小型船只。日军对突如其来的空袭毫无防备。在这里日军没有飞机掩护，南部九州岛基地也没有做好反空袭准备。第 38 特混舰队飞机出动了大约 1400 架次，据报道日军约有 110 架飞机被摧毁。他们还突袭了那霸市和附近的机场。[22]

10 月 12 日—14 日，第 38 特混舰队的攻击重心转移到对日驻台湾岛的飞机和舰船上，因为台湾有可能成为向菲律宾进行增援的集结地。[23]10 月 12 日，第 38 特混舰队在台湾以东 50～90 海里的位置上对日本的舰船、机场和岛上地面设施发动了四次大规模空袭。当天共出动了 1380 架次飞机，盟军损失了 48 架飞机。[24]

在 10 月份的第三周，远东空军的轰炸机突袭了棉兰老岛上的一些目标。为了阻止日军调用位于荷属东印度群岛基地的飞机，盟军对哈马黑拉岛、马鲁古群岛以及佛吉克普半岛实施了空袭，同时还对日本在婆罗洲的炼油设施以及苏拉威西岛、帝汶岛、巴拉望岛和米沙鄢群岛上的众多目标进行了空袭。与此同时，北所罗门空军司令部辖下位于布干维尔岛的托罗基纳和埃米劳岛（圣马蒂亚斯群岛，即俾斯麦群岛）的轰炸机对驻扎在特鲁克岛和卡罗来纳中部的其他岛屿上被孤立的日军进行了空袭。在 10 月份，盟军的战斗机和轰炸机共出动了大约 1000 架次对这些目标进行了空袭。再向东，中太平洋战区所属空军攻击了马绍尔群岛上的日军机场。[25]10 月 8 日—10 日，从马里亚纳群岛上起飞的陆基航空兵对日本控制的硫磺岛、小笠原群岛进行了空袭。盟军另一战区司令部——东南亚战区司令部于 10 月 5 日开始在缅甸加强了地面和空中攻势，为莱特战役行动提供支援。在 10 月 15 日—25 日期间，盟军航空兵对曼谷和仰光地区的目标进行了空袭。[26]在莱特岛登陆行动开始之前，第 38 特混舰队、第七舰队航空母舰打击大队以及陆军航空兵通过联合行动，在菲律宾群岛上空获取了几乎绝对的空中优势。[27]

在第二次世界大战中，陆基航空兵也曾多次攻击和摧毁敌方基地的大型水面舰艇。例如，在 1941 年－1942 年，英国轰炸机司令部为了摧毁德军在布列塔尼半岛上布雷斯特港里的 2 艘战列巡洋舰（"沙恩霍斯特"号和"格奈森瑙"号）和 1 艘重型巡洋舰（"欧根亲王"号），进行了反复空袭，但最终没有成功。第一次空袭于 1941 年 3 月 30 日由 110 架重型轰炸机实施，其中大部分是威灵顿型。[28] 尽管天气良好并投掷了大量的炸弹，但只对德军舰艇造成了轻微的损伤。4 月份进行的空袭稍微成功些。英国轰炸机连续实施了 4 个晚上的空袭，希望能使"格奈森瑙"号战列巡洋舰退出战斗。在空袭中该舰多处受损，被迫拖入船坞进行修理，维修工作直到 1941 年年底。在 1941 年 6 月－1942 年 2 月期间，英国轰炸机司令部动用了大约 1800 架轰炸机对这 2 艘战列巡洋舰进行轰炸。虽然没有达成主要目标，但是给布雷斯特市造成了广泛的破坏。[29] 1942 年 2 月 12 日，2 艘战列巡洋舰和那艘重型巡洋舰终于驶出了布雷斯特港，穿过英吉利海峡，并最终抵达基尔。

在挪威的满载排水量达 5.8 万吨的"提尔皮茨"号战列舰对盟军通往俄罗斯和北大西洋的运输船队造成了严重的威胁，它在北海海域牵制住了英国本土舰队的大量力量。英国人多次试图将"提尔皮茨"号战列舰摧毁于挪威喀峡湾的驻泊处。在 1942 年 1 月－1944 年 11 月期间，英国海军舰队航空兵和皇家空军对"提尔皮茨"号战列舰共计发动了 14 轮空袭（不包括取消和中断的 3 次空袭）。[30] 英国对"提尔皮茨"号战列舰的首次大规模空袭于 1944 年 4 月 3 日实施，由皇家空军执行，动用了大约 40 架梭鱼式鱼雷轰炸机，由喀峡湾（位于阿尔塔峡湾的阿尔塔镇以西 11 英里）起飞的大约 80 架战斗机进行护航（代号"钨"行动）。这些飞机分别从 2 支舰队、4 艘护航航母上起飞。德军的防御对抗组织不力，约有 14 枚炸弹（其中 11 枚 500 磅，4 枚 1600 磅）命中了"提尔皮茨"号战列舰，然而这些轰炸仅对"提尔皮茨"号战列舰的上层建筑造成了轻微损伤。[31] 1944 年 9 月 15 日，皇家空军轰炸机司令部动用 28 架兰卡斯特轰炸机（携带 1.2 万磅炸弹），对位于喀峡湾的"提尔皮茨"号战列舰进行了一系列的空袭（代号"扫雷器"行动）。他们使用苏联阿尔汉格尔斯克附近的雅哥德尼克（Yagodnik）基地来发起空袭，并对"提尔皮茨"号战列舰的舰艇造成了一定程度的损伤。这次作战行动筹划精心，执行非常出色。这迫使德军将受损的"提尔皮茨"号战列舰从阿尔塔峡湾转移至特罗姆瑟港（在这里它不容易受到袭击，但同时对盟军开往苏联的运输船队的威胁也降低了）。在作战中苏联也极其配合。[32] 10 月 29 日，由 38 架兰卡斯特轰炸机对位于特罗姆瑟港的"提尔皮茨"号战列舰实施了另一次空袭（代号"扫除"行动）。由于海岸光秃，覆盖率低，掩护较差，导致轰炸准确度低下，最终只有一枚炸弹在其附近爆炸。最后一次空袭行动于 1944 年 11 月 12 日实施（代号"问答"行动），由 32 架兰卡斯特轰炸机对特罗姆瑟西部的哈依（Hakoybotn）湾实施轰炸。这次空袭取得了空前成功，"提尔皮茨"号战列舰被 3 枚 1.2 万磅的炸弹命中，造成大量人员伤亡。[33]

不仅海上实力弱势一方，而且实力强势一方也利用非常规力量——如袖珍潜艇和突击队来削弱敌方的海军实力。例如，日军在筹划 1941 年 12 月袭击珍珠港时，其中就设想运用 5 艘袖珍潜艇进行作战的计划，其任务是突破美军港口防御，并攻击美军舰艇。结果，只有 1 艘潜艇突入了港口并发射了两枚鱼雷，但两枚鱼雷都丢失了目标最后击中了海岸。5 艘袖珍潜艇也全部损失了。[34]

日军在 1942 年 5 月底时，拟订了一份运用袖珍潜艇对迭戈苏瓦雷斯、马达加斯加和悉尼港同时发动袭击的计划。日军希望能在悉尼港口发现一些重要的盟军舰艇。然而，在 5 月 31 日夜－6 月 1 日，只有 2 艘澳大利亚巡洋舰（"堪培拉"号和"阿德雷得"号）和 1 艘美军重型巡洋舰（"芝加哥"号）在港。[35]对悉尼港口的袭击由 5 艘 I 级潜艇母艇来执行。其中 4 艘各携带了 1 艘可乘两人的 A 级袖珍潜艇。[36]日军于 5 月 31 日傍晚在距离悉尼港 7 海里的杰克逊港外派出了这些袖珍潜艇。随后，所有潜艇母艇转移至哈金港外的新阵位上，以便等待回收执行完任务返回的袖珍潜艇。第 5 艘 I 级潜艇母艇还携带了 1 架水上飞机，于 5 月 28 日对悉尼港进行了侦察，在袭击完成后于 6 月 2 日对该港再次进行了侦察。[37]共有 2 艘袖珍潜艇突入了港口，还有 1 艘袖珍潜艇没能完成任务，后来自毁了。

其中 1 艘袖珍潜艇对美军"芝加哥"号重型巡洋舰发射了两枚鱼雷，这两枚鱼雷都未命中"芝加哥"号重型巡洋舰，而是从 1 艘荷兰潜艇底下穿过，其中 1 枚鱼雷命中并击沉了 1 艘改装的港口渡船（"库塔布尔"号），导致 21 名海员丧生，[38]那艘袖珍潜艇逃过了追击。而另 1 艘袖珍潜艇则被发现并被击沉了。[39]母艇等候袖珍潜艇归来长达一星期之后才离开阵位。[40]

1942 年 5 月 31 日，两艘日军袖珍潜艇对当时由英国控制的迭戈苏瓦雷斯港实施了袭击。5 艘 I 级潜艇母艇组成了特别攻击小组，每艘携带 1 艘袖珍潜艇，于 5 月 30 日离开马来亚的槟榔屿。[41]他们的目的地是迭戈苏瓦雷斯港，1 艘 I 级潜艇母艇携带的侦察机在该港发现了排水量 2.8 万吨的英国"拉米伊"号战列舰。5 月 30 日晚上只有 2 艘潜艇母艇能派出其携带的袖珍潜艇，而这次日军取得了更多的战果；1 艘袖珍潜艇发射鱼雷命中了"拉米伊"号战列舰，使其退出作战行动长达一年之久；该艇还发射鱼雷命中了 1 艘 7000 吨级的英国油轮（"英国忠诚"号）。参与袭击的 2 艘袖珍潜艇都损失了。[42]

到 1943 年 4 月，英国皇家海军建立了一支由 6 艘袖珍潜艇（X 艇）组成的突击力量。[43] 他们于 1943 年 9 月被派出执行第一次任务（代号"源头"行动）。攻击力量由 6 艘潜艇母艇组成，每艘携带了 1 艘 X 袖珍艇，于 8 月 30 日—9 月 1 日抵达了凯鲍恩湾（苏格兰海岸以西、埃德拉奇利斯湾的入海口）。从那里出发，他们向攻击目标的方向航行了超过 1000 英里。有 3 艘 X 袖珍艇突入喀峡湾，并袭击了"提尔皮茨"号战列舰，另 2 艘 X 袖珍艇对"沙恩霍斯特"号实施了攻击，还有 1 艘 X 袖珍艇在兰克湾（Langerfjord）附近对"吕佐"号战列舰实施了攻击。[44]

9 月 20 日，除一艘未能派出外，母艇共派出了 5 艘 X 袖珍艇前去攻击预定目标。4 艘指定攻击"提尔皮茨"号战列舰的 X 袖珍艇于 9 月 20 日—21 日突入了海湾。[45] 其中 1 艘 X 袖珍艇成功发射了鱼雷，对"提尔皮茨"号战列舰动力系统造成了严重破坏，迫使其退出作战，直到 4 月才得以恢复。[46] 其他所有的 X 袖珍艇在攻击预定目标时都失败了。6 艘母艇全部安全返回基地，但所有 X 袖珍艇都未能返回。[47] 在 1973 年赎罪日/斋月战争中，以色列的潜水员突入了埃及的主要港口塞得港。在苏伊士湾，以色列巡逻艇渗透进埃及两处锚地，并进入了阿达比亚港。在红海北部，以色列海军突击队员突入赫尔格达港，并以零伤亡摧毁了埃及部署在红海的 4 艘"科马尔"级导弹艇。这些袭击迫使埃及将余下的导弹艇从其基地转移出去，从而使得以色列海军对苏伊士湾的控制力得到加强。对赫尔格达港的反复袭击也导致从苏伊士运河油井流入以色列的石油减少了。[48]

6.2　摧毁敌方潜艇

6.2.1　反潜作战样式

对水下的控制，要求摧毁或者消除敌方潜艇以及其他潜水器与水雷的威胁。这是在获取和保持制海权过程中最关键而且是最困难、最耗时的任务之一。这种样式的海上作战总体上是一种进攻，而不是防御。

过去，反潜战几乎全部是为己方海上商贸运输船队提供护航的。如今，核动力攻击潜艇和低噪声常规动力潜艇不仅对作战舰艇和商贸运输船只造成威胁，而且给海军基地港口、沿岸设施设备以及国家腹地的军事、政治、经济中心都带来了巨大的威胁，同时也给敌对国家在沿海地区部署的陆上力量带来了严重威胁。现代潜艇通常装备了高速远程重型鱼雷、反舰巡航导弹以及对地攻击巡航导弹。装备了不依赖空气推进系统（AIP）的最先进常规动力潜艇已经成为海军部队在沿岸海区，尤其是狭窄海域作战时面临的主要威胁。对海军基地和商业港口而言，正在出现的新型威胁是迷你型潜艇、蛙人载运艇、远程遥控艇，以及无人水下潜航器。

反潜作战本质上就是针锋相对的对抗或者是消耗战。原因在于潜艇不像水面舰艇那样，通常不会在预定的作战海域大量部署。在封闭或半封闭海域，这种情况表现得更加明显，在这些海域，潜艇通常是单艇独立行动，以编队形式活动的情况极为少见。为此，反潜战需要动用大量的资源和反潜力量，以便消除或降低敌方潜艇带来的威胁。某些研究声称，针对可能存在的单艘敌方潜艇威胁，需要6 倍的水面、空中和水下平台力量来应对。[49] 反潜战还是一种非常耗时的任务。对于反潜战这样复杂的问题，没有哪种平台或者武器系统能够给出灵丹妙药。因此，如果没有多样化的海军机动力量和水下固定反潜系统协同配合行动，就难以在反潜作战中获得成功。在沿岸海区，其他军兵种的战斗力量——主要是陆基航空兵，也应当加入到反潜联合行动之中。

反潜作战使用的主要战术方法包括巡逻、监视、搜索、跟踪以及攻击与追击。通过筹划并实施针对敌方潜艇的大规模海战以引发决战的情况少之又少。除非是主要海军大国之间发生的战争，那时双方都需要攻击对方的海基核威慑力量并保护己方的海基核威慑力量。战术反潜作战通常是由海军单兵种来实施的，例如由携带有反潜直升机的水面舰艇、潜艇或者海军航空兵来实施。与之相对的是，战役和战略反潜作战，则需要动用海军诸兵种力量以及其他军兵种力量。通过水面舰艇、潜艇、海上巡逻飞机和直升机进行联合行动，某型装备的不足可以通过其他作战装备来弥补。

6.2.2　攻防反潜作战行动方法

反潜作战不可避免涉及进攻与防御两种作战行动。攻势反潜旨在敌方潜艇基地附近海域、敌往返作战海域航渡过程中以及在敌作战区海域，将敌方潜艇摧毁或者压制住。攻势反潜的目的在于达成对水下的控制，从而间接实现对海面的控制。防御性反潜的目的在于保护己方海上力量和海上商贸船只。

攻势反潜大体上由两种相互依赖的方法组成，即直接攻势作战和间接攻势作战。直接攻势作战的目的是在海上或者在敌基地摧毁/压制敌方潜艇；而间接攻势作战的目的则是摧毁/压制敌方潜艇岸上保障机构。通过实施所谓的屏障行动，可以在敌方潜艇往返其基地和作战海域的过程中，对其实施攻击并将其摧毁。作战的效果主要取决于：执行反潜搜索任务的平台种类和数量、传感器性能、反潜作战平台的速度、海区自然环境条件以及敌方潜艇航路距离和数量。理论上讲，在敌方潜艇航渡过程中，对其探测的最优方法是在海峡/水道处实施巡逻。对敌方潜艇航路的分析，应当包括这些航路距离、所需航渡时间以及是否通过某个海峡或水道的特定航路。这些信息将大体上决定在应对敌方潜艇时应当使用何种反潜力量及其使用方法。

潜艇在广阔大洋上的航路长度动辄长达数千英里。一艘潜艇可能要花几天甚至几个星期的时间才能抵达靠近敌控海域的作战区域。例如，在第二次世界大战中，德军在大西洋、美国东海岸附近、加勒比海、南大西洋和印度洋部署了 U 型艇。从法国的 U 型潜艇基地到纽约的距离大约是 3000 海里，到南卡罗来纳州的查理斯顿的距离约为 3600 海里，到特立尼达岛的距离为 3800 海里。潜艇航行的速度将影响其在作战海域的行动时间。

现代攻击潜艇与第二次世界大战期间的潜艇相比，具有快得多的航行速度。当今的核动力攻击潜艇能够长时间进行高速机动。例如，美国的核动力攻击潜艇在水面航行的速度为 20 节，其水下航行速度为 25～28 节，但是其实际最大速度可达 30～32 节，甚至更高；大多数常规动力潜艇的水下最高速度不超过 20 节。例如，一艘核动力攻击潜艇以水下 28 节的速度航行，大约需要 8 天的时间才能完成从圣地亚哥到关岛之间 5290 海里的航程。

在大西洋海战（1939－1945）中，当德国 U 型潜艇通过比斯开湾前往北大西洋、美国东部沿海、加勒比海、南大西洋，甚至远至印度洋的作战海域进行活动时，盟军为搜索、探测并摧毁德国这些 U 型潜艇做出了巨大的努力。通常情况下，U 型潜艇在白天通过比斯开湾，如果被飞机发现了，就潜入水面以下。从 1941 年 9 月开始，英国飞机开始巡逻比斯开湾，搜索往来于被占法国基地间航渡中的 U 型潜艇。这种搜索是一种进攻性搜索，与在运输船队附近海域进行防御性搜索相对应。[50] 盟军反潜飞机效率很高，使得 U 型潜艇要穿过比斯开湾十分困难。在

1943 年 5 月中旬－8 月初的空中突击中，盟军的飞机共摧毁了 28 艘 U 型潜艇，另外还有 17 艘 U 型潜艇受到重创，被迫返回到被占法国基地。露出水面的 U 型潜艇没有被盟军飞机发现的概率非常低。[51]

而在开阔大洋和在水下深处，敌方潜艇拥有更大的空间可以自由行动。攻势反潜作战应当集中搜索和监视有疑似敌方潜艇出现的广大海域。当前反潜作战面临的最大挑战就是要在开阔的海洋之上，位于敌方作战海域之内，在敌潜艇发射远程反舰巡航导弹和对地攻击巡航导弹之前，能够及时探索到潜艇，并将其摧毁。相对而言，潜艇在沿海的活动海域就要小得多。在典型的狭窄海域内，由于存在许多离岸岛屿，或者在拥有群岛的海域之中，敌方潜艇可以隐蔽在伏击阵地之内，以便发动突然袭击。与此同时，潜艇本身也极易受到反击，因为其位置容易暴露。

在敌方潜艇作战海域将其摧毁，应当同攻击敌方基地的行动结合起来。在敌方基地对敌潜艇发动攻击的第一个战例是 1918 年 4 月 22 日－23 日，当时英国对位于比利时的泽布吕赫与奥斯坦德基地的 U 型潜艇发动攻击。其主要目的是阻止这两个基地用于保障大约 40 艘 U 型潜艇。袭击的另一个目的是降低德军驱逐舰对多佛尔大坝攻击的威胁。[52] 在对泽布吕赫的攻击中，英国人动用了 1 艘驱逐舰和 76 艘各型船只。[53] 与此同时，试图封锁奥斯坦德的行动失败了。该计划与对泽布吕赫攻击的行动计划相类似，缺少牵制攻击。大约有 146 艘舰船参与了这次攻击行动。1918 年 5 月 10 日再一次实施了封锁奥斯坦德的行动，结果又失败了。[54] 这些袭击结果令人非常失望，因为其主要目标都没有达成。泽布吕赫海峡从未被封锁住，并且在袭击之后没几天，德军又将泽布吕赫港用作 U 型潜艇的基地了。[55] 奥斯坦德港也恢复了运转。

在第一次世界大战结束前的最后一年，出现了首次对潜艇基地的空袭。1918 年在亚得里亚海，英国航空兵在意大利的协助下，对德军和奥匈帝国位于普拉、伊斯的利亚和卡塔罗湾的 U 型潜艇发动了持续而猛烈的攻击。[56] 1918 年 2 月－4 月，同盟国还对德军在弗兰德斯的 U 型潜艇基地发动了数次空袭。[57]

随着重型轰炸机的出现，远距离攻击敌方潜艇基地成为可能。然而，起初这并没有成为同盟国整个作战计划的组成部分。例如，对 U 型潜艇基地进行轰炸并没有出现在英国战前的作战计划中。重型轰炸机主要用于轰炸德国的战争工业。[58] 然而第二次世界大战改变了这一切，尽管是逐渐改变的。战争初期，德军 U 型潜艇在英国港口附近活动，当它们被迫转移至开阔大洋作战且必须通过苏格兰北部时，这些潜艇不仅极易受到攻击，而且在航渡中浪费了太多的时间。然而这一切在 1940 年 6 月法国沦陷之后发生了戏剧性的改变，U 型潜艇开始在法国比斯开湾的那些港口活动。对法国基地的使用，使得 U 型潜艇进入北大西洋作战海域的航渡距离缩短了大约 450 英里。[59]但所节省下来的时间才是最重要的。如果要经由斯卡格拉克海峡和卡特加特海峡通过北海前往北大西洋，则 U 型潜艇将面临来自英国飞机和水雷的威胁，并且只能在晚上有护航的条件下航行，从而延长了它们的航渡时间。而使用比斯开湾的那些基地，U 型潜艇的每次出击都能节省至少一星期的航渡时间。[60]

　　1942 年 10 月 20 日，欧洲战区指挥官德怀特·艾森豪威尔将军发布了一条指示，将 U 型潜艇的洞库及其生产工厂分别列为第一和第二优先打击对象。[61]然而，英国轰炸机司令部费了好大的力气才将主要精力从战略轰炸转移到攻击 U 型潜艇的基地上来。由于 U 型潜艇驻泊在加固的艇坞之中，盟军轰炸机只好集中轰炸其周围区域，旨在破坏 U 型潜艇的维修设施。[62]一如既往地，英国人在晚上轰炸，而美国人在白天轰炸。在 1943 年的前 5 个月，对德国境内的 U 型潜艇的建造场所和法国境内的 U 型潜艇基地共计进行了大约 7000 波次的轰炸。轰炸司令部负责的夜间轰炸持续到 1943 年 4 月 16 日，而美军轰炸机进行的昼间轰炸则持续到1943 年 7 月。约有 1.8 万吨炸弹被空投到 U 型潜艇的船坞之中，而盟军的区域性轰炸给法国带来了不幸的后果，因为轰炸实际上摧毁了附近的法国村镇和城市。不仅如此，仅在 1943 年，盟军在轰炸法国境内的 U 型潜艇基地的过程中，损失了 266 架重型轰炸机。[63]

　　这之后尽管轰炸的强度有所降低，但盟军的轰炸仍在继续，直到 1944 年秋季盟军占领了那些 U 型潜艇基地。然而，盟军发现船坞中的 U 型潜艇丝毫没有受到轰炸的影响。[64]尽管盟军进行了这么多次轰炸，但德军的 U 型潜艇没有一艘在空袭中被摧毁，轰炸没有穿透任何一个掩体。[65]只有 1 艘 U 型潜艇于 1940 年 12 月在洛里昂码头被摧毁，但 U 型潜艇的维护能力没有受到严重影响。然而 U 型潜艇的艇员们士气低落，这主要是因为他们住在偏远的乡村。[66]

　　北海、波罗的海和地中海的那些 U 型潜艇基地，由于没有进行加固设防，盟军的远程重型轰炸机对其进行轰炸时取得了较大的战果。例如，盟军对位于地中海的德军 U 型潜艇基地进行了 15 次突袭，尤其针对那些位于萨拉米斯（希腊）、拉斯佩齐亚（意大利）、阜姆（今天的里耶卡）、土伦及马赛（法国）基地的潜艇。

除了 1941 年的一次、1943 年的两次之外，其他所有的空袭都是在 1944 年实施的。[67] 这些空袭造成了大量 U 型潜艇损伤，有不少受到严重破坏。美军的重型轰炸机部队声称他们在整个战争期间摧毁了 41 艘 U 型潜艇。[68]

间接进攻作战旨在摧毁敌方潜艇的指挥和控制枢纽、建造厂与修理厂、潜艇研发中心、导弹与鱼雷仓库、后勤仓库和交通中心。例如，在第二次世界大战的后期，盟军动用远程重型轰炸机对德军 U 型潜艇的制造和装配工厂进行了大规模空袭。德军在不来梅附近防护严密的瓦伦丁工厂（在法格和雷库姆市郊之间）中装配了部分新型 U 型潜艇。这间工厂规模很大，能够同时建造三艘 XXI 型潜艇。[69] U 型潜艇的预制构件分散在威悉河沿岸的另外三处较小的掩体内（分别位于不来梅、不来梅港和威廉港），这些构件随后由驳船运往瓦伦丁工厂进行最后组装。盟军作战计划制订人员确认了大约有 200 英里的堤防、水道和运河水闸等地方易于轰炸。[70] 在 1943 年年初，美军第八航空部队将轰炸重心转移到 U 型潜艇的船坞上，到 1943 年中期以后又将轰炸重心转回到 U 型潜艇的装配工厂。然而，直到 1945 年春季，对 U 型潜艇装配工厂的空袭才真正奏效。[71]

在第一次世界大战中，德军在海上损失了大约 178 艘 U 型潜艇，其中 5 艘在被迫放弃弗兰德斯基地之后遭到摧毁，11 艘在接到命令返回本土的过程中，在达尔马提亚的卡塔罗基地（奥匈海军基地）被摧毁。战争结束时，大约有 176 艘 U 型潜艇被移交给盟军并被扣押。[72]

第二次世界大战中，由于各种原因受损的德军 U 型潜艇总计达 782 艘。在 1942 年和 1943 年的冬季，除了德军在北大西洋对盟军运输船队发动的大规模作战中损失的 U 型潜艇外，其他 U 型潜艇的损失绝大部分都是由于盟军护航舰船和飞机采取的战术行动所致。约有 300 艘 U 型潜艇是被盟军飞机摧毁的（其中，岸基飞机摧毁 246 艘，舰载机摧毁 43 艘），约有 47 艘 U 型潜艇是由飞机和水面舰艇协同作战击沉的。盟军潜艇摧毁了 21 艘 U 型潜艇，由飞机和水面舰艇布放的水雷摧毁了 26 艘 U 型潜艇。[73] 意大利海军由于各种原因损失的潜艇达 85 艘。盟军水面舰艇击沉了 38 艘潜艇，飞机击沉击伤 14 艘潜艇；飞机和水面舰艇协同击沉了 5 艘潜艇，盟军潜艇击沉了 18 艘意大利潜艇。[74] 在太平洋战争（1941—1945）中，日本帝国海军损失了 130 艘潜艇，70 多艘是由盟军水面舰艇摧毁的，而盟军的飞机仅击沉了 12 艘日军潜艇（舰载机击沉 8 艘，岸基飞机击沉 4 艘）；盟军的水面舰艇和飞机击沉了 5 艘潜艇。在反潜作战中，盟军的潜艇发挥出色，成功地击沉了 25 艘日军潜艇。[75]

6.2.3 打击对潜保障对象

与敌方潜艇进行战斗的另一个关键因素就是摧毁或压制敌方岸上对潜通信设施。干扰甚低频和超低频通信在技术上是非常困难的。截获并解密敌方潜艇与其岸上指控中心的通信是缩小搜索海域,找出敌方潜艇的最有效的方法之一。这一点在开阔大洋反潜作战中尤其重要。

如今,海军作战力量在装备有反舰巡航导弹、对地攻击巡航导弹以及精确制导炸弹的舰载与陆基飞机的协同下,能够攻击包括潜艇基地在内的敌方海军基地。这种战法可以作为摧毁敌方舰队主力的组成部分,在战争初期时使用这种战法更为有效。这种战法还可以用来发起有针对性的目标攻击,旨在摧毁敌方潜艇基地设施,或者阻止敌方潜艇使用基地。此外,战术弹道导弹也能有效地攻击敌方基地。

正如所有复杂的问题一样,对于反潜作战来说,兵力、平台、传感器和武器的多样性是必不可少的。不仅需要海军力量,而且还需要运用其他军兵种的作战力量,否则的话,就难以达成最终的胜利。不仅如此,经验表明,如果军队与政府其他机构以及科研团体之间不能保持紧密顺畅的合作,反潜作战就难以取得胜利。成功的反潜作战还需要政府和非政府组织以及广大民众的支持。反潜作战也需要盟友和联盟伙伴一起参与。

典型的狭窄海区和群岛海域会给反潜作战的实施构成巨大挑战。由于海区范围狭小、浅水遍布以及邻近大陆,极大地影响了潜艇和反潜作战平台以及武器与传感器的使用效果。由于近岸海区的物理环境变化多端且无法预测,在这些海区对敌方潜艇进行探测、识别和可靠追踪都极为困难。在封闭或半封闭海域,由于海上战场范围不大,因而是先进海底监视系统理想的部署之地。总体而言,反潜作战主要是一门艺术,而不是一门科学。

6.3 攻势布雷

在打击敌人海军舰艇和运输商船方面,水雷是最廉价也可能是最有效的海军武器之一。不论其设计如何,在水深小于 300 英尺的浅海海域,所有水雷都能对水面舰艇和潜艇构成潜在的威胁。[76] 水雷体积小，易于隐藏，而且通常可以廉价获得。[77] 水雷天生就是一种消耗战的武器。当用于进攻时，水雷可以给敌人水面舰艇和潜艇造成相对较大的损失。例如，英国于 1915 年 1 月在黑尔戈兰湾大部分海域布设了水雷。这些雷区事后证明是非常有效的，因为德军花费了相当大的精力来进行清除。雷区还迫使德国人的 U 型潜艇在通过斯卡格拉克海峡时，需要沿着一条长得多的航道才能通过，而这又增加了它们的航渡时间，减少了在预定作战海域的 U 型潜艇数量。[78] 在敌方控制的海域进行防御性布雷，同样可以摧毁敌水面战斗舰艇和潜艇。此雷障范围通常要比攻势雷障范围更大，布设的水雷型号种类要简单一些。布设反潜雷障的目标，旨在摧毁敌方的潜艇，或者阻止敌方潜艇突入己方水面舰艇作战海域以及商船航运交通海域，或者是保护己方的海军基地港口。反潜雷障既可以紧靠己方控制海岸，也可以在更远的海域布设。例如，在第一次世界大战中，英国横跨爱尔兰海峡布设了一道防御性雷障。这道雷障不仅限制了德军 U 型潜艇的行动自由，而且有 10 艘 U 型潜艇在试图突破该防区时被炸沉。[79]

在 1904 年—1905 年的日俄战争中，水雷发挥了重要作用。日军使用水雷进行封锁，阻止俄军舰艇驶出旅顺港。[80] 俄军因日军布设的水雷损失了 8 艘军舰，其中包括 1 艘战列舰。而日军因俄军布设的水雷则遭受了更大的损失，包括 2 艘先进的、1 艘老式的战列舰被炸沉。[81]

在第一次世界大战中，作战双方第一次将水雷广泛用于攻防行动。在战争期间，总计布设了大约 309 000 枚水雷，[82] 同盟国布设了 51 900 枚水雷（其中德国布设了 45 000 枚，土耳其布设了 900 枚，奥匈帝国布设了 6000 枚），而协约国布设了 255 600 枚水雷（其中英国布设了 129 000 枚，俄国布设了 52 000 枚，美国布设了 57 600 枚，意大利布设了 12 000 枚，法国布设了 5000 枚）；中立国布设了大约 1600 枚水雷（其中丹麦布设了 1200 枚，挪威布设了 400 枚）。一战中被击沉的 132 艘潜艇中，有 89 艘是被水雷炸沉的。同样地，在被击沉的 78 艘大型水面战斗舰艇中，有 17 艘是被水雷炸沉的；在被击沉的 166 艘驱逐舰/鱼雷艇中，有 110 艘是被水雷炸沉的。[83] 同盟国损失的 130 艘战舰中，其中有 87 艘是被协约国布设的水雷炸沉的。[84]

在第二次世界大战中，轴心国及其盟友共布设了 341 500 枚水雷（其中德军布设了 223 000 枚），而同盟国则布设了 347 000 枚水雷（其中英国布设了 263 400 枚，美国布设了 44 000 枚，苏联布设了 40 000 枚）。[85] 英国由于轴心国布设的水雷而损失了 577 艘船只，其中包括 280 艘军舰。[86] 德国 27 艘 U 型艇由于同盟国布设的水雷而葬身海底。[87] 在太平洋战争（1941—1945）中，盟军布设了大约 25 000 枚水雷（其中 21 389 枚由飞机布设），共炸沉和炸伤了日本 2 艘战列舰、2 艘护航航空母舰、8 艘巡洋舰、38 艘驱逐舰和护卫驱逐舰、5 艘潜艇，以及 54 艘其他类型的船只。[88]

6.4　小结

不断摧毁敌军一个又一个的战斗平台或者他们的编队，是获取和保持制海权斗争中的组成部分。这样的作战行动比起主力舰队决战来说，需要更大规模的作战力量，同时需要付出更多的努力。采取这样的作战行动，不仅仅需要海军力量，而且还需要其他军兵种力量，尤其当岸基航空兵参与到行动中来，则运用这种逐步削弱敌军的作战行动将更加有效。换句话说，在逐步削弱敌军的过程中，应当同时使用对称和非对称作战方式。如果逐步削弱敌军的行动逐渐演化为一场消耗战，则存在较大的风险。避免发生这种情况的唯一方法是，不仅要拥有数量上和质量上的战力优势，具有良好的训练素质和卓越的指挥能力，更重要的是要有战役思维，而不仅着眼于战术层次。要想打败敌人，首先是要站在全局上进行通盘考虑。

注释

1. "The Evolution of Naval Tactics," Naval Review, February 1949, p. 1.

2. "The Evolution of Naval Tactics," Naval Review, February 1949, p. 2.

3. Alfred Stenzel, Seekriegsgeschichte in ihren wichtigsten Abschnitten mit Berücksichtigung der Seetaktik, Part 3: Von 1600 bis 1720 （Hannover/Leipzig: Hahnsche Buchhandlung, 1910）, p. 81.

4. Alexander Meurer, Seekriegsgeschichte in umrissen. Seemacht und Seekriege vornehmlich vom 16.Jahrhundert ab （Leipzig: Verlag v. Hase & Koehler, 1925）, p. 187.

5. R. Ernest Dupuy and Trevor N. Dupuy, The Encyclopedia of Military History from 3500 B.C. to the present （New York: Harper & Row, Publishers, 2nd revised ed., 1986）, p. 555.

6. Alfred Stenzel, Seekriegsgeschichte in ihren wichtigsten Abschnitten mit Berücksichtigung der Seetaktik, Part 3: Von 1600 bis 1720（Hannover/Leipzig: Hahnsche Buchhandlung, 1910）, p. 68.

7. Henry Newbolt, History of the Great War Based on Official Documents, Naval Operations, Vol. V（London: Longmans, Green and Co., 1931）, p. 432.

8. Henry Newbolt, History of the Great War Based on Official Documents, Naval Operations, Vol. V（London: Longmans, Green and Co., 1931）, p. 432.

9. Stephen W. Roskill, History of the Second World War, The War at Sea, Vol. III: The Offensive Part II: lst June 1944-14th August 1945（London: Her Majesty's Stationery Office, 1961）, pp. 457-61.

10. Paul S. Dull, A Battle History of the Imperial Japanese Navy（1941-1945）（Annapolis, MD: Naval Institute Press, 1978）, p. 295.

11. Raizo Tanaka, "The Struggle for Guadalcanal," in David C. Evans, editor, The Japanese Navy in World War II. In the Words of Former Japanese Naval Officers, 2nd ed.（Annapolis, MD: Naval Institute Press, 1986）, p. 211.

12. Stephen W. Roskill, War at Sea 1939-1945, Vol. III: The Offensive, Part 1: 1st June 1943-31st May（London: Her Majesty's Stationery Office, 1960）, p. 231.

13. Samuel E. Morison, History of United States Naval Operations in World War II, Vol. VI: Breaking the Bismarcks Barrier: 22 July 1942-1 May 1944（Boston: Little, Brown and Company, 1975）, pp. 195-96.

14. Bernard D. Cole, "Struggle for the Marianas,"Joint Force Quarterly, Spring 1995, p. 90; Robert J. Crossman, The Official Chronology of the U.S. Navy in World War II（Washington, DC: Contemporary History Branch, Naval Historical Center, 1999）, p. 446.

15. Specifically, TF 58 aircraft sunk one light cruiser, two destroyers, one auxiliary cruiser, one auxiliary submarine depot ship, one aircraft ferry, 17 transports, four fleet tankers, and one water carrier, auxiliary vessel, Army cargo ship, merchant cargo ship, and motor torpedo boat（MTB）each; two destroyers and submarines each, and one target ship, repair ship, ammunition ship, seaplane tender, and auxiliary submarine chaser（SC）each were damaged Bernard D. Cole, "Struggle for the Marianas,"Joint Force Quarterly, Spring 1995, p. 90; Robert J. Cressman, The Official Chronology of the U.S. Navy in World War II（Washington, DC: Contemporary History Branch, Naval Historical Center, 1999）, p. 446.

16. Philip A. Crowl, United States Army in World War II. The War in the Pacific. Campaign in the Marianas（Washington, DC: Office of the Chief of Military History, Department of the Army, 1960）, p. 15.

17. United States Strategic Bombing Survey（Pacific）, Naval Analysis Division, The Campaigns of the Pacific War（Washington, DC: United Government Printing Office, 1946）, p. 207.

18. At Palau they sunk one destroyer, one repair ship, five fleet tankers, one submarine chaser（SC）, four auxiliary SCs, one patrol boat, one net layer, one aircraft ferry, five transports, two tankers, two guard boats, one salvage vessel, one torpedo transport/repair ship, five Army cargo ships, and one Army tanker; one SC, net layer, tanker, and army cargo ship each were damaged; at Angaur were sunk nine small craft Robert J. Cressman, The Official Chronology of the U.S. Navy in World War II（Washington, DC: Contemporary History Branch, Naval Historical Center, 1999）, p. 465.

19. United States Strategic Bombing Survey（Pacific）, Naval Analysis Division, The Campaigns of the Pacific War（Washington, DC: United Government Printing Office, 1946）, p. 207.

20. Commander in Chief, U.S. Pacific Fleet and Pacific Ocean Area to Commander in Chief, U.S. Fleet, Operations in Pacific Area-October 1944, 31 May 1945, M233, Reel 12, U.S. Navy Strategic Planning: Its Evolution and Execution, 1891-1945, Admin. and Operational History（Wilmington, DE: Scholarly Resources, Inc., 1977）, pp. 83-86.

21. Ministry of Defence（Navy）, War with Japan, Vol. VI: Advance to Japan（London: Her Majesty's Stationary Office, 1995）p. 55.

22. David C. Evans, editor and translator, The Japanese Navy In World War II: In the Words of Former Japanese Naval Officers（Annapolis, MD: Naval Institute Press,）, p. 314; Philippine Area Naval Operations, Part II, Oct-Dec 1944, Background of Leyte Battle, Folder G-27, Box 9, RG 23: BEG, NHC, p. 3; Shigeru Fukudome, "The Air Battle off Taiwan," in David C. Evans, editor, The Japanese Navy in World War II. In the Words of Former Japanese Naval Officers, pp. 345-46; Richard W. Bates, The Battle For Leyte Gulf, October 1944: Strategical and Tactical Analysis, Vol. I: Preliminary Operations Until 0719 October 17th Including Battle off Formosa（Newport, RI: U.S. Naval War College, 1953）, p. 93; Commander in Chief, U.S. Pacific Fleet and Pacific Ocean Areas, Operations in the Pacific Ocean Areas During the Month of October 1944（Annapolis, MD: Nimitz Library Special Collection, U.S. Naval Academy, 31 May 1945）, pp. 7, 9. TF 38's pilots claimed to have sunk or damaged ten naval vessels and four cargo ships. These included one submarine depot vessel, minesweeper, destroyer escort, and small escort vessel each; two 120-foot mine craft; four midget submarines; and four medium cargo ships. The Japanese acknowledged the loss of one submarine depot ship, 12 torpedo boats, two midget submarines, four com-

mercial vessels totaling 11,000 tons, and numerous smaller craft. They also admitted losing 31 aircraft on the ground and in the air, plus five naval search aircraft. TF 38 lost 14 aircraft but only five pilots and four crew members Richard W. Bates, The Battle for Leyte Gulf October 1944: Strategical and Tactical Analysis, Vol. I: Preliminary Operations Until 0719 October 17th Including Battle off Formosa（Newport, RI: U.S. Naval War College, 1953）, pp. 94-95.

23. Charles R. Anderson, Leyte（Washington, DC: U.S. Government Printing Office, CMH 72-27, 1994）, p. 8; Samuel Eliot Morison, History of United States Naval Operations in World War II, Vol. 12: Leyte: June 1944-January 1945（Boston: Little, Brown, reprint 1984）, pp. 92-94.

24. Samuel Eliot Morison, History of United States Naval Operations in World War II, Vol. 12: Leyte: June 1944-January 1945（Boston: Little, Brown, reprint 1984）, p. 94; Richard W. Bates, The Battle for Leyte Gulf, October 1944: Strategical and Tactical Analysis, Vol. I: Preliminary Operations Until 0719 October 17th Including Battle off Formosa（Newport, RI: U.S. Naval War College, 1953）, pp. 100-03.

25. Samuel Eliot Morison, History of United States Naval Operations in World War II,Vol. 12: Leyte:June 1944-January 1945（Boston: Little, Brown, reprinted 1984）, p. 107.

26. Wesley F. Craven and James L. Cate, The Army Air Forces in World War II, Vol. 5:The Pacific: Matterhorn to Nagasaki, June 1944 to August 1945（Washington, DC: Office of Air Force History, 1983）, p. 350.

27. Ministry of Defence（Navy）, War with Japan, Vol. 6: The Advance to Japan（London: Her Majesty's Stationery Office, 1995）, pp. 60-62.

28. Jeremiah S. Heathman, The Bombing of Brittany: Solving the Wrong Problem（Fort Leavenworth, KS: School of Advanced Military Studies, U.S. Army Command and General Staff College, 12 May 2010）, p. 9.

29. Jeremiah S. Heathman, The Bombing of Brittany: Solving the Wrong Problem（Fort Leavenworth, KS: School of Advanced Military Studies, U.S. Army Command and General Staff College, 12 May 2010）, p. 10.

30. Stephen W. Roskill, History of the Second World War. The War at Sea, Vol. III: The Offensive, Part II: lst June-14th August 1945（London: Her Majesty's Stationery Office, 1961）, pp. 170-71.

31. Stephen W. Roskill, History of the Second World War. The War at Sea, Vol. III: The Offensive, Part II: lst June-14th August 1945（London: Her Majesty's Stationery Office, 1961）, p. 170.

32. Stephen W. Roskill, History of the Second World War. The War at Sea, Vol. Ⅲ: The Offensive, Part II: lst June-14th August 1945（London: Her Majesty's Stationery Office, 1961）, p. 162.

33. Stephen W. Roskill, History of the Second World War. The War at Sea, Vol. Ⅲ: The Offensive, Part II: lst June-14th August 1945（London: Her Majesty's Stationery Office, 1961）, p. 168.

34. Ministry of Defence（Navy）, War with Japan, Vol. II: Defensive Phase（London: Her Majesty's Stationery Office, 1995）, p. 22.

35. Ministry of Defence（Navy）, Naval Historical Branch, War with Japan, Vol. Ⅲ: The Campaigns in the Solomons and New Guinea（London: Her Majesty's Stationery Office, 1995）, p. 13.

36. Samuel E. Morison, History of United States Naval Operations in World War Ⅱ, Vol. IV: Coral Sea, Midway and Submarine Operations, May 1942-August 1942（Boston: Little, Brown and Company, 1984）, p. 66.

37. Ministry of Defence（Navy）, Naval Historical Branch, War with Japan, Vol, Ⅲ: The Campaigns in the Solomons and New Guinea（London: Her Majesty's Stationery Office, 1995）, p. 13.

38. Carl Boyd and Akihiko Yoshida, The Japanese Submarine Force and World War Ⅱ（Annapolis, MD: Naval Institute Press, 1995）, p. 88.

39. Ministry of Defence（Navy）, Naval Historical Branch, War with Japan, Vol, Ⅲ: The Campaigns in the Solomons and New Guinea（London: Her Majesty's Stationery Office, 1995）, pp. 14-15.

40. Samuel Eliot Morison, History of United States Naval Operations in World War II, Vol. IV: Coral Sea, Midway and Submarine Operations, May 1942-August 1942（Boston: Little, Brown and Company, 1984）, p. 68.

41. Carl Boyd and Akihiko Yoshida, The Japanese Submarine Force and World War Ⅱ（Annapolis, MD: Naval Institute Press, 1995）, p. 88.

42. Carl Boyd and Akihiko Yoshida, The Japanese Submarine Force and World War Ⅱ（Annapolis, MD: Naval Institute Press, 1995）, p. 89.

43. Stephen W. Roskill, History of the Second World War, The War at Sea, Vol. Ⅲ: The Offensive, Part I: lst June 1943-31st May 1944（London: Her Majesty's Stationery Office, 1960）, p. 65.

44. Stephen W. Roskill, History of the Second World War, The War at Sea, Vol. Ⅲ: The Offensive, Part I: Ist June 1943-31st May 1944（London: Her Majesty's Stationery Office,

1960）, pp. 65-66; Barry M. Gough, "The Crimean War in the Pacific:British Strategy and Naval Operations," Military Affairs, Vol. 37, No. 4（December 1973）, p. 84.

45. Stephen W. Roskill, History of the Second World War, The War at Sea, Vol. III: The Offensive, Part I: 1st June 1943-31st May 1944（London: Her Majesty's Stationery Office, 1960）, pp. 66-67.

46. Stephen W. Roskill, History of the Second World War, The War at Sea, Vol. III: The Offensive, Part I: 1st June 1943-31st May 1944（London: Her Majesty's Stationery Office, 1960）, p. 68.

47. Stephen W. Roskill, History of the Second World War, The War at Sea, Vol. III: The Offensive, Part I: 1st June 1943-31st May 1944（London: Her Majesty's Stationery Office, 1960）, pp. 68-69.

48. Ze'ev Almog, "Israel's Navy Beat the Odds," United States Naval Institute Proceedings, Vol. 123, No. 3（March 1997）, p. 107.

49. K.G. Weiss, The Enemy Below - The Global Diffusion of Submarines and Related Technology（Monterey, CA: Center for Global Security Research in Cooperation with the U.S. Naval Postgraduate School, 30-31 May 2002）, p. 5.

50. Brian McCue, U-Boats in the Bay of Biscay: An Essay in Operations Research（Washington, DC: National Defense University, 1990）, p. 22.

51. A. Timothy Warnock, The U.S. Army Air Forces in World War II. Air Power Versus U-Boats: Confronting Hitler's Submarine Menace in the European Theater（Washington, DC: Air Force History and Museums Program, Air Force Historical Studies Office, 1999）, p. 15.

52. Arthur J. Marder, From the Dreadnought to Scapa Flow: The Royal Navy in the Fisher Era, 1904-1919, Vol. 5: Victory and Aftermath（January 1918-June 1919）（London: Oxford University Press, 1970）. p. 50.

53. Arthur J. Marder, From the Dreadnought to Scapa Flow: The Royal Navy in the Fisher Era, 1904-1919, Vol. 5: Victory and Aftermath（January 1918-June 1919）（London: Oxford University Press, 1970）, pp. 55-56.

54. Arthur J. Marder, From the Dreadnought to Scapa Flow: The Royal Navy in the Fisher Era, 1904-1919, Vol. 5: Victory and Aftermath（January 1918-June 1919）（London: Oxford University Press, 1970）, p. 56; out of some 1,700 men, the British losses totaled 214 men killed in action, 385 wounded, and about 20 captured. The German losses were ten killed and 16 wounded Der Krieg zur See 1914-1918. Der Krieg in der Nordsee, Vol. 7: Vom Sommer 1917 bis zum Kriegsende 1918. Reprint prepared by Gerhard P. Gross with assistance of Werner Rahn（Hamburg/Berlin/Bonn: Verlag E. S. Mittler & Sohn, 2006）, p. 318.

55. Arthur J. Marder, From the Dreadnought to Scapa Flow: The Royal Navy in the Fisher Era, 1904-1919, Vol. 5: Victory and Aftermath（January 1918-June 1919）（London: Oxford University Press, 1970）, p. 60.

56. Arthur J. Marder, From the Dreadnought to Scapa Flow: The Royal Navy in the Fisher Era, 1904-1919, Vol. 5: Victory and Aftermath（January 1918-June 1919）（London: Oxford University Press, 1970）, p. 34.

57. Der Krieg zur See 1914-1918. Der Krieg in der Nordsee, Vol. 7: Vom Sommer 1917 bis zum Kriegsende 1918. Reprint prepared by Gerhard P. Gross with assistance of Werner Rahn（Hamburg/Berlin/Bonn: Verlag E.S. Mittler & Sohn, 2006）, p. 324.

58. Eric J. Grove, editor, The Defeat of the Enemy Attack on Shipping 1939-1945 a revised edition of the Naval Staff History, Vols. 1A（Text and Appendices）and 1B（Plans and Tables）; Aldershot, UK: Ashgate, The Navy Records Society, 1997, p. 165.

59. Craig Baker, The Strategic Importance of Defeating Underground Facilities（Carlisle, PA: U.S. Army War College, 2012）, pp. 7-8.

60. Ministry of Defence（Navy）, The U-Boat War in the Atlantic 1939-1945, Vol. 1: 1939-1941, German Naval History（London: Her Majesty's Stationery Office, 1989）, p. 48.

61. Craig Baker, The Strategic Importance of Defeating Underground Facilities（Carlisle, PA: U.S. Army War College, 2012）, p. 9; Eric J. Grove, editor, The Defeat of the Enemy Attack on Shipping 1939-1945 a revised edition of the Naval Staff History, Vols. 1A（Text and Appendices）and 1B（Plans and Tables）; Aldershot, UK: Ashgate, The Navy Records Society, 1997, p. 171.

62. Eric J. Grove, editor, The Defeat of the Enemy Attack on Shipping 1939-1945, a revised edition of the Naval Staff History, Vols. 1A（Text and Appendices）and 1B（Plans and Tables）; Aldershot, UK: Ashgate, The Navy Records Society, 1997, p. 171.

63. Bernard Ireland, Battle of the Atlantic（Annapolis, MD: Naval Institute Press, 2003）, p. 120.

64. Ministry of Defence（Navy）, The U-Boat War in the Atlantic 1939-1945, Vol. 3:June 1943-May 1945, German Naval History（London: Her Majesty's Stationery Office, 1989）, p. 77.

65. Bernard Ireland, Battle of the Atlantic（Annapolis, MD: Naval Institute Press, 2003）, p. 120.

66. Eric J. Grove, editor, The Defeat of the Enemy Attack on Shipping 1939-1945, a revised edition of the Naval Staff History, Vols. 1A（Text and Appendices）and 1B（Plans and Tables）; Aldershot, U.K.: Ashgate, The Navy Records Society, 1997, p. 171.

67. Eric J. Grove, editor, The Defeat of the Enemy Attack on Shipping 1939-1945, a revised edition of the Naval Staff History, Vols. 1A（Text and Appendices）and 1B（Plans and

Tables）; Aldershot, UK: Ashgate, The Navy Records Society, 1997, p. 333.

68. A. Timothy Warnock, The U.S. Army Air Forces in World War II. Air Power Versus U-Boats: Confronting Hitler's Submarine Menace in the European Theater,（Washington, DC: Air Force History and Museums Program, Air Force Historical Studies Office, 1999）, p. 21.

69. Bernard Ireland, Battle of the Atlantic(Annapolis, MD: Naval Institute Press, 2003), p. 182.

70. Bernard Ireland, Battle of the Atlantic（Annapolis, MD: Naval Institute Press, 2003）, p. 81.

71. Henry Guerlac and Marie Boas, "The Radar War Against the U-Boat," Military Affairs, Vol. 14, No. 2（Summer 1950）, p. 105.

72. John Terraine, The U-Boat Wars 1916-1945（New York: G.P. Putnam's Sons, 1989）, pp. 119, 141-42.

73. "Appendix 2: German U-Boats Destroyed," in Eric J. Grove, editor, The Defeat of the Enemy Attack on Shipping 1939-1945（Aldershot: Ashgate, Publications of the Navy Records Society, Vol. 137, 1997）, p. 245.

74. "Appendix 2: Italian U-Boats Destroyed," Eric J. Grove, editor, The Defeat of the Enemy Attack on Shipping 1939-1945（Aldershot: Ashgate, Publications of the Navy Records Society, Vol. 137, 1997）, p. 246.

75. "Appendix 2: Japanese U-Boats Destroyed," in Eric J. Grove, editor, The Defeat of the Enemy Attack on Shipping 1939-1945（Aldershot: Ashgate, Publications of the Navy Records Society, Vol. 137, 1997）, p, 247.

76. Marine Corps Concept Paper（MCCP）, A Concept for Future Naval Mine Countermeasures in Littoral Power Projection(Quantico, VA: Marine Corps Combat Development Command, 1998）, p. 4.

77. T. Michael Cashman, Sweeping Changes for Mine Warfare: Controlling the Mine Threat （Monterey, CA: Naval Postgraduate School, December 1994）, p. 35.

78. Jürg Meister, Der Seekrieg in den osteuropäischen Gewaessern 1941/45（Munich: J. F. Lehmans Verlag, 1958）, pp. 148-49.

79. Robert C. Duncan, America's Use of Mines（White Oak, MD: U.S. Naval Ordnance Laboratory, 1962）, pp. 68-69.

80. Roy F. Hoffmann, "Offensive Mine Warfare: A Forgotten Strategy," Naval Review（1977）, p. 145; Andrew Patterson,Jr., "Mining: A Naval Strategy," Naval War College Review(May 1971）, p. 55.

81. Gerhard Freiherr von Ledebur, Die Seemine（Munich: J. F. Lehmanns Verlag, 1977）, p. 62.

82. V.V. Nikolayev and V.N. Romanovsky, A History of Mine Warfare in the Russian and So-

viet Navies. Translated from the Russian Morskiye Sapery Washington, DC: Naval Intelligence Support Center, 1 March 1984（Moscow: Voyenizdat, 1967）, p. 12.

83. Gerhard von Ledebur, Die Seemine（Munich: J. F. Lehmanns Verlag, 1977）, p. 185.

84. Gregory K. Hartmann, with Scott C. Truver, Weapons That Wait, updated version（Annapolis, MD: Naval Institute Press, 1991）, p. 242; V.V. Nikolayev and V.N.Romanovskiy, A History of Mine Warfare in the Russian and Soviet Navies. Translated from the Russian Morskiye Sapery Washington, DC: Naval Intelligence Support Center, 1 March 1984（Moscow: Voyenizdat, 1967）, p. 12.

85. Gerhard von Ledebur, Die Seemine（Munich:J. F. LehmannsVerlag, 1977）, p. 192.

86. Milija Jovanovi, "Uticaj minskog oružja na taktiku i operatiku ratne mornarice," Mornari ki Glasnik（Belgrade）, 6（November-December 1982）, p. 1004.

87. Chief of Naval Operations, German, Japanese, and Italian Submarine Losses in World War II（Washington, DC: Navy Department, OPNAV-P33-100 NEW 5-46, 1946）, pp. 1-18.

88. Ellis A. Johnson and David A. Katcher, Mines Against Japan（White Oak, Silver Spring, MD: Naval Ordnance Laboratory, 1947; Washington, DC: U.S. Government Printing Office, 1973）, p. 30; Chief of Naval Operations, German, Japanese, and Italian Submarine Losses in World War II（Washington, DC: Navy Department, OPNAV-P33-100 NEW 5-46, 1946）, pp. 22-25.

Chapter 7

第 7 章 | 牵制敌人

摧毁敌方海军力量通常应结合牵制或遏制战法。如果敌方舰队力量过于强大，不能通过一次决战行动将其摧毁，或者敌方舰队力量很弱小，但可以撤离至较强对手一方没有足够兵力投送到的某片海域，那么此时就可以采用牵制战法。[1]这种战法不仅适合于牵制敌方海军，也适合于牵制部署在沿海地区的敌方地面部队。但对于敌人的陆基航空兵而言，通常很难进行牵制，因为它们可以在短时间内重新部署到距离基地成百上千英里的地方。牵制战术主要应用于敌方力量被大大削弱之后或者一次决战行动之时。

用于牵制敌方海军兵力的战法通常有三种样式：（1）海上封锁；（2）对要害位置/区域实施威胁；（3）战略转移。[2]对于每种样式而言，海军兵力所运用的主要战法都是由大大小小的战术行动构成的。随着时间的推移，敌方兵力将逐渐被摧毁或者被削弱。唯一例外的是海上封锁作战样式，它作为大规模海军战役行动或者联合战役行动，需要进行周密筹划。然而，与大规模舰队决战行动相比，随着时间的推移，海上封锁行动能够达成最终的战役目标，而且在很多情况下还能达到部分战略目标。在进行海上封锁时，绝大多数的作战行动都是战术层次的。

7.1 海上封锁

7.1.1 海上封锁的目的

牵制敌方舰队最常用的方法就是对其基地及港口进行封锁。通常情况下，海上封锁的目的就是阻止敌方使用其海军力量。[3]最基本的目标就是将敌方舰队限制在某一海域，使其不能产生威胁。最终的目标就是创造条件，使敌方舰队只有两种选择：要么留在基地/港口，要么冒着被摧毁的风险驶出港口。[4] 里士满将军认为："在许多海战中，受到封锁的敌方海军舰队被迫处在港口防御工事的掩护下进行作战。在与英国海军的对抗中，无论是西班牙、荷兰、法国还是德国，他们都不约而同地避免与强大的英国舰队作战。"[5] 然而，里士满所说的并不完全适用于荷兰海军。例如，在前三次英荷战争中，荷兰的舰队曾多次出海作战，以解除英国对其海岸的封锁，从而导致了几场大规模海战（例如，1653 年 8 月 8 日的卡特韦克战役，1665 年 6 月 13 日的洛斯托夫特战役）。还有，在第二次石勒苏益格战争期间，普奥联盟为了打破丹麦对普鲁士北海海岸的封锁，于 1864 年 5 月 9 日主动发起了赫里戈兰战役。

7.1.2　海上封锁和商贸封锁

卡斯特克斯认为海上封锁和商贸封锁几乎是同步实施的。其实在海上封锁和商贸封锁之间没有人为的界限，[6] 两者是并行进行的。其原因是，实施任一种形式的封锁有助于另一种封锁的建立和维持。卡斯特克斯也注意到，从普遍意义来说，这两种封锁形式的主要目的有很大的区别。海上封锁是获取和保持制海权的一种主要方法，然而商贸封锁在很大程度上是制海权实施的组成部分。商贸封锁的目的是通过拦阻、切断敌方在特定海域的商业运输来达到削弱敌方在海上的经济潜力，它是海上贸易战不可分割的组成部分。商贸封锁成功的先决条件是实施有效的海上封锁。[7] 当然，通过商贸封锁也能有效削弱敌人发动战争的潜力，这有助于海上封锁顺利进行。

7.1.3　海上封锁的条件

通常情况下，需要为执行海上封锁任务的部队提供地理位置优越的基地作为支撑。在实施海上封锁时，位于敌方交通运输线侧翼的基地特别有价值。例如，在法国大革命（1792—1802）期间，英吉利海峡沿着英国海岸的一系列海军基地，与对直布罗陀海峡、马洛卡岛（巴利阿里群岛）和拉马达莱纳（撒丁岛）的控制相结合，从而使英国皇家海军可以从特克塞尔（阿姆斯特丹的入口）到土伦之间对法国和西班牙的舰队进行封锁。相反，在英吉利海峡靠近法国一侧的海岸并没有大型港口可以为法国主力舰队提供保护。此外，英吉利海峡通常的风向是吹向英国南部海岸的。虽然安特卫普港是英国主要海军基地打击范围内唯一的大型港口，但是法国人无法获得对安特卫普港的永久控制权。英国的政策一向是与弱小国家保持密切友好的关系，因此他们决不允许法国舰队使用安特卫普港。

在美国南北战争（1861－1865）期间，联邦海军占领了许多岛屿和港口，主要是为了加强对南方各州的联合封锁。[8] 在 1870 年－1871 年的普法战争中，由于缺乏靠近普鲁士北海沿岸基地的支撑，法国试图封锁普鲁士海岸的行为并没有持续多久。[9] 在 1898 年美西战争中，美国海军使用了在古巴的临时基地，尤其是在关塔那摩的基地。在 1904 年－1905 年的日俄战争中，日本人把长山群岛作为他们封锁旅顺港的前进基地。[10] 由于需要监视所封锁海域内敌方舰艇的活动情况，实力较强的一方必须有足够数量的舰船或者飞机来担负封锁任务。例如，为了有效地实施封锁，据说封锁一方必须比被封锁一方要多出 25%～33%的兵力。[11]

7.1.4　海上封锁兵力部署

通常情况下，执行封锁任务的兵力如果是由吃水深浅不同的舰船组成的话，那么封锁效果就会高出许多。在帆船时代，当执行封锁任务的舰队缺乏浅水舰船，而被封锁一方的舰船吃水较浅时，经常会出现被封锁一方的舰船从港口成功逃离的现象。例如，1790 年 7 月，俄国在芬兰海湾东部的维堡湾封锁了瑞典舰队。然而，俄国人没有浅水船能够抵近瑞典海岸执行封锁任务，结果瑞典人在大型战舰炮火和牵制兵力的掩护下，乘着小帆船穿过浅水区溜出了港口。[12]

在 1854 年－1855 年，缺少合适的封锁平台是英国在波罗的海对俄国舰队实施封锁失败的主要原因之一。1854 年 3 月，英国海军中将查尔斯·纳皮尔（Charles Napier，1786－1860）爵士率领一支蒸汽动力的大型舰队进入波罗的海。纳皮尔命令对俄实施海上封锁，并对其防御工事进行侦察。在实施封锁任务期间，英军缺少熟悉当地的引航员和浅水船。因此，英军在监视敌方海岸方面遇到了很大困难。[13] 虽然英军经常发现俄国人在其舰队受封锁海域的视线范围内来回运动，但是英军却无法阻断其海上交通。[14]

7.2　封锁样式

海上封锁样式通常可分为：近程封锁、中程封锁和远程封锁，这主要取决于封锁方与被封锁方之间的距离。一般来说，海上封锁可以针对单个或多个海军基地或者港口，甚至是敌方整个海岸。一种有针对性的封锁样式可以有效阻止敌方通过海峡/水道或运河进行海上兵力机动或者商贸运输。近程或中程封锁通常针对一处或几处主要的海军基地/港口，而远程封锁通常需要对一个或几个海峡/水道进行实际控制。

7.2.1 近程封锁

直到 19 世纪末，海上封锁样式通常是近程封锁。通过实施近程封锁，实力强势一方舰队不用通过直接海上战斗就能够获取制海权，因此也不会遭受巨大的损失。[15] 通常情况下，近程封锁需要相当多的兵力才能发挥作用，对于执行封锁任务的舰员来说，不仅要求严格，而且也是极其疲惫的。然而，实力弱势一方有时故意让实力强势一方在某一特定海域对其实施近程封锁，从而减少甚至阻止实力强势一方在其他海域的活动。[16]

海军经典思想家早就认识到近程封锁的重要性。例如，马汉认为，近程封锁能够将敌方商船和舰艇困在其港口内。然而，如果出现敌方舰艇从封锁的港口逃至海上的情况，那么就必须在海上找到它并摧毁之。[17] 科贝特认为近程封锁是一种"遏制攻击"的行动样式，尽管它的目标通常是被动的，但是它本质上是一种攻势行动。其目的是阻止敌人实施攻击行动，并将敌人压制在海岸之内。[18] 他是这样阐述的，通过建立近程海上封锁，实力强势一方舰队"要么阻止敌方离开港口，要么在实现其终极目标之前将敌方逼到海上并对其采取行动"。[19] 科贝特指出，近程封锁目标"与未来的海战目标密不可分"。[20] 在他看来，近程封锁是确保局部安全和实施暂时性作战行动的一种方法。[21] 科贝特还认为，在他的那个时代，近程封锁已不再可行。[22]

近程封锁的主要优势之一就是它可以大大削弱甚至完全摧毁实力较弱一方舰队在其基地/港口以外的作战能力。在帆船时代，敌人运用岸炮只能控制数百米纵深的海域范围，或者控制并不比其港口面积大多少的海域范围。近程封锁可以说是监视敌方舰队动向最经济的方法，因为不用在浩瀚无边的海洋中徒劳无功地寻找其分散部署的兵力。[23] 布罗迪是这样论述的，近程封锁留给敌人能够控制的海域范围几乎为零。[24] 与此同时，封锁方舰员士气大受鼓舞，而被封锁方舰员则垂头丧气。[25]

在希腊与罗马海战中已经发现了对近程封锁样式的基本运用。古代海军舰船不仅适航性差，而且作战半径也不大，因而无法对港口进行长时间封锁。因此，近程封锁从未延伸到敌人控制的大部分海岸地区，也很少在夜间实施（这是因为夜间舰船需要靠岸，船员需要上岸睡觉）。古代实施有效封锁的必要条件是在被封锁港口附近建立安全据点。总的来说，古代战争中近程封锁很少获得成功，也没有什么价值。[26]

16 世纪晚期，随着大型适航的帆船出现，海上封锁的效果大大提高。海上封锁常常可以同时针对敌人多个海上特遣舰队进行，也可以针对敌人的大部分海岸。通常是将一支战力很强的舰队部署到敌人的基地或港口附近，以便从远处监视敌方舰艇动向。因此，它只对局部海域实施一般控制，其目标是阻止敌人集中兵力。执行封锁任务的海上兵力必须部署在可相互支援的距离范围之内。然而恶劣的天气常常会迫使封锁兵力离开其巡逻的封锁任务区，从而会留给敌人伺机逃脱的机会。

到 18 世纪末，实力强大的海军开始具备执行长期封锁的能力。以英国海军为例，海上封锁变成了海军对敌方海岸实施控制的战略延伸。用铜皮裹敷船底大大延长了舰船修理的间隔时间。从 1779 年开始，英国采用了轻型舰炮（滑膛铸铁炮），这不仅减少了舰船吨位，而且减少了舰员人数，降低了造舰成本。反过来，这就使得小型舰船能够执行封锁任务。到 18 世纪晚期，海军医学攻克了败血病（维生素 C 缺乏症），舰船上卫生条件和医疗技术方面的显著改善使得船员可以在海上待上数月甚至数年的时间。[27]

对执行封锁任务的舰船进行持续不间断的补给，是确保近程封锁成功的关键，正如荷兰于 1639 年在唐斯锚地封锁西班牙舰队所表现的那样。另外，海军上将爱德华·霍克（Edward Hawke，1705—1781）所率领的舰队在 18 世纪 50 年代能够持续执行封锁任务，主要得益于朴次茅斯港所提供的不间断补给。[28] 在 18 世纪，直布罗陀和米诺卡岛基地为英国皇家海军在地中海执行长期封锁任务的舰船提供了可靠补给和维修服务。1794 年，虽然英国失去了米诺卡岛基地，但在科西嘉岛获得了新的基地，从而能够为英国皇家海军舰船执行封锁法国地中海港口提供了补给（当时那不勒斯和西西里岛港口不对英国舰船开放）。1803 年，由于霍雷肖·纳尔逊将军没有合适的基地，因此无法对土伦港实施严密封锁。虽然他的 9 艘战列舰急需修理，但他却让这些战舰经常在海上执行任务。纳尔逊没有比直布罗陀和马耳他更近的合适基地了。直布罗陀作为舰队基地是不适合的，还有就是它距离土伦港大约 900 英里。同样地，马耳他距离土伦港大约 700 英里，航行时间为 6～7 周。[29]

到了蒸汽机时代，舰船封锁的范围和持续时间都不及帆船，这是由于蒸汽船在很大程度上依赖于煤炭的供应。因此，在距离所封锁海岸不远的地方，是否存在加煤站是至关重要的。[30] 例如，在 1898 年的美西战争中，基韦斯特（Key West）是美军作战的主要基地。大多数美国舰船的航程约为 4000 海里，或者是两周左右的续航力。他们严重依赖煤炭供应来保持对古巴的封锁。然而，在战争初期，美国海军只有 6 艘运煤船。到了 1898 年 8 月，美国海军又购买了 11 艘运煤船。[31] 美军指挥员非常关心是否有足够的煤炭供应。就因为煤炭短缺，差点让瑟维拉将军得以逃脱。[32]

帆船时代的首次近程封锁发生在 1639 年 9 月－10 月期间，当时荷兰海军上将马顿·特龙普率领由 100 艘舰船组成的编队，将拥有 70 艘舰船的西班牙编队封锁在英国唐斯海岸附近。在前三次英荷战争中，几次大规模海战都发生在实力弱势一方试图打破封锁或者是提高同实力强势一方进行谈判的筹码时。例如，在第一次英荷战争中，荷兰舰队在 1652 年 9 月－1653 年 3 月期间，将英国舰队封锁在厄尔巴岛和勒格恩岛近 6 个月。在随后的又一次封锁中，荷兰人摧毁了试图逃跑的英国舰队，上述两次封锁作战成效都非常明显。[33] 英国于 1653 年 6 月 2 日－3 日在外加巴德之战获胜以后，就封锁了从纽波特到特塞尔的荷兰海岸。[34] 在第三次英荷战争中，发生在 1665 年 6 月 13 日的洛斯托夫特战役，其起因就是荷兰人试图打破英国对他们海岸的第二次封锁。[35] 1667 年，荷兰舰队对英国港口实施近程封锁，迫使英国人在几周内与荷兰人讨论和平条款问题。[36]

在"七年战争"期间，老威廉·皮特在担任国务大臣（1757－1761）时实施了一次与国家战略不可分割的海上封锁作战。皇家海军不仅对敌方舰队实施封锁，还不时对敌方基地进行袭扰。法国依靠其强大的海岸要塞保护其海军和商业港口，要塞可以在几天内动员起民兵力量来加强。[37] 对法国舰队实施封锁并对其基地实施袭扰的目的是让法国舰队在大西洋和地中海的港口之间互相不能支援。

在"七年战争"中，海军上将乔治·安森（George Anson，1697－1762）作为海军部第一大臣，首次指挥了近程海上持续封锁。1759 年，海军上将爱德华•霍克作为海峡舰队指挥官第一个执行这样的封锁任务。[38] 他接到命令，要求动用 25 艘军舰对布雷斯特实施封锁。霍克将舰队部署到皮埃尔•诺伊尔附近的圣马蒂厄。在西风的作用下，他在乌埃尚岛西南约 40 英里处进行巡航。[39] 他将封锁编队部署在布里斯特外围，而不是部署在 130 海里以外的德文郡的托贝。其原因是他想阻止法国从布雷斯特向西印度群岛派遣编队。这项任务不可能在英格兰南部的西部港口成功地执行。[40]

1759 年 11 月 20 日，逃出布雷斯特的法国舰队在基贝伦湾战役中被彻底击败。[41] 之后，英国继续对法国港口实施封锁，迫使法国舰船从公海上消失。英国皇家海军将主力部队撤回托贝，甚至是斯皮特黑德，而在距离法国海岸附近的海域部署一些小型舰只以监视法国舰船，防止他们出来。法国海上贸易被彻底摧毁，国家财政也消耗殆尽。英国通过对中立国船只进行违禁品搜查，进一步限制了法国海上贸易，到"七年战争"结束时，英国人已经牢牢地掌握了制海权。[42]

在法国大革命（1792－1802）和拿破仑战争（1803－1815）期间，英国广泛运用了海上封锁作战样式。例如，1795 年，英国对洛里昂进行了 5 个月的封锁，这期间布雷斯特海军基地一直处在英国人的监视之下，皇家海军主力在本土时刻处于待命之中。在这种封锁条件下，由法国海军上将贾斯廷•博纳文图尔•盖拉德（Justin Bonaventure Morard de Galles，1741－1809）率领的 45 艘舰船所组成的编队还是成功逃离，这说明英国需要建立更为严密的封锁。因此，1797 年之后，英国将封锁区域延伸至罗什福尔和比斯开湾的洛里昂，以及地中海的土伦港。最后，英国对荷兰的特克塞尔港口和西班牙的费罗尔加的斯港口进行封锁。[43] 法国人有许多突破点可供选择，而英国人则需要对这些港口保持严密监视。[44]

对于英国来说，阿申特岛是封锁在布雷斯特的法国主要海军基地的关键位置。[45] 英国舰船经常远离基地在海上巡航。恶劣的暴风雨天气常常把执行封锁任务的舰船冲散。受西风影响，在布雷斯特的法国舰队不能出航，但是英国舰队可以在首次东风到来之时恢复它们的队形与部署，以阻止敌人逃离。反过来，这又取决于英国舰队的机动速度，以及部署位置与避风港之间的距离。虽然斯皮特黑德港不适合作为避风港之用，但是海军上将理查德•豪（Richard Howe）和塞缪尔•胡德（Samuel Hood）却选择了这里。他们多次在冬季将舰队主力驻留在该港口。[46] 尽管布雷斯特是最重要的港口，但英国并没有尽力去监视它。对于英国人来说，这个问题很复杂，因为法国舰队分别部署在不同的几个港口。[47] 因此，英国人很难有足够的力量来监视所有的港口。例如，在 1799 年 5 月发生 25 艘舰船逃离布雷斯特的事件之后不久，海军中将艾蒂安·尤斯塔奇·布鲁克斯（Étienne Eustache Bruix，1759－1805）突然在加迪斯出现。虽然英国西部舰队拥有 50 艘舰船，但未能阻止这一事件发生。[48]海军上将乔治·基思·埃尔菲斯通（基思子爵一世）（George Keith Elphinstone，1746－1823）率领由 18 艘舰船组成的编队在加迪斯封锁了西班牙舰队。尽管在实力上占有优势，但是布鲁克斯还是决定避开英国舰队。因此，他从布雷斯特逃离并没有给英军造成严重后果。[49]然而，布鲁克斯的逃离给英国人带来了长达 3 个月的危机。[50]

1800 年 4 月，海军上将约翰·杰维斯（圣·文森特伯爵，1735－1823）担任海峡舰队司令（统率 40 艘军舰和 5 名海军上将）。[51]他实施了比其前任更为严格的封锁。除此之外，杰维斯还做出了新的安排，以加快他的舰船改装，从而延长他们在任务海区的逗留时间。[52]他指示他的船只在托尔贝或卡桑德湾（普利茅斯东南部）进行改装，改装的船只在这两个港口的停留时间从来没有超过 6 天。除非有海军部或杰维斯亲自下达的命令，否则船只不允许进入斯皮特海德。[53]1801年，英国执行封锁任务的战列舰从 24 艘增加到 30 艘，主要用于封锁位于布雷斯特的法国主要海军基地。[54]将封锁部队的中部位置从东风季位于阿申特岛以西 8 法里（24 海里）变为西风季该岛以西 6 法里（18 海里）。[55]在冬季和夏季，杰维斯改变了对布雷斯特和罗什福尔的封锁行动方式，使得封锁更为严密，这使得法国舰艇几乎不可能突破。[56]

1803 年 5 月英国对法国宣战后，英国皇家海军封锁了整个法国海岸。实际上，这相当于英国把它的边界推到了法国。法国的航运、贸易和与殖民地的联系都被切断了，历史上从未有过像 1803 年－1805 年那样成功的海上封锁。在拿破仑战争（1803－1815）期间，英国人并没有试图将法国或西班牙的所有港口都封锁起来，而是要有效阻止任何法国大型舰艇出海。随后，他们封锁了位于布雷斯特、土伦和罗什福尔的敌方舰艇，并封锁了位于加迪斯的西班牙舰艇和位于费罗尔的法西联合舰队船只。[57]然而，出于某种原因，法国公众，包括拿破仑一世本人，认为封锁并不严重。法国人的舰队秩序井然，英国人却筋疲力尽。当然，这种持续不断的巡航会引起过度疲劳。然而，封锁任务也锻炼出了技能娴熟的舰员和军官。[58]

英国最成功的近程封锁是由威廉·康沃利斯海军上将（William Cornwallis，

1744－1819)在 1804 年－1805 年冬季和 1805 年 10 月特拉法尔加海战之后实施的。对于拿破仑一世来说，至关重要的是他的舰队中的部分舰船可以根据自己选定的时间和航线逃到公海上，并能确保在特定的位置迅速集中。[59] 为了阻止近程封锁，英法海军各自在英吉利海峡建立了基地。当法军编队从港口逃脱时，英军就会命令执行外围封锁任务的海上编队撤回至布雷斯特附近的中央位置，这样一来，如果法国人向爱尔兰或者英吉利海峡驶去时，英军就能截击逃脱的法国舰船；如果法国人沿着英吉利海峡机动，他们将会遇到部署在唐斯和北海的英国舰艇编队。[60]

英国对法国的封锁持续了 20 年。虽然在恶劣的天气情况下法国舰队得以逃脱，但许多船只都失散了，要想将它们组织起来是很困难的。许多舰船在费罗尔和布雷斯特被封锁多年。此外，沿海交通几乎完全瘫痪。封锁使得法国港口补给和供应变得非常困难。这提高了英国舰员士气，挫伤了法国舰员士气。[61]

在英美之间的 1812 年战争中，英国皇家海军封锁了美国东海岸。封锁的主要目的就是切断海上商贸交通。同时，英国皇家海军还要努力制止美国武装民船袭扰英国商船。1812 年，皇家海军共有 686 艘在役舰，其中 120 艘是战列舰，145艘是护卫舰，而部署在美国的舰船大约有 75 艘。美国海军当时只有 16 艘舰船（最好的舰船是 3 艘拥有 44 门炮的护卫舰）。[62] 由于英国皇家海军忙于对抗拿破仑一世，无法派遣大量海军增援部队前往加拿大，于是美国的武装民船为所欲为。这种情况在 1813 年发生了巨大变化，随着 1814 年春天拿破仑一世第一次垮台，英国可以在海上施加更大的控制，战争进入了第三阶段。英国皇家海军完全控制了美国东海岸和许多内陆水域，这实际上遏止了美国海军的作战行动以及商贸活动。英国陆军得到了加强后开始入侵美国，但是 1814 年 6 月 1 日美军在尚普兰湖上取得了胜利，英军的行动最终失败了。最后阶段英军对美国沿海城市进行了猛烈攻击。[63]

在克里米亚战争（1854—1856）期间，英法舰队在波罗的海和黑海对俄国港口实施封锁。在波罗的海，英国海军上将查尔斯·纳皮尔（Charles Napier，1786－1860）于 1854 年 4 月中旬封锁了利巴瓦（今天的利耶帕亚）、利沃尼亚湾（今天的里加海湾）和通往芬兰海湾的海上通道。纳皮尔还派遣了由 4 艘蒸汽动力船组成的编队进入波的尼亚湾。[64] 1854 年 6 月 20 日，当法国舰队抵达后，纳皮尔对俄国控制的海岸和整个芬兰海湾实施了全面封锁。然而，由于可用的舰船数量太少，因而无法完成全面封锁任务。[65] 到 6 月底，英法联合舰队共有 51 艘舰船（其

中 28 艘战列舰，5 艘一流的护卫舰，18 艘蒸汽动力船），以及 5 万名舰员和海
军陆战队员。[66] 由于有更多的舰船可用，对波的尼亚湾的封锁向北推进成为可能，
南部海岸于 1854 年 6 月 22 日被完全封锁。到 1854 年 7 月中旬，整个波的尼亚
湾被彻底封锁。[67]

　　1854 年，英国海军部命令海军中将詹姆斯·邓达斯爵士（James Dundas，
1785－1862）在黑海对俄国海岸实施封锁。然而，邓达斯发现他的法国搭档海
军上将弗朗索瓦-阿道夫·哈默林（Francois-Adolphe Hamelin，1796－1864）并
没有接到法国政府要求封锁俄国海岸的命令。[68] 因此，英法舰队在 1854 年 6 月
1 日仅仅封锁了多瑙河河口，其舰船仅在苏利纳港附近巡逻，零星地炮击俄国海
岸线上的阵地。[69] 然而，到 1854 年 12 月，英国海军部意识到法国人不能给他
们提供帮助，于是命令邓达斯封锁港口。然而，由于缺少可调用的舰船，封锁
没有起到应有的效果。[70]

　　1859 年 5 月 3 日，在奥地利和法国－皮埃蒙特联盟（第二次意大利独立战争）
之间的战争中——也就是在奥地利军队入侵皮埃蒙特的 4 天后——第一批法国和
撒丁王国的战舰抵达亚得里亚海。法国派往亚得里亚海的战舰包括 6 艘战列舰以
及多艘护卫舰和小型快艇。事实证明，这支海上力量足以牵制奥地利舰队。[71] 由
于奥地利的舰队力量不足，其海军指挥官费迪南德·马克斯（Archduke Ferdinand
Max，1832－1867，弗朗西斯·约瑟夫一世的兄弟）采取了防御姿态。他将最好
的帆船和明轮蒸汽船编组派往波拉。6 月 2 日，法国宣布封锁威尼斯和其他港口，
盟军舰队直到几周后才全部抵达该海域。7 月初，盟军舰队占领了卢辛皮科洛（今
天的马里洛希尼），将其作为对威尼斯实施登陆作战的基地。然而，在此时，由
于奥地利在 6 月 4 日的马真塔战役和 6 月 24 日的索尔费里诺战役中的失败，战
争的结局就已经注定。[72] 1859 年 7 月 11 日战争在《维拉弗兰卡停战协定》签署
后结束。

　　在美国南北战争（1861－1865）中，对南方联盟实施的联邦封锁（"蟒蛇"
计划）是海军对获取胜利所做出的最大贡献。从切萨皮克湾到墨西哥边境之间约
3500 英里的海岸线全部被封锁。为了维持战争，南方联盟的军队需要枪支、弹药、
医疗用品和服装，而欧洲的制造商迫切需要南方各州的棉花。随着联邦海军力量
的增强，海上封锁逐渐变得越来越有成效。[73]

　　1861 年，联邦海军只有 40 艘蒸汽动力船（其中 5 艘为蒸汽动力护卫舰）和

50 艘帆船。这就是可用于执行封锁任务的全部舰船，其余的舰船太陈旧已无法使用。[74] 联邦海军只有 7000 名现役军人。海军部长吉迪恩·威尔斯（Gideon Wells，1802－1878）大幅增加了造船数量。到 1865 年战争结束时，大约建造了 670 艘舰船，联邦海军人数达到了 22.5 万人。南方联盟拥有一支小型海军，在战争期间，尽管经济困难重重，仍然建造了 150 艘舰船。[75]

联邦封锁力量由四部分组成：（1）北大西洋封锁编队主要负责封锁从切萨皮克湾及其水系与南岸到南卡罗来纳边界附近的威尔明顿海岸。（2）南大西洋封锁编队主要负责封锁从威尔明顿以北到卡纳维拉尔角以南的海岸，其主要作战基地位于南部卡罗来纳的罗西尔港。1862 年 1 月后，墨西哥湾沿岸被划分为两个封锁区域。（3）东部海湾封锁编队主要负责封锁从卡纳维拉尔角到圣安德鲁海湾之间的海岸。（4）西海岸封锁编队主要负责封锁从圣安德鲁海湾到里奥格兰德河之间的海域，里奥格兰德河位于得克萨斯与墨西哥接壤的边境。[76]

在 1898 年的美西战争中，威廉·麦金利（William McKinley）总统指示美国海军于 4 月 21 日开始对古巴进行封锁。4 月 23 日，西班牙对美国宣战，两天后，美国国会对西班牙宣战。西班牙海军只有 4 艘装甲巡洋舰可用，而另外 1 艘老旧战列舰和 1 艘装甲巡洋舰在战争开始时还不能用。西班牙海军在役的舰艇还包括 5 艘轻型巡洋舰、13 艘鱼雷炮艇，以及 6 艘基本无用的双塔监测船。尽管西班牙海军官兵勇敢无畏，但面临着缺乏工程技能、设备低劣、消极被动、缺乏训练以及供应保障腐败等诸多问题。[77]

在 1898 年年初，美国海军在役的舰艇主要包括 4 艘新型战列舰、1 艘老旧战列舰、2 艘装甲巡洋舰、13 艘防护巡洋舰、6 架钢制监测船、8 架铁制监测船、33 艘无防护巡洋舰和炮艇、6 艘鱼雷艇和 12 艘拖船。其最大的弱点是缺乏运煤船、补给船、运输船、医院船和修理船——所有这一切都是维持有效海上封锁所必需的。[78]

西班牙人试图通过建造新的海岸炮台以及运用炮艇攻击小型船只来突破封锁，他们还试图在海岸炮台火力射击范围之内引诱大型美国舰船，有好几次西班牙人获得了成功。美国封锁舰船切断了从西恩富戈斯、圣地亚哥和关塔那摩到马德里的电报通信。在对圣地亚哥港口的封锁中，海军少将威廉·T. 桑普生（William T. Sampson，1840－1902）采取与先前相反的做法，他将所有舰船排成一条长线，从而将小型船只的警戒线延长了一倍，有效地封闭了港口狭窄的入口。他根据商业封锁的原则建立了军事封锁。然而他采取这样的方法并没有产生显著效果，因为西班牙人决定不战了。[80]

7.2.2　中程封锁

在帆船时代，由于没有足够数量的船只可供使用，实力强势一方的舰队只好采用所谓开放式封锁样式，即中程封锁。例如，在 1803 年－1805 年，纳尔逊运用不同于杰维斯和康沃利斯在英吉利海峡封锁法国港口的那种方式来封锁法国土伦海军基地。在实施封锁任务时，由于缺乏足够数量的舰船可供调用，于是纳尔逊只在土伦基地附近搜寻法国海军护卫舰，一旦发现情况就及时向他通报这些舰船的动向。纳尔逊编队不时地出现在土伦港口附近，但不会停留太久。[81]他和整个编队都待在海上，有时他会将编队撤回到位于撒丁岛的拉马达莱娜的阿金库尔湾锚地（当时是中立的），以便让他的舰员休整一下，而在封锁海域只留下部分护卫舰警戒。[82]在对土伦为期两年的封锁期间，他 6 次带领他的舰船去拉马达莱娜休整。[83]纳尔逊说他所采取的行动样式不同于以前的封锁方式，他给敌人提供出海的一切机会。[84]科贝特称纳尔逊的方法是"开放"式封锁。对纳尔逊而言，开放式封锁是为了摧毁敌人的海军力量。因此，这是确保制海权的明确步骤。[85]

纳尔逊封锁敌人港口的方法失败了两次，因为他的舰船距离港口太远。例如，1805 年 1 月 14 日，海军上将维尔纳夫（Villeneuve, 1763－1806）从土伦港逃了出来，他打算通过直布罗陀海峡，然后前往加勒比海。然而，只过了两天他就返回了土伦港。纳尔逊在地中海东部搜寻法国编队时被假消息欺骗了。他于 2 月 19 日返回到马耳他后才得知维尔纳夫又回到了土伦港。1805 年 3 月 30 日维尔纳夫进行了第二次尝试，他率领 11 艘战列舰避开纳尔逊的封锁舰船出航了，首先穿过直布罗陀海峡，然后驶向加勒比海。[86]由于拉马达莱娜距离土伦港大约 250 英里，很明显两地距离太远，无法实施有效封锁。[87]相比之下，海军上将杰维斯和康沃利斯所运用的方法对封锁敌方舰队更为有效。通过对法国港口实施近程封锁，英国人的士气得到激发，持续的海上巡航提高了英国舰员的航海技能。而被封锁的法国舰队士气低落，由于法国舰员长时间缺乏海上航海实践，随着时间的推移，他们失去了与敌人作战的能力。[88]

随着水雷和鱼雷武器的出现，实施近程封锁在 19 世纪后期就变得非常困难了。这反过来又使得一些指挥官将封锁舰船部署在远离敌人基地和港口的位置。

在 1904 年－1905 年的日俄战争中，日本海军指挥官、海军上将东乡平八郎对俄国海军驻旅顺基地实施了近 10 个月的中程封锁。[89] 他将长山群岛作为前进基地，在那里他长期部署有鱼雷艇和小型船只，以保持对旅顺港的监视。[90] 例如，1904年 8 月 19 日，东乡平八郎在旅顺港附近部署了由 10 艘驱逐舰和 8 艘鱼雷快艇组成的三支驱逐舰编队。在距离旅顺港出口大约 10 英里的地方，他部署了 5 艘巡洋舰、3 艘装甲巡洋舰和 7 艘鱼雷快艇；在距离旅顺港约 20～40 英里的地方，他部署了由 4 艘战列舰和 3 艘巡洋舰组成的日本主力。简而言之，日本在距离旅顺港 40 英里的半圆内部署了 15～20 艘大型战舰。[91]

在旅顺港出口处附近海域，日本舰队因俄国海军布设的水雷而遭受了巨大损失。东乡平八郎不仅损失了 2 艘战列舰，同时还损失了三分之一的作战力量，他被迫放松了对旅顺港的封锁。由于东乡平八郎的失利，大大推迟了日本帝国总参谋部在辽东半岛大连湾进行登陆的计划，该登陆位置距离旅顺港只有 53 英里。这一行动是非常冒险的，因为在旅顺港的俄国海军编队很可能会在日本战列舰因装煤或维修而不能参战的情况下攻击日军登陆部队的侧翼。东乡平八郎要求采用十几艘商船来封锁旅顺港，但是由于运送部队和物资所需的商船普遍短缺，这一请求被拒绝了。[92]

7.2.3　远程封锁

近程封锁的缺点在蒸汽机时代更加明显。封锁舰船对燃料的大量消耗大大增加了舰队的后勤保障需求。风向的转变不再给封锁编队带来情况缓解的机会，况且燃烧煤炭的船只没有帆船那样的航程和耐力。到 19 世纪后期，由于防御者大量使用水雷和鱼雷武器，近程封锁已经变得越来越困难。潜艇的运用以及飞机的出现意味着封锁编队日益暴露在危险的消耗战之中。[93]

马汉也许比他同时代的许多人更早意识到，鱼雷和潜艇的出现将会给封锁部队带来更大的压力。反过来，这会迫使攻击者将舰船部署在距离敌人基地、港口更远的海域。从另一种意义上讲，近程封锁由此转变为远程封锁。[94] 因此，远程封锁或者大范围封锁就成为强势舰队压制弱势对手的解决方案。

科贝特是第一个区分近程封锁与远程封锁的理论家。近程封锁是为了防止敌人从其基地/港口出逃，而远程封锁则是为了引诱敌人编队出航，以便与他们进行决战。[95]

卡斯特克斯表示，通过付出巨大努力，近程封锁可以暂时直接获取制海权。但重要的是，如果弱势一方逃脱了，这就会带来问题。相反，如果敌方舰队被摧毁，中程封锁可能就会带来对制海权的全面永久掌控。[96]

与近程封锁相反，执行远程封锁任务的舰队在作战态势上占有多处外围要点位置，因此能够按照合围封锁的航线展开作战行动。一般来说，远程封锁不如近程封锁有效，需要部署一支实力强大的舰队才能取得预期效果。在一定距离范围之内，实力强势一方的舰队容许弱势一方舰队有一定的行动自由。也许有人会认为实力弱势一方的舰队根本就没有被封锁。实力强势一方舰队不会将敌人封锁在其基地内；只要敌方舰船距离其基地较远，强势一方舰队就会采取拦截打击，甚至摧毁等手段进行威胁。[97] 强势一方虽然不能选择进行决战的时机，但是可以控制敌人的交通。[98]

远程封锁通常会引起制海权的争议。与对潜艇实施远程封锁相比，通常对水面舰艇封锁更有效。在与强势对手进行的作战中，远程封锁需要数量庞大的水面舰艇和航空兵。例如，在第一次世界大战中，英国皇家海军不得不将兵力集中在北海的斯卡帕湾—克罗默蒂—罗赛斯一线上。[99] 弱势对手可以对多处封锁隔离海域中的任何一处实施攻击，从而迫使强势一方的舰队在多处封锁隔离区部署主力舰艇，以便获取大部分海域的制海权。[100] 例如，在第一次世界大战中，英国人不仅要在斯卡帕湾部署主力舰艇，而且还要在英格兰的南部部署主力舰艇。在第二次世界大战中，英国人不得不在斯卡帕湾、直布罗陀和亚历山大港部署主力舰艇。[101]

在远程封锁中，弱势一方舰队所遭受的羞辱和打击要比封锁在港口内少得多。弱势一方还可以在很大程度上控制着封锁海域内的航运。[102] 只要敌方舰队没有被摧毁，就不能完全获取和保持水面、水下和空中的控制权，敌方舰队中的小部分或者甚至大部分舰艇都是有机会突破封锁的。弱势一方并非注定就无所作为，例如在第一次世界大战中，德国海军就能够控制波罗的海和北海的东部海域。

7.2.4　海上封锁法律的产生

直到 17 世纪晚期，有关封锁的国际法才产生。在早些年，交战国家就发出公告或类似的文书，告知中立方他们实施封锁的要求，以及如果违反了封锁要求所要承担的后果。然而，由于封锁是单边行动，它经常会导致实施封锁的国家与中立国之间的摩擦。[103] 在 17 世纪封锁运用得更加频繁之后，中立国开始对此做出回应。早期的法律学者最初更关心封锁的正当性。他们还试图调和封锁国与中立国之间的利益冲突。中立国要么默许，要么以强大的海上实力来抗议他们的封锁行为。通常情况下，中立国为了保护他们的海上利益而开战。随着时间的推移，人们普遍认识到，合法封锁的一般原则应以适宜的公告、有效的实施、公正的执行和尊重中立者的权利为基础。[104]

在现代，海上封锁行为成为国际法的主要课题之一。1856 年，在结束克里米亚战争的巴黎会议上，讨论的主要问题之一是海上封锁。在 1856 年 4 月 16 日发表的《巴黎海战宣言》中规定"为了具有约束力，封锁必须是有效的，也就是说，由强势力量实施的封锁，要防止进入对方海岸"。《宣言》还指出，"本宣言并不具有也不应具有约束力，但已加入或将加入本宣言的国家除外"。[105]《宣言》中还包括了其他条款。1909 年 2 月 26 日在伦敦发表的《海战法》中重复了这一《宣言》。它还规定，封锁范围"不得延伸到属于对手所拥有或者占领的港口和海岸"。第 5 条规定"对所有国家的船只必须实行公正的封锁"。[106]然而，《伦敦宣言》从未得到英国的批准，也没有作为任何谈判国的约束性文书生效。[107]

7.2.5　世界大战中的海上封锁

潜艇、水雷和飞机的出现彻底改变了封锁样式。弱势一方通过运用以上武器装备迫使强势一方将其封锁舰艇部署在距离对手海岸数百英里以外的海域。新型武器装备的运用并没有像过去那样直接部署海上封锁编队，而是建立封锁区，禁止所有船只进入。通告向所有国家发布，要求他们远离这些海域。在封锁区内即使是中立的船只，也容易受到任意攻击。[108]封锁区内允许对商船进行任意攻击，在妨碍封锁的情况下会取消传统中立方的捕获权。[109]

在第一次世界大战中，海上封锁与传统法律规范要求不相符。被公告封锁的各战区包含了大片海域，这对海上航运的船舶构成威胁。战区也称为"作战区""隔离区""禁区"或"军事区"。由于水雷和潜艇的使用，所有海战规则都不适用，因为封锁区不仅对过往通过的敌方商船来说是危险的，而且对中立国的商船同样也是危险的。[110]

在第一次世界大战中，封锁的目的就是通过使敌人遭受饥饿以及阻断战争物资的运送来打败敌人。这与日本在 1904 年日俄战争中的做法完全相反。[111]当时，日本政府授权海军部长或总司令在战争爆发时将日本岛屿附近的毗连海域划定为"海上防御区"。日本当时大约有十几个这样的海域被公告为"海上防御区"。在某些情况下，它们的边界距离海岸最远可达 10 英里。[112] 所谓远程封锁的概念导致了封锁方式的彻底改变。[113] 协约国在 1914 年 11 月实施的远程封锁在法律上是不允许的，但他们辩解道他们只是为了报复对方，即对德国在不列颠群岛周围公海水域使用触发式水雷进行报复，德国违反了 1907 年《海牙公约》第八款关于禁止在水下使用触发式水雷和潜艇的规定。[114] 在封锁区内使用水雷和潜艇对过往的所有船只不加区别地实施攻击，这实际上表明传统的法律已经过时了。[115]

1905 年－1911 年，英国皇家海军专注于对北海德国海岸实施所谓的远程封锁，以防与德国发生战争。封锁使用的主要装备是轻型装备。由于高度危险，因而无法对大型舰船实施近程封锁。经过综合考虑，决定在该海域保留轻型力量。[116] 到 1911 年，英国海军部决定在北海对德国公海舰队实施远程封锁，以防欧洲战争爆发。这是在 1912 年 12 月中旬正式通过的战争命令。[117] 具体来说，联合舰队将作战编队部署在斯卡帕湾附近；第二舰队，也就是海峡舰队，部署在多佛尔海峡和英格兰南部海岸附近海域；第三舰队将作为预备队和区域防御力量。[118] 在海上封锁的同时，英国还决定实施商业封锁，通过在多佛尔海峡和北海北部出口附近海域部署第十巡洋舰编队，关闭了多佛尔海峡通道和北海北部出口。[119]

1914 年 8 月战争爆发后不久，联合舰队在北海实施了远程封锁。英国人将封锁线设置在远离德国基地的位置。如果公海舰队试图突破北海的北部或南部出口，联合舰队就在附近海域准备对其实施攻击。最终的目标是将德国与海外的所有联系切断。[120] 德国人把他们的舰船部署在由威悉河、埃姆斯和杰德河的海军基地所组成的三角形的作战海域附近。由于初始部署的兵力对比是三比二，在寻求舰队决战行动之前，德国人试图通过消耗战来消耗对手的海军实力。然而，这些行动并不是全部军事战略目标的组成部分，也不是作战计划的组成部分。尽管有继续进攻的压力，但德国公海舰队仍然保持战略防御态势，但在战术层面上则采取了进攻行动。[121]

英国人则成功地保护了封锁线后面的国家海上利益。从进攻的角度来看，联合舰队从斯卡帕湾到海峡的众多港口对德国舰船实施的控制，并不比对德国北海港口实施的近程封锁更为完善。最后的结果可能远程封锁更有效，因为封锁也包括了与德国相邻的中立国。从防御角度来看，英国实施的远程封锁已经完全达到了其主要目的。只要北海的南北出口受到严密控制，德国水面舰艇就无法攻击英国在大西洋航线上的舰船。

在第一次世界大战中，对半封闭海域实施远程封锁通常不会阻止弱势一方对毗连内海作战范围的控制。例如，尽管英国对北海的德国舰队进行了远程封锁，但德国人在整个战争期间都控制着波罗的海。然而，远程封锁为实力强势舰队提供了最佳方式来遏制实力虽然较弱但是具有潜在危险的敌人，从而提高了实力强势舰队在相对安全的情况下充分利用海洋的机会。但与此同时，技术和战略环境给了被封锁国的海军（德国和奥匈帝国）更多的行动自由。盟军虽然封锁了亚得里亚海的唯一出口，但这并没有阻止奥匈帝国海军对亚得里亚海主要部分的实际控制。

在第二次世界大战中，西方盟国将封锁作为切断轴心国与海外联系的重要方法。1939 年 11 月 27 日，英国发布了对德国实施远程封锁的枢密令，包括意大利在内的中立国提出了强烈抗议。1940 年 6 月 1 日意大利参战之后，西方盟国也对意大利实施了封锁。正如第一次世界大战那样，西方盟国认为实施海上封锁是对轴心国的报复。[122] 英国人认为这是正义行为，因为德国违反了 1936 年签署的《伦敦（潜艇）议定书》和 1907 年签署的《海牙水雷公约》（第 8 条），而且德国还任意攻击盟国和中立国家的海上商业船只。[123]

1941 年 12 月日本偷袭珍珠港后，美国宣布将整个太平洋从北极圈到南极洲划设为一个巨大的封锁区，约有 6900 万平方英里的海域包括在内。它命令美国潜艇在无须警告的情况下攻击在宣布封锁海域内发现的所有日本军舰和商船。[124]

7.2.6　1945 后的海上封锁

第二次世界大战结束后，几次局部战争中都宣布实施了海上封锁。二战结束后的第一次海上封锁是美国总统哈里·S. 杜鲁门（Harry S. Truman，1884－1972）在朝鲜发生战争后不久宣布的。1950 年 6 月 30 日，杜鲁门宣布通过运用海空兵力对朝鲜实施海上封锁。[125] 封锁的主要目的不是牵制朝鲜海军，而是通过海空打击朝鲜的后勤保障来施加经济压力。[126] 朝鲜的任何地方距离海边都不超过 120 英里。因此，人们认为朝鲜很容易受到海军力量的压力。美国不得不启用大量已封存的舰艇，从遥远的战区派遣来大量的飞机。到 1951 年夏天，2～3 艘典型的美国航空母舰、1 艘战列舰、几艘巡洋舰，以及数量不少的驱逐舰部署在了朝鲜的东海岸。英联邦派出 1～2 艘航母，以及相伴随的巡洋舰和驱逐舰。此外，法国、澳大利亚和哥伦比亚海军也参与了封锁。美国在日本海部署了第 77 特遣舰队，以切断朝鲜与苏联符拉迪沃斯托克港口之间的海上交通。此外，封锁还涵盖了朝鲜西海岸水域，主要目的是切断朝鲜与中国沿海之间的交通。（朝鲜主要使用非武装的小型帆船或舢板运载货物。）[127]

1967 年 6 月的"六日战争"的主要原因之一是埃及于 1967 年 5 月 22 日宣布封锁蒂朗海峡。埃及宣称对于悬挂以色列国旗或携带战略物资的所有船只禁止通过该海峡，于 1967 年 5 月 23 日生效。[128] 10 月 6 日是战争首日。埃及的封锁区涵盖了北纬 33° 以南、东经 29° 30′ 以东的区域。叙利亚的封锁区涵盖了北纬 33° 以北、东经 34° 以东的区域。[129] 封锁区内的任何船只都要冒着风险航行。[130] 埃及在红海上也宣布了一个封锁区，并在苏伊士湾南部出口附近海域布设了水雷，以阻止以色列油轮在西南油田和埃拉特之间运输。[131]

在过去的 30 年中，"封锁"一词已被许多国家用更为温和的术语"禁区"及其他引申词所代替。美国在 1962 年 10 月的古巴导弹危机期间使用了"隔离"一词。尽管使用了这些词语，实施封锁的国家仍然必须遵守国际法中规定的封锁规则。例如，在 1982 年的英阿马岛战争中，交战双方都宣布了几个禁区。最初，英国和阿根廷的声明都旨在限制武装冲突的规模。4 月 12 日，英国政府宣布建立以马岛为中心约 200 海里范围内的海上隔离区。该区域中只有阿根廷舰艇和海军勤务船才可能受到攻击。[132] 建立海上隔离区的目的旨在限制阿根廷飞机、军舰和勤务船进入该海域。[133] 4 月 28 日，英国政府宣布于 4 月 30 日起实施完全禁区。它的范围和隔离区一样，但规定"任何……在该区域内出现的飞机，无论是军用的还是民用的，如果没有来自伦敦国防部的授权，将被视为支持非法占领，因此都将被认为是有敌意的……"。[134] 伴随着公告海上禁区的同时，英国发表声明说，设立禁区"依据《联合国宪章》第 51 条的规定，在不损害联合王国行使其自卫权时可能需要采取其他额外措施。"[135] 英国公告的禁区只受到阿根廷和苏联的挑战。[136] 5 月 7 日，英国政府宣布，由于敌对势力可以在马岛为阿根廷部队提供补给或采取其他未被发现的敌对行动，尤其在夜间和恶劣天气情况下，任何阿根廷的军舰和军用飞机在距离其海岸 12 英里之外被发现，都将被视为敌对行动。[137] 这一声明是对 4 天前阿根廷飞机击沉英国皇家海军"谢菲尔德"号驱逐舰事件的回应。[138] 4 月 13 日，阿根廷政府在其海岸和马岛附近建立了 200 海里的隔离区。[139] 4 月 29 日，阿根廷加强了隔离区的封锁，5 月 11 日正式宣布"南大西洋战区"。[140]

1994 年 6 月通过的 "关于适用于海上武装冲突的国际法《圣雷莫手册》" 为建立海上封锁提供了法律依据。手册阐述了封锁的目的是禁止敌人运用其自己和中立的船只或飞机运送人员和货物往来其领土。这也是交战双方可能用于切断对方出口的唯一海战方法。[141]《圣雷莫手册》规定，"封锁声明应当说明封锁开始的时间、期限、地点、封锁范围以及中立国船只离开封锁海岸的期限"。封锁必须合规。[142] 封锁 "必须要通过合法的战争手段和方法来执行和维持"，并符合《圣雷莫手册》中的规则要求。封锁也不能阻止进出中立国的港口和海岸，必须公正地对待所有国家的船只。[143] 手册还说明可以运用军用飞机来加强和维持封锁，而飞机在多数情况下要听命于军舰的指挥。[144]

7.2.7　对敌要害位置/地区实施威胁

对敌方要害位置/地区实施威胁是另一种牵制战法。它通常与海上封锁同时使用，但也可以单独使用。其目的是运用海军力量对敌人认为有价值的位置构成重大威胁，迫使敌人在其附近部署海军兵力或地面部队来保护它。只有实力强势一方才具有建立海上封锁的能力，并对敌人形成威胁。而对要害位置/地区实施威胁同时适合于强弱双方。[145]

要想对敌方的要害位置/地区构成威胁，有两种主要方法：一是在主战场调动大量敌军；二是将敌方主力调动到实力强势一方的次要战区范围之内。实力强势一方可以威胁或者用实际行动在拥有大片海岸线的一侧实施两栖登陆突袭。虽然这样的突袭行动很少具有决定性作用，但可能会迫使敌人在沿海地区部署更多的地面部队。持续不断的袭击或入侵威胁会对敌方民众的士气造成不利影响。对敌方要害位置进行突袭的关键就是运用可靠的两栖登陆作战。经验表明，有些突袭是成功的，有些则不然。例如，在 "七年战争"（1756－1763）中，英国威胁要在法国大西洋海岸发动突袭，迫使法国对易受攻击的地区部署大量的部队。为了加强海军基地和商业港口的防御，法国人依靠强大的海岸要塞进行防御作战，在几天之内这些要塞就可以得到各处民兵部队的增援。约 30 万名国民警卫队的民兵守卫着法国海岸，以抗击 3 万人左右的英国军队可能在唐斯的登陆。[146] 1758年，法军主力对汉诺威和普鲁士发动了进攻。英国的威胁阻止了法国增派更多的部队在威斯特伐利亚同普鲁士作战。此外，法国人也无法向他们在路易斯堡和加拿大魁北克的驻防部队派遣增援部队。[147]

英国人不仅威胁实施突袭，而且还用实际行动实施了突袭。例如，1758 年 6 月，海军上将豪（Howe）在一支小型护航和保障编队的护送下，率领约 1.3 万名士兵在圣马洛岛登陆，然后封锁了港口。如果处在布雷斯特的法军舰艇编队试图阻挠英国的远征军，安森上将就让他的海峡舰队对其进行拦截。然而，他将舰队部署在距离布雷斯特足够远的位置，以便让法国舰队可以在需要的时候突围。豪上将此次远征的目的是摧毁即将驶往加拿大的法国舰船，迫使法国从德国撤军以加强其海岸防御，并诱使法国舰队离开布雷斯特以保护圣马洛，从而确保安森上将与之进行决战。[148]

虽然英军没能占领要塞，但是在港口内，英军摧毁了 4 艘护卫舰、8 艘武装民船、62 艘商船以及各种小型船只。[149] 英军在法国军队还没来得及集结之前就已经重新登船启航了。

在克里米亚战争（1854—1856）期间，法英舰队在波罗的海的存在，潜在地威胁到俄国的赫尔辛福斯、喀琅施塔得和其他许多港口。而这反过来又牵制了原本派往克里米亚的俄国军队。[150] 在 1870 年—1871 年的普法战争中，法国海军比北德联邦海军（于 1867 年 10 月创建）的规模和实力强大得多。[151] 法国计划通过在波罗的海集结兵力来削弱普鲁士/德国在主要战线上的部队。法国打算派遣一支由 14 艘装甲护卫舰和一些侦察船组成的编队前往波罗的海。这支编队后面紧跟着一支运输编队，装载着约 3 万人的部队，并配有大炮和炮艇。[152]

1870 年 7 月 24 日，也就是战争开始的 9 天之后，法国人组建了一支由 7 艘装甲护卫舰和 1 艘侦察船组成的编队（只有其原有兵力的一半）。[153] 该编队在爱德华·布埃特-威卢姆斯（Édouard Bouët-Willaumez，1808—1871）上将的指挥下，于 7 月 28 日抵达桑德海峡，这是一条 2.5 英里宽的海峡，将丹麦的西兰岛与瑞典的斯堪尼亚省隔开。8 月 2 日，他收到了法国政府下达的进入波罗的海的命令。与此同时，法国从地中海舰队抽调力量组建了第二支编队，由 8 艘装甲舰艇和 4 艘快艇组成。该编队将在 8 月 9 日准备驶往波罗的海。[154]

法国人希望通过承诺向波罗的海调派登陆部队，以此引诱丹麦人向普鲁士宣战。[155] 他们认为在北德联邦海滩登陆有成功的可能。然而，除非丹麦加入法国阵营进行作战，否则法国很难维持下去。然而，丹麦人对法国的承诺无动于衷。早期普鲁士在陆上的成功使他们保持中立。[156] 有趣的是，普鲁士总参谋长赫尔穆特·冯·毛奇将军（Helmut von Moltke，1800—1891）在 1868 年—1869 年冬天所写的一份备忘录中认为，法国有可能在波罗的海登陆。因此，他预见到需要大约 4 万名野战部队士兵来防止这样的登陆。[157]

法国在波罗的海编队显然缺乏明确的行动计划。他们的活动仅限于巡逻和扣押德国商船。两位海军上将都没有试图对德国北部海岸进行封锁。9 月 2 日拿破仑三世在色当被击败和俘虏，导致法国编队迅速从波罗的海撤退到瑟堡。[158] 尽管在实现主要目标方面显然没有取得成功，但卡斯特克斯却声称，由于普鲁士担心法国入侵，毛奇爵士被迫在普鲁士北部保留了大量兵力。[159]

现代战争已经反复证明拥有可靠的两栖作战能力具有巨大优势。持续不断的空袭或者入侵威胁可能会对保卫海岸和近海岛屿的敌方大部分陆上力量和海上力量有所牵制。运用这种方式，在主战区实施大规模两栖登陆的成功可能性就会大大提高。例如，1941 年 6 月在德军入侵苏联前夕，盟军两栖登陆的威胁迫使德军沿着 8000 英里长的欧洲海岸线部署了 53 个师的兵力，占总兵力的 27%。与此同时，德军动用了 120 个师，占总兵力的 60%，用于入侵。[160] 希特勒和德国国防军最高司令部（OKW）特别关注盟军在 1941 年－1942 年侵入挪威的可能性。1941 年 12 月 14 日，希特勒指示在挪威修建防御设施和改善沿海地区的交通道路。他的观点是，如果敌人成功占领挪威，那么盟国就能够定期向苏联提供补给，从而对德国北方阵线构成严重威胁。这样，敌人也就可以在波罗的海进行作战。在这种情况下，德国将无法从贝柴摩（今天的佩琴加）获得关键的瑞典铁矿石和芬兰镍矿产。同时德国特工提供的情报以及西方媒体和西方领导人发表的声明，也为这些观点增添了紧迫性。12 月 27 日，当英国突击队在特隆赫姆南部对瓦格罗伊－罗浮敦和马洛伊进行突袭后，德国人的担忧更是加剧了。[161] 1941 年 12 月 29 日和 1942 年 1 月 12 日，希特勒会见了德国海军司令埃里希·雷德尔（Erich Raeder，1876－1960）上将。希特勒认为敌人对挪威构成威胁，需要重新部署德国重型舰船，以阻止登陆。根据瑞典的消息来源，希特勒还认为英国人和美国人可能会在特隆赫姆和希尔克内斯之间登陆。他指示雷德尔将所有可用的海军力量都部署到挪威。[162] 到 1942 年 1 月底，希特勒确信，在瑞典和芬兰的支持下，敌方正在准备大规模登陆行动。在他看来，海军每艘不在挪威的船只都在错误的地方。雷德尔同意这种看法。[163]

1943 年，德军还向意大利调派了 18 个师，以防止盟军 15 个师可能登陆。与此同时，德国又向巴尔干地区部署了 15 个师的兵力，是先前兵力的两倍，因为人们普遍认为盟军会在那里登陆。[164]

　　驻韩联合国最高指挥部同样也清楚强大而可靠的两栖作战能力具有不可估量的价值。朝鲜半岛几乎是以多地登陆为威胁的理想之地。联合国军指挥官马修·里奇威（Matthew Ridgway，1895－1993）将军和马克·W．克拉克（Mark W. Clark，1896－1984）将军利用一切机会强调两栖登陆对朝鲜和中国的威胁。他们下令在日本和韩国举行两栖登陆演习。海军陆战队第一师在华川郡水库举行了两栖登陆演习，以便朝鲜能够观察到。[165] 为了应对登陆威胁和联合国军的空中优势，朝鲜在时间和物资上都做出了巨大的努力，以加强其反登陆作战和防空作战。1950年 9 月 15 日，美国在仁川的成功登陆（代号"铬铁"）让朝鲜感到非常意外，他们不希望在将来还有这样的登陆行动。朝鲜陆上的前线防御工事是由半岛东岸到西海岸地下隧道组成的蜂窝状结构。这些隧道有许多是深埋于地下的，因此可以抗击炸弹的轰炸和火炮的打击。他们还加强了海岸防御。[166] 几十万朝鲜人正在构建和部署沿海防御设施。与陆上前线防御一样，朝鲜的沿海防御包括大量的地下设施。此外，他们在沿海地区修建了多条壕沟防线，并布设了大量地雷。大片稻田被淹没。他们还做好了淹没其他地区的准备，以防来自大洋彼岸的入侵。[167]

　　在 1990 年－1991 年的海湾战争中，拥有可靠的两栖登陆威胁能力的价值才显现出来。诺曼·施瓦茨科普夫（Norman Schwarzkopf，1934－2012）将军用第13 海军陆战队远征部队来欺骗伊拉克人，以牵制他们在科威特的力量。据报道，伊拉克被迫至少部署了 3 个步兵师来保护从南部的科威特城到沙特－科威特边界的海岸。[168] 美国海军陆战队显然做好了在科威特海岸进行两栖登陆的准备，实施了高调宣传的演习，并以像"雷鸣"这样的预兆性的名字来命名。与此同时，美国与多国部队试图让伊拉克的萨达姆·侯赛因确信，他们将对伊拉克在沙特边境沿线防御最严密的地区发动大规模的地面进攻。[169]

7.2.8　战略转移

　　另一种牵制敌人的方法就是战略转移。虽然这种方法通常被弱势一方所采用，但强势一方有时也使用这种方法。战略转移的目的是在主战场上获得更有利的力量对比（甚至优势），诱使或欺骗弱势对手将其主力兵力集结于次要战场上。战略集结和战略转移都有一个共同的特点：两者都只实施一次。此外，令人吃惊的是两者的影响都是暂时的。一次成功的战略转移具有类似于战略集结的效果，因为在主要战场上,敌人的主力被撤走了或无法使用。例如,在"七年战争"(1756—1763)期间,英法双方都利用战略转移,试图误导对方在兵力部署和力量分配上做出错误的决策。然而,英国人做得更为成功。在战争中,英国的主要战略目标就是将法国从加拿大驱逐出去。因此,北美是他们的主要战场。为了牵制法国军队,他们决定用金钱以及少量部队来帮助他们的普鲁士盟友腓特烈大帝(King Frederick the Great,1712—1786)来对抗他们的共同敌人——奥地利和法国。其目的就是在欧洲大陆牵制尽可能多的法国军队,这样法国就很难加强在加拿大的驻军。另一个目的就是迫使法国在欧洲大陆上做出更大的努力,以使它不能投入更多的资源来建设自己的海军。战争爆发后,英国人通过迫使法国人把注意精力集中于欧洲战场,从而为英国在加拿大对法国占领地成功实施军事行动创造了有利条件,也就是说,对英国而言,这绝对是一场至关重要的战争。[170]

7.3 小结

牵制敌人是强势一方获得制海权的重要手段。强势一方应该将决战与牵制敌人行动结合起来。即使在战争的初期阶段,重点应该始终是通过决战来摧毁敌方力量,在宽广的海上战场,海上封锁可能是打败弱势一方海军力量最有效的方法之一。一般来说,在敌对行动开始后不久就应宣布海上封锁。与大规模舰队对决不同,海上封锁需要长时间才能达成效果。同时它还需要大量体积不大、性能不需要太好但造价低廉的船只。所有海军作战武备,包括其他军种的作战武备,都应该用来加强封锁。如今,飞机可能是执行封锁任务最有效的平台之一。在封锁行动中,战役目标和最终局部战略目标不可能很快就能达成,而是随着时间的推移逐步实现。作战部队运用的主要方法是战术行动,在实施海上封锁时很少采取大规模海战/联合作战行动。

对敌方的重要位置或地区实施威胁是行之有效的牵制方法之一。而最有效的威胁方法就是对敌方控制的海岸和近海岛屿实施大规模两栖登陆。经验表明,当弱势一方处于孤立无援或者地理位置位于半岛地区时,这种方法尤其有效。确切地说,强势一方必须拥有作战能力强大和训练有素的两栖登陆部队。这通常会迫使实力弱势一方在宽广的海岸线上部署大量兵力,以构建强大的海岸防御体系。此外,实力弱势一方还会调派更多的船只来支援海岸部队。因此,这样的部队是不可能用来争夺海上制海权的。如果在两处或两处以上的海域发生战争，并与同一对手进行作战，实力强势一方可能会利用主次战场来欺骗对手。如果欺骗成功的话，实力弱势一方就会将其主力部署在实力强势一方所设计好的次要战场上。

注释

1. Elwin F. Cutts, Operations for Securing Command of the Sea Areas, Part 1（Newport, RI: Naval War College, 8-9 July 1938）, p. 46.

2. Staff Presentation, Operations in Sea Areas Under Command, Part 1（Newport, RI: Naval War College, July 17, 1941）, p. 1.

3. Alexander Meurer, Seekriegsgeschichte in Umrissen. Seemacht und Seekriege vornehmlich vom 16.Jahrhundert ab（Leipzig: Verlag v. Hase & Koehler, 1925）, p. 49.

4. Elwin F. Cutts, Operations for Securing Command of the Sea Areas, Part 1（Newport, RI: Naval War College, 8-9 July 1938）, p. 49.

5. Geoffrey Till, editor, Maritime Strategy and the Nuclear Age, 2nd ed.（New York: St. Martin's Press, 1984）, p. 123.

6. Raoul Castex, More Protiv Kopna, Vol. 1. Translated by Hijacint Mundorfer（Théorie stratégiques, Vol. 1: La Mer Contre La Terre）（Belgrade: Geca Kon AD, 1939）, p. 26.

7. Raoul Castex, More Protiv Kopna, Vol. 1. Translated by Hijacint Mundorfer（Théorie stratégiques, Vol. 1: La Mer Contre La Terre）（Belgrade: Geca Kon AD, 1939）, p. 25.

8. Raoul Castex, More Protiv Kopna, Vol. 1. Translated by Hijacint Mundorfer（Théorie Stratégiques, Vol. 1: La Mer Contre La Terre）（Belgrade: Geca Kon AD, 1939）, p. 35.

9. Raoul Castex, More Protiv Kopna, Vol. 1. Translated by Hijacint Mundorfer（Théorie stratégiques, Vol. I: La Mer Contre La Terre）（Belgrade: Geca Kon AD, 1939）, p. 34.

10. Raoul Castex, More Protiv Kopna, Vol. 1. Translated by Hijacint Mundorfer（Théorie stratégiques, Vol. 1: La Mer Contre La Terre）（Belgrade: Geca Kon AD, 1939）, p. 35.

11. Geoffrey Till, editor, Maritime Strategy and the Nuclear Age, 2nd ed.（New York: St. Martin's Press, 1984）, p. 125.

12. David T. Cunningham, The Naval Blockade: A Study of Factors Necessary for Effective Utilization（Fort Leavenworth, KS: School of Advanced Military Studies, U.S. Army Command and General Staff College, June 1987）, p. 38.

13. Cited in Andrew D. Lambert, "The Crimean War Blockade: 1854-56," in Bruce A. Elleman and S.C.M. Paine, editors, Naval Blockades and Seapower. Strategies and Counterstrategies,

1805-2005（London: Routledge, 2006）, p. 49.

14. Wilhelm True, Der Krim Krieg und seine Bedeutung für die Entstehung der modern Flatten （Herford/Bonn: E. S. Mittler & Sohn GmbH, 1980）, pp. 98-99.

15. Gabriel Darrieus, War on the Sea. Strategy and Tactics （Annapolis, MD: United States Naval Institute, 1908）, p. 212.

16. David T. Cunningham, The Naval Blockade: A Study of Factors Necessary for Effective Utilization （Fort Leavenworth, KS: School of Advanced Military Studies, U.S. Army Command and General Staff College, June 1987）, pp. 16-17.

17. Philip A. Crowl, "Alfred Thayer Mahan: The Naval Historian," in Peter Paret, editor, Makers of Modern Strategy. From Machiavelli to the Nuclear Age （Princeton, NJ: Princeton University Press, 1986）, p. 459.

18. Julian S. Corbett, Some Principles of Maritime Strategy（London: Longmans, Green and Co., 1918）, p. 182.

19. Julian S. Corbett, Some Principles of Maritime Strategy（London: Longmans, Green and Co., 1918）, p. 164.

20. Julian S. Corbett, Some Principles of Maritime Strategy（London: Longmans, Green and Co., 1918）, p. 182.

21. Julian S. Corbett, Some Principles of Maritime Strategy（London: Longmans, Green and Co., 1918）, p. 167.

22. Julian S. Corbett, Some Principles of Maritime Strategy（London: Longmans, Green and Co., 1918）, p. 165.

23. David T. Cunningham, The Naval Blockade: A Study of Factors Necessary for Effeetive Utilization （Fort Leavenworth, KS: School of Advanced Military Studies, U.S. Army Command and General Staff College, June 1987）, pp. 16-17.

24. Bernard Brodie, A Layman's Guide to Naval Strategy （Princeton, NJ: Princeton University Press, 1942）, p. 89.

25. Nikola Krajnović, Prevlast Na Moru （Belgrade: Viša Vojno-Pomorska Akademija, 1 November 1983）, pp. 4-5.

26. Arthur MacCartney Shepard, Sea Power in Ancient History. The Story of the Navies of Classic Greece and Rome （London: William Heinemann Ltd., 1925）, pp. 35-36.

27. Wade G. Dudley, "The Flawed British Blockade, 1812-15," in Bruce A. Elleman and S.C.M. Paine, editors, Naval Blockades and Seapower Strategies and Counterstrategies, 1805-2005 （London: Routledge, 2006）, pp. 36-37.

28. David T. Cunningham, The Naval Blockade: A Study of Factors Necessary for Effective

Utilization（Fort Leavenworth, KS: School of Advanced Military Studies, U.S. Army Command and General Staff College, June 1987）, pp. 33, 31.

29. G.J. Marcus, A Naval History of England, Vol. 2: The Age of Nelson. The Royal Navy 1793-1815（New York: Viking Press, 1971）, pp. 239, 241.

30. Raoul Castex, More Protiv Kopna, Vol. 1. Translated by Hijacint Mundorfer（Théórie stratégiques, Vol. 1: La Mer Contre La Terre）（Belgrade: Geca Kon AD, 1939）, p. 35.

31. Mark L. Hayes, "The Naval Blockade of Cuba During the Spanish-American War," in Bruce A. Elleman and S.C.M. Paine, editors, Naval Blockades and Seapower. Strategies and Counterstrategies, 1805-2005（London: Routledge, 2006）, p. 84.

32. Mark L. Hayes, "The Naval Blockade of Cuba During the Spanish-American War," in Bruce A. Elleman and S.C.M. Paine, editors, Naval Blockades and Seapower Strategies and Counterstrategies, 1805-2005（London: Routledge, 2006）, p. 83.

33. David T. Cunningham, The Naval Blockade: A Study of Factors Necessary for Effective Utilization（Fort Leavenworth, KS: U.S. Army Command and General Staff College, June 1987）, pp. 26, 19-20.

34. Alexander Meurer, Seekriegsgeschichte in Umrissen. Seemacht und Seekriege vornehmlick vom 16.Jahrhundert ab（Leipzig: Verlag v. Hase & Koehler, 1925）, p. 188.

35. Alfred Stenzel, Seekriegsgeschichte in ihren wichtigsten Abschnitten mit Berücksichtigung der Seetaktik, Part 3: Von 1600 bis 1720（Hannover/Leipzig: Hahnsche Buchhandlung, 1909）, p. 156.

36. David T. Cunningham, The Naval Blockade: A Study of Factors Necessary for Effective Utilization（Fort Leavenworth, KS: U.S. Army Command and General Staff College, June 1987）, pp. 26, 19-20.

37. Elwin F. Cutts, Operations for Securing Command of Sea Areas（Newport, RI: Naval War College, 8-9 July 1938）, p. 42.

38. Julian S. Corbett, Some Principles of Maritime Strategy（London: Longmans, Green and Co., 1918）, p. 171.

39. Raoul Castex, More Protiv Kopna, Vol. 1. Translated by Hijacint Mundorfer（Théórie stratégiques, Vol. 1: La Mer Contre La Terre）（Belgrade: Geca Kon AD, 1939）, p. 28.

40. Julian S. Corbett, Some Principles of Maritime Strategy（London: Longmans, Green and Co., 1918）, p. 171.

41. Raonl Castex, More Protiv Kopna, Vol. 1. Translated by Hijacint Mundorfer（Théórie stratégiques, Vol. 1: La Mer Contre La Terre）（Belgrade: Geca Kon AD, 1939）, p. 28.

42. David T. Cunningham, The Naval Blockade: A Study of Factors Necessary for Effective

Utilization（Fort Leavenworth, KS: U.S. Army Command and General Staff College,June 1987）, pp. 20-23; Geoffrey Till, Maritime Strategy and the Nuclear Age, 2nd ed.（New York: St. Martin's Press, 1984）, p. 122.

43. Rene Daveluy, The Genius of Naval Warfare, Vol. I: Strategy（Annapolis, MD: United States Naval Institute 1910）, p. 220.

44. Alfred T. Mahan, Influence of Sea Power upon the French Revolution and Empire, 1793-1812, Vot. I, 8th ed.（Boston: Little, Brown, and Company, 1897）, p. 241.

45. Alfred T. Mahan, Influence of Sea Power upon the French Revolution and Empire, 1793-1812, Vol. I, 8th ed.（Boston: Little, Brown, and Company, 1897）, p. 344.

46. Alfred T. Mahan, Influence of Sea Power upon the French Revolution and Empire, 1793-1812, Vol. I, 8th ed.（Boston: Little, Brown, and Company, 1897）, p. 345.

47. Alfred T. Mahan, Influence of Sea Power upon the French Revolution and Empire, 1793-1812, Vol. I, 8th ed.（Boston: Little, Brown, and Company, 1897）, p. 339.

48. C. J. Marcus, The Age of Nelson. The Royal Navy in the Age of Its Greatest Power and Glory 1793-1815（New York: Viking Press, 1971）, p. 157.

49. Rene Daveluy, The Genius of Naval Warfare, Vol I: Strategy（Annapolis, MD: United States Naval Institute, 1910）, p. 223.

50. Raoul Castex, More Protiv Kopna, Vol. 1. Translated by Hijacint Mundorfer（Theórie Stratégiques, Vol. 1: La Mer Contre La Terre）（Belgrade: Geca Kon AD, 1939）, p. 30.

51. Alfred T. Mahan, Influence of Sea Power upon the French Revolution and Empire, 1793-1812, Vol. I, 8th ed.（Boston: Little, Brown, and Company, 1897）, p. 339.

52. Alfred T. Mahan, Influence of Sea Power upon the French Revolution and Empire, 1793-1812, Vol. I, 8th ed.（Boston: Little, Brown, and Company, 1897）, p. 345.

53. C.J. Marcus, The Age of Nelson. The Royal Navy in the Age of Its Greatest Power and Glory 1793-1815（New York: Viking Press, 1971）, p. 157.

54. C.J. Marcus, The Age of Nelson. The Royal Navy in the Age of Its Greatest Power and Glory 1793-1815（NewYork: Viking Press, 1971）, p. 159; Alfred T. Mahan, Influence of Sea Power upon the French Revolution and Empire, 1793-1812, Vol. I, 8th ed.（Boston: Little, Brown, and Company, 1897）, pp. 368-69.

55. Alfred T. Mahan, Influence of Sea Power upon the French Revolution and Empire, 1793-1812, Vol. I, 8th ed.（Boston: Little, Brown, and Company, 1897）, p. 369.

56. Alexander Meurer, Seekriegsgeschichte in Umrissen. Seemacht und Seekriege vornehmlich vom 16.Jahrhundert ab（Leipzig: Verlag v. Hase & Koehler, 1925）, p. 334.

57. Department of Operations, Naval Strategy（Newport, RI: U.S. Naval War College, August

1936）, p. 43.

58. Rene Daveluy, The Genius of Naval Warfare, Vol I: Strategy（Annapolis, MD: United States Naval Institute, 1910）, p. 223.

59. Geoffrey Till, Maritime Strategy and the Nuclear Age, 2nd ed.（New York: St. Marfin's Press, 1984）, pp. 122, 124-25.

60. G.J. Marcus, A Naval History of England, Vol. 2: The Age of Nelson. The Royal Navy 1793-1815（New York: the Viking Press, 1971）, pp. 242-43.

61. Rene Daveluy, The Genius of Naval Warfare, Vol I: Strategy（Annapolis, MD: United States Naval Institute, 1910）, pp. 221-22.

62. William Oliver Stevens and Allan Westcott, A History of Sea Power（New York: Doubleday, Doran & Company, Inc., 1942）, p. 240.

63. Dudley W. Knox, A History of the United States Navy（New York: G. P. Putnam Sons, 1948）, p. 82.

64. Cited in Andrew D. Lambert, "The Crimean War Blockade: 1854-56," in Bruce A. Elleman and S.C.M. Paine, editors, Naval Blockades and Seapower. Strategies and Counterstrategies, 1805-2005（London: Routledge, 2006）, p. 49.

65. Andrew D. Lambert, "The Crimean War Blockade: 1854-56," in Bruce A. Elleman and S.C.M. Paine, editors, Naval Blockades and Seapower. Strategies and Counterstrategies, 1805-2005（London: Routledge, 2006）, p. 51.

66. Peter Duckers, The Crimean War at Sea. The Naval Campaigns Against Russia 1854-56（Barnsley, South Yorkshire: Pen & Sword Maritime, 2011）, pp. 21-22.

67. Andrew D. Lambert, "The Crimean War Blockade: 1854-56," in Bruce A. Elleman and S.C.M. Paine, editors, Naval Blockades and Seapower. Strategies and Counterstrategies, 1805-2005（London: Routledge, 2006）, p. 52.

68. Cited in Andrew D. Lambert, "The Crimean War Blockade: 1854-56," in Bruce A. Elleman and S.C.M. Paine, editors, Naval Blockades and Seapower. Strategies and Counterstrategies, 1805-2005（London: Routledge, 2006）, p. 52.

69. Peter Duckers, The Crimean War At Sea. The Naval Campaigns Against Russia 1854-56（Barnsley, South Yorkshire: Pen & Sword Maritime, 2011）, p. 52.

70. Andrew D. Lambert, "The Crimean War Blockade: 1854-56," in Bruce A. Elleman and S.C.M. Paine, editors, Naval Blockades and Seapower. Strategies and Counterstrategies, 1805-2005（London: Routledge, 2006）, p. 54.

71. Lawrence Sondhaus, The Habsburg Empire and the Sea. Austrian Naval Policy, 1797-1866（West Lafayette, IN: Purdue University Press, 1989）, pp. 191-92.

72. Lawrence Sondhaus, The Habsburg Empire and the Sea. Austrian Naval Policy, 1797-1866 （West Lafayette, IN: Purdue University Press, 1989）, pp. 191-92.

73. Harold and Margaret Sprout, The Rise of American Naval Power, 1776-1918（Princeton, NJ: Princeton University Press, 1939）, p. 154.

74. Stuart Anderson, "1861: Blockade vs. Closing the Confederate Ports," Military Affairs, Vol. 41, No. 4（December 1977）, p. 190.

75. Alexander Meurer, Seekriegsgeschichte in Umrissen. Seemacht und Seekriege vornehmlich vom 16.Jahrhundert ab （Leipzig: Verlag v. Hase & Koehler, 1925）, p. 373.

76. Dudley W. Knox, A History of the United States Navy （New York: G. P. Putnam Sons, 1948）, p. 275.

77. Allan Westcott, editor, et al, American Sea Power Since 1775 （Chicago/Philadelphia/ NewYork: J.B. Lippincott, 1947）, p. 221.

78. Mark L. Hayes, "The Naval Blockade of Cuba During the Spanish-American War," in Bruce A. Elleman and S.C.M. Paine, editors, Naval Blockades and Seapower Strategies and Counterstrategies, 1805-2005 （London: Routledge, 2006）, p. 83; Allan Westcott, editor, American Sea Power Since 1775 （Chicago, IL/Philadelphia, PA/NewYork, NY:J.B. Lippincott, 1947）, p. 221.

79. Mark L. Hayes, "The Naval Blockade of Cuba During the Spanish-American War," in Bruce A. Elleman and S.C.M. Paine, editors, Naval Blockades and Seapower Strategies and Counterstrategies, 1805-2005 （London: Routledge, 2006）, p. 85.

80. Rene Daveluy, The Genius of Naval Warfare, Vol I: Strategy （Annapolis, MD: United States Naval Institute 1910）, p. 227.

81. Raoul Castex, More Protiv Kopna, Vol. 1. Translated by Hijacint Mundorfer （Theórie stratégiques, Vol. 1: La Mer Contre La Terre） （Belgrade: Geca Kon AD, 1939）, p. 33.

82. Rene Daveluy, The Genius of Naval Warfare, Vol. I: Strategy （Annapolis, MD: United States Naval Institute 1910）, p. 224.

83. Colin White, Nelson Encyclopedia （Mechanisburg, PA: Stackpole Books, 2002）, p. 54.

84. Julian S. Corbett, Some Principles of Maritime Strategy（London: Longmans, Green and Co., 1918）, p. 165.

85. Julian S. Corbett, Some Principles of Maritime Strategy（London: Longmans, Green and Co., 1918）, p. 167.

86. N.A.M. Rodger, The Command of the Ocean. A Naval History of Britain, 1649-1815 （New York/London: W. W. Norton & Company, 2004）, pp. 533-34.

87. Rene Daveluy, The Genius of Naval Warfare, Vol. I: Strategy （Annapolis, MD: United

States Naval Institute 1910）, p. 224.

88. Raoul Castex, More Protiv Kopna, Vol. 1. Translated by Hijacint Mundorfer（Theórie stratégiques, Vol. 1: La Mer Contre La Terre）（Belgrade: Geca Kon AD, 1939）, p. 34.

89. Raoul Castex, More Protiv Kopna, Vol. 1. Translated by Hijacint Mundorfer（Theórie stratégiques, Vol. 1: La Met Contre La Terre）（Belgrade: Geca Kon AD, 1939）, p. 36.

90. Donald G.F. Macintyre, Sea Power in the Pacific. A History from the Sixteenth Century to the Present Day（New York: Crane, Russak, 1972）p. 142.

91. Raoul Castex, More Protiv Kopna, Vol. 1. Translated by Hijacint Mundorfer（Theórie stratégiques, Vol. 1: La Mer Contre La Terre）（Belgrade: Geca Kon AD, 1939）, p. 36.

92. Herbert Rosinski, The Development of Naval Thought（Newport, RI: Naval War College Press, 1977）, pp. 10-11; M. Rene Daveluy, The Genius of Naval Warfare, Vol I Strategy（Annapolis, MD: United States Naval Institute 1910）, pp. 227-28.

93. Geoffrey Till, Maritime Strategy and the Nuclear Age, 2nd ed.（New York: St. Martin's Press, 1984）, p. 126.

94. Alfred T. Mahan, Naval Strategy: Compared and Contrasted with the Principles and Practice of Military Operations on Land（Boston: Little, Brown, and Company, 1911）, p. 3.

95. Barry M. Gough, "Maritime Strategy: The Legacies of Mahan and Corbett as Philosophers of Sea Power," RUSI Journal（Winter 1988）, p. 59.

96. Raoul Castex, More Protiv Kopna, Vol. 1. Translated by Hijacint Mundorfer（Theórie Stratégiques, Vol. 1: La Mer Contre La Terre）（Belgrade: Geca Kon AD, 1939）, pp. 26-27.

97. Bernard Brodie, A Layman's Guide to Naval Strategy（Princeton, NJ: Princeton University Press, 1942）, p. 91.

98. Raoul Castex, More Protiv Kopna, Vol. 1. Translated by Hijacint Mundorfer（Theórie stratégiques, Vol. 1: La Mer Contre La Terre）（Belgrade: Geca Kon AD, 1939）, p. 52.

99. Nikola Krajnović, Prevlast Na Moru（Belgrade: Viša Vojno-Pomorska Akademija, 1 November 1983）, p. 7.

100. Nikola Krajnović, Prevlast Na Moru（Belgrade: Viša Vojno-Pomorska Akademija, 1 November 1983）, p. 6.

101. Bernard Brodie, A Layman's Guide to Naval Strategy（Princeton, NJ: Princeton University Press, 1942）, p. 91.

102. Bernard Brodie, A Layman's Guide to Naval Strategy（Princeton, NJ: Princeton University Press, 1942）, p. 90.

103. Cited in Michael G. Fraunces, "The International Law of Blockade: New Guiding Principles in Contemporary State Practice," The Yale Law Journal, Vol. 101, No. 4（January

1992）, p. 895.

104. Michael G. Fraunces, "The International Law of Blockade: New Guiding Principles in Contemporary State Practice," The Yale Law Journal, Vol. 101, No. 4（January 1992）, p. 895.

105. International Relations and Security Network, Primary Resources in International Affairs （PRIA）, "Paris Declaration Respecting Maritime Law," p. 1; accessed at www.isn.etyhz.ch

106. Declaration concerning the Laws of Naval War, London, 26 February 1909; pp. I-2; accessed at http://www.lawfareblog.com/wp-content/uploads/2013/01/ Declarafion-concerning-the-Laws-of-Naval-War.pdf

107. L.F.E. Goldie, "Maritime War Zones & Exclusion Zones," in Horace B. Robertson, editor, International Law Studies, Vol. 64: The Law of Naval Operations（Newport, RI: Naval War College Press, 1991）, p. 163.

108. Michael G. Fraunces, "The International Law of Blockade: New Guiding Principles in Contemporary State Practice," The Yale Law Journal, Vol. 101, No. 4（January 1992）, p. 906.

109. Michael G. Fraunces, "The International Law of Blockade: New Guiding Principles in Contemporary State Practice," The Yale Law Journal, Vol. 101, No. 4（January 1992）, p. 908.

110. Cited in Ross Leckow, "The Iran-Iraq Conflict in the Gulf: The Law of War Zones," British Institute of International and Comparative Law, Vol. 37, No. 3（July 1988）, p. 632.

111. L.F.E. Goldie, "Maritime War Zones & Exclusion Zones," in Horace B. Robertson, editor, International Law Studies, Vol. 64: The Law of Naval Operations（Newport, RI: Naval War College Press, 1991）, p. 160.

112. L.F.E. Goldie, "Maritime War Zones & Exclusion Zones," in Horace B. Robertson, editor, International Law Studies, Vol. 64: The Law of Naval Operations（Newport, RI: Naval War College Press, 1991）, pp. 158-59.

113. Michael G. Fraunces, "The International Law of Blockade: New Guiding Principles in Contemporary State Practice," The Yale Law Journal, Vol. 101, No. 4（January 1992）, p. 894.

114. L.F.E. Goldie, "Maritime War Zones & Exclusion Zones," in Horace B. Robertson, editor, International Law Studies, Vol. 64: The Law of Naval Operations（Newport, RI: Naval War College Press, 1991）, p. 164.

115. Michael G. Fraunces, "The International Law of Blockade: New Guiding Principles in Contemporary State Practice," The Yale Law Journal, Vol. 101, No. 4（January 1992）, p.

894.

116. Cited in Uwe Dirks, Waren Grundziige britischer Seekriegführung bereits vor dem Ersten Weltkrieg den Schriften Corbetts zu entnehmen?（Hamburg: Führungsakademie der Bundeswehr, 30 October 1979）, p. 23.

117. Raoul Castex, More Protiv Kopna, Vol. 1. Translated by Hijacint Mundorfer（Théorie stratégiques, Vol 1: La Mer Contre La Terre）（Belgrade: Geca Kon AD, 1939）, p. 41.

118. "Chapter VI: The German Operations in the North Sea（1914-1916）," Vol. II, Extracts from Raoul Castex, Theories Strategiques. Translated from French by R.C. Smith and assisted by E.J. Tiernan（Newport, RI: Naval War College, April 1939）, p. 6.

119. Raoul Castex, More Protiv Kopna, Vol. 1. Translated by Hijacint Mundorfer（Théorie stratégiques, Vol. I: La Mer Contre La Terre）（Belgrade: Geca Kon AD, 1939）, p. 43.

120. Günther Poeschel, Die Rolle und Bedeutung der Seeherrschaft in Vergangenheit und Gegenwart. Analyse der theoretischen Aussagen zum Begriff der Seeherrschaft（Dresden: Militaerakademie "Friedrich Engels," Schriften der Militaerakademie, Heft 165, 1978）, p. 43.

121. Hans Fuchs, "Die Diversion als strategisches Mittel zur Erzielung eines Kräfteausgleiches, dargelegt an geschichtlichen Beispielen," Marine Rundschau, No. 4（April 1938）, p. 240.

122. L.F.E. Goldie, "Maritime War Zones & Exclusion Zones," in Horace B. Robertson, editor, International Law Studies, Vol. 64: The Law of Naval Operations（Newport, RI: Naval War College Press, 1991）, p. 168.

123. L.F.E. Goldie, "Maritime War Zones & Exclusion Zones," in Horace B. Robertson, editor, International Law Studies, Vol. 64: The Law of Naval Operations（Newport, RI: Naval War College Press, 1991）, p. 168.

124. L.F.E. Goldie, "Maritime War Zones & Exclusion Zones," in Horace B. Robertson, editor, International Law Studies, Vol. 64: The Law of Naval Operations（Newport, RI: Naval War College Press, 1991）, pp. 170, 186.

125. Malcolm Muir, Jr, "A Failed Blockade. Air and Sea Power in Korea, 1950-53," in Bruce A. Elleman and S.C.M. Paine, editors, Naval Blockades and Seapower Strategies and Counterstrategies, 1805-2005（London: Routledge, 2006）, p. 145.

126. Malcolm Muir, Jr, "A Failed Blockade. Air and Sea Power in Korea, 1950-53," in Bruce A. Elleman and S.C.M. Paine, editors, Naval Blockades and Seapower. Strategies and Counterstrategies, 1805-2005（London: Routledge, 2006）, p. 146.

127. Malcolm Muir, Jr, "A Failed Blockade. Air and Sea Power in Korea, 1950-53," in Bruce A. Elleman and S.C.M. Paine, editors, Naval Blockades and Seapower. Strategies and Coun-

terstrategies, 1805-2005（London: Routledge, 2006）, p. 147.

128. "Egypt Closes Gulf of Aqaba to Israeli Ships: Defiant Move by Nasser Raises Middle East Tension," The Times, May 23, 1967, p. 1.

129. Walter Jablonsky, "Die Seekriegfüehrung im Vierten Nahostkrieg aus ägyptischer Sicht," Marine Rundschau, July 1978, p. 442.

130. Benyamin Telem, "Die israelischen FK-Schnellboote im yom-Kippur-Krieg," Marine Rundschau, October 1978, p. 638.

131. Walter Jablonsky, "Die Seekriegführung im Vierten Nahostkrieg aus ägypfischer Sicht," Marine Rundschau（July 1978）, p. 445.

132. Cited in L.F.E. Goldie, "Maritime War Zones & Exclusion Zones," in Horace B.Robertson, editor, International Law Studies, Vol. 64: The Law of Naval Operations（Newport, RI: Naval War College Press, 1991）, p. 172.

133. Niklas Bergdahl Jonsson, Legal Issues on Self-Defense and Maritime Zones in Naval Operations（Lund: Faculty of Law, University of Lund, unpublished MA thesis, spring 2008）, p. 30.

134. Cited in L.F.E. Goldie, "Maritime War Zones & Exclusion Zones," in Horace B.Robertson, editor, International Law Studies, Vol. 64: The Law of Naval Operations（Newport, RI: Naval War College Press, 1991）, p. 173.

135. Cited in Niklas Bergdahl Jonsson, Legal Issues on Self-Defense and Maritime Zones in Naval Operations（Lund: Faculty of Law, University of Lund, unpublished MA thesis, spring 2008）, p. 30.

136. Niklas Bergdahl Jonsson, Legal Issues on Self-Defense and Maritime Zones in Naval Operations（Lund: Faculty of Law, University of Lnnd, unpublished MA thesis, spring 2008）, p. 30.

137. L.F.E. Goldie, "Maritime War Zones & Exclusion Zones," in Horace B. Robertson, editor, International Law Studies, Vol. 64: The Law of Naval Operations（Newport, RI: Naval War College Press, 1991）,p. 173.

138. Niklas Bergdahl Jonsson, Legal Issues on Self-Defense and Maritime Zones in Naval Operations（Lund: Faculty of Law, University of Lund, unpublished MA thesis, spring 2008）, p. 30.

139. L.F.E. Goldie, "Maritime War Zones & Exclusion Zones," in Horace B. Robertson, editor, International Law Studies, Vol. 64: The Law of Naval Operations（Newport, RI: Naval War College Press, 1991）, p. 172.

140. L. F.E. Goldie, "Maritime War Zones & Exclusion Zones," in Horace B. Robertson, editor,

International Law Studies, Vol. 64: The Law of Naval Operations（Newport, RI: Naval War College Press, 1991）, p. 174.

141. Wolff Heintschel von Heinegg, "The Current State of the Law of Naval Warfare: A Fresh Look at the San Remo Manual," in Anthony M. Helm, editor, International Law Studies, Vol. 82: The Law of War in the 21st Century: Weaponry and the Use of Force, published in Yoram Dinstein and Fania Domb, editors, Israel Yearbook on Human Rights, Vol. 36, 2006（Tel Aviv: Faculty of Law, Tel Aviv University, August 2006）, p. 276.

142. Louise Doswald-Beck, editor, "San Remo on International Law Applicable to Armed Conflicts at Sea"（Cambridge: Cambridge University Press, first published 1996, reissued 2005）, p. 26.

143. Louise Doswald-Beck, editor, "San Remo on International Law Applicable to Armed Conflicts at Sea"（Cambridge: Cambridge University Press, first published 1996, reissued 2005）, p. 27.

144. Wolff Heintschel von Heinegg, "The Current State of the Law of Naval Warfare: A Fresh Look at the San Remo Manual," in Anthony M. Helm, editor, International Law Studies, Vol. 82: The Law of War in the 21st Century: Weaponry and the Use of Force, published in Yoram Dinstein and Fania Domb, editors, Israel Yearbook on Human Rights Vol. 36, 2006（Tel Aviv: Faculty of Law, Tel Aviv University, August 2006）, p. 277.

145. Elwin F. Cutts, Operations for Securing Command of the Sea Areas, Part 1（Newport, RI: Naval War College, 8-9 July 1938）, p. 48.

146. Julian S. Corbett, Some Principles of Maritime Strategy（London: Longmans, Green and Co., 1918）, p. 59.

147. Elwin F. Cutts, Operations for Securing Command of Sea Areas（Newport, RI: Naval War College, 8-9 July 1938）, p. 21.

148. Elwin F. Cutts, Operations for Securing Command of the Sea Areas, Part 1（Newport, RI: Naval War College, 8-9 July 1938）, p. 43.

149. Elwin F. Cutts, Operations for Securing Command of the Sea Areas, Part 1（Newport, RI: Naval War College, 8-9 July 1938）, p. 42.

150. Cited in Peter Duckers, The Crimean War at Sea. The Naval Campaigns Against Russia 1854-56（Barnsley, South Yorkshire: Pen & Sword Maritime, 2011）, p. 17; WilhelmTreue, Der Krim Krieg und seine Bedeutung für die Entstehung der modernene Flotten（Herford: E. S. Mittler & Sohn GmbH, 1980）, p. 109.

151. The French fleet consisted of 34 armored ships 25 armored craft; 24 ships of the line; 130 frigates, corvettes, and scouting vessels（avisos）; 68 gunboats; and 60 transport ships; in

the summer of 1870, the North German Federal Navy consisted of three armored frigates, two armored vessels, one ship of the line, nine corvettes, three scouting ships, 22 steam-powered gunboats, and three sail frigates and brigs Hermann Kirchhoff, Seemacht in der Ostsee: Ihre Einwirkung auf die Geschichte der Ostseeländer Im 19.Jahrhundert, Vol. II（Kiel: Verlag von Robert Cordes, 1908）, pp. 254-55.

152. Hermann Kirchhoff, Seemacht in der Ostsee: Ihre Finwirkung auf die Geschichte der Ostseeländer lm 19.Jahrhundert, Vol. II（Kiel: Verlag von Robert Cordes, 1908）, p. 256.

153. Hermann Kirchhoff, Seemacht in der Ostsee: Ihre Einwirkung auf die Geschichte der Ostseeländer Im 19. Jahrhundert, Vol. II（Kiel: Verlag von Robert Cordes, 1908）, p. 256.

154. Hermann Kirchhoff, Seemacht in der Ostsee: Ihre Einwirkung auf die Geschichte der Ostseeläender Im 19. Jahrhundert, Vol. II（Kiel: Verlag von Robert Cordes, 1908）, p. 259.

155. Hermann Kirchhoff, Seemacht in der Ostsee: Ihre Einwirkung auf die Geschichte der Ostseeläender Im 19. Jahrhundert, Vol. II（Kiel: Verlag von Robert Cordes, 1908）, p. 258.

156. Lawrence Sondhaus, Navies of Europe, 1815-2002（London: Taylor & Francis, 2002）, pp. 383-85.

157. Hermann Kirchhoff, Seemacht in der Ostsee: Ihre Einwirkung Auf Die Geschichte Der Ostseeläender Im 19.Jahrhundert, Vol. II（Kiel: Verlag von Robert Cordes, 1908）, pp. 264-65.

158. Lawrence Sondhaus, Navies of Europe, 1815-2002 （London: Taylor & Francis, 2002）, p. 389.

159. Raoul Castex, Theories Stratégiques, Vol. I: Généralites sur la strategie-La mission des forces maritimes. La Conduite des operations（Paris: Société d'Editions Géographiques Maritimes et Coloniales, 1929）, translated by Ekrem Durić and Boško Ranitćvić, Strategijske Teorije, Vol. I（Belgrade: Vojno-Izdavacki Zavod, 1960）, pp. 108-09.

160. B.H. Liddell Hart, "The Value of Amphibious Flexibility And Forces," R.U.S.I. Journal, Vol. 105, No. 620（1960）, pp. 483-85.

161. F.W. Muller-Meinhard, "Der Einfluss der Feindlagebeurteilung auf Operationsplanung, Entschlussfassung und Operationsfuhrung（I）," Marine Rundschau, No. 9（September 1970）, p. 516.

162. F.W. Muller-Meinhard, "Der Einfluss der Feindlagebeurteilung auf Operationsplanung, Entschlussfassung und Operationsfubrung（I）," Marine Rundschau, No. 9（September 1970）, p. 517.

163. Naval Staff History, Second World War, Battle Summary No. 22: Arctic Convoys 1941-1945（London: Historical Section Admiralty, November 1954）, p. 2.

164. B.H. Liddell Hart, "The Value of Amphibious Flexibility And Forces," R.U.S.L Journal, Vol. 105, No. 620（1960）, pp. 483-85.
165. Malcolm W. Cagle and Frank A. Mason, The Sea War in Korea（Annapolis, MD: Naval Institute Press, 1957）, p. 388.
166. Malcolm W. Cagle and Frank A. Mason, The Sea War in Korea（Annapolis, MD: Naval Institute Press, 1957）, p. 389.
167. Malcolm W. Cagle and Frank A. Mason, The Sea War in Korea（Annapolis, MD: Naval Institute Press, 1957）, p. 390.
168. Department of Defense, Conduct of the Persian Gulf War. Final Report to Congress（Washington, DC: Government Printing Office, April 1992）, p. 294.
169. The New York Times, February 28, 1991, pp. A8-9.
170. Elwin F. Cutts, Operations for Securing Command of Sea Area, Part 1（Newport, RI: Naval War College, 8-9 July 1938）, p. 58.

Chapter 8

第8章 | 控制海上战略要道

你知道通往世界的五把钥匙吗？它们分别是多佛尔海峡、直布罗陀海峡、苏伊士运河、马六甲海峡和好望角。只要我们持有所有这些钥匙，就不会迷失方向。

—— 海军上将约翰·费希尔（1841—1920）[1]

海峡，或者称为"咽喉要道"，[2] 自古以来在争夺制海权的斗争中就发挥着重要作用。扼守咽喉要道不仅是获取封闭或半封闭海域制海权的第一步，也是最重要的一步。因此，强势一方在谋取制海权时应在战役战术上采取进攻策略，否则，仅仅扼守咽喉要道几乎没有什么用处，甚至毫无价值。

海上强势一方可以凭借在战略咽喉要道一侧或两侧的岸上设施对封闭或半封闭的海域实施战役控制，甚至战略控制。这种控制既可以在和平时期进行，也可以在战时实施。对于强势一方而言，比较棘手的是，必须通过封锁弱势一方把守的咽喉要道来获取制海权。

海峡既是海上交通枢纽，也是最脆弱的环节。强势一方通过对海峡的实际掌控或者其他方式控制，就能对在划定的封闭或半封闭海域内往来的任何国家海军舰艇或者商业船只的航行实施控制。若能在和平时期对海峡一侧海岸，最好是双侧海岸实施控制，那么在战时就能够大大增强获得毗连海域或者海洋制海权的能力。对海峡/水道的控制不仅包括对水域的控制，而且还包括对毗连的陆地和相关空域的控制。

8.1 海峡的战略地位

全球有几百个海峡，其中大多数海峡只对某一沿岸国家才显得很重要。然而，一些海峡具有"国际"地位，因为它们的重要性超越了多个沿岸国家的利益。具有国际地位海峡的数量在 95～121 个之间。[3] 任何国家的船舶在国际海峡内都享有自由通航权，哪怕是航线穿越海峡沿岸国的领海。正常情况下，各种国际协议都规定了舰艇、货船、商船在和平时期可自由通过这些国际海峡。[4]

一些国际海峡在大国的政策中具有非常重要的地缘政治意义。例如，丹麦海峡（斯卡格拉克与卡特加特海峡的统称）和土耳其海峡，无论是过去还是现在，对欧洲列强来说都具有极其重要的地位和作用。在中世纪，丹麦获取了桑德、大小贝尔特海峡两岸的控制和管辖权，到了 17 世纪，丹麦失去了对海峡北岸到瑞典之间海域的控制权。然而，直到 1857 年，丹麦还控制着桑德海峡，这期间欧洲国家在波罗的海进行海上商贸活动时必须向丹麦支付一大笔钱。[5] 在拿破仑战争（1803－1815）期间，英国大大得益于丹麦的中立地位。此外，英国还非常担心丹麦舰队可能受到法国的控制。在帆船时代，英国军舰和商船可自由通过丹麦海峡是至关重要的。

丹麦海峡不仅对波罗的海沿岸国家具有重大的经济意义，而且对其他大国，特别是英国、法国也同样具有重要意义。北部的平原和森林可以为英法海军提供所需要的木材和海军补给品。丹麦海峡对维持粮食和其他产品的贸易也是至关重要的，这就为爆发战争提供了可能，而丹麦是中断这种贸易活动的最佳位置。[6]

一旦战争爆发，多个国际海峡就成为潜在的战略通道，因为这些海峡将对海上战争的进程甚至结果产生重大影响。通常情况下，封闭海域的唯一出口（例如丹麦海峡和土耳其海峡），连接洋与海之间的通道（例如直布罗陀海峡），连接两洋之间的运河（例如巴拿马运河），类似以上的这些海峡通道都具有战略重要性。例如，德国在 1914 年－1918 年期间实际控制了丹麦海峡，有效阻止了英国向被围困的盟友俄军派遣增援部队。1940 年 4 月，德国占领丹麦，从而全面控制了波罗的海。至此，英国皇家海军与波罗的海的联系被切断，德国人可以自由地利用斯堪的纳维亚半岛国家的经济资源，特别是瑞典的矿石，并在芬兰建立基地，这些都大大增强了德国海军在大西洋的活动能力。

直布罗陀海峡是大西洋和地中海之间唯一的通道。在大西洋一侧，直布罗陀海峡是由圣文森特海角到罗塔岛再到塔里法和休达为顶点的三角形所构成的出海口。从历史上看，如果英国再还控制了海峡以西 620 英里处的马德拉群岛和再向西 520 英里处的亚速尔群岛，对英国来说，直布罗陀海峡的战略价值就会更大。

第二次世界大战期间，英国对直布罗陀海峡的控制对盟军在大西洋东部的所处位置至关重要。没有它，盟军在亚速尔群岛和佛得角所处位置的价值将大打折扣。[7] 连接印度洋和太平洋的几处海峡中，马六甲海峡和巽他海峡是最重要的。控制马六甲海峡的一侧或两侧海岸的国家，也就控制了通往印度洋的主要航线。通过对马六甲海峡的控制，也就很容易进入爪哇海和摩鹿加群岛。

力量相当的对手，如果能在离其相对较近的海域和狭窄海域内控制若干处可用的重要位置，那么海上通道的战略价值就会显得更重要。仅仅控制海上通道不足以限制弱势一方在封闭或半封闭海域的活动。例如，第一次世界大战期间，英国获得了部分地中海的战略控制权，这是因为它控制了两个最重要的海上通道——直布罗陀海峡和苏伊士运河，然而土耳其海峡却处在同盟国的控制之下。不管怎样，英国及其盟友法国和意大利，在地中海控制了所有其他可用的重要通道，比如西西里海峡和奥特朗托、墨西拿和圣博尼法乔海峡。第二次世界大战期间，盟军也完全控制了直布罗陀海峡和苏伊士运河这两处地中海最重要的通道，但因为土耳其宣布中立，盟军还是缺乏对土耳其海峡的有效控制。尽管如此，盟军对地中海的战略控制还是有实际意义的。而实际上盟军并没有控制地中海西部或东部的任何海域，因为一直到 1943 年夏天，在作战上具有重要意义的海峡（博尼法乔海峡、墨西拿海峡和奥特朗托海峡）都在轴心国的手中。更为严峻的是，1940 年－1943 年期间，轴心国利用飞机、潜艇和布设水雷等手段控制了西西里海峡（也叫西西里岛海峡）。因为德国和意大利在西西里岛和撒丁岛的航空兵能持续不断地对马耳他岛实施袭击，所以此岛几乎不可能作为盟军的海空基地。

第二次世界大战期间，德国控制了丹麦海峡靠丹麦的一侧，从而达成了对波罗的海的战略控制（因为瑞典是中立的）。当然要做到绝对控制，德国还需要控制波罗的海几处重要位置。其中，最关键的是对芬兰湾的控制。德国设想通过夺取奥兰群岛和汉科来实施入侵苏联的计划，关键位置就是芬兰湾的西端。[8] 德军占领爱沙尼亚，并包围了列宁格勒后，他们对芬兰湾西部和中部的控制就游刃有余了。直到 1944 年夏季苏军反攻，苏联的水面舰艇（不包括潜艇）才得以在芬兰湾外海进行作战。然而德国和芬兰从来没有获得喀琅施塔德湾的实际控制权，因为苏联在拉瓦萨里岛保留了一处空军基地。然而，直到 1944 年夏季苏联反攻，芬兰湾的出口一直由德国和芬兰控制。

两伊战争（1980－1988）期间，伊朗控制了霍尔木兹海峡的一侧。整个海峡通道都在伊朗岸基反舰导弹的有效射程之内，并由伊朗水面舰艇控制。1986 年，伊朗还占领了法奥半岛（位于波斯湾北端）。为了加强对霍尔木兹海峡及附近海域的控制，伊朗在拉腊克、亨加姆和锡里岛上部署了革命卫队小分队，并在格什姆和大通布岛上部署了野战炮和高射炮阵地。此外，伊朗在法尔斯岛也加强了兵力。[9] 然而，伊朗对波斯湾（阿拉伯湾）海域的其他重要军事作战据点缺乏控制。

8.2 海峡的作战环境

海峡对于海军来说，不仅地理位置独特，而且也是很有挑战性的作战环境。几乎所有优势都被防守一方占据。海峡既是连通海与海、海与洋之间的交通枢纽，也是最脆弱的环节。显然，水面舰艇和潜艇在穿越海峡或水道时比在公海上更容易受到敌人的攻击。因此，控制海峡就可以有效地封锁敌方海军的进出或敌方商船的过境。此外，对海域唯一通道的控制就可以将己方海军力量从该海域转移到另一海域。

海峡的地理特征，如长度、宽度、深度、潮汐和海流，对海军兵力的攻防部署都有很大的影响。在长度方面，国际上的海峡千差万别，例如，莫桑比克海峡、马六甲海峡和霍尔木兹海峡的长度分别约为 1000、550 和 170 英里。相比之下，直布罗陀海峡约为 40 英里长，而蒂朗海峡（亚喀巴湾）仅约 3.5 英里长。

国际上的海峡的宽度也不尽相同，例如，马六甲海峡的宽度为 30～200 英里；直布罗陀海峡宽度为 8～24 英里；西西里海峡有 70 英里宽；丹麦海峡中的斯卡格拉克海峡有 75～90 英里宽；卡特加特海峡的宽度为 37～100 英里；而马六甲海峡最窄处只有约 1.7 英里宽，位于新加坡海峡的菲利普斯通道处；霍尔木兹海峡宽度为 24～30 英里；红海唯一的出口曼德海峡（泪之门）宽约 20 英里；丰后水道（日本九州和四国岛之间）从南部宽约 27 英里到北部宽约 5 英里之间不断变化。有些海峡非常狭窄，因而大大影响了船舶航行的速度和机动性。例如，博斯普鲁斯海峡最窄处的宽度只有 1000 码（约 3000 英尺），达达尼尔海峡的入口处宽度为 2 英里，在海峡内部，其宽度增至 4.5 英里，在上游大约 14 英里处又逐渐收窄。

国际上的海峡的深度也相差很大。例如，马六甲海峡只有约 70～120 英尺深；博斯普鲁斯海峡和达达尼尔海峡分别深 110 英尺和 160 英尺；[10] 马六甲和新加坡海峡的深度仅有 70 英尺；而霍尔木兹海峡深 160 英尺；西西里海峡的大陆架平均深度约为 490 英尺；直布罗陀海峡的主航道深约 1100 英尺；[11] 圣贝纳迪诺海峡的深度（吕宋岛和萨马岛之间）约在 180～390 英尺之间。

一些重要海峡由于海流较大，对航行安全形成了重大挑战。例如，圣贝纳迪诺海峡的海流速度高达 4～8 节，而下关海峡（本州与九州之间）的海流速度最高可达 8 节。达达尼尔海峡本来无潮流，但是流经黑海的河流和从高加索山脉冰雪融化的水流汇聚形成了 2～4 节的稳定海流。[12]

由于地理空间的关系，所有海峡都是小型水面舰艇活动、使用水雷和岸导或岸炮的有利场所。而深水海峡则适合常规动力攻击型潜艇和袖珍潜艇的活动。一些拥有较大曲折海岸的海峡，如霍尔木兹海峡，则是导弹快艇作战活动的极佳场所，可以几乎毫无征兆地对大型水面舰艇实施导弹袭击。实力弱势一方有时可以独立运用海军之外的兵力，例如航空兵或者依托强大的岸防力量，来获得和维持对海峡及其航道的海上控制。

对于拥有咽喉要道的防御者而言，其优势在于它的兵力可以进行多点部署和多条路径展开。相比之下，对于进攻方来说，穿越海峡的攻击兵力只有一条路线可供进退。例如，在莱特湾海战中，日本进攻部队的第一分舰队按照计划沿着独立的作战航线，从文莱湾至巴拉巴克海峡（630 英里），穿过锡布延海，进入圣贝纳迪诺海峡（230 英里），然后到达塔克洛班锚地（230 英里）。[13] 与此同时，第一分舰队的第三分部（C 集团）和第二分舰队，沿着独立的作战航线行动，一旦他们进入内格罗斯岛和棉兰老岛之间的薄荷岛海域，就直奔苏里高海峡，从而到达他们的既定目标莱特湾。

8.3　夺取海上战略要道的目的与方法

建立战略要道控制的主要目的是，防止敌人水面舰艇或者潜艇、军用或者民用船舶在划定的封闭或半封闭海域范围之外进行活动；在海峡内摧毁敌舰队；夺占海峡或水道的单侧或双侧海岸。阻止敌人海上军事或商业活动的主要方法就是对战略要道进行扼制。也就是说，扼制可以通过封锁弱势一方所控制的海峡内外部通道的方法来达成。当敌军舰队想强行通过海峡或者试图撤出海峡进行自由航行时，就可以对其进行攻击并摧毁之。获取海峡两侧实际控制权的主要方法就是从陆上发起攻击或者实施两栖登陆。

8.3.1 阻止敌方海上军事活动

如果强势一方已经控制了海上出口，就需要在岸上部署相对庞大的多兵种力量和强大的防御工事，以阻止敌人的海上军事或者商业活动。海军力量应部署在靠近出海口或距离出海口不远的区域，否则，要想保持对海峡的控制是非常困难的。例如，在第一次世界大战期间，英国联合舰队在多佛尔海峡和设得兰群岛至挪威以南一线附近部署了强大的力量，在北海对德国建立了远程封锁。

另外，就像 1915 年协约国在爱琴海中所做的一样，强势一方应该在弱势一方控制的海上通道一侧或者两侧附近建立中远程封锁区。以前强势一方有时试图运用水面舰艇力量来摧毁海岸防御设施以获取对海峡的控制，然而，这样的尝试，如果单独是由海军部队来实施，通常会以失败而告终，就像英国在 1807 年和 1915 年对达达尼尔海峡所进行的控制那样。

从 1914 年 8 月的第一次世界大战开始，直到 1915 年 5 月 23 日意大利参战的这段时间内，法国海军部署了庞大的军事力量封锁了亚得里亚海的唯一出口——45 英里宽的奥特朗托海峡。1914 年 8 月，通过对奥匈帝国沿海的封锁，法国舰队在海上行动中拥有较大优势。然而，法国在亚得里亚海没有任何基地，也不可能拥有这样的基地。1914 年 12 月 21 日，奥匈帝国潜艇使用鱼雷攻击了法国海军的"让·巴特"号无畏级战列舰以后，奥特朗托海峡以北海域就变成了法国大型水面舰艇的危险区域，它们只能撤退到远离爱奥尼亚群岛的海域。由于缺乏良好的地理位置和设施完备的基地，协约国的海上封锁效果大打折扣。燃料和食品都只能从凯法利尼亚岛和赞特岛附近公海抛锚的商船上获得。协约国的舰船拥有两处锚地可用，一处在埃皮里安（Epirian）海岸附近，另一处在摩里亚半岛（伯罗奔尼撒半岛）。由于受到奥匈帝国和德国 U 型潜艇的威胁，法国舰队被迫在摩里亚半岛海湾（马塔潘角附近）甚至克里特岛附近活动。[14] 法国只能用巡洋舰来保持对奥特朗托海峡的侦察。然而，在 1915 年 4 月 27 日，法国"莱昂·甘必大"号装甲巡洋舰被奥匈帝国的潜艇鱼雷击中后，这里也被迫放弃。同年 5 月意大利加入协约国参战后，形势就发生了戏剧性变化。从此，法国军队就能使用塔兰托和布林迪西基地，而阿尔戈斯托利和科孚岛基地才在 1916 年 4 月第一次使用。[15]

部署在亚得里亚海南部的协约国海军只能偶尔袭击遥远的北部海域。这种情况使得弱得多的奥匈帝国海军舰队在整个战争期间完全控制了亚得里亚海。如果协约国海军能够下定决心歼灭奥匈帝国海军舰队的主力，就有可能在地中海有效阻止德国和奥匈帝国的潜艇给协约国海上舰船造成的致命打击。[16]

有时实力稍弱但富有攻击性的舰队也能成功封锁实力强大一方舰队守卫的海峡，还能击退对手试图进行的反封锁攻击。例如，在第一次巴尔干战争（1912－1913年）中，希腊海军封锁了达达尼尔海峡入口和小亚细亚海岸。其目的是阻止土耳其从士麦那向亚历山德鲁波利斯港口运送兵力，以增援他们在色雷斯和马其顿的力量。[17]如果能将实力强大的土耳其海军困在马尔马拉海，那么希腊海军舰队就可以在爱琴海自由行动。10月12日，希腊舰队向达达尼尔海峡航行，10月21日占领了利姆诺斯岛。[18]该岛位于达达尼尔海峡入口处以西仅30英里的地方。紧接着，希腊军队占领了几乎毫无防御的萨莫色雷斯岛、萨索斯岛、伊姆罗兹（今天的格克切岛）以及圣埃夫斯特拉蒂奥斯（10月31日），普萨拉（希俄斯岛西部）（11月4日），忒涅多斯岛（博兹贾阿达）（11月7日），伊卡里亚岛（11月17日）。[19]

土耳其人曾两次试图打破希腊的封锁，但都失败了。12月16日，在埃利战役中，土耳其的海上编队由4艘战列舰、9艘驱逐舰以及6艘鱼雷艇组成，希腊海上编队则由1艘装甲巡洋舰、3艘岸防战列舰和4艘驱逐舰组成。[20]位于达达尼尔海峡入口处两侧的岸上炮台，给土耳其海上编队提供了有利支援。在随后的作战中，双方互有损伤。开战一小时后土耳其海上编队就撤回了基地。此战土耳其死亡58人，希腊人死亡1人，7人受伤。[21]两天后，土耳其人又一次试图打破封锁，但又是无功而返。[22]最激烈的海战发生在1913年1月18日，利姆诺斯岛东南12英里的海域。双方实力大致相当，希腊海上编队由3艘战列舰、1艘装甲巡洋舰以及7艘驱逐舰组成。土耳其海上编队由3艘战列舰、1艘装甲巡洋舰以及5艘驱逐舰组成，战斗以希腊的完胜而结束。经过大约3小时的炮战，土耳其有3艘舰艇严重受损，而希腊却毫发无伤。土耳其在人员方面也遭受了相当大的伤亡。希腊海上编队一直追击土耳其海上编队至达达尼尔海峡入口处。这一胜利确保了希腊对爱琴海的控制，希腊也切断了爱琴海至土耳其的海上航线。[23]虽然希腊人继续在海上巡航了4个月之久，但爱琴海的海战实际上已经结束了。[24]

1916年1月，从加利波利撤出最后的部队后，协约国海军也建立了针对达达尼尔海峡的中远程封锁，爱琴海成了一潭死水。英国人和法国人保留了一定规模的老旧舰船来支持他们在萨洛尼卡的部队行动，以保护漫长的补给线免受德国和奥匈帝国潜艇的攻击。[25]英国保持对达达尼尔海峡进行监视，以阻止德国"戈本"号战列巡洋舰（后来在 1914 年 8 月 16 日送给了土耳其，并改名为"严塞立姆"号）的突袭行动。为了巡航，英国动用了 2 艘无畏级战列舰，有时候老旧的法国战舰也会参与巡航。[26]

　　同第一次世界大战一样，英国皇家海军在第二次世界大战中又一次对德国实施了远程封锁。英国在设得兰群岛至挪威南部之间建立了封锁线，他们还试图控制接近大西洋北部约 180 英里宽的丹麦海峡，位于冰岛和法罗群岛之间 430 英里宽的海上通道以及 206 英里宽的设得兰群岛水道。其目的就是阻止德国水面舰艇进入宽广的大西洋。英国还控制了仅有的南部出口，即多佛尔海峡。此外，从 1939 年 9 月开始的敌对行动持续到 1940 年 3 月，英国还部署了几艘潜艇，以监视进出丹麦海峡的德国舰艇，但不允许对德国舰艇实施攻击。[27]只是在 1940 年 4 月 10 日德国对丹麦和挪威实施入侵（"威瑟堡"行动）之后，英国出动飞机在大贝尔特海峡、卡特加特海峡、基尔运河及其附近海域投放了大约 260 枚水雷。据英国的消息称，有 24 艘德国舰船触雷，同时英国也损失了 10 余架飞机。[28]

　　在第一次世界大战中，实力强势一方往往在已控制的海上通道附近，利用水雷和防潜网布设防潜带，并结合水面舰艇和飞机巡逻，努力阻止敌方潜艇渗透活动，但成效不佳。例如，在 1914 年－1918 年期间，英国皇家海军布设大量水雷以阻止德国 U 型潜艇通过多佛尔海峡，从北海以南的出口进出。多佛尔和加莱之间的多佛尔防潜带最初建于 1915 年 2 月。防潜带由深、浅两种雷区构成，并配备有发光的漂浮物。[29]1916 年 9 月，英国又布设了 9 处防潜网，从古德温（Goodwin）一直布设到鲁伊廷根（Ruytingen）外海。由于恶劣的海洋地理条件和糟糕的天气，多佛尔的防潜网遇到了严峻的考验。除此之外，防潜网经受不住大海流和暴风雨天气的影响，多次被撕裂。1915 年，英国皇家海军原本计划使用更好的材料制网，但材料又被挪用到达达尼尔海峡。不少水雷锚系不紧，甚至在不算太恶劣的天气条件下出现了脱锚现象。然而，英国未能妥善组织机动部队进行巡逻也是最严重的问题之一。直到 1917 年年底，海上巡逻只能在白天和良好的天气下组织实施。[30]

　　在多佛尔海峡构建的水雷拦截网从未有效阻止 U 型潜艇进入大西洋广袤的水域。例如，从 1917 年年初到 1917 年 11 月底，德国潜艇共穿越 153 次，平均每月 23 次。[31]然而，在 1918 年初这种情况发生了急剧改变，当时英国在多佛尔海峡建立了新的巡逻模式，不再在恶劣的天气中更换脱落的浮标和防潜网，作为弥补措施，而是调派大量小型船只去执行巡逻值班任务。1918 年年初，英国调派了大量船只在海峡执行巡逻任务，还使用强光探照灯来观察福克斯通和格里斯角之间的深水雷区海面。大约有 80～100 艘船只日夜不停地巡逻海峡，漂网渔船和拖网渔船被调派至水雷拦截网的北部海域，而驱逐舰被分为两组，沿着水雷拦截网的东、西两侧进行巡逻。[32]

在 1917 年 12 月 19 日之前，德国在多佛尔海峡仅仅损失了 2 艘潜艇。这种情况在 1918 开始改变。在 1 月 19 日—2 月 8 日期间，德国就有 3 艘潜艇触雷沉没；1 月 26 日，又有 1 艘潜艇被英国驱逐舰使用深水炸弹击沉。但更重要的是多佛尔海峡新的巡逻模式所造成的心理影响。为了艇员的安全，德国潜艇不敢轻易穿越海峡。通过空中、海上密集巡逻和探测照明相结合，迫使德国潜艇只能在晚上航行和潜入深水雷区。[33] 结合对弗兰德斯潜艇基地几乎不间断的空袭，防潜带的效果得以显现。[34]

1918 年 3 月以后，通过多佛尔海峡的弗兰德斯潜艇基地的潜艇越来越少。在 1918 年 6 月，只有 1 艘潜艇离开弗兰德斯基地通过多佛尔海峡，在 7 月也只有 9 艘潜艇通过多佛尔海峡。战争期间，共有 12 艘左右的 U 型潜艇在试图穿越多佛尔海峡防潜带时被摧毁，此外，还有 2 艘严重受损的潜艇被迫退役。[35]

因为通过多佛尔海峡越来越困难，弗兰德斯基地的潜艇开始使用从法罗群岛至挪威南部海岸之间的北部航线。在 1918 年 3 月—6 月初期间，美国在奥克尼群岛至哈当厄峡湾之间（挪威）建立了一条长约 240 英里的北部反潜带，用以限制德国潜艇从北海进入大西洋的行动。最初的打算是布设大约 20 万枚水雷，但实际上只布设了大约 71 100 枚（英国 15 100 枚和美国 56 000 枚）。[36] 美国布设的触线水雷定深太深，对水面航行的潜艇几乎没有任何效果。这种新型水雷未经严格检验就投入使用了。触线水雷有提前引爆的倾向。如果没有机动的巡航舰艇将潜艇驱赶至深水雷区，那么深水雷区就没有什么价值。此外，还需要在邻近的挪威海岸建立海空军基地。[37] 然而，挪威不希望在自己的领海水域内布设水雷，虽然这是阻止德国 U 型潜艇靠近挪威沿海航行的唯一途径。在受到外交压力之下，挪威政府于 9 月 29 日宣布，从 10 月 7 日开始，挪威沿海水域可以布雷。然而，这个方案并没能实施，因为战争快要结束了。[38] 北部海域水雷防潜网的效果很难评估，因为有多少潜艇被摧毁并没有达成共识，大概的数目为 2～6 艘。英国海军部战后清单显示有 3 艘 U 型潜艇被摧毁，另外 3 艘"可能"被摧毁了。[39]

1915 年 9 月，协约国海军第一次尝试对奥特朗托海峡进行封锁，该海峡是亚得里亚海至地中海的唯一出口。奥特朗托海峡水深为 300～500 英寻（1800～3000英尺）。因此，对该海峡的封锁，很难对位于伊斯的利亚半岛的卡塔罗和波拉湾的奥匈帝国和德国潜艇基地产生效果。唯一有利的特点就是该海峡没有潮汐和水流。最初是用漂网和防潜网来封锁 U 型潜艇通过的。[40] 从 1915 年 9 月开始，英国组建了一支由汽艇拖动的海上移动式反潜网，再加上驱逐舰巡逻，以保护奥特朗托海上移动式反潜力量的安全。这支反潜力量由位于奥特朗托基地的水上飞机进行协助，偶然辅以潜艇巡逻协助。[41] 海上移动反潜网于 1917 夏季被撤回。法国人和意大利人布设的防潜网是在海面以下一定深度由浮标支撑下的水雷构成。该项工作在 1917 年 10 月启动，并于 11 月 20 日完成了第一阶段布设任务。布设的水雷的深度从水面以下 33 英尺延伸至 150 英尺。主要问题就是奥特朗托海峡的水深对水雷的有效作用深度来说显得过深，水面和空中巡逻本身不足以协助其完成任务。[42] 因此，反潜网无法有效切断德国和奥匈帝国的 U 型潜艇从卡塔罗湾基地至地中海的海上航线。U 型潜艇能够承受的水压深度可达 180～250 英尺，他们只要在反潜网以下的深度航行即可。[43]

1918 年，在奥特朗托海峡的两侧部署了水听器阵列。盟军使用汽艇来巡逻，而水上飞机则在白天执行巡逻任务。盟军投入了大量人力物力对奥特朗托基地的潜艇实施反潜——共投入了 300 余艘大小舰艇、若干飞行中队、潜艇分队，同时布设了雷区和反潜/防潜网。1918 年 4 月－8 月，共有 121 艘 U 潜艇通过该海峡，平均每月 24 次。反潜部队进行了 58 次攻击，大部分是使用深水炸弹（DCS），最终只击沉了 2 艘潜艇。[44] 奥特朗托防潜网于 1918 年 9 月 30 日完成。[45] 布设深线水雷的目的就是截击从反潜网以下通过的潜艇，而浅水雷区防潜网则布设在奥特朗托和宁古埃塔（Linguetta）之间。[46] 有消息称，有 3 艘潜艇被击沉，3 艘受损，而另有人认为 6 艘潜艇都被击沉了。[47]

在第二次世界大战中，英国再次试图将德国潜艇所在的北海基地与宽广的大西洋隔绝开。1939 年 9 月，英国皇家海军开始封锁英吉利海峡、多佛尔海峡以及位于设得兰岛和挪威南部之间的北海北部出口，这些都在德国 U 型潜艇的部署航线上。在 1939 年 9 月的第一周，英国就在多佛尔海峡布设了 6600 枚水雷，旨在切断德国 U 型艇的出入通道，保护英国远征军（B.E.F）的侧翼安全。[48] 然而，这一设想没有成功。大约有 1 万枚水雷布设在圣乔治海峡（位于爱尔兰海），但没有任何一艘潜艇触雷沉没。东海岸的水雷反潜网布设于 1939 年－1940 年间，由约 3.5 万枚水雷组成，也没有对德国 U 型潜艇的活动产生任何影响。[49]1940 年 7 月，英国在法罗群岛和冰岛之间海域布设了水雷区，试图切断德国 U 型潜艇从北海至北大西洋之间的水下通道，但未能成功。当然，该海域布设的水雷反潜网之所以没有发挥作用，是因为该海域的水深太大（约 200 英寻）。新的水雷反潜网布设了约 9 万枚水雷，同时需要大量驱逐舰为布雷平台护航。[50]整个工作是对时间和资源的极大浪费。

第二次世界大战中，盟军试图封锁德国 U 型潜艇和意大利潜艇进出地中海的直布罗陀海峡，经过努力只取得了部分成功。1941 年 4 月，德国海军总部考虑调派一些在大西洋巡航的潜艇至地中海。前往地中海的潜艇需要通过的唯一通道就是守卫森严的直布罗陀海峡。1941 年 9 月 7 日，德军决定调派潜艇至希腊的萨拉米斯基地。在 1941 年 9 月 22 日－10 月 3 日期间，第一批次的 6 艘 U 型潜艇从比斯开湾基地出发，先后通过直布罗陀海峡进入地中海。[51] 由于轴心国在地中海面临的军事形势不断恶化，第二批次的 U 型潜艇奉命于 11 月 4 日进入地中海，4 艘 U 型潜艇在 11 月 12 日－15 日的晚上 9 点通过海峡。[52]第三批次的 4 艘 U 型潜艇于 11 月 16 日－20 日通过海峡，期间没有出现任何意外情况。[53]

英军向昔兰尼加（利比亚东部一地区）挺进，导致德军决定从大西洋调派更多的 U 型潜艇至地中海。11 月 29 日，德国海军总部决定在地中海西部部署 15 艘 U 型潜艇，在东部部署 10 艘 U 型潜艇。当天，有 4 艘潜艇离开比斯开湾基地。然而，由于各种各样的原因，这些潜艇没有一艘能够通过直布罗陀海峡。[54] 英国加强了在直布罗陀附近的空中巡逻，迫使潜艇从西部接近海峡，以延长其水下潜航时间。[55]

1941 年 9 月下旬－12 月中旬，U 型潜艇常常会在新月的深夜通过海峡，这些潜艇以高速在水面航行，充分利用向东运动的表层水面海流。实践表明这种方法非常有效，没有一艘 U 型潜艇被发现。然而，当盟军在这个地区设立总部后，情况发生了显著变化。英国皇家空军执行白天空中巡航任务，联邦航空局执行晚上空中巡航任务。[56]

英国不断加强直布罗陀海峡的对潜防御能力。最有效的措施就是延长白天空中巡航的时间。1941 年 11 月 27 日－1942 年 1 月 26 日，英国调派装备有雷达的飞机不分昼夜地进行空中巡航，以便能够探测到水面状态航行的潜艇。而以上的反潜措施迫使德国 U 型潜艇在白天需要进行潜航，晚上才能穿越海峡。如果 U 型潜艇被发现后，将通过探照指引，引导反潜兵力使用深水炸弹攻击。[57] 这些反潜措施使得 U 型潜艇在水面状态穿越海峡的难度越来越大。在夜间空中巡航体系建立起来以前，有 14 艘 U 型潜艇和 43 艘意大利潜艇穿越了海峡。然而，一旦空中巡航力量部署到位，14 艘 U 型潜艇中的 7 艘在穿越海峡的途中或被击沉，或被击伤，或被迫放弃了穿越海峡的计划。[58]U 型潜艇在穿越直布罗陀海峡时面临着巨大危险，以至于德国人被迫放弃了从比斯开湾基地调派 U 型潜艇至地中海进行作战的计划。[59]

1942 年 2 月—9 月，由于多种原因，没有任何一艘潜艇能够进入地中海。9 月 19 日，德国海军部命令调派 6 艘 U 型潜艇至地中海，其中 2 艘返回，4 艘安全通过海峡。[60]11 月 4 日，德国海军总部决定再次调派 7 艘 U 型潜艇至地中海，以加强地中海已有的 18 艘 U 型潜艇的力量。[61]

在 1942 年 10 月—1943 年 1 月期间，共有 15 艘 U 型潜艇和 1 艘意大利潜艇成功穿越直布罗陀海峡。到 1943 年 4 月，再没有潜艇通过海峡。然而，在 1943 年 4 月—6 月期间，又有 5 艘 U 型潜艇穿越了海峡，虽然盟军飞机装备了 ASV 雷达（机载水面平台雷达）、强力探照灯以及深水炸弹。这些 U 型潜艇装备了能够探测到飞机雷达辐射信号的雷达告警机（FuMB-1 梅托克斯），在 1943 年 9 月，有 4 艘 U 型潜艇试图进入地中海。然而，当时盟军飞机装备了厘米波雷达，而 U 型潜艇上装备的雷达告警机无法探测到这种雷达辐射信号。因此，只有 1 艘潜艇穿越了海峡，另 1 艘被击伤，其他 2 艘被迫返回。[62] 到 1943 年 10 月，U 型潜艇装备了能够探测厘米波雷达信号的雷达告警机（FuMB-7 纳克索斯）。在那个月，有 5 艘 U 型潜艇奉命调派至地中海，但盟军截获了这个命令，结果只有 2 艘 U 型潜艇成功穿越了海峡，1 艘 U 型潜艇在晚上离开西班牙西海岸时被拦截，并被击沉，另外 2 艘在试图水下航渡穿越海峡时被空中和水面巡航兵力击沉。[63]

在 1943 年 12 月—1944 年 2 月中旬期间，有 7 艘 U 型潜艇没有遇到什么困难就穿越了海峡，从那以后至 1944 年 5 月中旬，8 艘 U 型潜艇中有 4 艘成功穿越海峡，直接进入地中海。由于损失巨大，德国海军司令卡尔·邓尼茨（1891—1980）海军上将决定不再调派任何 U 型潜艇至地中海。[64]

在整个二战期间，部署在地中海的德国 U 型潜艇数量很少超过 20 艘。然而，他们对盟军的海运和战舰造成了巨大损失。德国海军总部调派至地中海的 U 型潜艇数量超过 95 艘，由于受到各种因素的影响，有 11 艘没有起航，1 艘被击伤，2 艘在通往直布罗陀海峡的途中被击沉，其余 81 艘 U 型潜艇在试图穿越海峡时，有 3 艘在穿越海峡的途中被击沉，有不少于 62 艘的 U 型潜艇成功地穿越了海峡。其他的 16 艘受到盟军反潜防御系统（ASW）的攻击，6 艘被击沉，6 艘被击伤，2 艘被迫途中返航。1940 年 6 月－1943 年年底，共有 30 艘意大利潜艇调派至大西洋，而且有 13 艘从大西洋返回的意大利潜艇也成功穿越了海峡进入地中海。[65]

在 1941 年－1944 年期间，德国和芬兰在芬兰湾的 A/S 反潜防御体系有效地阻止了从开阔海域而来的敌方潜艇，这或许是第二次世界大战中最成功的反潜体系了。成功的主要原因是地理位置和有利的军事形势。1.2 万平方英里的芬兰湾，从汉科半岛到列宁格勒（今天的圣彼得堡）绵延 250 多英里长。其宽度从西部入口的约 43 英里处开始变化，直至芬兰的科特卡市和爱沙尼亚的梅里库拉（Merikula）间连线约 81 英里处，与莫希内岛（Moshchnyy）所处的经度相同。而涅瓦河湾的宽度只有 7.5 英里左右，其深度也相对较浅，最大水深只有 20 英尺。芬兰湾最深处是在其入口处，大约有 260～330 英尺深，其平均水深是 125 英尺，南部附近水深约为 330 英尺，北部水深不超过 200 英尺。通常情况下，芬兰湾在当年的 11 月开始部分冻结，至次年的 1 月下旬完全冻结，至 4 月下旬又开始部分解冻。

在准备同苏联作战时，德国人计划通过布设多条水雷障碍区来达成对芬兰湾的完全封锁。这些水雷障碍区由水面舰艇进行巡航保护，并由岸炮防护。到 1941 年 6 月底，德国海军认为，苏联波罗的海舰队将被围困在芬兰湾内的基地，最终将在战争中被消灭，这只是时间问题。[66] 在 1941 年 6 月 12 日，芬兰湾首条水雷障碍区由德国军舰伪装成商船布设完成。[67]

德国人于 1941 年 6 月 21/22 日晚在芬兰湾布设了两个水雷障碍区，代号为"阿波尔达"行动，在范峡湾和希乌马岛北端布设了"阿波尔达"水雷障碍区，在卡拉巴达至格努恩德与帕克罗特之间布设了"科尔贝萨"水雷障碍区。[68] 芬兰于 6 月 26 日参战之后，他们使用水面舰船布设了基皮诺拉（Kipinola）和库勒马亚维（Kuolemananjarvi）水雷区。芬兰潜艇在霍格兰岛（Hochland）和大图特尔斯（Great Tueters）之间布设了大量水雷。[69] 德国人于 1941 年 8 月下旬在朱敏达湾布设了另一处大型水雷障碍区。[70]

德国于 1941 年 6 月 22 日入侵苏联开始以后，其军队沿着波罗的海沿岸向纵深快速推进，到 1941 年 9 月初，德军就抵达列宁格勒城下。苏联波罗的海舰队，包括 20 多艘潜艇都被困在喀琅施塔得湾内。[71] 德国和芬兰加大了现有水雷障碍区的布设密度，并于 1942 年布设了新的水雷障碍区。大约 12 875 枚水雷被布设在芬兰湾及其西部附近海域。[72] 德国和芬兰控制着芬兰湾的北部和南部海岸。[73] 他们还在白天使用小型巡逻艇和飞机进行巡航，以保护他们的水雷障碍区。

对德国和芬兰来说，封锁芬兰湾对阻止苏联潜艇在波罗的海广阔水域活动是至关重要的。德国通过海运将大部分战争补给物资和兵力运送到前线，同时德国军工业所极度依赖的铁矿石和其他原材料也源源不断地从瑞典经波罗的海流入德国港口。这种情形一直保持到 1944 年 6 月苏联发动大规模进攻之前，此后列宁格勒的围困被解除，苏联重新占领波罗的海沿岸诸国。

今天，阻止敌方潜艇通过海峡的措施可能比第二次世界大战时的更为有效。结合核动力潜艇或者加装了独立空气推进装置（AIP）的反潜潜艇、智能水雷、水面舰艇、海上巡逻机和反潜直升机，再加上岸基探测/监测预警系统，这些都会对敌方潜艇在穿越海峡时产生极大的威胁。

8.3.2　强行通过海峡

经验表明，面对敌人强大的防御力量，仅靠海军兵力强行通过海峡是非常危险的，而且也很少能成功。这样的行动只有与陆上攻击相配合，并采取奇袭才能成功。例如，1806 年 12 月 30 日，英国政府指示地中海舰队司令、海军中将卡斯伯特·科林伍德调派舰队抵达达达尼尔海峡，攻占位于君士坦丁堡的土耳其宫廷（中央政府），从而达到使其置身于俄国与法国战争之外的目的（奥斯曼帝国对俄国宣战，而俄国名义上是英国的盟友）。由于 1806 年 12 月俄国入侵了多瑙河公国（摩尔达维亚和瓦拉几亚），土耳其随即关闭了从达达尼尔到俄国的航运通道。

1807 年 1 月 15 日，科林伍德再次调派海军中将约翰·T. 达克沃斯（John T. Duckworth，1748－1817）率领的由 8 艘战列舰、2 艘护卫舰、2 艘投弹船和 1 艘运输船组成的海上编队。[74] 然而，编队没有得到任何陆上力量的支援掩护。因为当时英国海外远征力量只有 1.1 万～1.2 万名可用兵力。[75] 奥斯曼舰队则由 14 艘战列舰、9 艘护卫舰以及 12 艘双桅船和炮艇组成，外加数百门攻城炮。[76] 达克沃斯的目的是向君士坦丁堡施加压力，迫使其改变与俄国开战的决定，如果土耳其不答应，则摧毁其舰队。[77] 如果达克沃斯的行动目的伴有可靠的陆上攻击力量进行配合，这便有可能会奏效。否则，达克沃斯对土耳其施加的压力并不大，而且还面临着被围困的风险。[78] 当然，要达到目的还需要娴熟的谈判专家，但达克沃斯缺乏外交技巧，英国驻君士坦丁堡的大使查尔斯·阿尔布斯特诺（Charles Ar-buthnot，1767－1850）又刚好生病无法工作。2 月 18 日，达克沃斯开始强攻达达尼尔海峡，穿过沿岸炮台阵地，进入马尔马拉海。[79] 他摧毁了 1 艘土耳其的战列舰以及部分小型船只，本应乘胜前进，但当时他犹豫不决，将到达君士坦丁堡的时间推迟至 3 月 3 日。[80] 达克沃斯对君士坦丁堡发出了最后通牒，要求土耳其与俄国保持和平，并驱逐法国大使。然而，苏丹塞利姆（Sultan Selim）三世决定进行抵抗，[81] 达克沃斯最终一无所获。在返回的路上，达克沃斯的舰队在通过达达尼尔海峡时被巨大的土耳其石炮（中世纪的投掷石炮）损伤。这一徒劳的努力之后，英国于 1807 年 3 月在埃及登陆。[82]

达克沃斯离开后，俄国海军上将德米特里·谢尼亚文（Dmitry Senyavin，1763－1831）封锁了达达尼尔海峡，并且两次击败奥斯曼舰队，第二次发生在 1807 年 7 月 1 日，那次他大获全胜。[83] 然而在东普鲁士的提尔希特（今天的苏维埃茨克），沙皇亚历山大一世同意放弃地中海，并且将爱奥尼亚群岛移交给法国。谢尼亚文独自返回波罗的海。[84]

英国人显然没有从他们在 1807 年仅仅只运用海军力量去强行争夺海峡的教训中学到什么。近 100 年之后，在 1915 年 2 月，英国试图再次强行争夺达达尼尔海峡。早在 1914 年 8 月，英国海军部和陆军部就讨论了攻占加利波利半岛的可能性。在 1914 年 11 月 3 日，英国舰队对达达尼尔海峡外围防御工事实施了大约 10 分钟火炮轰击，以测试土耳其的防御体系。[85] 在这次行动中，2 艘装备有 15 英寸口径大炮的无畏级战列舰和 16 艘英法前无畏级战列舰在 1.3 万码射程外炮击了外围的防御工事，攻击结果表明仅有一处防御工事遭受了轻微损坏。从长远来看，这次攻击的代价是高昂的，因为土耳其人从这时起就开始更加关注海峡的防御能力。进一步讲，未来也不可能取得意外成功了。[86]

温斯顿·丘吉尔（Winston S. Churchill，1874－1965）在 1911 年－1915年任英国海军大臣时提出应采取海陆联合方式攻击达达尼尔海峡，以加强对埃及的防御。然而，只有在摧毁德国海上力量并在西线建立稳固的防御阵地之后，才有可能实施这一方案。这种情况一直持续到 1914 年 12 月底。[87]当时英国战时大臣、陆军元帅基钦纳勋爵（Kitchener，1850—1916）同意这个想法，但无法抽调任何陆军力量进行配合。还有一个要考虑的因素是，对达达尼尔海峡的攻击可能会产生负面影响，因为俄国可能会怀疑英国的真正动机。这种情况最终在 1915 年 1 月 21 日出现了转机，当时俄国陆军总司令尼古拉斯·尼古拉耶维奇公爵（Nicholas Nikolayevich，1859—1919）（沙皇尼古拉一世的孙子）发了一份电报，询问英国是否可以"在土耳其最脆弱和最敏感的地方施加压力"，以转移奥斯曼土耳其军队的注意力。[88]在收到尼古拉耶维奇公爵请求西部战线的盟国对土耳其施压以减轻高加索前线的压力之后，丘吉尔只组织了一次海军攻击行动。丘吉尔认为达达尼尔海峡防御体系仅仅装备了老式火炮，与英法舰船重炮无法比拟，而且也不需要战舰抵近攻击，仅用海军力量就完全可以压制土耳其岸炮火力，显然这是错误的。英国人认为土耳其布设的水雷障碍区可以迅速扫除，这样英法联军的战舰就可以自由进入马尔马拉海。[89]他们还认为，土耳其国力较弱，只要英法联军的战列舰逼近其首都，土耳其肯定会投降。如果土耳其拒绝投降，联军就用战列舰炮轰君士坦丁堡逼其就范。由于君士坦丁堡的建筑大部分是用木头建造的，这样的攻击将是毁灭性的，而且土耳其仅有的军需库、主要枪械工厂都在马尔马拉海上英法联军战列舰炮火的射程之内。土耳其投降之后，通往俄国的海上航线就能重新打开，战争物资和军需补给品就可以顺利运送至俄国，同时俄国的小麦也能源源不断地补充到西部前线。况且，中立的巴尔干国家，特别是希腊、罗马尼亚和保加利亚，也会准备加入协约国。[90]

　　丘吉尔向执行达达尼尔海峡封锁任务的舰队司令萨克维尔·卡登上将（Sackville Carden，1857—1930）征询强行攻占达达尼尔海峡的看法。1 月 5 日，卡登回复说，"我认为突袭攻占达达尼尔海峡是不可能的。如果动用数量庞大的战舰实施连续作战，海峡才有可能强攻下来"。卡登起草了一份作战计划，丘吉尔随即将其递交给内阁讨论。[91]从 1914 年 10 月 29 日接下来的数周，土耳其进入战争状态，在岸上增加了 21 门火炮，紧接着在 1914 年 10 月—1915 年 2 月 19 日期间又增加了 9 门。然而，土耳其人对塞德尔-巴希尔（Sidd-el- Bashar）和库姆卡莱（Kum-Kale）并没有刻意加强防御，他们认为这些地方经受不住火炮的强烈攻击，而只在达达尼尔海峡两岸部署了一些伪装目标。截至 1914 年 11 月 2 日，土耳其在水下布设了 5 条水雷封锁线，且大部分布设在海峡的狭窄处。[92]

英法联军海上编队由 16 艘战列舰以及数量众多的艇船组成，于 2 月 19 日实施了第一次海上攻击。而到此时，土耳其已经在达达尼尔海峡部署了超过 100 门的中、大口径火炮。[93] 在 1915 年 2 月 19 日的第一次攻击中，英法联军战列舰迅速摧毁了塞德尔-巴希尔和库姆卡莱的外围防御工事。在 2 月 25 日的第二次攻击中，虽然英国战列舰对岸上炮台实施了毁灭性打击，然而，仍然有许多门火炮还能够发挥作用，水下雷障基本没有扫除。土耳其守卫者的士气仍然很高。[94] 在进行初步扫雷之后，3 月 18 日英法联军战列舰炮轰了土耳其达达尼尔海峡的炮台，并取得显著成效。但是土耳其布设的水雷给英法联军海上舰艇造成了惨重的损失：有 3 艘老式战列舰被炸沉，另有 3 艘严重受损。这样的结果迫使英法联军不得不取消后续攻击，匆忙撤出了达达尼尔海峡。但是他们不知道此时的土耳其已是穷途末路，所有炮台都已损毁，弹药也几乎耗尽。与此同时，卡登的位置被海军上将约翰·迈克尔·德罗贝克爵士（John Michael de Robeck，1862－1928）取代，而他已于 3 月 23 日下令停止攻击。[95] 海军不再寄希望于等待英法援军的到来。第一批援军部队直到 1915 年 4 月 25 日才到达。[96]

达达尼尔海峡行动失利的主要教训就是：在地面部队没有登陆以及占领目标地区之前，海军舰艇编队不应该停止对海峡沿岸防御工事的攻击。对陆上防御力量采取进攻行动的唯一方法就是实施海陆联合行动。英法联军的错误在于，他们认为不需要地面部队的配合，海军能够独自应对局势，强行夺占海峡。

1940 年 1 月，英国首相温斯顿·丘吉尔策划了一项完全不合常规的计划（代号"凯瑟琳"）。他计划用一支由 2 艘战列舰、5 艘巡洋舰、2 支驱逐舰编队以及部分潜艇所组成的海上力量进入丹麦海峡，并随后在波罗的海展开作战行动。其目的就是阻止德国对丹麦的攻击，并向北欧国家施加压力，同时在波罗的海牵制德国海军。[97] 毫不奇怪，这个计划从未实施过。

海上力量强势一方未能成功阻止敌方水面舰艇通过水道和国际海峡的典型战例就是，1942 年 2 月两艘来自法国布列塔尼地区布雷斯特港口的德国"沙恩霍斯特"号和"格奈泽瑙"号战列巡洋舰以及 "欧根亲王"号重巡洋舰成功逃脱了英方的围追堵截（代号"地狱犬"）。起初，德国人计划将"提尔皮茨"号战列舰和"希佩尔海军上将"号重巡洋舰与布雷斯特特混编队进行协同行动，联合打击大西洋上的盟军海上交通线。1941 年 7 月，"沙恩霍斯特"号战列巡洋舰完成了维修，当时它正驶往拉帕利斯港要进行检修，突然遭到英国飞机的猛然攻击，并被三枚炸弹击中，受损严重，它只好返回布雷斯特修船厂进坞修理。尽管布雷斯特方面提高了防空和伪装水平，但英国再次攻击布雷斯特特混编队的势头更加猛烈。布雷斯特特混编队再受重创只是时间问题。[98] 这是希特勒决定让布雷斯特特混编队强行通过英吉利海峡和多佛尔海峡的主要原因之一。另一种选择就是让布雷斯特特混编队强行通过丹麦海峡，但这个方案同样是危险的。英国人密切地监视着布雷斯特特混编队，希望确切地知道布雷斯特特混编队何时准备出海。然而，事实表明英国人认为德国的布雷斯特特混编队不敢通过多佛尔海峡是错误的。[99]

1942 年 2 月 11 日晚上 23 时，在海军中将奥托·克里克斯（Otto Ciliax，1891－1964）的指挥下，由 2 艘战列巡洋舰、6 艘驱逐舰、3 艘鱼雷艇所组成的布雷斯特特混编队离开了布雷斯特。由于空袭的缘故，布雷斯特特混编队出航时间推迟了两个小时。德国人很幸运，英国派来监视他们行动的飞机因为故障只好离开监视空域返回，而替补的飞机还没有及时抵达。[100] 为了躲避英国人的侦察，掩盖编队离开布雷斯特的实情，德国人一直保持着空中警戒和隐蔽行动直到第二天早上。布雷斯特特混编队直到抵达勒阿弗尔附近海域时才被英国人发现。[101] 此时德军已调派了 8 艘鱼雷艇和 10 艘快艇来加强他们的护卫，到天亮时，至少有 16 架德国空军战斗机提供了空中掩护。第三航空联队也调派了约 175 架重型轰炸机和战斗机为布雷斯特特混编队提供空中支援。[102]

2 月 12 日 11 时，英国飞机在索姆河河口附近海域发现了德军海上编队。飞机提供的情报在 12 时过后不久就送达了英国海军总部，而德军海上编队在 13 时左右通过了多佛尔海峡。大约 16 分钟之后，英军岸炮才开火攻击，但没有击中任何船只。来自多佛尔海峡的 5 艘鱼雷艇和来自拉姆斯盖特的 3 艘鱼雷艇同样没有取得任何战果。[103] 此外，多架轰炸机和鱼雷轰炸机的攻击也未能对德军编队造成任何损害。[104] 德军只损失了 1 艘巡逻艇和 17 架飞机，但是德国空军却击落了多架英国飞机。[105] 英军同时还从哈里奇基地派出了 5 艘驱逐舰对德军舰船实施了鱼雷攻击。然而，由于德军编队具有强大的防御能力，英军的攻击失败了，其中 1 艘英军驱逐舰被击伤。[106] 相对而言，水雷是英军最有效的武器。英国在北海南部设置的 16 个雷区共布设了 1100 枚沉底雷。结果"沙恩霍斯特"号触发了 2 枚水雷，"格奈泽瑙"号触发了 1 枚水雷，但是这两艘战列舰虽然触雷，却依靠一己之力分别抵达了威廉港和易北河河口。[107] 在通过雷区时，德军还损失了 1 艘驱逐舰和 1 艘扫雷艇。[108]

8.3.3 攻击敌方舰队

在某些特定的情况下，可能存在某个机会或者创造出机会来攻击、摧毁或者围困在海峡内的敌方舰队主力，从而间接破坏或瓦解敌对联盟。例如，1801 年 4 月 2 日，英国舰队在海军上将海德·帕克（Hyde Parker，1784－1854）率领下，攻击了位于哥本哈根的丹麦舰队。这一行动的原因是丹麦加入了俄国、瑞典和普鲁士的武装中立联盟，其目的是加强同法国的自由贸易。而英国将联盟看成是拿破仑一世的政治工具，并决定瓦解这个联盟。由于丹麦控制着斯卡格拉克海峡和卡特加特海峡，所以占据了关键位置。进攻的时机选择在波罗的海冰层融化之前，主要是防止联盟派出更强大的力量来对抗英国舰队。英国海军部首席大臣圣文森特（St. Vincent）海军上将认为，除非英国舰队从训练有素的部队中挑选 2 万名精兵，并在最有能力的指挥官率领之下，否则将一事无成。他不相信仅靠轰炸就能对丹麦政府产生预期的效果。据报道，圣文森特认为："从舰船上发射出去的炮弹是无力的武器，当对方第一波恐慌结束之后，就会遭到嘲笑。"[109]

1801 年 3 月 12 日，英国舰队从雅茅斯启航。[110]帕克海军上将从英国外交官那里获悉，丹麦政府已经拒绝了英国的最后通牒，他们利用所有的拖延时间来加强对哥本哈根的防御。[111]而帕克的舰队直到 3 月 21 日才到达斯卡恩。其率领的舰队包括 2 艘 3 层甲板的风帆战列舰、18 艘 2 层甲板的风帆战列舰、5 艘护卫舰、28 艘共装备有 2000 门火炮的炮艇和大约 1.5 万人。[112]丹麦舰队锚泊在哥本哈根附近，由 7 艘风帆战列舰和大约 30 艘小型船只组成。

霍雷肖·纳尔逊将军（Horatio Nelson，1758－1805）担任远征军的副司令，他于 3 月 12 日（当天丹麦政府拒绝了英国的要求）写了一封信给帕克，在信中他表示进攻哥本哈根不应错失良机。[113]纳尔逊认为，只要英国舰队继续停留在松德海峡，而没有进入波罗的海，那么在波罗的海的冰层融化后，瑞典人和俄国人就可以与丹麦人建立海上的联系通道。他建议，派遣一支火力足够强大的轻型战列舰舰队穿越中间浅滩（位于哥本哈根和萨尔特岛之间），尽管航行比较困难，但在纳尔逊看来，这算不上什么难事。这样英国远征军就可以将丹麦舰队与他们的盟友瑞典和俄国隔离开来。随后，英国就能够攻击敌人的薄弱环节。纳尔逊主动提出由自己来带领这支部队。[114]英国人估计对方的海军力量是由俄国的 20 艘、瑞典的 11 艘和丹麦的 10 艘战列舰组成的。[115]

在 3 月 30 日的第二次军事会议上，纳尔逊建议的进攻计划终于通过了。纳尔逊提出用 10 艘轻型战列舰在护卫舰的护航下，依靠中间浅滩的外围通道或霍兰德深水航道向东航行，然后通过狭窄、错综复杂的国王深水航道抵近哥本哈根城。[116]纳尔逊的先遣编队由 12 艘战列舰（7 艘各装备了 74 门炮，3 艘各装备了 64 门炮，2 艘各装备了 52 门炮）、5 艘护卫舰、2 艘轻型巡洋舰，以及 17 艘小型舰船（包括 2 艘双桅横帆船、2 艘纵火船、7 艘炮艇、6 艘装备有火炮的双桅船）组成，合计 36 艘，共有大炮 1280 门和人员 9400 人。帕克上将还手握预备队，由 2 艘 3 层甲板（装备 98 门炮）和 4 艘 2 层甲板（2 艘各装备 74 门炮和 2 艘各装备 64 门炮）的战列舰组成。[117]

4 月 2 日，英国的进攻持续了将近 4 个小时。丹麦人顽强战斗，英国人的进攻行动因其 3 艘战列舰搁浅而受阻。丹麦人还能够从岸上调派大批人员来弥补他们的减员。[118]但最终还是纳尔逊获胜。[119]此战有 5300 余人伤亡，其中丹麦有 370 人死亡，665 人受伤，205 人失踪，约有 1780 人被俘，而英国大概有 255 人死亡，688 人受伤。[120]纳尔逊下令除了将 1 艘装备有 74 门火炮的战列舰作为医疗船外，其余所有捕获的舰船全部击沉。完成任务后，纳尔逊的编队重新加入帕克上将的舰队。随后，英国人将其炮船部署在国王深水航道上，以此威胁要炮轰丹麦首都。[121]如果要使哥本哈根免受炮轰，丹麦必须停止与俄国结盟，且在接下来 14 周内不得补充军舰，如果做到这几点，纳尔逊就同意停战。丹麦还必须同意向英国舰队提供补给。[122]

纳尔逊的进攻非常大胆，但他几乎输掉了这场战斗。他后来说，虽然法国人打得很勇敢，但他们不可能在丹麦人打了 4 个小时之后还能再坚持 1 个小时。[123]丹麦人称这次战斗为"安克雷奇之战"，并认为是他们取得了胜利。英国人对他们袭击哥本哈根的结果并不完全满意，因此他们没有给参与者任何奖赏。[124]

4 月 12 日，双方签署了为期 14 周的停战协议，英国舰队进入了波罗的海。纳尔逊取代帕克成为舰队司令。他率领舰队起航驶向爱沙尼亚的瑞威尔（今天的塔林）。然而，就在纳尔逊到来的前十天，俄国舰队已经从瑞威尔逃到了喀琅施塔得。6 月 17 日，英国和俄国签订了公约，后来被北部国家所接受。根据公约条款，英国承认中立国可以从一个敌对港口到另一个敌对港口进行贸易，但殖民地港口除外。双方还同意海军物品不应被视为违禁品（违反禁令或未缴纳关税而非法进出口的货物）。俄国方面同意，在某些情况下，在中立国的船只上可以扣押敌方货物，战争期间在海军护航下的船只也可以被搜查。[125]

在另一个战例中，1807 年英国决定调派舰队到哥本哈根，目的是摧毁或者俘获丹麦舰队，从而阻止其与法国结盟。1806 年 10 月 14 日，拿破仑一世在耶拿—奥厄施泰特战役中击溃普鲁士。随后，法国获取了威悉河、易北河、特拉维河和奥德河等河流以及整个波罗的海沿岸的控制权。拿破仑一世于 11 月 21 日进驻柏林，随后发布了后来被称之为《柏林敕令》的声明，宣布对英国实行封锁。拿破仑的目标就是要彻底切断英国与欧洲市场的联系。《柏林敕令》是拿破仑一世对英国 1806 年 5 月 16 日封锁法国的报复，他认为英国对法国的封锁是非法的。[126]接着他在 1807 年 2 月 7 日－8 日的埃劳战役和 1807 年 6 月 14 日的弗里德兰战役中打败了俄国人。在遭受这些失败之后，沙皇亚历山大一世（1777－1825）立即要求停战。法国和俄国于 7 月 7 日在提尔希特签署了带有秘密条款的和平条约，在秘密条款中沙皇承诺他的海军将与拿破仑一世联合起来对抗英国。瑞典、丹麦、葡萄牙以及奥地利被迫关闭与英国的通商港口，而且如果英国不接受这个结果他们就立即宣战。有了这些国家海军的加入，拿破仑一世将拥有 100 多艘战列舰，并且可以继续为争夺制海权而斗争。与此同时，英国于 1807 年 6 月派出了大约 7000 人到波罗的海去帮助瑞典人保卫施特拉尔松德。[127]

伦敦得知俄罗斯和法国已经签署了和平条约，但并不知悉有秘密条款。然而英国人非常清楚当前的形势，那就是丹麦对英国一贯抱有敌意。丹麦海军舰队拥有 18 艘战列舰，如果丹麦与法国结盟，那么英国舰船休想进出松德海峡。英国人绝不允许这样的事情发生。[128] 经过简单的推演后，英国外交大臣乔治·坎宁（George Canning，1770－1827）即刻组织了强大的远征军以加强在波罗的海已经部署的 7000～8000 人军事力量，远征军由 24 艘战列舰组成的海上舰队来护送和保护，并且在哥本哈根外海占据了对抗丹麦舰队的有利阵位。[129]

7 月 26 日，海军上将詹姆斯·甘贝尔（James Gambier，1756－1833）率领 17 艘战列舰离开雅茅斯。与此同时，威廉·卡斯卡特将军（William Cathcart， 1755－1843）奉命从吕根岛将其部队调派至哥本哈根，加入到甘贝尔将军率领的约 1.7 万人的部队之中。[130] 除了海军首席大臣外，调派至丹麦海峡的舰队是绝对保密的。海军部也不知道这次远征的真正目的。甘贝尔将军收到攻击哥本哈根的命令直接来自英国外交大臣坎宁，而不是海军部。甘贝尔奉命与瑞典王国合作，以保护波美拉尼亚的任何增援力量，确保英国在波罗的海的贸易和海军补给。[131]

英国舰队于 8 月 1 日抵达哥德堡。海军准将理查德·济慈（Richard G. Keats，1757－1834）奉命率领由 4 艘战列舰、3 艘护卫舰、10 艘双桅船组成的舰队立刻前往占领大贝尔特海峡，以阻止丹麦将位于荷尔斯泰因的部队调派至西兰岛。8 月 3 日，海军上将甘贝尔率领舰队进入松德海峡，并在瑞典的赫尔辛格外海锚泊。在接下来的几天里，又有 8 艘战列舰和 1 艘护卫舰加入到他的舰队之中，同时从吕根岛调派过来的部队也到达了。一切准备就绪，准备进攻。[132]

虽然丹麦人对英国的意图一无所知，然而哥本哈根的防御准备却一直在有条不紊地进行着。8 月 8 日，英国代表弗兰西斯·杰克逊（Francis Jackson）在基尔会见了丹麦－挪威王储（当时他担任部署在石勒苏益格－荷尔斯泰因部队的司令），并代表英国政府提出要求。英国代表建议丹麦舰队归英国指挥，直至英国和法国达成和平为止。他向王储保证英国将保护丹麦免受法国的攻击，如果丹麦政府拒绝这些要求，丹麦舰队将被强行接管。毫不奇怪，王储拒绝了英国的要求。然而还没等到 8 月 18 日，英国代表就将谈判结果告知了海军上将甘贝尔，以继续针对丹麦舰队展开作战行动。而丹麦的防御力量已不如 1801 年那样强大了。[133]

9 月 1 日，英国舰炮做好了炮轰哥本哈根的一切准备。甘贝尔和卡斯卡特命令丹麦人立刻投降。但是丹麦人拒绝了英国的要求，于是炮轰于 9 月 2 日开始。3 天之后，哥本哈根司令厄恩斯特·佩曼（Ernst Peymann，1737－1823）将军要求停火，以此作为向英国投降的先决条件。英国舰队司令则坚持要求丹麦舰队立即投降。9 月 7 日投降协议签署。丹麦舰队被英国接管，敌对行动停止。[134]英国人一直控制着船坞和要塞，直到他们拿到战利品才开始撤离。[135]

投降的丹麦舰队大概有 76 艘舰船，包括 14 艘战列舰（其中 3 艘被摧毁）、16 艘护卫舰、10 艘双桅帆船、14 艘单桅帆船、2 艘炮艇以及 7 艘其他船只。10 月 20 日，英国军队开始撤离，次日舰队带着战利品返回英国。丹麦海军几乎不复存在了。[136]

8.3.4 夺占海峡

夺占海峡最理想的情况是，实力强势一方能够控制海峡单侧海岸，甚至是海峡双侧海岸。这将极大增强其对大海和大洋的制海权能力。例如，英国作为全球海洋强国的崛起，在很大程度上取决于它对毗连不列颠群岛的四个狭窄海域的控制（包括爱尔兰海、北海、英吉利海峡和比斯开湾），再加上还同时控制着海上贸易的重要咽喉要道，包括直布罗陀海峡、好望角、曼德海峡、霍尔木兹海峡以及新加坡海峡。

1704 年 8 月 1 日—3 日，英国人在西班牙王位继承战争（1701—1714）期间占领了直布罗陀港口，此后一直保持着控制。在英国人占领之前，直布罗陀只是一座"三流港口城市"，主要用于抗击巴巴里海盗。[137] 英国海军上将乔治·鲁克（George Rooke，1650—1709）率领他的英荷联合舰队直航地中海。其舰队由 17 艘战列舰，以及 3 艘载有 1800 名海军陆战队员的炮船组成。[138] 尽管他不知道法国舰队在土伦的行踪，但他还是做出了冒险的决定，占领直布罗陀。[139] 西班牙在直布罗陀的防守力量主要包括 100 名左右的普通士兵、400 名民兵以及大约 100 门火炮。[140] 在主力战舰的掩护下，一支精选的特混编队对直布罗陀港口进行了轰炸。随后，海军陆战队在离城镇不远的地方登陆，并通过沙质海滩向要塞进军。当西班牙的守军被海军陆战队分散了注意力时，另一支由英国舰员组成的登陆部队夺取了直布罗陀的磐石山。[141] 不久之后，法国人派出土伦舰队重新夺回了直布罗陀港口。这直接导致了法国人和联盟舰队于 1704 年 8 月 13 日在马拉加附近海域发生冲突，其结果在战术上难分胜负。然而，这场战斗是英荷舰队的一次战役胜利。法国土伦舰队被迫撤退，英军重新夺回了对直布罗陀的控制权。[142] 借助里斯本和直布罗陀基地的帮助，英国舰队第一次能够全年留在地中海，并能够持续监视法国和西班牙在地中海西部的行动。[143]

英国在新加坡的军事基地建于 1819 年，那时斯坦福·莱佛士爵士（Stamford Raffles，1781—1826）在新加坡建立了一个港口。1867 年，当时被称之为"英属海峡殖民地"的新加坡成为独立的殖民地，由伦敦殖民地办公室直接监管。1839 年，英国从阿布达利苏丹国手中夺占了也门的亚丁。[144] 英国从而获取了对极为重要的曼德海峡东岸的控制。亚丁是一个 3 平方英里大小的地区，仅有约 600 名居民生活在此。[145] 获取对亚丁控制的原因是需要建立一座前往印度的东印度公司的储煤码头。英国对获得苏伊士运河的控制权表现出极大的兴趣，该运河由一家法国公司建造，在该运河竣工约 13 年后，英国于 1882 年 8 月获取了该运河的完全控制权。运河由苏伊士运河管理局进行经营与管理。也就在同年，英国在埃及建立起第一座永久性军事基地。

经验表明，夺占海峡通常需要陆上部队与海军进行密切协同，否则，整个行动就有可能存在不足。例如，奥匈军队由于缺少海军力量的支持而未能成功占领奥特朗托海峡的东部海岸。奥匈帝国计划获取从阿尔巴尼亚海岸向南一直延伸至发罗拉的控制权，而发罗拉则守卫着奥特朗托海峡的东海岸。1916 年 2 月下旬，奥匈帝国的部队到达了都拉斯港。然而，他们却停止了前进的步伐，在前线停滞不前，直到战争几乎结束。[146] 这次失败使得卡塔罗湾基地的奥匈帝国和德国潜艇无法不受干扰地抵达地中海。

协约国中的英、法两国于 1915 年试图夺占土耳其海峡的一侧海岸，但未能成功。这次登陆行动是在海军的指挥下进行的，但是由于海军与陆军之间缺乏密切协同，整个行动彻底失败。英法在加利波利半岛登陆的主要目的是迫使土耳其退出战争，为被围困的盟友俄国打开一条直接通道，从而迫使德国将其部队从俄国前线撤出，并影响希腊公开站在协约国一边。[147]

1915 年 2 月海军进攻失败后，西方联盟决定调派地面部队去占领土耳其海峡。最初，大约 7.5 万名英军地面进攻部队由伊恩·汉密尔顿将军（Ian Hamilton，1853－1947）率领。具体来说，这支部队主要由英军第 29 师和皇家海军，以及澳新军团中的澳大利亚陆军第一师和新西兰陆军部队（ANZAC）组成。此外，3 月 10 日，法国调派拥有 1.8 万人的殖民地部队第 1 师加入。[148] 与此同时，3 月 24 日后土耳其大大增强了海峡两岸的防御，德国将军利曼·冯·桑德斯（Liman von Sanders，1855－1929）接管了达达尼尔海峡的土耳其第 5 军指挥权。他要防守一条长达 150 英里的海岸线，而且只有 8.4 万人可用（其中只有 6.2 万人做好了作战准备），分为 6 个师，仅有约 2 万人在加利波利半岛防守。

4 月 25 日，第 29 师约 3.5 万名士兵和皇家海军部队在海丽丝岬主登陆场登陆。与此同时，负责佯攻的约 1.7 万人（主要是未经训练的澳新军团部队）在阿里伯努（后改名为澳新军团湾）更靠北部的海滩实施登陆。法国第 1 师的第 6 殖民团在加利波利半岛的颈部库姆卡莱实施登陆。[149] 联军迅速占领了浅滩，但因为土耳其人不断加强抵抗而无法继续扩大战果，登陆作战演变为壕沟战。双方都没有取得多大进展，且均损失惨重。到 1915 年 8 月，联军力量增至 12 个师，于 8 月初在苏弗拉湾实施了新的登陆作战，目的是与处在澳新军团湾的澳新军团取得联系。虽然取得了一些战果，但整个行动最终失败，土耳其人重新夺回了苏弗拉湾。

尽管做出了种种努力，但联军仍未能在陆地上取得多大进展。最后，除了放弃之外，他们别无选择。撤退分为两个阶段，即 1915 年 12 月 18 日－19 日和 1916

年 1 月 8 日—9 日。双方的损失都很惨重，联军参加作战的人数最终达到了 49 万余人（包括 7.9 万名法国人），伤亡约 25.2 万人（其中约 44 100 人丧生）。土耳其方面参加作战的人数约有 50 万人，伤亡约 251 300 人（其中约 86 700 人丧生）。[150]

8.4　小结

在现代战争中，获取重要海峡/水道的控制，通常需要进行作战筹划，实施大规模联合作战行动。这样的作战行动是沿海或海上战役行动的组成部分。例如，作为对北约战争计划的组成部分，以苏联为首的华约国部队曾设想占领石勒苏益格－荷尔斯泰因和日德兰半岛。在该作战计划中，海军的任务是获取制海权，占领丹麦海峡，同时为岸上 800 多公里长补给线上的作战部队提供支援。[151] 当时苏联在沿海前线实施大规模作战行动的目的是在梅克伦堡地区发动进攻，并在下萨克森州和石勒苏益格—荷尔斯泰因地区以及丹麦领土上摧毁西德—丹麦部队。另一目的是为位于波罗的海和北海的联合舰队的行动创造条件。这样，海岸侧翼行动纵深可达 310 余英里，宽度约 62 英里，整个作战行动将持续 8～9 天。[152] 作战计划设想将在 7～8 天之内摧毁北约海军力量，从而获得卡伦角—萨姆索岛—弗雷德里卡附近海域的制海权。此外，海军部队还将实施两栖登陆，目的是占领丹麦海峡西部岛屿，同时为己方部队沿海岸向日德兰方向推进提供支援。[153]

海峡或者咽喉要道为海上实力强势一方提供了机遇与挑战。对海峡或咽喉要道的控制不仅会增强一个国家的海上地位，而且还具有更为广泛和更加重大的非军事方面的重要意义。在和平时期对海峡或咽喉要道的控制，将会大大有助于在公开敌对状态下争夺海权的斗争。如果实力强势一方没有获得对海峡或咽喉要道的控制，那么它就应该试图去占领海峡的一侧或者双侧海岸。相应地，这就需要筹划和实施一次大规模海上联合作战行动。在某些情况下，仅靠地面部队从陆上进攻就有可能夺取海峡一侧海岸的控制权，但对海峡本身的实际控制并不足以获得封闭或半封闭海域的制海权。因此，实力强势一方还必须在预设海域的重要位置与咽喉要道处获得战役战术上的控制权。然后，它必须打击并摧毁敌方海军的主力，并在其沿海地区部署海军以外的力量，以阻止敌方的海军与商业活动。

注释

1. John Fisher, "Appendix H: Instant Readiness for War, Strategy - Fleet Distribution and Fleet Orders," in Peter Kemp, editor, The Papers of Admiral Sir John Fisher, Vol. 1（London: Naval Records Society, 1960）, pp. 160-61.

2. The term "choke point"（or bottleneck）is defined as a narrow passage, such as a strait through which shipping must pass; an alternate meaning is a point of congestion or obstruction American Heritage Dictionary of the English Language, 5th ed.（New York: Houghton Mifflin Company, 2011）; the same term is also used in referring to both geographical features on land（e.g., valleys, mountain passes, defiles）and at sea（e.g., straits, narrows, channels, artificial canals）; the term "maritime choke point" pertains in general to narrow waterways canals connecting two large bodies of water and to straits/narrows in particular; in transport geography, a choke point refers to locations that limit the capacity of circulation and cannot be easily bypassed, if at all; this implies that any alternative to a chokepoint involves a level of detour or use of an alternative that translates into significant financial costs and delays; maritime choke points are the result of the constraints of physical geography, whereas others, such as the Suez and Panama canals, are artificial creations Jean-Paul Rodrigue, "Straits, Passages and Chokepoints. A Maritime Geostrategy of Petroleum Distribution," Cahers de Geographie du Québec, Vol. 48, No. 135（December 2004）, p. 359.

3. Specifically, there are 22 international straits in the North Atlantic and Mediterranean; 13 in the Caribbean Sea/Gulf of Mexico; three in the Indian Ocean; 40 in the northwestern Pacific; 16 in the eastern Pacific; and 28 in southwest Pacific B. Fabiani, Die seestrategische Bedeutung von Inseln und Meerengen unter Berücksichtigung der gegenwärtigen militärstrategischen Bedingungen und der Entwicklung des Seevölkerrechte（Hamburg: Fuhrungsakademie der Bundeswehr, 31 October 1980）, p. 22.

4. Carl J. Kulsrud, "The Seizure of the Danish Fleet, 1807: The Background," The American Jopurnal of International Law, Vol. 32, No. 2（April 1938）, p. 283.

5. Carl J. Kulsrud, "The Seizure of the Danish Fleet, 1807: The Background," The American Journal of Ilnternational Law, Vol. 32, No. 2（April 1938）, p. 283.

6. Carl J. Kulsrud, "The Seizure of the Danish Fleet, 1807: The Background," The American Journal of Ilnternational Law, Vol. 32, No. 2（April 1938）, p. 284.

7. "Betrachtung über die Bedeutung Gibraltar," Deutsche Kriegführung im Mittelmeer Februar 1941-Dezember 1941, 2.12.1941, SKL Teil C, XIV, RM 7-234, BA-MA, p. 310.

8. Michael Salewski, Die deutsche Seekriegsleitung 1935-1945, Vol. I: 1935-1941（Bonn: Bernard & Graefe, 1970）, p. 370.

9. Anthony Cordesman, The Iran-Iraq War and Western Security 1984-67: Strategic Implications and Policy Options（London: Jane's Publishing Company, Ltd., 1987）, p. 174.

10. Mark H. Hubet, Chokepoint Control: Operational Challenges for Blue-Water Navies （Newport, RI: Naval War College, May 2003）, pp. 4-5.

11. Mark K. Huber, Chokepoint Control: Operational Challenges for Blue-Water Navies （Newport, RI: Naval War College, 2003）, p. 5.

12. Jonathan Schroden, A Strait Comparison: Lessons Learned from the 1915 Dardanelles Campaign in the Context of a Strait of Hormuz Closure Event （Alexandria, VA: Center for Naval Analyses, September 2011）, p. 7.

13. Milan Vego, The Battle for Leyte, 1944. Allied and Japanese Plans, Preparations, and Execution （Annapolis, MD: Naval Institute Press, 2006）, pp. 215-17.

14. Raoul Castex, More Protiv Kopna, Vol. 1. Translated by Hijacint Mundorfer （Theórie stratégiques, Vol. 1: La Mer Contre La Terre）（Belgrade: Geca Kon AD, 1939）, p. 49.

15. Raoul Castex, More Protiv Kopna, Vol. 1. Translated by Hijacint Mundorfer （Theórie stratégiques, Vol. 1: La Mer Contre La Terre）（Belgrade: Geca Kon AD, 1939）, p. 49.

16. Anthony Sokol, "Naval Strategy in the Adriatic Sea During the World War," Proceedings, 8 （August 1937）, p. 1083.

17. Richard C. Hall, The Balkan Wars 1912-1913: Prelude to the First World War （London: Routledge, Taylor & Francis Group, 2000）, p. 64.

18. Zisis Fotakis, Greek Naval Strategy and Policy, 1910-1919 （London/New York: Routledge, Taylor & Francis Group, 2005）, p. 48.

19. Edward J. Erickson, Defeat in Detail. The Ottoman Army in the Balkans, 1912-1915 （Westport, CT/London: Praeger Publishers, 2003）, p. 157; Zisis Fotakis, Greek Naval Strategy and Policy, 1910-1919 （London/New York: Routledge. Taylor & Francis Group, 2005）, p. 48.

20. Richard C. Hall, The Balkan Wars 1912-1913: Prelude to the First World War （London: Routledge, Taylor & Francis Group, 2000）, p. 64; Zisis Fotakis, Greek Naval Strategy and Policy, 1910-1919 （London/NewYork: Routledge, Taylor & Francis Group, 2005）, p. 50.

21. Zisis Fotakis, Greek Naval Strategy and Policy, 1910-1919 （London/New York: Routledge. Taylor & Francis Group, 2005）, p. 50.

22. Richard C. Hall, The Balkan Wars 1912-1913: Prelude to the First World War （London: Routledge, Taylor & Francis Group, 2000）, p. 65.

23. Richard C. Hall, The Balkan Wars 1912-1913: Prelude to the First World War（London: Routledge, Taylor & Francis Group, 2000）, p. 65.

24. Zisis Fotakis, Greek Naval Strategy and Policy, 1910-1919（London/New York: Routledge. Taylor & Francis Group, 2005）, p. 50.

25. Paul G. Halpern, The Naval War in the Mediterranean 1914-1918（Annapolis, MD: Naval Institute Press, 1987）, p. 289.

26. Paul G. Halpern, The Naval War in the Mediterranean 1914-1918（Annapolis, MD: Naval Institute Press, 1987）, p. 289.

27. Herbert Henning, Analyse des Kampfes der Seestreitkräfte um Meerengen in Verlaufe des Zweiten Weltkrieges（Dresden: Militä, rakademie Friedrich Engels, 1967）, p. 13; that prohibition was lifted only in April 1940 cited in Herbert Henning, Analyse des Kampfes der Seestreitkräfte um Meerengen in Verlaufe des Zweiten Weltkrieges（Dresden: Militärakademie Friedrich Engels, 1967）, p. 14.

28. Cited in Herbert Henning, Analyse des Kampfes der Seestreitkräfte um Meerengen in Verlaufe des Zweiten Weltkrieges（Dresden: Militärakademie Friedrich Engels, 1967）, p. 14.

29. James A. Meacham, "Four Mining Campaigns: An Historical Analysis of the Decisions of the Commanders," Naval War College Review, Vol. 19, No. 10（June 1967）, p. 88; Eric J. Grove, editor, The Defeat of the Enemy Attack on Shipping 1939-1945 a revised edition of the Naval Staff History, Vols. 1A（Text and Appendices）and 1B（Plans and Tables）; Aldershot, UK: Ashgate, Navy Records Society, 1997）, p. 150.

30. Jan S. Breemer, Defeating the U-Boat: Inventing Antisubmarine Warfare, Newport Paper 36（Newport, RI: Naval War College Press, 2010）, 26.

31. R.H. Gibson and Maurice Prendergast, The German Submarine War 1914-1918（Constable & Co. Ltd., 1931; reprinted Annapolis, MD: Naval Institute Press, 2002）, p. 222.

32. Arthur J. Marder, From the Dreadnought to Scapa Flow: The Royal Navy in the Fisher Era, 1904-1919, Vol. 5: Victory and Aftermath（January 1918-June 1919）（London: Oxford University Press, 1970）, p. 41.

33. Arthur J. Marder, From the Dreadnought to Scapa Flow: The Royal Navy in the Fisher Era, 1904-1919, Vol. 5: Victory and Aftermath（January 1918-June 1919）（London: Oxford University Press, 1970）, 41.

34. Arthur J. Marder, From the Dreadnought to Scapa Flow: The Royal Navy in the Fisher Era, 1904-1919, Vol. 5: Victory and Aftermath（January 1918-June 1919）（London: Oxford University Press, 1970）, p. 65.

35. Arthur J. Marder, From the Dreadnought to Scapa Flow: The Royal Navy in the Fisher Era, 1904-1919, Vol. 5: Victory and Aftermath（January 1918-June 1919）（London: Oxford University Press, 1970）, pp. 65-66.

36. Henry Newbolt, Naval Operations, History of the Great War Based on Official Documents, Vol. 5: From April to the End of the War, Julian Stafford Corbett, editor（London: Long-mans, Green and Co., 1931）, 207; Arthur J. Marder, From the Dreadnought to Scapa Flow: The Royal Navy in the Fisher Era, 1904-1919, Vol. 5: Victory and Aftermath（January 1918-June 1919）（London: Oxford University Press, 1970）, p. 66, the British estimated that, because of the great depth of water in the area, about 400,000 mines would be required to prevent the transit of U-boats; however, the invention of the Mk 6 antenna mines by the United States allowed for the reduction of the total number of mines for the barrage; these mines were laid in the deep sections of the barrage, while the British chemical-horn H mines were used at both ends of the barrage James A. Meacham, "Four Mining Campaigns: An Historical Analysis of the Decisions of the Commanders," Naval War College Review, Vol. 19, No. 10（June 1967）, p. 89.

37. Arthur J. Marder, From the Dreadnought to Scapa Flow, The Royal Navy in the Fisher Era, 1904-1919, Vol. 5: Victory and Aftermath（January 1918-June 1919）（London: Oxford University Press, 1970）, pp. 68-69.

38. Arthur J. Marder, From the Dreadnought to Scapa Flow, The Royal Navy in the Fisher Era, 1904-1919, Vol. 5: Victory and Aftermath（January 1918-June 1919）（London: Oxford University Press, 1970）, p. 72.

39. Arthur J. Marder, From the Dreadnought to Scapa Flow, The Royal Navy in the Fisher Era, 1904-1919, Vol. 5: Victory and Aftermath（January 1918-June 1919）（London: Oxford University Press, 1970）, 73; Eric J. Grove, editor, The Defeat of the Enemy Attack on Shipping 1939-1945 a revised edition of the Naval Staff History, Vols. 1A（Text and Ap-pendices）and 1B（Plans and Tables）; Aldershot, UK: Ashgate, Navy Records Society, 1997）, p. 149; James A. Meacham, "Four Mining Campaigns: An Historical Analysis of the Decisions of the Commanders," Naval War College Review, Vol. 19, No. 10（June 1967）, pp. 90-91; Gregory K. Hartmann, Weapons That Wait: Mine Warfare in the U.S. Navy（Annapolis, MD: Naval Institute Press, 1979）, p. 53.

40. R.H. Gibson and Maurice Prendergast, The German Submarine War 1914-1918（Constable & Co. Ltd., 1931; reprinted Annapolis, MD: Naval Institute Press, 2002）, p. 264.

41. Arthur J. Marder, From the Dreadnought to Scapa Flow, The Royal Navy in the Fisher Era, 1904-1919, Vol. 5: Victory and Aftermath（January 1918-June 1919）（London: Oxford

University Press, 1970）, p. 32.

42. Arthur J. Marder, From the Dreadnought to Scapa Flow, The Royal Navy in the Fisher Era, 1904-1919, Vol. 5: Victory and Aftermath（January 1918-June 1919）（London: Oxford University Press, 1970）, p. 35.

43. R.H. Gibson and Maurice Prendergast, The German Submarine War 1914-1918（Constable & Co. Ltd., 1931; reprinted Annapolis, MD: Naval Institute Press, 2002）, pp. 264-65.

44. Arthur J. Marder, From the Dreadnought to Scapa Flow, The Royal Navy in the Fisher Era, 1904-1919, Vol. 5: Victory and Aftermath（January 1918-June 1919（London: Oxford University Press, 1970）, pp. 34-35.

45. R.H. Gibson and Maurice Prendergast, The German Submarine War 1914-1918（Constable & Co. Ltd., 1931; reprinted Annapolis, MD: Naval Institute Press, 2002）, p. 265.

46. Eric J. Grove, editor, The Defeat of the Enemy Attack on Shipping 1939-1945 a revised edition of the Naval Staff History, Vols. 1A（Text and Appendices）and 1B（Plans and Tables）（Aldershot, UK: Ashgate, Navy Records Society, 1997）, p. 149.

47. James A. Meacham, "Four Mining Campaigns: An Historical Analysis of the Decisions of the Commanders," Naval War College Review, Vol. 19, No. 10（June 1967）, pp. 90-91.

48. Hartmut Waltz, Die Problem moderner Minelegeplanungen vor dem Hintergrund historischer Erfahrungen in der Nordsee 1939-1944（Hamburg: Führungsakademie der Bundeswehr, October 1985）, p. 9.

49. Eric J. Grove, editor, The Defeat of the Enemy Attack on Shipping 1939-1945 a revised edition of the Naval Staff History, Vols. 1A（Text and Appendices）and 1B（Plans and Tables）（Aldershot, UK: Ashgate, Navy Records Society, 1997）, pp. 151-52.

50. Arthur J. Marder, "The Influence of History on Sea Power: The Royal Navy and the Lessons of 1914-1918," Pacific Historical Review, Vol. 41, No. 4（November 1972）, p. 430.

51. Eric J. Grove, editor, The Defeat of the Enemy Attack on Shipping 1939-1945 a revised edition of the Naval Staff History, Vols. 1A（Text and Appendices）and 1B（Plans and Tables）（Aldershot, UK: Ashgate, Navy Records Society, 1997）, p. 134.

52. Eric J. Grove, editor, The Defeat of the Enemy Attack on Shipping 1939-1945 a revised edition of the Naval Staff History, Vols. 1A（Text and Appendices）and 1B（Plans and Tables）（Aldershot, UK: Ashgate, Navy Records Society, 1997）, p. 134.

53. Eric J. Grove, editor, The Defeat of the Enemy Attack on Shipping 1939-1945 a revised edition of the Naval Staff History, Vols. 1A（Text and Appendices）and 1B（Plans and Tables）（Aldershot, UK: Ashgate, Navy Records Society, 1997）, p. 135.

54. Eric J. Grove, editor, The Defeat of the Enemy Attack on Shipping 1939-1945 a revised

edition of the Naval Staff History, Vols. 1A（Text and Appendices）and 1B（Plans and Tables）（Aldershot, UK: Ashgate, Navy Records Society, 1997）, p. 135.

55. Eric J. Grove, editor, The Defeat of the Enemy Attack on Shipping 1939-1945 a revised edition of the Naval Staff History, Vols. 1A（Text and Appendices）and 1B（Plans and Tables）（Aldershot, UK: Ashgate, Navy Records Society, 1997）, p. 135.

56. Eric J. Grove, editor, The Defeat of the Enemy Attack on Shipping 1939-1945 a revised edition of the Naval Staff History, Vols. 1A（Text and Appendices）and 1B（Plans and Tables）（Aldershot, UK: Ashgate, Navy Records Society, 1997）, p. 137.

57. Eric J. Grove, editor, The Defeat of the Enemy Attack on Shipping 1939-1945 a revised edition of the Naval Staff History, Vols. 1A（Text and Appendices）and 1B（Plans and Tables）（Aldershot, UK: Ashgate, Navy Records Society, 1997）, p. 144.

58. Eric J. Grove, editor, The Defeat of the Enemy Attack on Shipping 1939-1945 a revised edition of the Naval Staff History, Vols. 1A（Text and Appendices）and 1B（Plans and Tables）（Aldershot, UK: Ashgate, Navy Records Society, 1997）, p. 144.

59. Eric J. Grove, editor, The Defeat of the Enemy Attack on Shipping 1939-1945 a revised edition of the Naval Staff History, Vols. 1A（Text and Appendices）and 1B（Plans and Tables）（Aldershot, UK: Ashgate, Navy Records Society, 1997）, p. 144.

60. Eric J. Grove, editor, The Defeat of the Enemy Attack on Shipping 1939-1945 a revised edition of the Naval Staff History, Vols. 1A（Text and Appendices）and 1B（Plans and Tables）（Aldershot, UK: Ashgate, Navy Records Society, 1997）, p. 138.

61. Eric J. Grove, editor, The Defeat of the Enemy Attack on Shipping 1939-1945 a revised edition of the Naval Staff History, Vols. 1A（Text and Appendices）and 1B（Plans and Tables）（Aldershot, UK: Ashgate, Navy Records Society, 1997）, p. 139.

62. Eric J. Grove, editor, The Defeat of the Enemy Attack on Shipping 1939-1945 a revised edition of the Naval Staff History, Vols. 1A（Text and Appendices）and 1B（Plans and Tables）（Aldershot, UK:Ashgate, Navy Records Society, 1997）, p. 144.

63. Eric J. Grove, editor, The Defeat of the Enemy Attack on Shipping 1939-1945 a revised edition of the Naval Staff History, Vols. 1A（Text and Appendices）and 1B（Plans and Tables）（Aldershot, UK: Ashgate, Navy Records Society, 1997）, p. 144.

64. Eric J. Grove, editor, The Defeat of the Enemy Attack on Shipping 1939-1945 a revised edition of the Naval Staff History, Vols. 1A（Text and Appendices）and 1B（Plans and Tables）（Aldershot, UK: Ashgate, Navy Records Society, 1997）, pp. 144-45.

65. Eric J. Grove, editor, The Defeat of the Enemy Attack on Shipping 1939-1945 a revised edition of the Naval Staff History, Vols. 1A（Text and Appendices）and 1B（Plans and

Tables）（Aldershot, UK: Ashgate, Navy Records Society, 1997）, p. 144.

66. Michael Salewski, Die deutsche Seekriegsleitung 1935-1945, Vol. 1, 1935-1941（Frankfurt a.M.: Bernard & Graefe, 1970）, p. 418.

67. Jürgen Rohwer, "Der Minenkrieg im Finnischen Meerbusen, Part I: June-August 1941," Marine Rundschau, 1（January 1967）, p. 21.

68. Jürg Meister, Der Seekrieg in den osteuropäischen Gewässern 1941-45（Munich: J. F. Lehmanns Verlag, 1958）, pp. 13-14.

69. Jürgen Rohwer, "Der Minenkrieg im Finnischen Meerbusen, Part I:June-August 1941," Marine Rundschau 1（January 1967）, p. 21.

70. Jürgen Rohwer, "Der Minenkrieg im Finnischen Meerbusen, Part I:June-August 1941," Marine Rundschau 1（January 1967）, p. 16.

71. According to a German source, the Soviet Baltic Fleet had in service some 65 submarines of various classes on 22 June 1941 Friedrich Ruge, The Soviets as Naval Opponents 1941-1945（Annapolis, MD: Naval Institute Press, 1979）,12; between 22 June and 1 September 1941, the Soviets lost some 12 submarines in combat, five were scuttled, and two were damaged Jürgen Rohwer and Gerhard Hümmelchen, Chronology of the War at Sea 1939-1945: The Naval History of World War Two, 2nd revised and expanded edition （Annapolis, MD: Naval Institute Press, 1992）, pp. 69-72, 77, 81; according to a Soviet source, by mid-September 1941, the Soviets had deployed 17 submarines in the Gulf of Finland for attacks against the enemy shipping, while four other submarines were deployed in the open waters of the Baltic V.I. Achkasov and N.B. Pavlovich, Soviet Naval Operations in the Great Patriotic War 1941-1945（Annapolis, MD: Naval Institute Press, 1981）, p. 223.

72. Jürg Meister, Der Seekrieg in den osteuropäischen Gewässern 1941-45（Munich: J. F. Lehmanns Verlag, 1958）, p. 50.

73. The Soviet Navy in World War II," pt. 4, "Soviet Submarines Operations, 1941-1945," ONI Review, No. 1（1953）. p. 13.

74. R. Ernest Dupuy and Trevor N. Dupuy, The Encyclopedia of Military History from 3500 B.C. to the Present, 2nd rev. ed.（New York: Harper & Row, Publishers, 1986）, p. 766.

75. Herbert Richmond, Statesmen and Sea Power（Oxford: Clarendon Press, first published 1946, reprinted 1947）, p. 231.

76. R. Ernest Dupuy and Trevor N. Dupuy, The Encyclopedia of Military History from 3500 B.C. to the Present, 2nd rev. ed.（New York: Harper & Row, Publishers, 1986）, p. 766.

77. Roger C.B. Anderson, Naval Wars in the Baltic During the Sailing-Ship Epoch, 1522-1850 （London: C. Gilbert-Wood, 1910, reprinted Charleston, SC: Nabu Press, 2014）, p. 314.

78. N.A.M. Rodger, The Command of the Ocean. A Naval History of Britain, 1649-1815（New York/London: W.W. Norton & Company, 2005）, p. 550.

79. N.A.M. Rodger, The Command of the Ocean. A Naval History of Britain, 1649-1815（New York/London: W.W. Norton & Company, 2005）, p. 551.

80. Roger C.B. Anderson, Naval Wars in the Baltic During the Sailing-Ship Epoch, 1522-1850（London: C. Gilbert-Wood, 1910, reprinted Charleston, SC: Nabu Press, 2014）, p. 314.

81. R. Ernest Dupuy and Trevor N. Dupuy, The Encyclopedia of Military History from 3500 B.C. to the Present, 2nd rev. ed.,（New York: Harper & Row, Publishers, 1986）, p. 766.

82. N.A.M. Rodger, The Command of the Ocean. A Naval History of Britain, 1649-1815（New York/London: W.W. Norton & Company, 2005）, p. 551.

83. Roger C.B. Anderson, Naval Wars in the Baltic During the Sailing-Ship Epoch, 1522-1850（London: C. Gilbert-Wood, 1910, reprinted Charleston, SC: Nabu Press, 2014）, p. 314.

84. N.A.M. Rodger, The Command of the Ocean. A Naval History of Britain, 1649-1815（New York/London: W.W. Norton & Company, 2005）, p. 551.

85. A.L. MacFie, "The Straits Question in the First World War, 1914-1918," Middle Eastern Studies, Vol. 19, No. 1（January 1983）, p. 52.

86. Arthur J. Marder, From the Dreadnought to Scapa Flow: The Royal Navy in the Fisher Era, 1904-1919, Vol. 2: The War Years to the Eve of Jutland（1914-1916）（London: Oxford University Press, 1965）; p. 201; S.W.C. Pack, Sea Power in the Mediterranean. A History From the Seventeenth Century to the Present Day（London: Arthur Barker Ltd., 1971）, pp. 160-61.

87. A.L. MacFie, "The Straits Question in the First World War, 1914-1918," Middle Eastern Studies, Vol. 19, No. 1（January 1983）, p. 52.

88. Cited in A.L. MacFie, "The Straits Question in the First World War, 1914-1918," Middle Eastern Studies, Vol. 19, No. 1（January 1983）, p. 53.

89. Jonathan Schroden, A Strait Comparison: Lessons Learned from the 1915 Dardanelles Campaign in the Context of a Strait of Hormuz Closure Event（Alexandria, VA: Center for Naval Analyses, September 2011）, p. 9.

90. Jonathan Schroden, A Strait Comparison: Lessons Learned from the 1915 Dardanelles Capaign in the Context of a Strait of Hormuz Closure Event（Alexandria, VA: Center for Naval Analyses, September 2011）, p. 9.

91. A.L. MacFie, "The Straits Question in the First World War, 1914-1918," Middle Eastern Studies, Vol. 19, No. 1（January 1983）, p. 53.

92. A.L. MacFie, "The Straits Question in the First World War, 1914-1918," Middle Eastern

Studies, Vol. 19, No. 1（January 1983）, p. 54.

93. Arthur J. Marder, From the Dreadnought to Scapa Flow: The Royal Navy in the Fisher Era, 1914-1919, Vol. 2: The War Years to the Eve of Jutland（1914-1916）（London: Oxford University Press, 1965）, p. 201; S.W.C. Pack, Sea Power in the Mediterranean. A History From the Seventeenth Century to the Present Day（London: Arthur Barker Ltd., 1971）, pp. 160-61.

94. A.L. MacFie, "The Straits Question in the First World War, 1914-1918," Middle Eastern Studies, Vol. 19, No. 1（January 1983）, p. 54.

95. A.L. MacFie, "The Straits Question in the First World War, 1914-1918," Middle Eastern Studies, Vol. 19, No. 1（January 1983）, p. 54.

96. Arthur J. Marder, From the Dreadnought to Scapa Flow: The Royal Navy in the Fisher Era, 1914-1919, Vol. 2: The War Years to the Eve of Jutland（1914-1916）（London: Oxford University Press, 1965）, p. 201; S.W.C. Pack, Sea Power in the Mediterranean. A History From the Seventeenth Century to the Present Day（London: Arthur Barker Ltd., 1971）, pp. 160-61.

97. Herbert Henning, Analyse des Kampfes der Seestreitkräfte um Meerengen in Verlaufe des Zweiten Weltkrieges（Dresden: Militarakademie Friedrich Engels, 1967）, p. 11.

98. Friedrich Ruge, Der Seekrieg. The German Navy's Story 1939-1945（Annapolis, MD: United States Naval Institute, 1957）, p. 263.

99. Friedrich Ruge, Der Seekrieg. The German Navy's Story 1939-1945（Annapolis, MD: United States Naval Institute, 1957）, p. 264.

100. Friedrich Ruge, Der Seekrieg. The German Navy's Story 1939-1945（Annapolis, MD: United States Naval Institute, 1957）, p. 264.

101. Friedrich Ruge, Der Seekrieg. The German Navy's Story 1939-1945（Annapolis, MD: United States Naval Institute, 1957）, p. 264.

102. Friedrich Ruge, Der Seekrieg. The German Navy's Story 1939-1945（Annapolis, MD: United States Naval Institute, 1957）, p. 265; Jürgen Rohwer and Gerhard Hümmelchen, Chronology of the War at Sea 1939-1945, 2nd revised and expanded edition（Annapolis, MD: Naval Institute Press, 1992）, p. 122.

103. Jürgen Rohwer and G. Hummelchen, Chronology of the War at Sea 1939-1945. The Naval History of World War Two, 2nd revised and expanded edition（Annapolis, MD: Naval Institute Press, 1992）, p. 122.

104. Friedrich Ruge, Der Seekrieg. The German Navy's Story 1939-1945（Annapolis, MD: United States Naval Institute, 1957）, p. 266.

105. Friedrich Ruge, Der Seekrieg. The German Navy's Story 1939-1945（Annapolis, MD: United States Naval Institute, 1957）, p. 265.

106. Jürgen Rohwer and G. Hummelchen, Chronology of the War at Sea 1939-1945. The Naval History of World War Two, 2nd revised and expanded edition（Annapolis, MD: Naval Institute Press, 1992）, p. 122.

107. Jürgen Rohwer and G. Hummelchen, Chronology of the War at Sea 1939-1945. The Naval History of World War Two, 2nd revised and expanded edition（Annapolis, MD: Naval Institute Press, 1992）, p. 122; Friedrich Ruge, Der Seekrieg. The German Navy's Story 1939-1945（Annapolis, MD: United States Naval Institute, 1957）, p. 266.

108. Friedrich Ruge, Der Seekrieg. The German Navy's Story 1939-1945（Annapolis, MD: United States Naval Institute, 1957）, p. 266.

109. Herbert Richmond, Statesmen and Sea Power（Oxford: Clarendon Press, first published 1946, reprinted 1947）, p. 210.

110. Alfred T. Mahan, Influence of Sea Power upon the French Revolution and Empire, 1793-1812, Vol. II, 8th edition（Boston: Little, Brown, and Company, 1897）, p. 43.

111. C.J. Marcus, The Age of Nelson. The Royal Navy in the Age of Its Greatest Power and Glory 1793-1815（New York: Viking Press, 1971）, p. 178.

112. Alfred Stenzel, Seekriegsgeschichte in ihren wichtigsten Abschnitten mit Berücksichtigung der Seetaktik, Part 4: Von 1720 bis 1850（Hannover/Leipzig: Hahnsche Buchhandlung, 1911）, p. 281.

113. Alfred T. Mahan, Influence of Sea Power upon the French Revolution and Empire, 1793-1812, Vol. II, 8th edition（Boston: Little, Brown, and Company, 1897）, p. 43.

114. Alfred T. Mahan, Influence of Sea Power upon the French Revolution and Empire, 1793-1812, Vol. II, 8th edition（Boston: Little, Brown, and Company, 1897）, p. 44.

115. Alfred Stenzel, Seekriegsgeschichte in ihren wichtigsten Abschnitten mit Berücksichtigung der Seetaktik, Part 4: Von 1720 bis 1850（Hannover/Leipzig: Hahnsche Buchhandlung, 1911）, p. 281.

116. C.J. Marcus, The Age of Nelson. The Royal Navy in the Age of Its Greatest Power and Glory 1793-1815（New York: Viking Press, 1971）, pp. 178-79.

117. Hermann Kirchhoff, Seemacht in der Ostsee: Ihre Einwirkung Auf Die Geschichte Der Ostseeländer Im 19. Jahrhundert, Vol. II（Kiel: Verlag von Robert Cordes, 1908）, pp. 48-49.

118. C.J. Marcus, The Age of Nelson. The Royal Navy in the Age of Its Greatest Power and Glory 1793-1815（New York: Viking Press, 1971）, p. 183.

119. C.J. Marcus, The Age of Nelson. The Royal Navy in the Age of Its Greatest Power and Glory 1793-1815（New York: Viking Press, 1971）, p. 187.

120. Roger C.B. Anderson, Naval Wars in the Baltic During the Sailing-Ship Epoch, 1522-1850（London: C. Gilbert-Wood, 1910, reprinted Charleston, SC: Nabu Press, 2014）, p. 308.

121. C.J. Marcus, The Age of Nelson. The Royal Navy in the Age of Its Greatest Power and Glory 1793-1815（New York: Viking Press, 1971）, p. 187.

122. C.J. Marcus, The Age of Nelson. The Royal Navy in the Age of Its Greatest Power and Glory 1793-1815（New York: Viking Press, 1971）, p. 188.

123. C.J. Marcus, The Age of Nelson. The Royal Navy in the Age of Its Greatest Power and Glory 1793-1815（New York: Viking Press, 1971）, p. 187.

124. Alfred Stenzel, Seekriegsgeschichte in ihren wichtigsten Abschnitten mit Berücksichtigung der Seetaktik, Part 4: Von 1720 bis 1850（Hannover/Leipzig: Hahnsche Buchhandlung, 1911）, p. 302.

125. William Oliver Stevens and Allan Westcott, A History of Sea Power（New York: Doubleday, Doran & Company, Inc., 1942）, p. 217.

126. Herbert Richmond, Statesmen and Sea Power（Oxford: Clarendon Press, first published 1946, reprinted 1947）, pp. 228-29.

127. Herbert Richmond, Statesmen and Sea Power（Oxford: Clarendon Press, first published 1946, reprinted 1947）, p. 232.

128. Roger C.B. Anderson, Naval Wars in the Baltic During the Sailing-Ship Epoch, 1522-1850（London: C. Gilbert-Wood, 1910, reprinted Charleston, SC: Nabu Press, 2014）, p. 315.

129. Herbert Richmond, Statesmen and Sea Power（Oxford: Clarendon Press, first published 1946, reprinted 1947）, p. 232.

130. Roger C.B. Anderson, Naval Wars in the Baltic During the Sailing-Ship Epoch, 1522-1850（London: C. Gilbert-Wood, 1910, reprinted Charleston, SC: Nabu Press, 2014）, p. 315.

131. Herbert Richmond, Statesmen and Sea Power（Oxford: Clarendon Press, first published 1946, reprinted 1947）, pp. 232-33.

132. Roger C.B. Anderson, Naval Wars in the Baltic During the Sailing-Ship Epoch, 1522-1850（London: C. Gilbert-Wood, 1910, reprinted Charleston, SC: Nabu Press, 2014）, p. 315.

133. Roger C.B. Anderson, Naval Wars in the Baltic During the Sailing-Ship Epoch, 1522-1850（London: C. Gilbert-Wood, 1910, reprinted Charleston, SC: Nabu Press, 2014）, p. 316.

134. Roger C.B. Anderson, Naval Wars in the Baltic During the Sailing-Ship Epoch, 1522-1850（London: C. Gilbert-Wood, 1910, reprinted Charleston, SC: Nabu Press, 2014）, p. 318.

135. Roger C.B. Anderson, Naval Wars in the Baltic During the Sailing-Ship Epoch, 1522-1850

（London: C. Gilbert-Wood, 1910, reprinted Charleston, SC: Nabu Press, 2014）, p. 319.

136. Roger C.B. Anderson, Naval Wars in the Baltic During the Sailing-Ship Epoch, 1522-1850 （London: C. Gilbert-Wood, 1910, reprinted Charleston, SC: Nabu Press, 2014）, p. 319; Geoffrey Callender, The Naval Side of British History（Boston: Little, Brown, and company, 1924）, p. 138.

137. Julian S. Corbett, England in the Mediterranean. A Study of the Rise and Influence of British Power Within the Straits, 1603-1713, Vol. II（London: Longmans, Green and Co., 1904）, p. 257.

138. Mfred Stenzel, Seekriegsgeschichte in ihren wichtigsten Abschnitten mit Berücksichtigung der Seetaktik, Part 3: Von 1600 bis 1720（Hannover/Leipzig: Hahnsche Buchhandlung, 1909）, p. 410.

139. Geoffrey Callender, The Naval Side of British History（Boston: Little, Brown, and Company, 1924）, p. 137.

140. Alfred Stenzel, Seekriegsgeschichte in ihren wichtigsten Abschnitten mit Berücksichtigung der Seetaktik, Part 3: Von 1600 bis 1720（Hannover/Leipzig: Hahnsche Buchhandlung, 1909）, p. 210.

141. Geoffrey Callender, The Naval Side of British History（Boston: Little, Brown, and company, 1924）, p. 138.

142. Herbert Richmond, Statesmen and Sea Power（Oxford: Clarendon Press, first published 1946, reprinted 1947）, p. 88.

143. Herbert Richmond, Statesmen and Sea Power（Oxford: Clarendon Press, first published 1946, reprinted 1947）, p. 89.

144. Shihan de Leila Ingram and Richard Pankhurst, "Somali Migration to Aden," in Silva Jayasuriya and Jean-Pierre Angenot, editors, Uncovering the History of Africans in Asia （Leiden: Brill Academic Publications, 2008）, p. 108.

145. Caesar E. Farah, The Sultan's Yemen: 19th Century Challenges to Ottoman Rule（London: I. B. Tauris Publishers, 2002）p. 120.

146. Anthony Sokol, "Naval Strategy in the Adriatic Sea During the World War," Proceedings, 8（August 1937）, p. 1087.

147. James B. Agnew, "From Where Did Our Amphibious Doctrine Come?" Marine Corps Gazette, Vol. 63, No. 8（August 1979）, p. 53.

148. Tim Travers, Gallipoli 1915（Gloucestershire: Tempus Publishing, Stroud, 2001）, p. 270.

149. Jenny Macleod, Reconsidering Gallipoli（Manchester/New York: Manchester University Press, 2004）, p. 3.

150. Man Moorehead, Gallipoli（London: Hamish Hamilton, 1956）, p. 361; Tim Travers, Gallipoli 1915（Gloucestershire: Tempus Publishing, Stroud, 2001）, p. 229.

151. Torstem Diedrich, "Zur rolle der Nationalen Volksarmee der DDR in der operativen Plannung des Warschauer Paktes unter besonderer Berücksichtigung der 1960s Jahre," in Rüdiger Wentzke, editior, Die Streitkräfte der DDR und Polens in der Operationsplanung des Warschauer Paktes（Potsdam: Militärgeschichtliches Forschungsamt, 2010）, p. 26.

152. Zbigniew Moszumanski, "Die Polnische Kustenfront äuf dem Westlichen Kriegschauplatz," in Rüdiger Wentzke, editor, Die Streitkräfte der DDR und Polens in der Operationsplanung des Warschauer Paktes（Potsdam: Militärgeschichtliches Forschungsamt, 2010）, p. 80.

153. Czeslaw Szafran, "Die Seekriegsflotte der Volksrepublik Polen in den Vereinten Ost-seeflotte des Warschauer Vertrages. Ein Buendnis in Krieg und Frieden," in Rüdiger Wentzke, editor, Die Streitkrafte der DDR und Polens in der Operationsplanung des War-schauer Paktes（Potsdam: Militärgeschichtliches Forschungsamt, 2010）, p. 92.

Chapter 9

第9章 | 夺占敌方战略要地

针对制海权的获取，还有一种方法很少提到，那就是在战争初期夺占关键地理位置，然后将这些关键地理位置发展成为海军的主要基地或者前进基地。当然，在和平时期，这些地理位置可以通过外交手段、政治互惠、政治施压以及经济利诱等方式获得。战时，实力强势一方通常运用武力夺占这样的地理位置，以便部署己方的海军和空军力量。对这些关键地理位置的掌控将为战时运用海空军力量争夺制海权创造有利的先决条件。另一种方法就是运用地面部队在空中力量的支援下快速推进，从沿海陆上夺占敌方的海空基地。

9.1 夺占重要地理位置

历史上有大量的实例表明，海洋强国往往首先在预定的海上战区占据一些重要的地理位置，然后将这些位置用作海军基地来争夺制海权，而在现代，这些位置也可以作为空军基地来争夺制海权。这样的地理位置可以通过外交手段、政治互惠、政治施压以及经济利诱，或者直接通过武力获得。而中世纪的意大利各海洋共和国的涉海政策和战略也许最能诠释这种在预定海域使用非军事手段来获取重要地理位置的最好例子，其中在中世纪早期地中海的威尼斯和热那亚最具代表性。在 13 世纪，威尼斯是地中海和欧洲最强大的海上力量之一，威尼斯的船只从黑海航行到地中海东部的航程中需要有港口做支撑。[1] 它的海军力量在很大程度上依赖于控制地中海东部几个具有战略地位的大岛。此外，威尼斯还控制着莫里亚港（古代的伯罗奔尼撒半岛）、爱琴海、阿尔巴尼亚和达尔马提亚的许多港口。与其他海洋强国不同的是，它不仅允许而且鼓励不同的威尼斯贵族家庭管理希腊本土沿海的各个小岛。[2]

在 1203 年－1204 年，威尼斯作为第四次十字军东征的支持者，受益丰厚。

公元 1204 年，随着攻陷君士坦丁堡和第四次十字军东征结束，威尼斯集中力量控制了拜占庭帝国最重要的地理位置，并将这些位置作为舰队基地。通过购买、继承、外交和军事征服，威尼斯获得了这些新领土。[3] 其中，君士坦丁堡是威尼斯最重要的海军基地，尽管它在形式上是拜占庭帝国的首都。最终威尼斯拥有这座城市八分之三的部分，包括船坞和兵工厂。[4]

1204 年，威尼斯控制了爱琴海诸岛以及从阿德里安堡到加利波利的大片土地。[5]1205 年威尼斯获得了对克里特岛的控制（形式上是坎迪亚王国）。这个岛屿拥有极其重要的战略地位，因为它控制了从爱奥尼亚海到埃及和叙利亚的所有威尼斯海上航线。一年后，威尼斯获得了位于麦西尼亚（伯罗奔尼撒半岛西南部）的滨海堡垒迈索尼（摩顿）和科罗尼（科隆）。[6]1206 年，威尼斯首次占领了阿尔巴尼亚的科孚岛和都拉斯。1388 年又控制了纳夫普利亚（今天的纳夫普利翁）和阿尔戈斯。在 1390 年前后，埃维厄岛上的内尼格罗蓬特公国（一个十字军国家）成为威尼斯的殖民地。此后，这块位于克里特岛和君士坦丁堡之间爱琴海上的殖民地成了威尼斯的主要基地。

1380 年－1420 年，威尼斯的领土面积翻了一番。其领土获取的过程是这样的，威尼斯通过对科孚岛（1386 年）、都拉斯（1392 年）、斯库塔里（1396 年）、勒班陀（纳夫帕克托斯）和帕特拉斯（1406 年）的控制来拓展其领土范围。[7] 又通过控制卡塔罗（今天的科托尔）（1419 年）、扎拉（今天的扎达尔）、库尔佐拉（今天的科尔库拉）（1420 年）和莱西纳（今天的赫瓦尔岛）（1424 年），使达尔马提亚的立足点也大大扩大了。尽管威尼斯多次试图夺占拉古萨（今天的杜布罗夫尼克，作为独立的海洋国家一直到现在），但都未能成功。塞浦路斯王国作为埃及马穆鲁克的附属国家，在 1420 年以后逐渐被威尼斯商人占据。1489 年，当女王凯瑟琳·科纳罗（Catherina Cornaro，1454－1510）被迫退位时，威尼斯正式控制了这里。

在 16 世纪和 17 世纪，威尼斯和奥斯曼土耳其为了控制爱奥尼亚海、爱琴海和黎凡特地区而频繁交战。与威尼斯不同的是，奥斯曼土耳其人完全通过军事征服来夺占地中海的战略要地。1499 年－1502 年，在奥斯曼土耳其与威尼斯的战争中，奥斯曼人夺占了科隆、摩顿、纳瓦里诺和勒班陀的重要基地，从而在爱奥尼亚海牢牢地站稳了脚跟。[8]1517 年，土耳其占领了埃及和叙利亚，1522 年又占领了罗德岛。罗德岛是圣约翰医院骑士团的一个据点，拥有一个牢不可破的港口，与土耳其海岸相隔一条约 12 英里宽的海峡。罗德岛正处于伊斯坦布尔和地中海最东端中部，1529 年阿尔及尔被奥斯曼土耳其控制。到 16 世纪初，奥斯曼土耳其成功地从一个陆地强国转变为一个海上帝国，包括海军和商业方面。[9]

1574 年，奥斯曼土耳其通过征服突尼斯将势力扩展到地中海中部和西部。由此，他们获得了西西里海峡的部分控制权，这是通往地中海东部和西部的通道。1571 年，奥斯曼土耳其人占领了塞浦路斯群岛，1669 年占领了克里特岛。[10]对于奥斯曼土耳其人而言，控制这些岛屿是非常重要的，因为这将消除影响他们往来于达达尼尔海峡和希腊大陆之间海上航运安全的任何潜在威胁。1645 年威尼斯人登陆克里特岛后，对土耳其人进行了顽强抵抗，在 1651 年 7 月 8 日—10 日的纳克索斯以南的战役中，以及 1655 年 6 月 2 日和 1656 年 6 月 26 日—27 日在达达尼尔海峡中，威尼斯海军击败了土耳其人。然而，尽管在海上取得了这些成功，但克里特岛的主要要塞在经历了长达 21 年的围困之后，还是落入了土耳其人之手。[11]

在帆船时代和蒸汽机时代的初期，在具有重要战略意义的海洋/海域建立或保持海军长期存在的常用方法之一，是在战争一开始就夺占一个或几个位置有利的港口/锚地。然后，将新获得的要地作为舰队在预定海域进行作战的基地。夺占新的要地需要海军和陆军进行密切合作。陆军作为特遣队，需要海军确保他们在海上输送时的航渡安全。

从 17 世纪晚期到 18 世纪，发生在加勒比海和地中海的海战，其特点是围绕争夺战略上重要的岛屿和港口控制权而展开的。例如，英国与法国或西班牙之间在欧洲的战争很快就蔓延到西印度群岛和加勒比海。在英国和荷兰海军崛起之前，西班牙一直是加勒比地区的霸主，控制了加勒比海和墨西哥湾大部分滨海地区，再加上古巴、波多黎各和伊斯帕尼奥拉群岛，这些地区被称为"西班牙美洲大陆"（Spanish Main）。以上这些地区拥有丰富的资源和巨大的财富（金、银、宝石和香料），使西班牙成为欧洲最富有的强国。到 17 世纪末，英国、荷兰和法国逐渐控制了加勒比海的许多小岛和群岛。马汉指出，这些岛屿太小以致占领后很难防守，除非拥有强大的海上力量。[12]在 17 世纪，荷兰人获得了相当数量的岛群，被称为"荷属安的列斯群岛"。[13]在这些地区，英国的主要竞争对手是法国和西班牙。到 18 世纪初，英国控制了牙买加、巴巴多斯和一些较小的岛屿，而法国则获得了瓜达卢佩、马提尼克和伊斯帕尼奥拉的西部。[14]英国最终在西印度群岛获得了大量的殖民地，这一过程极大地削弱了西班牙的实力。[15]相比之下，法国在向西印度群岛扩张的影响方面远不如英国成功。[16]

　　牙买加、巴巴多斯和圣卢西亚在英属西印度群岛中占据重要地位。[17]牙买加的金斯顿港在很长的一段时间内是非常重要的海军基地。帕里亚湾是特立尼达岛上唯一的好锚地。多巴哥岛有许多很好的避风锚地。阿内加达海峡是英属西印度群岛中的重要位置之一，连接着大西洋和加勒比海，其宽 40 英里，西部是维尔京群岛，东南部是背风群岛。其他重要的海峡还包括 85 英里宽的格林纳达海峡（位于格林纳达和多巴哥岛之间）和 19 英里宽的多巴哥岛和特立尼达之间的海峡。最难守卫的是在圣文森和格林纳达之间 65 英里宽的格兰丁海峡。[18]

　　在欧洲所发生的几次大规模战争中，法国经常与西班牙结盟，试图夺取英属西印度群岛中一些主要群岛的控制权。同样地，英国也试图削弱西班牙和法国在西印度群岛的殖民统治。为此，在 18 世纪英国在西印度群岛进行了多次海陆联合作战。例如，在"七年战争"（1756－1763）中，英国通过攻占巴巴多斯岛（1759年）和圣多明克岛（1763 年）轻松地取得了一些胜利。然而，他们在入侵马提尼克岛（1762 年）时，虽然最终取得了胜利，但是遭到了法国的顽强抵抗。[19]战争结束时，法国失去了法属加拿大（包括路易斯堡）和西印度群岛的马提尼克岛以及印度的本地治理岛（Pondicherry）的所有据点。[20]

　　1898 年美西战争中止了西班牙对美洲的殖民统治。根据 1898 年 12 月 10 日签订的《巴黎条约》，西班牙将关岛、菲律宾和波多黎各割让给美国。美国获得了位于古巴的关塔那摩基地的使用权。关塔那摩湾是向风海峡的战略支点。库莱布拉岛位于波多黎各东海岸，守卫着 61 英里宽的莫纳海峡（位于波多黎各和海地东部之间）。美国在古巴还获取了巴伊亚翁达岛，几乎就在基韦斯特岛对面，这两处基地守卫着墨西哥湾的入口。[21]

　　在 17 世纪和 18 世纪与法国和西班牙频繁的战争中，英国占领了地中海的一些港口/锚地，这些港口/锚地随后成为英国皇家海军特遣编队基地。例如，在英国崛起成为主要海上强国初期，它在地中海地区存在的主要问题之一就是其舰队缺乏安全可靠的基地。直到 1701 年西班牙王位继承战争开始，英国在地中海还没有一处海军舰队基地。1704 年，英国在地中海的直布罗陀获取了它的第一个海军基地。之后，英国加紧努力在地中海西部建立基地。例如，1707 年 8 月，由约翰·利克海军上将（John Leake，1656－1720）率领的英荷舰队抵达地中海。其主要任务是从意大利向加泰罗尼亚的英荷军队提供补给。1707 年 8 月，利克迫使撒丁岛投降，撒丁岛当时不仅是西班牙帝国在地中海的一部分，还是加泰罗尼亚的主要粮仓，而且在卡利亚里拥有一处优良港口。然而，英国人渴望在梅诺卡岛的马翁港拥有一处更好的基地。该基地距离法国土伦只有 300 英里。1708 年 8 月 25 日，利克抵达马翁港，指挥海军陆战队登陆。9 月 14 日，詹姆斯·斯坦厄普将军（James Stanhope，1673－1721）率领的英荷军队从巴塞罗那出发抵达马翁港。马翁港的守军不敌英荷军队，撤退到圣菲利普要塞。仅一个月全岛沦陷，攻占马翁港使英荷联军在西地中海地区取得了立足之地。但这对于改变战争的进程已于事无补。海军在战争中的贡献是控制了北非的粮食出口，保证这些粮食供应加泰罗尼亚的英荷军队，防止流向法国。[22]

在 1713 年 4 月签订的《乌特勒支条约》中，英国获得了直布罗陀、梅诺卡岛、阿卡迪亚（改名为新斯科舍省）、纽芬兰和圣基茨（迄今为止是分裂的）的控制权，并无可争议地占领了加拿大哈德逊湾。西属荷兰人转移到了奥地利。[23] 马翁港的占领反而加剧了英国在地中海的战略困境，而不是减轻了。虽然马翁港在对抗土伦的作战行动中位置更有利，但这也是一种负担。即使有大量的驻军，但由于它的面积太大而无法有效防守，顽强的敌人可以在岛上许多意想不到的地方登陆，而且岛上居民对英国的统治漠不关心。梅诺卡岛只有在好年景时才能自给自足。英军必须从海外进行补给，通常是从阿尔及尔。英军的行动常因分兵保卫基地和通信设施而受阻。在和平时期，英国皇家海军仅在地中海部署了少量的几艘舰船。所以，在 1756 年春季，当"七年战争"开始之时，除了少得可怜的驻军外，英国皇家海军没有任何力量可以保护梅诺卡岛。[24]法国于 1756 年毫不费力地占领了该岛，但在"七年战争"结束后，根据两国签订的《巴黎条约》的相关条款，法国被迫将该岛归还给英国。1782 年，在法西联合部队的打击下，英国又失去了梅诺卡岛。1783 年，根据《凡尔赛条约》，英国正式将该岛割让给西班牙，从而结束了美国独立战争。1798 年法国大革命期间，梅诺卡岛再次被英国入侵和占领。1803 年 3 月，根据《亚眠条约》相关条款，它永久地归还了法国。

1800 年，英国获取了马耳他岛，当时该岛自愿接受英国的统治。然而，根据《亚眠条约》相关条款，英国要被迫放弃对马耳他的控制，但是英国拒绝这样做。因为马耳他位于地中海中部，占据核心位置。这个只有 122 平方英里的岛屿位于西西里岛以南 50 英里左右，突尼斯以东 175 英里，距离利比亚约 210 英里。在 1964 年马耳他独立之前，它是英国最重要的海军基地之一，后来成为最重要的空军基地之一。

与帆船时代和早期蒸汽机时代的海军相比，现代海军在支援友邻部队进行远距离运输和登陆方面的能力大大增强。这使得强势一方在战争初期的重点不再是摧毁敌方海军力量，而是通过夺取敌方控制的岛屿或者大陆沿岸的"战略支点"来获取一定程度的制海权，这些战略支点通常是主要的港口、海军基地以及机场。通常，更大的目标是获取在经济上或政治上具有重要意义的海域的制海权。最初的登陆通常是需要越过没有制海权的海域来实施的。在占领初始登陆点后，利用后续地面部队来巩固和扩大对陆域范围的控制。通过占领主要机场，可以在战斗机有效作战范围内获取制空权和部分制海权。这样，攻击者就可以绕过敌人的据点，在敌人的后方登陆。最初，海军力量主要用于为友军海上输送提供保护。之后，他们将在取得对水下制海权方面发挥关键作用，并与陆基航空兵一起在更大程度上加强对海上制海权的控制。

在 1941 年 12 月－1942 年 4 月期间，日本对马来亚、菲律宾、荷属东印度群岛（NEI）、安达曼群岛和缅甸的侵占是迅速获取大片海域制海权的一个极好例子。日本人的做法是相当成功的，尽管最初他们并没有对这片海域拥有全面或者局部制海权。

日本决定入侵和占领英属马来亚和荷属东印度群岛的主要原因是想要获取对这片地区自然资源的控制。有 13 万平方英里的英属马来亚（马来半岛，英属婆罗洲）是世界上最大的橡胶和锡的出产地。[25] 荷属东印度群岛拥有约 73.3 万平方英里的土地面积，人口约有 7000 万。[26] 荷属东印度群岛沿赤道延伸了大约 3000 英里。[27]1939 年，荷属东印度群岛生产了世界上 35% 的石油和 17% 的锡。[28] 荷属东印度群岛的大多数油田位于荷属婆罗洲、东爪哇岛和苏门答腊东部。[29] 然而，只有在打拉根岛上开采出来的石油，无须对其进行提炼，就可以供柴油发动机使用。其余的石油大部分还得运往婆罗洲巴厘巴板、布拉丹（靠近马尔达）和苏门答腊的普拉德约伊（靠近巴邻旁）的三家炼油厂进行加工提炼。锡矿是在苏门答腊岛附近的班卡岛、勿里洞岛和新及岛上进行开采的。[30] 煤炭是在欧比林和巴克特阿萨姆岛上进行开采的。在菲律宾的吕宋岛和棉兰老岛发现了黄金，菲律宾还拥有大量铁矿石和铬矿石，以及有限的煤炭矿藏。[31] 然而，对于日本人来说，菲律宾在战略上的地位远比经济上更重要。[32]

日本人准备了详细的研究报告，其内容是关于一旦做出战争的决定就要消灭盟军远东军事力量的系列作战计划。他们考虑了两种基本行动路线：一是先夺占菲律宾群岛，后夺占荷属东印度群岛和马来亚；二是先夺占马来亚，后夺占荷属东印度群岛和菲律宾。是否先后或者同时入侵菲律宾和马来亚的问题取决于战争初期空袭的效果。日本仅有的前沿空军基地部署在台湾和法属印度支那。这些基地与初期登陆点的距离刚好在零式战斗机的作战半径（300～400 英里）之内。[33] 使用快速航母来支援这些行动的最初的作战计划在 1941 年 11 月流产，因为联合舰队需要所有可用的航母来偷袭珍珠港。此外，零式战斗机的夜间性能得到了改善，即便在没有航空母舰，早晨的空袭也能够有效。[34] 日本的最终决定是在打击珍珠港的美国太平洋舰队的同时，发动对菲律宾和马来亚的袭击，接着是夺占婆罗洲、西里伯斯（苏拉威西岛）、苏门答腊和爪哇岛。[35]

日本将战争的第一作战阶段分为三部分：一是入侵菲律宾、英属马来亚、婆罗洲、西里伯斯、帝汶、北苏门答腊和俾斯麦群岛；二是入侵爪哇岛，并在适当的时机占领缅甸南部机场；三是平定被占领土上的不满，并视情况完成缅甸境内的行动。[36] 他们认为，占领菲律宾可以在 50 天内完成，占领马来亚可以在 100 天内完成，而占领荷属东印度群岛可以在 150 天内完成。[37]

对于日本人来说，初始目标选择的依据主要是考虑能够迅速攻占预定的港口、海军基地和机场，以便在陆上或海上拥有空中优势。日本人还希望能够迅速夺占主要油田或者炼油厂，以便将其用于战争。另一个考虑的因素就是需要保护他们的侧翼不受敌人的攻击。[38] 例如，日本人认为必须要占领菲律宾，因为菲律宾处在荷属东印度群岛的侧翼位置。如果菲律宾仍然控制在美国人手里，那么它将对日本本土和南部资源地区之间的联系构成重大威胁。同时还必须夺取美国控制的威克岛和关岛、英国人控制的吉尔伯特岛，以消除从侧翼对日本所控制岛屿上重要据点的潜在攻击。[39]

由于日本在中国战场上投入了大量兵力，日本在东南亚中只有 11 个师团可供调用（日本共有 51 个师团）。除此之外，他们还调派了两支拥有 700 架飞机的航空部队。日本帝国海军将其大部分力量和 1700 架海军飞机用于对珍珠港的偷袭以及支援在东南亚和太平洋中部的军事行动。尽管在空间和力量之间存在着明显的巨大脱节，但日军的策划者还是相信他们能够成功。[40]

日本为夺占英属马来亚和新加坡做了大量战前准备工作。其目的是摧毁英国在马来亚的力量，以便为向中国南海大举进攻提供右翼保护。[41]12 月 7 日－8 日午夜后不久，日军在英属马拉亚的哥打巴鲁进行了首次登陆。[42] 同一天，日军还在泰国东海岸的信哥拉（今天的宋卡）和北大年（在信哥拉以南约 65 英里）两地进行了登陆。[43] 在占领信哥拉、北大年和哥打巴鲁后，日本航空部队获得了对马来亚的制空权，为向新加坡推进的日本军队提供了空中支援。[44]1 月 8 日，日军在新加坡的好几处地方实施登陆。到了黎明时分，大约有 2.3 万名日军士兵已经上岸。[45]2 月 11 日，日军占领了新加坡的海军基地，4 天之后，新加坡沦陷。在不到 8 天的时间里，日本攻占了一个由 6 万多名士兵防守的岛屿，而征服英属马来亚的日本军队仅仅是盟军力量的二分之一。[46]

从地缘战略上看，新加坡占据极为有利的战略位置，它距离科伦坡和香港约 1500 海里，距离东京和横滨约 3000 海里。1941 年，驻扎在新加坡的海军部队的作战半径估计为 2000 海里，可以囊括英国在亚洲控制的四分之三的殖民地。从欧洲到远东的整个贸易都需要经过马六甲海峡。以新加坡为支点，可以控制通往印度洋、太平洋和暹罗（泰国）的通道。[47]

在入侵菲律宾时，日军的目标是消灭美国在菲律宾的空军和海军力量。无论美军在菲律宾的防御多么坚决和多么长久，但这对日军来说都是无关紧要的。[48] 为了迅速取得胜利，日军调派了压倒性兵力以掩护两栖登陆。他们还实施了多方攻击。最初登陆的目的是占领机场，以便日方飞机能够为地面部队行动提供支援。成功入侵菲律宾的关键因素是出其不意。因此，日军通过初步轰炸和战术空袭铲除了妨碍登陆行动的水面目标。日军的主要目的是迅速攻占最大的岛屿——吕宋岛，这也是美军力量部署的主要地方。日军在林加延湾登陆的主要目标是夺取首都马尼拉。[49]

日军对菲律宾的入侵开始于1941 年 12 月 8 日对马尼拉附近的克拉克和尼克尔斯机场的大规模空袭。那时候，驻菲律宾美军指挥官已经清楚地知道了日军已对美国珍珠港发动了袭击。但是日军发现美国的重型轰炸机和几乎所有的战斗机仍然停在没有采取任何防护措施的地面上感到非常惊讶。日本摧毁了半数重型轰炸机和三分之一的美国远东空军力量，还有许多美国飞机受损。12 月 10 日，所有幸存的美国重型轰炸机都撤回到南方。4 天后，侦察机也失去了一半的兵力。[50]

日本在菲律宾的登陆作战始于 12 月 8 日，当时有少量部队在巴士海峡的巴丹岛登陆，并在此建设了一处供军用飞机使用的机场。然而，对马尼拉机场的空袭成功使得这个机场处于闲置状态。因此，两天后部分兵力撤出，并在巴布延岛的卡米金岛登陆。[51]12 月 10 日日军入侵吕宋岛，当时日军在阿帕里登陆，夺取了一处前进空军基地。[52] 为了保护林加延湾主力部队的后方和确保吕宋岛北部安全，日军计划在维甘东南约 3 英里的潘丹岛登陆。[53]12 月 11 日在莱加斯皮登陆的目的是控制圣贝纳迪诺海峡。[54] 初步登陆后，日军迅速修复机场并向登陆点派出增援部队。[55]12 月 22 日，日本主力部队在林加延湾登陆，两天后一小股部队在拉蒙湾登陆。1942 年 1 月 2 日，日军进入马尼拉。美国和菲律宾的部队在巴丹半岛和科雷希多岛的最后一个据点于 1942 年 4 月 9 日落入获胜的日军手中。[56]

与此同时，日军于 12 月 20 日在棉兰老岛的达沃登陆。同一天，日军在达沃南部的塔洛莫（Talomo）湾建立了一处水上飞机基地。另有一部分兵力在一艘航空母舰的支援下，在苏禄群岛的霍洛岛登陆。12 月 25 日棉兰老岛被占领。日军第 11 航空联队的第一批战斗机于 12 月 23 日抵达棉兰老岛。[57]

婆罗洲对日军有着重要的军事意义，因为对手可能会威胁到日军占领的马来亚的海上航线，并形成对日军向东西方向推进的障碍。除了英国人所控制的婆罗洲北部地区，绝大部分婆罗洲在荷兰人手中。[58] 在英国人所控制的婆罗洲北部地区，大多数油田位于砂拉越州北部的美里。[59]12 月 16 日，日军在美里登陆，并占领了附近的机场。[60]12 月 24 日，英军在古晋（Kuching）匆忙建造的机场落入日军之手。[61]1 月 19 日，在婆罗洲的英军投降。到 12 月 22 日，日军第 22 航空联队已经进驻美里机场。[62]

日本征服荷属东印度群岛计划的主要目的是尽快夺取此处丰富的石油资源。日军开始将其陆军、海军和空军集中在东西约 2000 英里、南北约 1000 英里的地理范围之内。为了防止敌人破坏资源，特别是油田，日军三军几乎是同时展开作战行动的。日军对占领爪哇岛的作战构想（方案）是在荷属婆罗洲、西里伯斯岛、安汶岛、帝汶岛和苏门答腊岛上选定登陆地点，然后对爪哇岛发动全面进攻。几路部队谨慎地同时向荷属东印度群岛挺进。中部入侵部队首先攻占打拉根岛、巴厘巴板港口和荷属婆罗洲的班贾尔马辛市；东部入侵部队攻占万鸦老（今天的美娜多）、肯达里、西里伯斯岛的望加锡、摩鹿加群岛（今天的马鲁古群岛）的安汶岛以及帝汶岛和巴厘岛；西部入侵部队攻占巨港的油田和苏门答腊岛南部的班加岛。部署在台湾的两支海军航空联队将调派到新占领的基地，并为陆军部队提供空中支援。[63]

1942 年 1 月 1 日，日军在打拉根岛登陆，第二天在遇到激烈短暂的抵抗后，攻陷该岛。仅仅 5 天之后，日军就开始使用那里的机场。1 月 24 日，日军在巴厘巴板岛登陆。[64]2 月 16 日，班贾马辛被占领。到 1 月 28 日，日本海军岸基航空兵开始进驻巴厘巴板岛，2 月 23 日进驻班贾马辛的机场。随着这些地方的沦陷，日军控制了通往望加锡海峡的北部通道。[65]仅仅 10 天，日军就巩固了他们在英属和荷属婆罗洲的据点，并将其作为后期继续登陆的中转站。[66]

67 400 平方英里的西里伯斯岛（苏拉威西岛旧称）位于婆罗洲和摩鹿加群岛之间的中部位置，东西长约 520 英里，南北宽约 420 英里。西里伯斯岛守护着望加锡海峡的一侧海岸。日军在 1 月 23 日－24 日占领了美娜多，一天后又占领了肯达里。肯达里空军基地是荷属东印度群岛中最好的空军基地，日军第 21 航空联队立即进驻并投入使用。这些基地能够确保日军轰炸机部署在苏腊巴亚及其海军基地的范围之内，并使得日军有能力抗击来自美国、英国、荷兰、澳大利亚（ABDA）组成的空中增援部队。这些空中增援部队的主要海军基地就建在肯达里以南占地 45 平方英里的斯塔林湾。[67]

占领肯达里也开启了通往望加锡以东安汶岛的海上航线。位于班达海、面积 300 平方英里的安汶岛是苏腊巴亚、东爪哇岛和澳大利亚达尔文之间最重要的防御阵地。[68]日军于 1 月 30 日开始进攻安汶镇，仅仅 3 天它就陷落了。[69]在安汶岛，日军获得了 35 平方英里的安波那湾（Amboina Bay）——位于菲律宾和澳大利亚之间经由托雷斯海峡的航线侧翼。[70]

11 880 平方英里的帝汶岛位于小巽他群岛的最东端。该岛部分由葡萄牙人控制，其首府是古邦，其他部分由荷兰人控制，其首府是帝力。帝汶岛的自然资源匮乏，然而，其军事意义对日本人来说非常重要。古邦和帝力的机场作为增援爪哇岛的中转发站。[71]澳大利亚处在帝汶岛战斗机的作战范围之内。[72]它的侧翼就是从澳大利亚通过托雷斯海峡到印度洋的航线。[73]2 月 20 日，一支日军部队在古邦和帝力登陆。[74]仅仅 4 天之后，帝汶岛就处于日军的控制之下了。[75]

日本计划占领 18.6 万平方英里的苏门答腊岛，以缓冲来自于西方对马来亚的攻击。苏门答腊岛还守卫着马六甲海峡的西岸。[76]日军既要夺占油田，又要从苏门答腊岛东南部驱逐敌军，从而获得攻击西爪哇岛的重要位置。2 月 14 日，日军开始对巴邻旁和邦加岛发动攻击。到 1942 年 3 月 28 日，整个苏门答腊岛都落入日本人手中。

通过占领西里伯斯岛（苏拉威西）、安汶岛、帝汶岛和苏门答腊岛，日军将爪哇岛与荷属其他地方隔离开。日本入侵爪哇岛最重要的原因就是切断与澳大利亚之间的联系，特别是与达尔文港的联系。[77]这就是日本航母于2月19日突袭达尔文港的原因。突袭造成了盟军8艘军舰沉没，9艘受损，18架飞机被毁，岸上许多重要设施被摧毁，机场受到严重破坏。由于害怕再次遭到日本袭击，达尔文港被暂时放弃。[78]

53 600平方英里的爪哇岛占据着整着荷属东印度群岛最重要的位置。爪哇岛拥有3000万居民（1941年），是群岛上人口最密集的岛屿。它是荷属东印度群岛主要的行政和工业中心。[79]作为入侵爪哇岛的前期准备，2月19日，一支驻扎在望加锡的日军部队在爪哇岛东端的巴厘岛登陆。[80]日军在爪哇岛最初的主要目标是占领苏腊巴亚、三宝垄、万隆和巴达维亚（今天的雅加达）机场。位于巴达维亚以东360英里的苏腊巴亚海军基地，拥有良好的水上飞机锚地。三大机场距离港口很近。[81]负责入侵爪哇岛的日军部队从金兰湾、法属印度支那、霍洛岛、苏禄群岛和望加锡海峡出发。他们的目标是在爪哇岛东部、中部和西部地区登陆。[82]

为了入侵爪哇岛，日军在东部和西部海军的支援下，从第16集团军调派了约10万人。2月25日，日军在苏腊巴亚以北约85英里处的巴韦安岛开始初步登陆。[83]在巴韦安岛和巴达维亚地区的主要的登陆行动发生在2月28日—3月1日。[84]到1942年3月9日，整个荷属东印度群岛都落入日军手中。在此过程中，日军打败了ABDA联合部队，澳大利亚直接受到日本控制的荷属东印度群岛的威胁。

日军向爪哇岛推进，就如同一只多触须的巨大章鱼。最初登陆的目的不是占领大片陆地，而是夺占几处重要港口/城市及其附近机场。在夺取每处新的位置之前，日军都取得了局部的海上和空中优势，然后再实施登陆。他们在每次进攻中都集中了有绝对优势的海空军力量。除非有航母支援，否则日本陆军和海军从不超出其陆基飞机的有效作战半径。每次ABDA联合部队试图巩固其防御阵地时，他们的前方和侧翼，有时甚至是后方都面临着来自日本航空兵的突袭。[85]尽管日军与ABDA联合部队进行过几次大规模和多次的小规模交战，但大多数都是在日军占领了机场和港口之后进行的。其中最重要的有1月23日—24日晚上在巴厘巴板附近所发生的夜间行动，2月4日的望加锡海峡之战（又称马都拉海峡行动），2月18日—20日的万隆海峡（在巴厘岛附近）遭遇战，2月27日的爪哇海之战（主要行动），2月28日—3月1日的巽他海峡夜战。除了在巴厘巴板的遭遇战中，ABDA联合部队击沉了几艘运输船外，日军在所有与ABDA联合部队的作战中都取得了胜利。

日本计划夺取资源丰富的缅甸。这之后，缅甸将作为袭击印度东部英国船只和远东舰队的基地。[86]1942 年 1 月 22 日，日军主力部队进入缅甸，3 月 7 日，英军撤离仰光，到 1942 年 5 月中旬，日军占领了缅甸。至此，日本切断了中国从陆上和海上获得海外援助的道路，并威胁到印度东北部。[87]

日本对英属马来亚的占领大大增加了对孟加拉湾的安达曼/尼科巴群岛的控制权。安达曼/尼科巴群岛位于仰光西南 250 英里处，守卫着马六甲海峡和新加坡海峡北部通道。获取安达曼/尼科巴群岛的控制对于保护缅甸的日本第 15 集团军的海上航线也很重要。在安达曼/尼科巴群岛上唯一的军事目标是布莱尔港，日军在 3 月 23 日在没有遭遇任何抵抗的情况下占领了它。

日军还采取具体行动来加强对该岛的控制。12 月 8 日，日军开始对美国控制的关岛、威克岛和豪兰岛发动空袭。两天后，日军开始入侵威克和关岛。虽然在初期攻击威克岛时日军遭遇了短暂的挫折，但在 12 月 22 日－23 日的第二次攻击中取得了成功。[88]

日本最初的战争设想是计划夺占吉尔伯特群岛和埃利斯群岛，以及瑙鲁和其他海洋岛屿。而吉尔伯特群岛和埃利斯群岛是英属殖民地。它们既可以为美国在马绍尔群岛袭击日军提供简易机场，也可以为日本袭击美澳补给线提供简易机场。1941 年 12 月 9 日，日本人占领了马金岛，一天后，日军就在吉尔伯特群岛上的塔拉瓦登陆。这些岛屿将被日军用作加强战略外防线的空军基地。[89]日本海军原计划占领大片海区和瑙鲁群岛，以便能够摧毁美澳海上补给线。然而，这些计划被推迟了。[90]

1941 年 11 月，日本将入侵俾斯麦群岛纳入其太平洋战争第一作战阶段的计划之中。在他们看来，只要拉包尔还留在敌方手中，位于西太平洋中部的卡罗琳岛的特鲁克岛上的主要基地就不安全。[91]1942 年 1 月 23 日，日本占领了拉包尔、新不列颠和新爱尔兰的卡维恩。拉包尔拥有极好的内陆港。这里是控制俾斯麦海和新几内亚的关键位置。[92]拉包尔的沦陷使澳大利亚政府和民众大为震惊，因为澳大利亚东北部地区几乎完全暴露在危险之中。[93]日军以拉包尔为中心向外扩张，相继夺取了新几内亚东部和所罗门群岛北部的几处重要位置。日军于 3 月 8 日占领了莱莱和萨拉马瓦，这些地方是控制北部休恩半岛和通往俾斯麦海的重要位置。[94]3 月 30 日，日军攻占了布卡岛和肖特兰岛，它们护卫着通往布干维尔岛的北部和南部通道，布干维尔岛于次日被日军占领。[95] 随后日军开始在这三个岛屿上建造机场。[96] 俾斯麦海的阿德米勒尔蒂群岛于 1942 年 4 月 8 日被占领。[97] 该群岛处在新不列颠和新几内亚北部海岸的中心位置。

到 1942 年 3 月底，日本人已经完全控制了自然资源丰富的东南亚和西南太平洋，并将其并入"大亚洲共荣圈"。日军的成功源于他们出色的谋划和有效的执行，以及在战术和训练上的优势。[98] 日军以相当短的时间和最小的损失就获取了对大片陆地和海域的控制。

9.2　夺占敌方基地

地面部队可以在夺取沿海制海权的战斗中做出重大贡献。作为陆上战略进攻一方，沿着海岸推进的地面部队夺取海空基地和港口，从而逐步削弱敌方海军争夺制海权的能力。在极端情况下，海军基地的丧失将会影响敌方海军力量的运用，甚至可能导致他们在中立国港口被扣留。在某些情况下，陆上战略进攻一方在很少或者几乎没有得到海军力量支持的情况下，完全依靠地面部队就能够获得沿海制海权。例如，亚历山大大帝（前 356—前 323）在将征服小亚细亚和埃及作为进攻波斯帝国心脏的前奏时，决定首先通过摧毁地中海东部的波斯海军来确保自己后方基地的安全。公元前 334 年，他的部队推进到米利都，距离萨摩斯岛东南几英里，也是波斯在爱琴海上最重要的海军基地。波斯国王大流士三世（阿塔沙塔，Artashata，前 380—前 330）在格拉尼克河遭遇惨败，但仍然拥有大量的预备队。亚历山大大帝并不担心大流士三世的军队，但是在海军实力上，拥有 400 艘战舰的波斯海军，力量远远超过只有 160 艘战舰的亚历山大舰队。亚历山大大帝决定利用他的军队夺取波斯控制的港口和码头，以避免在米利都附近作战。亚历山大大帝错误地认为他的舰队作用不大，于是他解散了他的舰队，付给船员工资，把水手变成了士兵。然后，他向安纳托利亚的哈利卡纳苏斯港（今天的博德鲁姆）挺进，并对其进行猛攻。就这样，波斯人失去了他们在爱琴海最后的基地。此后，亚历山大大帝向利西亚和潘菲利亚（位于利西亚和西里西亚之间的小亚细亚南部海岸）挺进，夺取了海岸控制权，从而使波斯舰队失去作用。他沿着地中海东部海岸向南推进时，逐步占领了波斯人的基地和港口。到公元前 333 年秋，从西里西亚（今天的库库罗瓦，小亚细亚南部海岸）到赫勒斯蓬特海峡（达达尼尔海峡），整个海岸线都处在他的控制之下。[99]

　　公元前 333 年 11 月 5 日，在安纳托利亚（伊斯肯德伦附近）的伊苏斯战役中大流士三世被彻底击败。到这时，亚历山大大帝对海岸线的控制远至亚历山大勒塔（今日伊斯肯德伦）。亚历山大决定继续沿着叙利亚海岸向加沙挺进，然后从那里向埃及推进。他的主要军事目标是夺取巴比伦。他知道要做到这一点，就必须确保他的基地不会受到波斯人的任何攻击。为了确保安全，亚历山大需要彻底摧毁波斯人的海军优势。他决定组建一支庞大的舰队，以夺取整个海岸线，直至尼罗河。亚历山大认为腓尼基人和塞浦路斯人将会被迫加入到他的队伍中。通过将他们的舰队并入到自己的舰队之中，亚历山大将获得充分的制海权和绝对的海上商贸优势，并将与他的大本营建立第二条联系路线，从而在必要时消除在任何前波斯国家反抗亚历山大时使用陆上路线出现的困难。[100]

　　在第二次世界大战那样的机械化战争时代，陆军在航空兵的支援下通过夺取敌人的海空基地，为成功获取制海权做出了巨大贡献。当时的敌人水面舰艇力量和潜艇既不能获取制海权，也不能在海岸防御行动中自由支援地面部队。例如，在德国入侵苏联期间，德军北方集团军群在 1941 年 6 月 22 日侵略行动开始后的头几个星期里沿着波罗的海海岸快速向前推进。到 7 月 1 日，德军占领了温道（今天的文茨皮尔斯），3 天后，里加落入他们的手中。里加湾的南岸，包括杜纳蒙德港（今天的道加夫格里瓦）被攻占，到 7 月 8 日，德军进入了爱沙尼亚的佩尔瑙港（今天的帕尔努）。然而，到了 7 月中旬，由于苏军的抵抗加强，德军的推进速度放慢，里加东北部的战线稳定了下来。苏军阻挡了德军沿着海岸线前进的步伐，从而保留了对雷瓦尔（今天的塔林）的控制。德军第 18 集团军向东推进，到 8 月 7 日到达了位于雷瓦尔以东约 30 英里处昆达的芬兰湾和朱敏达湾海岸。通过采取这样的行动，德军切断了雷瓦尔和纳尔瓦之间的陆上联系。德军第 42 集团军于 8 月 27 日到达雷瓦尔郊外。苏军继续阻止德军对波罗的海的月亮岛、欧塞尔岛和达戈岛的攻击，他们还顽强地守卫着芬兰湾西部入口的汉科要塞。

　　到 1941 年 9 月，德军北方集团军群占领了除芬兰海湾东部以外整个苏联控制的海岸。德国陆军，在航空兵的支援下，将苏联海军控制的范围缩小至芬兰湾内的一小部分海岸线上，起到了主要作用。除了喀琅施塔得和列宁格勒外，苏联还保持着对海湾内的拉凡沙里和塞斯卡里两个岛屿的控制。[101]1941 年 12 月 3 日，苏军撤离汉戈基地。[102]然而，德芬联军无法在喀琅施塔得湾作战，因此也无法摧毁苏军剩下的水面舰艇。[103]

10 月下旬，德军最高指挥部（OKW）认为，苏联可能会调派重型战舰进入瑞典。为了防止这种情况的发生，一支所谓的波罗的海舰队成立了（其中包括满载排水量达 52 600 吨的"提尔皮茨"号战列舰）。几天以后，这个"舰队"就解散了，因为苏联打算将他们剩下的战列舰和巡洋舰留在喀琅施塔得—列宁格勒地区的意图很明显。[104]

黑海的局势比波罗的海更复杂，因为最初德国没有在该地区部署任何海军力量。德军南方集团军群和罗马尼亚军队在德国空军的支援下，为削弱苏联黑海舰队的制海权做出了重大贡献。德军南方集团军群穿越乌克兰南部地区以达成两个军事目标：（1）夺取克里米亚半岛以及塞瓦斯托波尔大型海军基地和其他乌克兰港口；（2）夺占高加索地区的油田。德国和罗马尼亚军队沿着海岸线快速向前挺进，一路占领了众多苏联海军基地和港口。然而，他们在进攻敖德萨港时遇到了意料之中的强烈抵抗。10 月中旬，苏军被迫撤离敖德萨，但是他们已经成功地迟滞了德军前进的步伐。由于未曾预料到苏联的强烈抵抗，德军直到 1941 年 9 月底才抵达亚速海沿岸。一个月后，德国占领了包括刻赤半岛在内的克里米亚的大部分地区，而塞瓦斯托波尔要塞直到 1942 年 7 月初才落入德军手中。

1942 年夏，德军在俄罗斯南部发起进攻，初期取得了巨大的成功。到 7 月中旬，德军越过刻赤海峡，他们的先遣部队在 8 月初进入了库班河的克拉斯诺达尔，9 月占领了诺沃罗西斯克港。苏军只剩下位于高加索沿岸的图阿普谢港、波季港和巴统港等小型海军基地。[105]这些地方从未被德国人占领。苏联海军活动对德军在黑海的补给运输造成了持续的干扰。[106]

1944 年－1945 年，苏联地面部队在重新夺回波罗的海沿岸的作战行动中发挥了主要作用。1944 年 1 月，当德军第 18 集团军从列宁格勒外围阵地上撤离时，苏联对德国北方集团军群发起了进攻。到 6 月下旬，经过激烈的战斗，苏军突破了芬兰曼纳海姆防线，攻占了维堡市。7 月，苏军重新组织了对纳尔瓦的进攻，迫使德军撤退。之后雷瓦尔被苏军包围，很快爱沙尼亚就从德国人手里解放出来。到 1944 年 9 月，在芬兰与苏联签署了停战协定之后，德国的处境变得更加岌岌可危。不久之后，苏联开始收复被占领的波罗的海岛屿。虽然德军进行了顽强抵抗，但是到了 11 月 23 日，德军还是被迫从索尔夫半岛撤出其最后的残余部队。

1943 年 1 月，斯大林格勒战役结束后，苏联在黑海战区的局势开始好转。苏军的进攻迫使德军及其盟军开始后退，前线暂时稳定在米乌斯河沿岸。1943 年 1 月，德军在塔曼半岛建立了库班桥头堡，通过海上向位于前线最南端的部队提供补给。德军在苏军发动的诺沃罗西斯克—塔曼作战行动中（1943 年 9 月 10 日—10 月 9 日）放弃了库班桥头堡，并撤退至克里米亚。苏军继续沿着海岸线向前挺进，到 1943 年 10 月下旬，苏军前出到了德涅斯特河，迫使德军放弃赫尔松港，战线稳定至 1944 年 2 月底。

1944 年 2 月，苏军恢复了对乌克兰南部的进攻之后，很快就收复了几个小港口。到 3 月底，苏军夺取了尼古拉耶夫的一处大型港口，从而切断了克里米亚上大批德军的退路。1944 年 4 月，德军大规模撤离敖德萨，随后在 5 月撤离克里米亚。苏联在陆上的胜利还引发了其他效应。1944 年夏，土耳其关闭了海峡，禁止轴心国舰船进入；8 月，罗马尼亚和保加利亚投降。至此，德国海军失去了在黑海的作战基地。[107]

历史经验表明，如果地面部队不能夺占敌方海岸重要地段，那么就会带来负面后果。例如，在第一次世界大战中，德国海军无法在公海上自由活动的主要原因之一是协约国对北海两个出口实施控制。如果德国占领了英吉利海峡的法国一侧海岸，那么英国和法国面临的形势将会变得非常复杂。德军施利芬计划的重点是通过向巴黎南部推进，然后向北推进到法国在阿尔萨斯和洛林的防线，从而击败法军主力。因此，德军总参谋部没有制定在战争初期数月内夺取海峡港口的方案。显然，德军总参谋部没有考虑到海军需要利用法国的海上通道和大西洋港口，以获得有利的战略位置来实施对敌方舰队进行打击。相比之下，英国皇家海军在战争初期的主要任务是无条件地确保英国远征部队的安全，其他一切都是次要的。[108]

虽然英国人并不知道德国的计划，但是他们对 1914 年 8 月德军向法国挺进警觉起来，这可能威胁到英吉利海峡中奥斯坦德、布洛涅和勒阿弗尔港口的安全。此外，英国在 8 月 23 日的蒙斯战役中可能会面临失利，于是海军上将约翰·杰利科（John Jellicoe，1859—1935）警告说，如果德国人占领了加莱，从而会获得多佛尔海峡一侧的控制权，皇家海军舰队只能撤离基地。与此同时，陆上可能遭遇重大失败的直接结果就是英国面临着对其舰队进行大规模重新部署的问题。英国海军部开始着手计划从舰队中撤出所有不是陆军立即需要的物资。瑟堡作为新的基地受到了作战局的青睐，因为只要英国掌控了英吉利海峡，科坦丁半岛就变得坚不可摧。然而，为了达到这个目的，至关重要的是佛兰芒港不能落入德国人之手。因此，英国海军部在推进寻求新基地的所有准备工作时，并不想放弃英吉利海峡东侧更多的港口，特别是敦刻尔克、加莱和布洛涅。[109]

9.3　小结

自古以来，海军就要求在本国海域拥有数量足够的地理位置优越、发展完善的海军基地。对于海洋强国而言，这个问题比较复杂，因为它必须在远离本国海域的作战海区建立数量众多的前进基地。利用外交、政治影响力和经济刺激手段获得海外海军基地是国家战略和海军战略的主要职责之一。战时，海上战区的新基地主要通过运用军事力量来获取。然而，在某些情况下，通过施加外交压力可以促成弱势国家允许使用其海军基地和机场。

在现代，海军舰艇和航空兵的机动能力和控制范围大大增加，使得实力强势一方能够快速夺占范围较大的区域。然后利用新获得的位置，在陆基航空兵有效作战范围之内，在更广的陆上/海域建立起空中优势。这种绕过敌人要害点的方法，或称为"蛙跳"，更有可能在进攻半岛或群岛战略位置时取得成功，因为它们提供了对付多目标的一种选择方式。这样，防守方就很难预测下一个打击将在哪里出现。它要求强势一方不仅在决战的位置与时机的选择上能达成突然性，而且还要求在力量上具有压倒性优势。

另一种获取高强度制海权的方法就是通过己方海岸地面部队来夺占敌方的海军基地/机场。但这并不总能得到海军理论家与实践者的高度赞赏。要想在沿海的进攻行动中取得成功，需要得到航空兵的有力支援。当然仅由地面部队独立行动是无法在沿海取得制海权的，在海军争夺制海权的战斗中它只能起到帮促作用。同样地，陆基航空兵在获取制空权和制海权方面有较大作为，但在获取水下控制权方面的能力相对有限，他们也缺乏保持制海权所需要的持久力和存在感。

注释

1. Siriol Davies and Jack L. Davis, "Greeks, Venice, and the Ottoman Empire," Hesperia Supplements, Vol. 40, Between Venice and Istanbul: Colonial Landscape in Early Modern Greece,（2007）, p. 26.

2. Kenneth M. Setton, The Papacy and the Levant, 1204-1571. Vol. 1: The Thirteenth and Fourteenth Centuries（Philadelphia, PA: American Philosophical Society, 1976）, p. 19.

3. Monique O'Connell, Men of Empire: Power and Negotiation in Venice's Maritime State（Baltimore, MD: Johns Hopkins University Press, 2009）, p. 23.

4. Frederic C. Lane, Venice. A Maritime Republic（Baltimore, MD: John Hopkins University Press, 1973）, p. 43.

5. Monique O'Connell, Men of Empire: Power and Negotiation in Venice's Maritime State（Baltimore, MD: Johns Hopkins University Press, 2009）, p. 18.

6. Monique O'Connell, Men of Empire: Power and Negotiation in Venice's Maritime State（Baltimore, MD: Johns Hopkins University Press, 2009）, p.19; Siriol Davies and Jack L. Davis, "Greeks, Venice, and the Ottoman Empire," Hesperia Supplements, Vol. 40, Between Venice and Istanbul: Colonial Landscape in Early Modern Greece,（2007）, p. 25.

7. Monique O'Connell, Men of Empire: Power and Negotiation in Venice's Maritime State（Baltimore, MD: Johns Hopkins University Press, 2009）, p. 22.

8. Svatopluk Soucek, "Naval Aspects of the Ottoman Conquests of Rhodes, Cyprus and Crete," Studia Islamica, No. 98/99（2004）, p. 240.

9. Svatopluk Soucek, "Naval Aspects of the Ottoman Conquests of Rhodes, Cyprus and Crete," Studia Islamica, No. 98/99（2004）, pp. 219-20.

10. Svatopluk Soucek, "Naval Aspects of the Ottoman Conquests of Rhodes, Cyprus and Crete," Studia Islamica, No. 98/99（2004）, p. 219.

11. Frederic C. Lane, Venice. A Maritime Republic（Baltimore, MD: Johns Hopkins University Press, 1973）, p. 409.

12. Alfred T. Mahan, The Influence of Sea Power upon History, 1660-1783（Boston: Little, Brown, and Company, 1939）, p. 256.

13. They consisted of the "windward" islands（Aruba, Bonaire, and Curacao）and the "leeward" islands（Sint Maarten, Saba, and Sint Eustatius）.

14. Alfred T. Mahan, The Influence of Sea Power upon History, 1660-1783（Boston: Little, Brown, and Company, 1939）, p. 256.

15. They included the Bahamas, Bermuda, the British Leeward Islands（Anguilla, Anti-gua/Barbuda. British Virgin Islands, Dominica, Montserrat, and St. Kitts/Nevis）, and the British Windward Islands（Barbados, Grenada, St. Lucia, St. Vincent/Grenadines）, Jamaica, Cayman Islands, Trinidad and Tobago, Turks and Caicos Islands, and Guyana.

16. The French West Indies encompassed French Guiana, plus four major island groups in the Antilles（Guadeloupe, Martinique, Saint Martin, and Saint Barthélemy）.

17. Stephen B. Luce, "Our Future Navy," The North American Review, Vol. 149, No. 392（July 1889）, p. 56.

18. C.M.C., "The British West Indies - II," Bulletin of International News, Vol. 20, No. 9（May 1, 1943）, pp. 383-84.

19. Kristian M. Marks, "Like Thunder and Lightning." British Force Protection in the West Indies, 1739-1800（Columbus: Ohio State University, MA thesis, 1999）, p. 18.

20. Alfred T. Mahan, The Influence of Sea Power upon History, 1660-1783（Boston: Little, Brown, and Company, 1939）, p. 329.

21. W.E Livingston, "The Future of the British West Indies," The North American Review, Vol. 182, No. 592（March 1906）, p. 426.

22. N.A.M. Rodger, The Command of the Ocean. A Naval History of Britain, 1649-1815（New York/London: W.W. Norton & Company, 2005）, pp. 172-73.

23. N.A.M. Rodger, The Command of the Ocean. A Naval History of Britain, 1649-1815（New York/London: W.W. Norton & Company, 2005）, p. 179.

24. Cited in N.A.M. Rodger, The Command of the Ocean. A Naval History of Britain, 1649-1815（New York/London: W.W. Norton & Company, 2005）, p. 264.

25. Rupert Emerson, "The Dutch East Indies Adrift," Foreign Affairs, Vol. 18, No. 4（July 1940）, p. 737.

26. Amry Vandenbosch, "The Netherlands Indies," Annals of the American Academy of Political and Social Science, Vol. 226: Southeastern Asia and the Philippines（March 1943）, p. 86.

27. Frances M. Earle, "Geography of the Southeast Tropics," Annals of the American Academy of Political and Social Science, Vol. 226: Southeastern Asia and the Philippines（March 1943）, p. 4.

28. Rupert Emerson, "The Dutch East Indies Adrift," Foreign Affairs, Vol. 18, No. 4（July 1940）, p. 737; Amry Vandenbosch, "The Netherlands Indies," Annals of the American Academy of Political and Social Science, Vol. 226: Southeastern Asia and the Philippines（March 1943）, p. 88.

29. Frances M. Earle, "Geography of the Southeast Tropics," Annals of the American Academy

of Political and Social Science, Vol. 226: Southeastern Asia and the Philippines（March 1943）, p. 5.

30. K.G. and H.G.L., "Scorched Earth Policy in the Netherlands East Indies," Bulletin of International News, Vol. 19, No. 5（March 7, 1942）, p. 178.

31. Frances M. Earle, "Geography of the Southeast Tropics," Annals of the American Academy of Political and Social Science, Vol. 226: Southeastern Asia and the Philippines（March 1943）, p. 7.

32. Ministry of Defence（Navy）, War with Japan, and Vol. II: Defensive Phase（London: Her Majesty's Stationery Office, 1995）, p. 28.

33. Japanese Demobilization Bureaux Records, compiler, Reports of General MacArthur, Japanese Operations in the Southwest Pacific Area, Vol. II, Part I（Washington, DC: U.S. Army Military History, facsimile reprint 1994）, p. 60.

34. Headquarters, Army Forces Far East, Military History Section, Japanese Research Division, Japanese Monograph No. 105: General Summary of Naval Operations, Southern Force（November 1941-April 1942）（Washington, DC: Office of the Chief of Military History, Department of the Army, 1952）, p. 2.

35. Japanese Demobilization Bureaux Records, compiler, Reports of General MacArthur. Japanese Operations in the Southwest Pacific Area, Vol. II, Part 1（Washington, DC: U.S. Government Printing Office, 1966）, p. 39.

36. Japanese Demobilization Bureaux Records, compiler, Reports of General MacArthur. Japanese Operations in the Southwest Pacific Area, Vol. II, Part 1（Washington, DC: U.S. Government Printing Office, 1966）, p. 40.

37. Headquarters, Army Forces Far East, Military History Section, Japanese Research Division, Japanese Monograph No. 105: General Summary of Naval Operations, Southern Force（November 1941-April 1942）（Washington, DC: Office of the Chief of Military History, Department of the Army, 1952）, pp. 1-2.

38. Der Eintritt Japans in den europaischen Krieg. Moglichkeiten und Auswirkungen, 3 February 1941, RM 7/253/a 1 Skl Teil XV Zusammenarbeit mit Japan Januar 1941-Dezember 1942, BA-MA, p. 4.

39. Betrachtung der Seekriegsleitung zur Frage（Dr. h.c, Gross）, "Japan im Dreimächtepakt," 14.1, 1941-RM 7/253/a 1 Skl Teil XV Zusammenarbeit mit Japan Januar 1941-Dezember 1942, BA-MA, p. 2.

40. Japanese Demobilization Bureaux Records, compiler, Reports of General MacArthur, Japanese Operations in the Southwest Pacific Area, Vol. II, Part I（Washington, DC: U.S. Army

Military History, facsimile reprint 1994）, p. 61.

41. Paul S. Dull, A Battle History of the Imperial Japanese Navy（1941-1945）, 5th printing（Annapolis, MD: Naval Institute Press, 1978）, p. 41.

42. Paul S. Dull, A Battle History of the Imperial Japanese Navy（1941-1945）, 5th printing（Annapolis, MD: Naval Institute Press, 1978）, p. 38.

43. Louis Morton, United States Army in World War II. The War in the Pacific. Strategy and Command: The First Two Years（Washington, DC: Center of Military History, United States Army, 1989）, p. 138.

44. Japanese Demobilization Bureaux Records, compiler, Reports of General MacArthur. Japanese Operations in the Southwest Pacific Area, Vol. II, Part 1（Washington, DC: U.S. Government Printing Office, 1966）, p. 75.

45. Ministry of Defence（Navy）, War with Japan, Vol. II Defensive Phase（London: Her Majesty's Stationery Office, 1995）, p. 20.

46. Paul S. Dull, A Battle History of the Imperial Japanese Navy（1941-1945）, 5th printing（Annapolis, MD: Naval Institute Press, 1978）, p. 64.

47. Otto Groos, "Stand und Bedeutung der maritimen Stützpunkte im Bereich das Stillen Ozean," Nauticus 1939, pp. 104-105.

48. Samuel Eliot Morison, History of United States Naval Operations in World War II, Vol. III: The Rising Sun in the Pacific, 1931-April 1942（Boston: Little, Brown and Company, 1959）, p. 165.

49. Samuel Eliot Morison, History of United States Naval Operations in World War II, Vol, III: The Rising Sun in the Pacific, 1931-April 1942（Boston: Little, Brown and Company, 1959）, pp. 166-67.

50. Ministry of Defence（Navy）, War with Japan, Vol. II: Defensive Phase（London: Her Majesty's Stationery Office, 1995）, p. 29.

51. Ministry of Defence（Navy）, War with Japan, Vol. II: Defensive Phase（London: Her Majesty's Stationery Office, 1995）, p. 33.

52. Samuel Eliot Morison, History of United States Naval operations in World War II, Vol. III The Rising Sun in the Pacific, 1931-April 1942（Boston: Little, Brown and Company, 1959）, p. 174.

53. Samuel Eliot Morison, History of United States Naval Operations in World War II, Vol. III: The Rising Sun in the Pacific, 1931-April 1942（Boston: Little, Brown and Company, 1959）, p p. 176-77.

54. Ministry of Defence（Navy）, War with Japan, Vol. II: Defensive Phase（London: Her

Majesty's Stationery Office, 1995）, p. 33.

55. Headquarters, Army Forces Far East, Military History Section, Japanese Research Division, Japanese Monograph No. 105: General Summary of Naval Operations, Southern Force （November 1941-April 1942）（Washington, DC: Office of the Chief of Military History, Department of the Army, 1952）, p. 10.

56. Ministry of Defence（Navy）, War with Japan, Vol. II: Defensive Phase（London: Her Majesty's Stationery Office, 1995）, pp. 36-37.

57. Samuel Eliot Morison, History of United States Naval Operations in World War II, Vol. III: The Rising Sun in the Pacific, 1931-April 1942（Boston: Little, Brown and Company, 1959）, p. 182.

58. Paul S. Dull, A Battle History of the hnperial Japanese Navy（1941-1945）, 5th printing （Annapolis, MD: Naval Institute Press, 1978）, p. 42.

59. Ministry of Defence（Navy）, War with Japan, Vol. II: Defensive Phase（London: Her Majesty's Stationery Office, 1995）, p. 67.

60. Louis Morton, United States Army in World War II. The War in the Pacific. Strategy and Command: The First Two Years（Washington, DC: Center of Military History, United States Army, 1989）, p. 138; Samuel E. Morison, History of United States Naval Operations in World War II, Vol. III: The Rising Sun in the Pacific, 1931-April 1942（Boston: Little, Brown and Company, 1959）, p. 191.

61. Paul S. Dull, A Battle History of the Imperial Japanese Navy（1941-1945）, 5th printing （Annapolis, MD: Naval Institute Press, 1978）, p. 42.

62. Ministry of Defence（Navy）, War with Japan, Vol. II: Defensive Phase（London: Her Majesty's Stationery Office, 1995）, pp. 67-68.

63. Ministry of Defence（Navy）, War with Japan, Vol. II: Defensive Phase（London: Her Majesty's Stationery Office, 1995）, p. 73.

64. Paul S. Dull, A Battle History of the Imperial Japanese Navy（1941-1945）, 5th printing （Annapolis, MD: Naval Institute Press, 1978）, pp. 61-62.

65. Samuel Eliot Morison, History of United States Naval Operations in World War II, Vol. III: The Rising Sun in the Pacific, 1931-April 1942（Boston: Little, Brown and Company, 1959）, p. 281.

66. Samuel Eliot Morison, History of United States Naval Operations in World War II, Vol. III: The Rising Sun in the Pacific, 1931-April 1942（Boston: Little, Brown and Company, 1959）, p. 283.

67. Paul S. Dull, A Battle History of the Imperial Japanese Navy（1941-1945）, 5th printing

（Annapolis, MD: Naval Institute Press, 1978）, p. 52; Staff Presentation, The Strategic Area of the Philippines and the East Indian Islands（Newport, RI: Naval War College, 19 October 1944）, Folder 2461-F, Box 117, Publications, RG-4, Naval Historical Collection, Naval War College, Newport, RI., pp. 29-30.

68. Karl J. Pelzer, "Japan's Drive Against the Netherlands East Indies," Far Eastern Survey, Vol. 11, No. 3（February 9, 1942）, p. 38.

69. Paul S. Dull, A Battle History of the Imperial Japanese Navy（1941-1945）, 5th printing （Annapolis, MD: Naval Institute Press, 1978）, pp. 52-53; Samuel E. Morison, History of United States Naval Operations in World War II, Vol. III: The Rising Sun in the Pacific, 1931-April 1942（Boston: Little, Brown and Company, 1959）, p. 297.

70. Staff Presentation, The Strategic Area of the Philippines and the East Indian Islands （Newport, RI: Naval War College, 19 October 1944）, Folder 2461-F, Box 117, Publications, Record Group 4, Naval Historical Collection, Naval War College, Newport, RI., p. 30.

71. Samuel Eliot Morison, History of United States Naval Operations in World War II, Vol. III: The Rising Sun in the Pacific, 1931-April 1942（Boston: Little, Brown and Company, 1959）, p. 315.

72. Paul S. Dull, A Battle History of the Imperial Japanese Navy（1941-1945）, 5th printing （Annapolis, MD: Naval Institute Press, 1978）, p. 61.

73. Staff Presentation, The Strategic Area of the Philippines and the East Indian Islands （Newport, RI: Naval War College, 19 October 1944）, Folder 2461-F, Box 117, Publications, Record Group 4, Naval Historical Collection, Naval War College, Newport, RI., p. 27.

74. Samuel Eliot Morison, History of United States Naval Operations in World War II, Vol. III: The Rising Sun in the Pacific, 1931-April 1942（Boston: Little, Brown and Company, 1959）, p. 315.

75. Paul S. Dull, A Battle History of the Imperial Japanese Navy（1941-1945）, 5th printing （Annapolis, MD: Naval Institute Press, 1978）, p. 61.

76. Paul S. Dull, A Battle History of the Imperial Japanese Navy（1941-1945）, 5th printing （Annapolis, MD: Naval Institute Press, 1978）, p. 98.

77. Samuel Eliot Morison, History of United States Naval Operations in World War II, Vol. III: The Rising Sun in the Pacific, 1931-April 1942（Boston: Little, Brown and Company, 1959）, p. 16.

78. Samuel Eliot Morison, History of United States Naval Operations in World War II, Vol. III: The Rising Sun in the Pacific, 1931-April 1942（Boston: Little, Brown and Company, 1959）, p. 320.

79. Paul S. Dull, A Battle History of the Imperial Japanese Navy（1941-1945）, 5th printing（Annapolis, MD: Naval Institute Press, 1978）, p. 72.

80. Samuel Eliot Morison, History of United States Naval Operations in World War II, Vol. III: The Rising Sun in the Pacific, 1931-April 1942（Boston: Little, Brown and Company, 1959）, pp. 320-21.

81. Staff Presentation, The Strategic Area of the Philippines and the East Indian Islands（Newport, RI: Naval War College, 19 October 1944）, Folder 2461-F, Box 117, Publications, Record Group 4, Naval Historical Collection, Naval War College, Newport, RI., pp. 24-25.

82. Samuel Eliot Morison, History of United States Naval Operations in World War II, Vol. III: The Rising Sun in the Pacific, 1931-April 1942（Boston: Little, Brown and Company, 1959）, p. 335.

83. Ministry of Defence（Navy）, War with Japan, Vol. II: Defensive Phase（London: Her Majesty's Stationery Office, 1995）, pp. 89-90.

84. Ministry of Defence（Navy）, War with Japan, Vol. II: Defensive Phase（London: Her Majesty's Stationery Office, 1995）, p. 98.

85. Samuel Eliot Morison, History of United States Naval Operations in World War II, Vol. III: The Rising Sun in the Pacific, 1931-April 1942（Boston: Little, Brown and Company, 1959）, pp. 292-93.

86. Paul S. Dull, A Battle History of the Imperial Japanese Navy（1941-1945）, 5th printing（Annapolis, MD: Naval Institute Press, 1978）, p. 98.

87. Samuel Eliot Morison, History of United States Naval Operations in World War II, Vol. III: The Rising Sun in the Pacific, 1931-April 1942（Boston: Little, Brown and Company, 1959）, p. 381.

88. Japanese Demobilization Bureaux Records, compiler, Reports of General MacArthur. Japanese Operations in the Southwest Pacific Area, Vol. II, Part 1（Washington, DC: U.S. Government Printing Office, 1966）, p. 74.

89. Japanese Demobilization Bureaux Records, compiler, Reports of General MacArthur. Japanese Operations in the Southwest Pacific Area, Vol. II, Part 1（Washington, DC: U.S. Government Printing Office, 1966）, p. 75; Paul S. Dull, A Battle History of the Imperial Japanese Navy（1941-1945）, 5th printing（Annapolis, MD: Naval Institute Press, 1978）, pp. 95, 99.

90. Paul S. Dull, A Battle History of the Imperial Japanese Navy（1941-1945）, 5th printing（Annapolis, MD: Naval Institute Press, 1978）, p. 100.

91. Japanese Army Operations in the South Pacific Area, translated by Steven Bullard

（Canberra: the Australian War Memorial, 2007）, p. 1.

92. Paul S. Dull, A Battle History of the Imperial Japanese Navy（1941-1945）, 5th printing （Annapolis, MD: Naval Institute Press, 1978）, p. 100.

93. Louis Morton, U.S. Army in World War II. The War in the Pacific. Strategy and Command: The First Two Years（Washington, DC: U.S. Army Center for Military History, 1962, updated 1989）, p. 201.

94. Paul S. Dull, A Battle History of the Imperial Japanese Navy（1941-1945）, 5th printing （Annapolis, MD: Naval Institute Press, 1978）, p. 102.

95. Louis Morton, United States Army in World War II. The War in the Pacific. Strategy and Command: The First Two Years（Washington, DC: Center of Military History, United States Army, 1989）, p. 291.

96. Paul S. Dull, A Battle History of the Imperial Japanese Navy（1941-1945）, 5th printing （Annapolis, MD: Naval Institute Press, 1978）, p. 102.

97. Louis Morton, United States Army in World War II. The War in the Pacific. Strategy and Command: The First Two Years（Washington, DC: Center of Military History, United States Army, 1989）, p. 291.

98. Louis Morton, United States Army in World War II. The War in the Pacific. Strategy and Command: The First Two Years（Washington, DC: Center of Military History, United States Army, t989）, p. 139.

99. J.F.C. Fuller, "The Grand Strategy of Alexander the Great," The Royal Air Force Quarterly 1（January 1932）, pp. 11-12.

100. J. F.C. Fuller, "The Grand Strategy of Alexander the Great," The Royal Air Force Quarterly 1（January 1932）, p. 12.

101. Friedrich Ruge, The Soviets as Naval Opponents 1941-1945（Annapolis, MD: Naval Institute Press, 1979）, pp. 20-22;Jürg Meister, Der Seekrieg in den osteuropäischen Gewässern 1941/45（Munich:J. F. Lehmans Verlag, 1958）, p. 23.

102. Friedrich Ruge, The Soviets as Naval Opponents 1941-1945（Annapolis, MD: Naval Institute Press, 1979）, pp. 20-22; Jürg Meister, Der Seekrieg in den osteuropäischen Gewässern 1941/45（Munich: J. F. Lehmans Verlag, 1958）, p. 22.

103. Jürg Meister, Der Seekrieg in den osteuropäischen Gewässern 1941/45（Munich: J. F. Lehmans Verlag, 1958）, p. 340.

104. Friedrich Ruge, The Soviets as Naval Opponents 1939-1945（Annapolis, MD: Naval Institute Press, 1979）, pp. 20-22; Jürg Meister, Der Seekrieg in den osteuropäischen Gewässern 1941/45（Annapolis, MD: Naval Institute Press, 1979）, p. 22.

105. Friedrich Ruge, The Soviets as Naval Opponents 1941-1945（Annapolis, MD: Naval Institute Press, 1979）, p. 77.

106. Michael Salewski, Die deutsche Seekriegsleitung 1935-1945, Vol. II: 1942-1945, （Frankfurt a. M: Bernard & Graefe Verlag für Wehrwesen, 1975）, p. 384.

107. Jürg Meister, Der Seekrieg in den osteuropüischen Gewässern 1941/45（Munich: J. F. Lehmans Verlag, 1958）, p. 303.

108. Otto Groos, Seekriegslehren im Lichte des Weltkrieges. Ein Buch für den Seemann, Soldaten und Staatsmann（Berlin: Verlag von E. S. Mittler & Sohn, 1929）, pp. 30-31.

109. Julian S. Corbett, Official History of the Great War, Vol. 1: Naval Operations: To the Battle of the Falklands, December 1914（London: Longmans, Green, 1920）, p. 96.

参考书目

文章

Bahnemann, Jörg. "Der Begriff der Strategie bei Clausewitz, Moltke und Liddell Hart: Eine Untersuchung de Beziehungen zwischen politischer und militärischer Fuhrung," Wehrwissenschafiliche Rundschau, 1（January 1968）.

Carravagio, Angelo N. "The Attack at Taranto. Tactical Success, Operational Failure," Naval War College Review, Vol. 53, No. 3（Summer 2006）.

Charles, John F. "The Anatomy of Athenian Sea Power," The Classical Journal, Vol. 42, No. 2（November 1946）.

Davidonis, A.C. "Harbor Forcing Operations," Military Affairs, Vol. 8, No. 2（Summer 1944）.

Davies, Siriol, and Jack L. Davis, "Greeks, Venice, and the Ottoman Empire," Hesperia Supplements, Vol. 40, Between Venice and Istanbul: Colonial Landscape in Early Modern Greece（2007）.

Engelmann, H. "Die Sicherstellung von Seeoperationen," Militärwesen（East Berlin）, 3（March 1980）.

Fraunces, Michael G. "The International Law of Blockade: New Guiding Principles in Contemporary State Practice," The Yale Law Journal, Vol. 101, No. 4（January 1992）.

Fuchs, Hans. "Die Diversion als strategisches Mittel zur Erzielung eines Krafteausgleiches, dargelegt an geschichtlichen Beispielen," Marine Rundschau, No. 4（April 1938）.

Fuller, J.F.C. "The Grand Strategy of Alexander the Great," The Royal Air Force Quarterly, 1（January 1932）.

Gadow, Walter. "Flottenstfitzpunkte," Militärwissenschafiliche Rundschau, No. 4（April 1936）.

Goldschmidt, Klaus. "Grundlagen der Strategie," Wehrwissenschafiliche Rundschau, 1（January 1969）.

Gough, Barry M. "Maritime Strategy: The Legacies of Mahan and Corbett as Philosophers of Sea Power," RUSI Journal, Vol. 133, No. 4（Winter 1988）.

Groos, Otto. "Stand und Bedeutung der maritimen Stützpunkte im Bereich das Stillen Ozean," Nauticus 1939.

Handel-Mazzetti, Peter. "Einfluss der Seemacht auf den Grossen Krieg," Militärwissenschafiliche Mitteilungen, No. 7（July 1934）.

Hayes, John D. "The Writings of Stephen B. Luce," Military Affairs, Vol. 19, No. 4（Winter 1955）.

Hess, Andrew C. "The Battle of Lepanto and Its Place in Mediterranean History," Past &Present, No. 57（November 1972）.

Hitz, Hans. "Taktik und Strategie. Zur Entwicklung kriegswissenschaftlicher Begrifle," Wehrwissenschafiliche Rundschau, No. 11（November 1956）.

Hümmelchen, Gerhard. "Unternehmen 'Eisstoss'-Der Angriff der Luftflotte 1 gegen die russischen Ostseeflotte im April 1942," Marine Rundschau, No. 4（April 1959）.

Jablonsky, Walter. "Die Seekriegführung im vierten Nahostkrieg," Marine Rundschau, No. 11（November 1974）.

Kulsrud, Carl J. "The Seizure of the Danish Fleet, 1807. The Background," The American Journal of International Law, Vol. 32, No. 2（April 1938）.

Kupfer, Max. "Die strategische Verteilung der Hauptflotten im Hinblick auf ihre Friedens - und Kriegsaufgaben," Marine Rundschau, No. 6（June 1936）.

Liddell Hart, B.H. "The Objective in War: National Object and Military Aim," lecture delivered at the Naval War College on 24 September 1952, Naval War College Review（December 1952）.

Luce, Stephen B. "Naval Warfare Under Modern Conditions," The North American Review, Vol. 162, No. 470（January 1896）.

Luce, Stephen B. "Our Future Navy," The North American Review, Vol. 149, No. 392（July 1889）.

Luce, Stephen B. "The Navy and Its Needs," The North American Review, Vol. 193, No. 665（April 1911）.

MacFie, A.L. "The Straits Question in the First World War, 1914-1918," Middle Eastern Studies, Vol. 19, No. 1（January 1983）.

Mitchell, Donald W. "Admiral Makarov: Attack! Attack! Attack!" United States Naval Proceedings（July 1965）.

Marraro, Howard. "Unpublished Documents on the Naval Battle of Lissa（1866）," The Journal of Modern History, Vol. 14, No. 3（September 1942）.

Pöschel, Günther. "Über die Seeherrschaft（I）" Militärwesen（East Berlin）, No. 5（May 1982）.

Pöschel, Günther. "Über die Seeherrschaft（II）," Militärwesen（East Berlin）, No. 6（June 1982）.

Pöschel, Günther. "Über die Seeherrschaft （III）," Militärwesen, No. 8（August 1982）.

Rohwer, Jürgen. "Der Minenkrieg im Finnischen Meerbusen, Part II: September-November 1941," Marine Rundschau, No. 2（February 1967）.

Salmon, E.T. "The Strategy of the Second Punic War," Greece & Rome, Vol. 7, No. 2（October

1960）．

Sokol, Anthony. "Naval Strategy in the Adriatic Sea During the World War," Proceedings, No. 8（August 1937）．

Soucek, Svatopluk. "Naval Aspects of the Ottoman Conquests of Rhodes, Cyprus and Crete," Studia Islamica, No. 98/99（2004）．

Stewart, James. "The Evolution of Naval Bases in the British Isles," U.S. Naval Institute Proceedings, No. 7（July 1957）．

Telem, Benyamin. "Die israelischen FK - Schnellboote im Yom-Kippur-Krieg," Marine Rundschau, No. 10（October 1978）．

Turner, Stansfield. "Mission of the U.S. Navy," Naval War College Review（March-April 1974）．

Ze'ev, Ahnog. "Israel's Navy Beat the Odds," U.S. Naval Institute Proceedings, No. 3（March 1997）．

专著

Cunningham, David T. The Naval Blockade: A Study of Factors Necessary for Effective Utilization（Fort Leavenworth, KS: School of Advanced Military Studies, U.S. Army Command and General Staff College, June 1987）．

Cutts, Elwin F. Operations for Securing Command of the Sea（Newport, RI: Naval War College, 8-9 July 1938）．

Department of Operations, Naval Strategy（Newport, RI: U.S. Naval War College, August 1936）．

Dirks, Uwe. Waren Grundzuege britischer Seekriegführung bereits vor dem Ersten Weltkrieg den Schriften Corbetts zu entnehmen?（Hamburg: Fuhrungsakademie der Bundeswehr, 30 October 1979）．

Henning, Herbert. Analyse des Kampfes der Seestreitkräfte um Meerengen in Verlaufe des Zweiten Weltkrieges（Dresden: Militarakademie Friedrich Engels, 1967）．

Krajnović, Nikola. Prevlast Na Moru（Belgrade: Viša Vojno-Pomorska Akademija, 1 November 1983）．

Pöschel, Günther. Die Rolle und Bedeutung der Seeherrschaft in Vergangenheit und Gegenwart. Analyse der theoretisehen Aussagen zum Begriff der Seeherrschaft（Dresden: Militärakademie Friedrich Engels, 1978）．

Rosinski, Herbert. The Development of Naval Thought（Newport, RI: Naval War College Press,

1977）.

Schroden, Jonathan. A Strait Comparison: Lessons Learned from the 1915 Dardanelles Campaign in the Context of a Strait of Hormuz Closure Event（Alexandria, VA: Center for Naval Analyses, September 2011）.

Seebens, Dieter Grundlagen. Auffassungen und Plane für eine Kriegfuhrung in der Ostsee 1935-1939（Hamburg: Führungsakademie der Bundeswehr, August 1971）.

Seemann, Konrad. Grundsätze der Seestrategie. Eine Analyse von konstanten und variable Elementen in den Konzeptionen von Seemächte（Hamburg: Führungsakademie der Bundeswehr, 15 January 1990）.

Settle, T.G.W. The Strategic Employment of the Fleet（Newport, RI: Staff Presentation, Naval War College, September 18, 1940）.

Tritten, James J., and Luigi Donolo, A Doctrine Reader（Newport, RI: Naval War College, Newport Paper # 9, December 1995）.

Turner, R.K. "Background of Naval Strategy," Lecture delivered before the Marine Corps Schools, Quantico, Virginia, 16 February 1938.

Uticaj Mora i Posebno Uskog Mora na Vodjenje Rata（Divulje: Viüa Vojnopomorska Akademija, 1964）.

Waltz, Hartmut. Die Problem moderner Minelegeplanungen vor dem Hintergrund historischer Erfahrungen in der Nordsee 1939-1944（Hamburg: Führungsakademie der Bundeswehr, October 1985）.

Weyher, Hein-Peter. Der Begriff "Seestrategie" und Seine Deutung in den Westlichen Kriegstheorien Des 20. Jahrhunderts（Hamburg: Führungsakademie der Bundeswehr, July 1967）.

图书

Anderson, Charles R. Leyte.（Washington, DC: U.S. Government Printing Office, CMH Pub 72-27, 1994.）.

Anderson, Roger C.B. Naval Wars in the Baltic During the Sailing-Ship Epoch, 1522-1850（London: C. Gilbert-Wood, 1910, reprinted Charleston, SC: Nabu Press, 2014）.

Arps, Th., Gadow, R., Hesse, H., and Niedermayer, D. Ritter von. Kleine Wehrgeographie des Weltmeeres（Berlin: E.S. Mittler & Sohn, 1938）.

Bacon, Reginald, and McMurtries, Francis E. Modern Naval Strategy（London: Frederick Muller Ltd., 1940）.

Bennett, Geoffrey. Naval Battles of the First World War（New York: Scribner's, 1968）.

Boyd, Carl, and Yoshida, Akihiko. The Japanese Submarine Force and World War II （Annapolis, MD: Naval Institute Press, 1995）.

Bridge, Cyprian. Sea-Power and Other Studies （London: Smith, Elder & Co., 1910）.

Brodie, Bernard. A Layman's Guide to Naval Strategy （Princeton, NJ: Princeton University Press, 1942）.

Cagle, Malcolm W., and Mason, Frank A. The Sea War in Korea （Annapolis, MD: Naval Institute Press, 1957）.

Callender, Geoffrey. The Naval Side of British History （Boston: Little, Brown, and Company, 1924）.

Castex, Raoul. More Protiv Kopna, Vol. 1. Translated by Hijacint Mundorfer （Theórie stratégiques, Vol 1: La Mer Contre La Terre） （Belgrade: Geca Kon AD, 1939）.

Castex, Raoul. Strategic Theories. Selections translated and edited with an introduction by Eugenia C. Kiesling （Annapolis, MD: Naval Institute Press, 1993）.

Clausewitz, Carl von. On War. Edited and translated by Michael Howard and Peter Paret （NewYork: Alfred A. Knopf, 1993）.

Collins, John M. Grand Strategy: Principles and Practices （Annapolis, MD: Naval Institute Press, 1973）.

Connaughton, Richard. Rising Sun and Tumbling Bear. Russia's War with Japan （London: Cassell, 2003）.

Corbett, Julian S., editor, Fighting Instructions, 1530-1816 （London: Publications of the Navy Records Society, Vol. XXIX, 1905 produced by Bibliotheque Nationale de France, Paris, reprinted September 15, 2005）.

Corbett, Julian S. Some Principles of Maritime Strategy （London: Longmans, Green and Co., 1918）.

Cordesman, Anthony H. The Iran-lraq War and Western Security 1984-87: Strategic Implications and Policy Options （London: Jane's Publishing, 1987）.

Crowl, Philip A. United States Army in World War II. The War in the Pacific. Campaign in the Marianas （Washington, DC: Office of the Chief of Military History, Department of the Army, 1960）.

Custance, Reginald. War at Sea. Modern Theory and Ancient Practice （Edinburgh/London: William Blackwood and Sons, 1919）.

Darrieus, Gabriel. War on the Sea. Strategy and Tactics （Annapolis, MD: The United States Naval Institute, 1908）.

Daveluy, Rene. The Genius of Naval Warfare, Vol. I: Strategy （Annapolis, MD: United States Naval Institute 1910）.

Doswald-Beck, Louise, editor. San Remo on International Law Applicable to Armed Conflicts at Sea（Cambridge: Cambridge University Press, first published 1996, reissued 2005）.

Duckers, Peter. The Crimean War at Sea. The Naval Campaigns Against Russia 1854-56（Barnsley, South Yorkshire: Pen & Sword Maritime, 2011）.

Ducrey, Pierre. Warfare in Ancient Greece. Translated by Janet Lloyd（New York: Schocken Books, 1986）.

Dull, Paul S. A Battle History of the Imperial Japanese Navy（1941-1945）, 5th printing（Annapolis, MD: Naval Institute Press, 1978）.

Duncan, Robert C. America's Use of Mines（White Oak, MD: U.S. Naval Ordnance Laboratory, 1962）.

Dupuy, Ernest, and Dupuy, Trevor N. The Encyclopedia of Military History from 3500 B.C. to the Present, 2nd rev. ed.（New York: Harper & Row, Publishers, 1986）.

Elleman, Bruce A., and Paine, S.C.M., editors. Naval Blockades and Seapower Strategies and Counterstrategies, 1805-2005（London: Routledge, 2006）.

Erickson, Edward J. Defeat in Detail. The Ottoman Army in the Balkans, 1912-1915（Westport, CT/London: Praeger Publishers, 2003）.

Evans, David C., editor, The Japanese Navy in World War II. In the Words of Former Japanese Naval Officers, 2nd ed.（Annapolis, MD: Naval Institute Press, 1986）.

Fiebeger, G.J. Elements of Strategy（West Point: United States Military Academy Press, 1910）.

Fioravanzo, Giuseppe. A History of Naval Thought, translated by Arthur W. Hoist（Annapolis, MD: Naval Institute Press, 1979）.

Fotakis, Zisis. Greek Naval Strategy and Policy, 1910-1919（London/New York: Routledge. Taylor & Francis Group, 2005）.

Gibson, R.H., and Prendergast, Maurice. The German Submarine War 1914-1918（Constable & Co. Ltd., 1931, reprinted Annapolis, MD: Naval Institute Press, 2002）.

Goldsworthy, Adrian. The Punic Wars（London: Cassell & Co, 2001）.

Goltz, Colmar von def. Kriegfuhrung. Kurze Lehre ihrer wichtigsten Grundsatze und Formen（Berlin: R.v. Decker's Verlag, 1895）.

Goltz, Colmar von def. The Conduct of War: A Short Treatise on Its Most Important Branches and Guiding Rules. Translated by G.F. Leverson（London: Kegan, Paul, Trench, Truebner, 1908）.

Grainger, John D. Hellenistic & Roman Naval Wars 336-31 BC（Barnsley, South Yorkshire: Pen & Sword Maritime, 2011）.

Gray, Colin S. The Leverage of Sea Power（New York: The Free Press, Maxwell MacMillan International, 1992）.

Grenfell, Russell. The Art of the Admiral（London: Faber & Faber Ltd., 1937）.

Grewe, Wilhelm G. The Epochs of International Law. Translated by Michael Byers（Berlin/New York: De Gruyter, 2000）.

Groos, Otto. Seekriegslehren im Lichte des Weltkrieges. Ein Buch für den Seemann, Soldaten und Staatsmann（Berlin: Verlag von E. S. Mittler & Sohn, 1929）.

Grove, Eric J., editor, The Defeat of the Enemy Attack on Shipping 1939-1945 a revised edition of the Naval Staff History, vols. 1A（Text and Appendices）and 1B（Plans and Tables）（Aldershot: Ashgate, Navy Records Society, 1997）.

Hall, Richard C. The Balkan Wars 1912-1913: Prelude to the First World War（London: Routledge, Taylor & Francis Group, 2000）.

Halpern, Paul G. The Naval War in the Mediterranean 1914-1918（Annapolis, MD: Naval Institute Press, 1987）.

Hartmann, Gregory K., with Truver, Scott C. Weapons That Wait, updated version（Annapolis, MD: Naval Institute Press, 1991）.

Hodges, H.W., and Hughes, E.A., editors, Select Naval Documents（Cambridge: Cambridge University Press, 1922, reprinted by the Cornell University Library Digital Collections, 2015）.

Ireland, Bernard. Battle of the Atlantic（Annapolis, MD: Naval Institute Press, 2003）.

Johnson, Ellis A., and Katcher, David A. Mines Against Japan（White Oak, Silver Spring, MD: Naval Ordnance Laboratory, 1947; Washington, DC: U.S. Government Printing Office, 1973）.

Jomini, Antoine-Henri de. The Art of War. Translated by G.H. Mendel and W.P. Craighill（Westport, CT: Greenwood Press Publishers, 1971, originally published Philadelphia: J. P. Lippincott & Co., 1862）.

Kirchhoff, Hermann. Seemacht in der Ostsee: Ihre Einwirkung auf die Geschichte der Ostseeländerhn 19.Jahrhundert, Vol. II（Kiel: Verlag von Robert Cordes, 1908）.

Knox, Dudley W. A History of the United States Navy（New York: G. P. Putnam Sons, 1948）.

Lambert, Andrew, and Williamson, Arthur C. The Dynamics of Air Power, 1st ed.（London: Her Majesty's Stationery Office for Royal Air Force Staff College, Bracknell, 1996）.

Lambi, Ivo N. The Navy and German Power Politics, 1862-1914（Boston: Allen & Unwin, 1984）.

Lane, Frederic C. Venice. A Maritime Republic（Baltimore, MD: John Hopkins University Press, 1973）.

Ledebur, Gerhard Freiherr Von. Die Seemine（Munich: J. F. Lehmanns Verlag, 1977）.

Lewis, Michael. The Spanish Armada（New York: T. Y. Crowell Co., 1968）.

MacCartney Shepard, Arthur. Sea Power in Ancient History. The Story of the Navies of Classic Greece and Rome（London: William Heineman Ltd., 1925）.

Macleod, Jenny. Reconsidering Gallipoli（Manchester/New York: Manchester University Press, 2004）.

Mahan, Alfred T. Naval Strategy: Compared and Contrasted with the Principles and Practice of Military Operations on Land（Boston: Little, Brown, and Company, 1911）.

Mahan, Alfred T. Influence of Sea Power upon the French Revolution and Empire, 1793-1812, Vol. I, 8th ed.（Boston: Little, Brown, and Company, 1897）.

Mahan, Alfred T. The Influence of Sea Power upon History 1660-1783（Boston: Little, Brown, and Company, 1939）.

Mahncke, Dieter, and Schwarz, Hans-Peter, editors, Seemacht und Aussenpolitik（Frankfurt a.M: Alfred Metzner Verlag, 1974）.

Marcus, G.J. A Naval History of England, Vol. 2: The Age of Nelson. The Royal Navy 1793-1815（New York: Viking Press, 1971）.

Marder, Arthur J. From the Dreadnought to Scapa Flow. The Royal Navy in the Fisher Era, 1904-1919, Vol. I: The Road to War 1904-1914（London: Oxford University Press, 1961）.

Marder, Arthur J. From the Dreadnought to Scapa Flow: The Royal Navy in the Fisher Era, 1914-1919, Vol. 2: The War Years: To the Eve of Jutland（London: Oxford University Press, 1965）.

Marder, Arthur J. From the Dreadnought to Scapa Flow. The Royal Navy in the Fisher Era, Vol. 3: Jutland and After（May 1916-December 1916）（London: Oxford University Press, 1966）.

Marder, Arthur J. From the Dreadnought to Scapa Flow: The Royal Navy in the Fisher Era, 1904-1919, Vol. 5: Victory and Aftermath（January 1918-June 1919）（London: Oxford University Press, 1970）.

Marolda, Edward J., and Schneller, Robert J. Shield and Sword: The United States Navy and the Persian Gulf War（Washington, DC: Naval Historical Center, 1998）.

Meister, Jürg. Der Seekrieg in den osteuropäischen Gewässern 1941/45（Munich: J. F. Lehmans Verlag, 1958）.

Meurer, Alexander. Seekriegsgeschichte in Umrissen. Seemacht und Seekriege vornehmlich vom 16.Jahrhundert ab（Leipzig: Verlag v. Hase & Koehler, 1925）.

Ministry of Defence（Navy）. War with Japan, Vol. II: Defensive Phase（London: Her Majesty's Stationery Office, 1995）.

Ministry of Defence（Navy）. War with Japan, Vol. III: The Campaigns in the Solomons and New Guinea（London: Her Majesty's Stationery Office, 1995）.

Mordal, Jacques. 25 Centuries of Sea Warfare（London: Abbey Library, 1959）.

Morison, Samuel E. History of United States Naval Operations in World War II, Vol. III: The Rising Sun in the Pacific, 1931-April 1942（Boston: Little, Brown and Company, 1959）.

Morison, Samuel E. History of United States Naval Operations in World War II, Vol. IV: Coral Sea, Midway and Submarine Operations, May 1942-August 1942（Boston: Little, Brown and Company, 1984）.

Morison, Samuel E. History of United States Naval Operations in World War II, Vol VI: Breaking the Bismarcks Barrier: 22 July 1942-1 May 1944（Boston: Little, Brown and Company, 1975）.

Morison, Samuel E. History of United States Naval Operations in World War II, Vol. XIII: New Guinea and the Marianas, March 1944-August 1944（Boston: Little, Brown and Company, 1953）.

Morison, Samuel E. The Two-Ocean War. A Short History of the United States Navy in the Second World War（Boston: Little, Brown and Company, 1963）.

Morton, Louis. United States Army in World War II. The War in the Pacific. Strategy and Command: The First Two Years（Washington, DC: Center of Military History, United States Army, 1989）.

O'Connell, Monique. Men of Empire: Power and Negotiation in Venice's Maritime State （Baltimore, MD: Johns Hopkins University Press, 2009）.

Pack, S.W.C. Sea Power in the Mediterranean. A History from the Seventeenth Century to the Present Day（London: Arthur Barker Ltd., 1971）.

Paret, Peter, editor. Makers of Modern Strategy. From Machiavelli to the Nuclear Age （Princeton, NJ: Princeton University Press, 1986）.

Potter, Elmer B., and Nimitz, Chester W., editors. Seemacht. Eine Seekriegsgeschichte von der Antike bis zur Gegenwart, rev. ed.（Hersching: Manfred Pawlak, 1986）.

Richmond, Herbert. Statesmen and Sea Power（Oxford: Clarendon Press, first published 1946, reprinted 1947）.

Rittmeyer, Rudolph. Seekrieg und Seekriegswesen in ihrer weltgeschichtlichen Entwieklung mit besonderen Berücksichtigung der grossen Seekrieg XVII und XVIII Jahrhunderts, Vol I: Von den Anfängen bis 1740（Berlin: Ernst Siegfried Mittler und Sohn, 1907）.

Rittmeyer, Rudolph. Seekrieg und Seekriegswesen in ihrer weltgeschichtlichen Entwicklung mit besonderen Berücksichtigung der grossen Seekrieg XVII und XVIII Jahrhunderts, Vol II: Von 1739-1793（Berlin: Ernst Siegfried Mittler und Sohn, 1911）.

Robertson, Horace B., editor, International Law Studies, Vol. 64: The Law of Naval Operations （Newport, RI: Naval War College Press, 1991）.

Rodger, N.A.M. The Command of the Ocean. A Naval History of Britain, 1649-1815（New York/London: W. W. Norton & Company, 2004）.

Rodgers, William Ledyard. Greek and Roman Naval Warfare. A Study of Strategy, Tactics and Ship Design from Salamis（480 B. C.）to Actium（31 B.C.）（Annapolis, MD: Naval Institute Press, 1937, 1964）.

Rodgers, William Ledyard. Naval Warfare Under Oars. A Study of Strategy, Tactics and Ship Design（Annapolis, MD: Naval Institute Press, 1940, 1967）.

Roeckel, Hermann. Seeräume und Flottenstützpunkte（Heidelberg/Berlin/Leipzig: Verlagsanstalt Huethig & Co., 1942）.

Rohwer, Jürgen, and Hümmelchen, Gerhard. Chronology of the War at Sea 1939-1945. The Naval History of World War II, 2nd rev. ed.（Annapolis, MD: Naval Institute Press, 1992）.

Roskill, Stephen W. The War at Sea 1939-1945, Vol. I: The Defensive（London: Her Majesty's Stationery Office, 1954）.

Roskill, Stephen W. The War at Sea 1939-1945, Vol. II: The Period of Balance（London: Her Majesty's Stationery Office, 1956）.

Roskill, Stephen W. The War at Sea 1939-1945, Vol. III: The Offensive, Part I: 1st June 1943-31st May 1944（London: Her Majesty's Stationery Office, 1960）.

Roskill, Stephen W. History of the Second World War; The War at Sea, Vol. III: The Oftensive Part II: lst June 1944-14th August 1945（London: Her Majesty's Stationery Office, 1961）.

Ruge, Friedrich. The Soviets as Naval Opponents 1941-1945（Annapolis, MD: Naval Institute Press, 1979）.

Salewski, Michael. Die deutsche Seekriegsleitung 1935-1945, Vol. 1: 1935-1941（Frankfurt am Main: Bernard & Graefe Verlag für Wehrwesen, 1970）.

Salewski, Michael. Die deutsche Seekriegsleitung 1935-1945, Vol. 2:1942-1945（Frankfurt am Main: Bernard & Graefe Verlag für Wehrwesen, 1975）.

Schottelius, Herbert, and Deist, Wilhelm, editors, Marine und Marinepolitik im kaiserlichen Deutschland 1871-1914（Dfisseldorf: Droste Verlag, 1972）.

Setton, Kenneth M. The Papacy and the Levant, 1204-1571. Vol. 1: The Thirteenth and Fourteenth Centuries（Philadelphia, PA: Amer Philosophical Society, 1976）.

Sokol, Hans Hugo. Des Kaisers Seemacht 1848-1914. Die k.k. oesterreichische Kriegsmarine（Vienna: Amalthea, 2002）.

Sondhaus, Lawrence. The Habsburg Empire and the Sea. Austrian Naval Policy, 1797-1866（West Lafayette, IN: Purdue University Press, 1989）.

Sondhaus, Lawrence. Navies of Europe, 1815-2002（London: Taylor & Francis, 2002）.

Sprout, Harold, and Sprout, Margaret. The Rise of American Naval Power, 1776-1918

（Princeton, NJ: Princeton University Press, 1939）.

Stenzel, Alfred. Kriegführung zur See. Lehre vom Seekriege（Hannover/Leipzig: Mahnsche Buchhandlung, 1913）.

Stenzel, Alfred. Seekriegsgeschichte in ihren wichtigsten Abschnitten mit Berücksichtigung der Seetaktik, Part 2: Von 400 vor Christen bis 1600 nach Christen（Hannover/Leipzig: Hahnsche Buchhandlung, 1909）.

Stenzel, Alfred. Seekriegsgeschichte in ihren wichtigsten Abschnitten mit Berücksichtigung der Seetaktik, Part 3: Von 1600 bis 1720（Hannover/Leipzig: Hahnsche Buchhandlung, 1910）.

Stenzel, Alfred. Seekriegsgeschichte in ihren wichtigsten Abschnitten mit Berücksichtigung der Seetaktik, Part 4: Von 1720 bis 1850（Hannover/Leipzig: Hahnsche Buchhandlung, 1911）,

Stevens, William Oliver, and Westcott, Allan. A History of Sea Power（New York: Doubleday, Doran & Company, Inc., 1942）.

Till, Geoffrey, Maritime Strategy and the Nuclear Age, 2nd ed.（New York: St. Martin's Press, 1984）.

Travers, Tim. Gallipoli 1915（Gloucestershire: Tempus Publishing, Stroud, 2001）.

Terraine, John, The U-Boat Wars 1916-1945（New York: G.P. Putnam's Sons, 1989）.

True, Wilhelm. Der Krim Krieg und seine Bedeutung für die Entstehung der modern Flotten （Herford/Bonn: E. S. Mittler & Sohn GmbH, 1980）.

Vego, Milan. The Battle for Leyte, 1944: Allied and Japanese Plans, Preparations, and Execution（Annapolis, MD: Naval Institute Press, 2006）.

Warnock, A. Timothy. Air Power Versus U-Boats: Confronting Hitler's Submarine Menace in the European Theater, The U.S. Army Air Forces in World War II（Washington, DC: Air Force History and Museums Program, Air Force Historical Studies Office, 1999）.

Warry, John. Warfare in the Classical World（New York: Barnes & Noble, 1998）.

Wegener, Wolfgang. The Naval Strategy of the World War, translated and with an Introduction and notes by Holger H. Herwig（Annapolis, MD: Naval Institute Press, 1989）.

Wenzke, Rüdiger. editor. Die Streitkräfte der DDR und Polens in der Operationsplanung des Warschauer Paktes（Potsdam: Militärgeschichtliches Forschungsamt, 2010）.

Westcott, Alan, editor. American Sea Power Since 1775（Chicago/Philadelphia/New York:J.B. Lippincott, 1947）.

Woodward, David. The Russians at Sea: History of the Russian Navy（New York: Frederick A. Praeger, 1966）.

Yates, Keith. Flawed Victory: Jutland 1916（Annapolis, MD: Naval Institute Press, 2000）.

Zehrer, Hartmut, editor. Der Golfkonflikt. Dokumentation, Analyse und Bewertung aus militärischer Sicht（Herford/Bonn: Verlag E. S. Mittler & Sohn, 1992）.